本书出版得到温州大学教师教育学院2018年博士培育点建设教育学标志性成果培育经费（项目编号：BP20713504）的全额资助，特此感谢！

我国高等教育的供求问题研究：

基于"专业"层面的探讨

王旭辉 ◎ 著

中国财经出版传媒集团

经济科学出版社
Economic Science Press

图书在版编目（CIP）数据

我国高等教育的供求问题研究：基于"专业"层面的探讨/
王旭辉著．—北京：经济科学出版社，2019.5

ISBN 978 - 7 - 5141 - 9767 - 9

Ⅰ.①我…　Ⅱ.①王…　Ⅲ.①高等教育 - 发展 - 研究 -
中国　Ⅳ.①G649.21

中国版本图书馆 CIP 数据核字（2018）第 218462 号

责任编辑：周国强
责任校对：郑淑艳
责任印制：邱　天

我国高等教育的供求问题研究：基于"专业"层面的探讨
王旭辉　著
经济科学出版社出版、发行　新华书店经销
社址：北京市海淀区阜成路甲 28 号　邮编：100142
总编部电话：010 - 88191217　发行部电话：010 - 88191522
网址：www. esp. com. cn
电子邮件：esp@ esp. com. cn
天猫网店：经济科学出版社旗舰店
网址：http://jjkxcbs. tmall. com
固安华明印业有限公司印装
787×1092　16 开　18.25 印张　430000 字
2019 年 5 月第 1 版　2019 年 5 月第 1 次印刷
ISBN 978 - 7 - 5141 - 9767 - 9　定价：86.00 元
（图书出现印装问题，本社负责调换。电话：010 - 88191510）
（版权所有　侵权必究　打击盗版　举报热线：010 - 88191661
QQ：2242791300　营销中心电话：010 - 88191537
电子邮箱：dbts@ esp. com. cn）

前　　言

　　高等教育和其他任何私人物品、公共物品和准公共物品一样存在着供给和需求问题。一国高等教育的发展始终绕不开供求关系。与一般商品或劳务有所不同的是，高等教育连接着两座桥，一座通往个体求学者及其家庭，另一座通往社会用人部门和国家。从而高等教育客观上存在着两类相互联系又相互区别的供给和需求，它们分别是个体对高等教育服务的需求和与之对应的教育机会供给、社会对高等教育"产品"的需求和与之对应的人力资源供给。两类供求关系分别发生于高等教育的"入口"和"出口"环节，共同影响着一国高等教育的发展。本书分别把高等教育"入口"和"出口"所涉及的供求关系称为第一类供求关系和第二类供求关系。

　　一旦深入探讨高等教育发展与个体、社会和国家需求的关系时，问题就变得复杂而独特。在我国特殊的高等教育制度环境下，高等教育的第二类供给无论在总量上还是结构上很大程度都取决于第一类供给，招多少人、招生的专业结构如何往往决定了毕业多少人、毕业生的专业结构如何。这意味着我国高等教育实际上具有"一元供给"和"二元需求"的基本特征，三者形成了一个特殊的供求三角关系。在这个三角关系中，高等教育的两类需求由于目标上的不一致很可能存在着一定范围的结构性错位，它们分别对高等教育产生了不对称的拉力。这将使高等教育的办学陷入两难困境。对这一问题进行系统的实证和理论研究就显得很有学术意义。本书正是基于这样的理论背景和现实背景而开展的。对于本书研究范围的选取及主要依据，我们做出如下说明。

　　一方面，过去对高等教育的供求问题研究往往只针对其中的一类供给和需求。要么只关注高等教育与经济社会发展之间的关系，主要的关键词如大学生就业、就业率、人力资源、劳动力市场、产业结构、结构性失业等；要么只关注高等教育与求学者之间的关系，主要的关键词如入学机会、教育公平、学校选择、专业选择、高考、招生制度等。不论以上哪一类话题，关注的都仅是高等教育供求系统中的一座桥，没有把高等教育的"入口"和"出口"串在一起作为一个整体来研究。事实上，要科学制定高等教育供求管理政策必须建立在全盘掌握两类供求关系特点、规律、矛盾的轻重缓急的基础之上，必须要对整个系统有一个全局性的把握，只针对其中一类问题的学术研究无法为决策部门提供全面、科学的依据。现实中，大量文献都热衷于讨论我国高等教育的第二类供求关系并在单一视角得出的结论下提出政策主张，而政府决策部门往往基于短期政治收益的考虑也乐于采取以就业为导向的高等教育供给侧改革，包括专业结构调整。其结果是与以学生为中心的高等教育理念发生了难以调和的冲突，忽略了高等教育第一类供求关系的健康发展。正是在这样的背景下，本书主张将高等教育的整个供求系统作为一个整体来看待，以对高等教育供求三角关系的研究来取代过去"两点一线"的线性研究。这就大大弥补了过去割裂地看待问题存在的缺陷。

另一方面，过去对高等教育供求关系的实证研究缺乏对"专业"层面的关注。数据的搜集和分析多偏于宏观，往往停留在高等教育体系和院校层面。一些文献虽涉及学生的专业选择或高校的专业结构等话题，但较少把相关话题置于供求关系的理论框架中加以讨论，缺乏理论建设。而事实上，所谓的专业结构恰恰就是在两类需求的共同影响下被塑造起来的。大到高等教育的专业结构变迁，小到大学内部的专业结构调整，均脱离不了供求关系规律。同时，在高等教育的结构性问题中，专业结构又显得尤为重要。专业是知识的组合方式，也是人才培养的基本单位，专业建设的目的是更好地在人才培养中实现有规律、有逻辑、有体系的传道授业，从而促进社会分工。到了宏观上，专业结构几乎决定了整个国家和社会的知识结构，对国民经济发展、产业结构变迁均产生了深远影响。中国之所以能保持持续的技术进步和经济繁荣，跟各类理工科人才的大量培养不无关系，两者循环积累、互为因果。正因为如此，从供求关系的角度对高等教育专业层面的问题进行深入的实证研究就显得很有必要，其意义不仅体现在对我国高等教育结构性供求矛盾的诊断上，更体现在专业结构动态调整机制的建设上，这正是以往研究相对薄弱之处，从而也解释了本书副标题的含义及其所包含的学术意义。

本书的核心内容大致可分为事实评估、规范研讨和政策构想三个部分。它们分别解析了"现状是什么"、"理想是什么"和"怎么做"三个问题。从现状上看，一个确凿的事实是：无论在学科门类层面、专业类别层面还是专业层面，我国高等教育在前后两头均存在不同程度的结构性供求失衡。具体到微观上，部分专业在两类供求关系中又表现为不同的矛盾方向。分别考察本科和专科两个学历层次均得到相同结论。这意味着我国高等教育的专业结构调整将面临两难选择。

在笔者看来，如果说我国高等教育在过去的供求管理中采取了以追求第二类供求平衡为主的均衡模式。那么，随着学生在教育中的主体性日渐明确，以学生为本的教育观逐步确立，以及实践中旧模式的弊端日益显现，需要我们去探索建立一种以学生为中心的高等教育供求均衡模式。这种均衡模式以追求高等教育第一类供求平衡为主要目标，并且在设计得当的情况下也能起到较好地调控高等教育第二类供求矛盾的作用，使学生的"中心性"不仅体现在高等教育前和高等教育中，也体现在高等教育后。未来我国高等教育的持续发展和繁荣离不开结构的调整以及由此引发的院校、学科分化，而这一过程必须要在学生的深度参与中来完成，学生的集体选择不只代表了这个群体当下的教育需求，归根结底它也是社会的选择、认知理性下的人类知识选择和人们对未来的预期。我国高等教育复杂供求关系的处理必须要有这样的概念，结构调整必须挣脱一直以来"外部适应主义"和"内部保护主义"的双重倾向，通过向学生"开口"并专注于人才培养去成就每一个人，让他们在自由成长和相机抉择中使高等教育供求主体间、学科专业间的关系趋于自然的动态平衡。这些目标能否实现，将继续考验人们的智慧。至少本书已提供了明确的思路和理由，分享了我们对于"应该是什么"和"应该怎么办"两个规范问题的学术见解。

最后，笔者从方法论层面对本书最主要的学术价值做出简单概括。一是真正意义上针对我国高等教育的现实问题开展大数据研究，充分发挥政策科学的看家本领。二是将事实和价值相结合，为社会科学实证评估和规范评估相统一的研究模式树立典范。三是在高等教育哲学指导下合理应用了教育学、经济学、管理学甚至物理学、化学的概念和理论，利用一切可用的人类知识尝试着开展跨学科研究。四是本书以对重大理论问题和政策问题产生影响为己任，致力于发掘和传播短期内不会成为政策的学术思想，挖掘关于人类未来的新思想，并深刻影响整个理论和政策环境，具有较强的学术思想性、原创性和批判性。

限于笔者有限的知识水平和学术经历，本书不可避免地存在诸多错漏之处，敬请广大读者在阅读后批评指正。

王旭辉

2018 年 7 月于珠海

目　　录

第 1 章　**导论** ／ 1

　　1.1　理解高等教育的供求问题 ／ 1

　　1.2　问题提出 ／ 7

　　1.3　文献回顾 ／ 9

　　1.4　研究思路和本书的学术意义 ／ 28

　　1.5　本书的内容与结构 ／ 30

　　1.6　研究方法及技术说明 ／ 33

第 2 章　**高校招生（供给）的专业/科类分布的描述性统计**
　　　　——基于样本高校面向浙江省理科生招生的数据 ／ 47

　　2.1　宏观层面：高校招生的学科门类/专业
　　　　　大类分布 ／ 47

　　2.2　中观层面：高校招生的专业类别分布 ／ 57

　　2.3　微观层面：高校招生的专业分布 ／ 70

第 3 章　**不同专业/科类的第一类需求表现的描述性统计**
　　　　——基于样本高校面向浙江省理科生招生的数据 ／ 96

　　3.1　宏观层面：不同学科门类/专业大类生源
　　　　　条件对比 ／ 96

　　3.2　中观层面：不同专业类别生源条件对比 ／ 109

3.3　微观层面：不同专业生源条件对比 / 120

第4章　**高等教育的两类供求矛盾评估** / 146

4.1　第一类供求矛盾分析 / 146

4.2　第二类供求矛盾分析 / 171

4.3　事实评估小结 / 193

第5章　**高等教育供求问题中的若干现象剖析** / 195

5.1　大类招生受学生欢迎吗？/ 195

5.2　专业越来越不重要了吗？
　　——基于专业"好坏"维度的讨论 / 200

5.3　专业也和学校一样有层次性吗？/ 204

5.4　第一类需求中的"超额需求"和
　　"差异化需求" / 210

第6章　**处理高等教育双重供求矛盾的规范研讨** / 216

6.1　研究逻辑的价值转向 / 216

6.2　从"配给式"供给走向市场性供给是调节
　　矛盾的必要条件 / 221

6.3　以学生为中心的高等教育供求均衡模式是化解
　　矛盾的最佳策略 / 240

第7章　**构建理想：在向学生需求的倾斜中走向综合协调** / 253

7.1　从三个"不矛盾"看以学生为中心的均衡
　　模式的综合合理性 / 253

7.2　构建以学生为中心的均衡模式在高等教育
　　专业层面的政策创新 / 259

7.3　结束语 / 270

参考文献 / 272

后记 / 283

第 1 章 导 论

在过去的几十年，我国高等教育处于迅速发展的阶段，办学能力大幅提升。一方面，规模持续增长使毛入学率迅速提高，我国高等教育在短期内经历了从精英化阶段到大众化阶段，再到后大众化阶段的跨越式发展，人们接受高等教育的愿望被越来越广泛地实现。目前，我国高等教育在学总规模居世界第一，具有高等教育学历的从业人员总数居世界第二，已成为数一数二的高等教育大国。另一方面，不断加强的内涵建设使我国大学的国际竞争力、学术产出能力和影响力、人才培养质量均大踏步进步。目前，我国 SCI 论文数量已位居世界第二，国内高水平大学进入 ESI 全球前 1% 的学科数量正高速增长，人才培养的社会认可度和学术研究的国际影响力均不断提升，一个转型与发展中的高等教育强国即将浮现。

我国高等教育蓬勃发展的故事从一开始就与高等教育需求结合在一起，社会公众和经济社会组织分别对高等教育"服务"和"产品"的双向需求在特定的历史背景下一拍即合，不仅扣动了中国高等教育快速大众化的扳机，还促进了高等教育领域的诸多改革和制度变迁。新中国成立以来，特别是改革开放以来，我国高等教育日益适应经济社会发展需求，在不同时期为国家经济建设、社会进步培养了数千万计的各级各类高素质专门人才，在"两弹一星"、载人航天、探月工程、深海探潜、三峡工程、南水北调、西气东送、高速铁路等一批重大工程科技项目和关系国计民生的基础设施项目，及轻工食品、石油石化、电信等各行各业发展中发挥了重要作用，很大程度地满足了国家发展战略需求和人民生活需求。一旦深入探讨高等教育发展与个人、社会和国家需求的关系时，问题就变得复杂而独特。提高毛入学率意味着高等教育对人的需求的满足，适应经济社会发展意味着高等教育对各类经济组织、社会组织需求的满足，增强综合国力意味着高等教育对国家需求的满足。集三个问题于一体就预示着高等教育的发展始终绕不开供求关系。而"人口大国""制造业大国""经济转型""制度变迁""结构变化""区域分割"等问题交织在一起又意味着当今高等教育供求关系的复杂性首推中国。于是研究我国高等教育的供求问题在高等教育研究中就显得尤其有意义。

1.1 理解高等教育的供求问题

供求关系是经济学中最核心的问题。有句英文谚语是这样说的："当你教会一只鹦鹉说'需求'和'供给'时，你已经培养出了一个经济学家。"这句话虽然夸张，却反映了一种最基本的经济关系——供求关系。可以说，与人类生活相关的任何物品，不论是私人物品还是公共物品均存在供求关系，就连空气也不例外。从经济学的定义讲，一种商品或劳务的需求是指消费者在一定时期内在各种可能的价格水平下愿意且能够购买的该商品或劳务的数量；一种商品或劳务的供给是指生产者在一定时期内在各种可能的价格下愿意且能够提供出售的该种商品或劳务的数量。[①] 当一种商品或劳务的需求和供给发生关联时，就形成了该商品或劳务的供求关系，价格就是由供求关系动态决定的。总体上，供求关系包含了四个方面的内容：一是两者在总量上是否平衡；二是两者在结构上是否匹配；三是两者在变化上是否协调；四是当两者不平衡、不匹配、不协调时是否存在一种有效的调整机制。上述四个方面共同构成了通常所说的供求均衡的基本要义。在一般意义上，供求关系的重要性还体现在它与资源配置问题有着非常密切的关联。供求双方相互作用的结果往往引导着资源配置的方向和重点。首先，供求关系渗透于资源配置的各个方面；其次，供求机制是市场化资源配置的重要机制；最后，供求均衡是衡量资源是否有效配置的重要标准，反过来资源配置变化也会引起供求关系发生变化。正因为供求问题是经济学中最重要也是涉及面最广的理论问题，因而也成为教育经济学关注的重点话题。

在市场经济条件下，不论教育具有怎样的产品属性，它和其他任何商品或劳务一样存在着供给与需求问题。教育供给是指各级各类教育机构为个人和社会提供的一系列教育服务和产出的总称。教育需求是指个人和社会对教育有支付能力的需要。尽管教育供给和需求并非是一个纯经济学范畴，它还有非常广泛的社会内涵，但在教育市场化背景下，教育同其他生产部门一样存在着符合经济学逻辑的供求关系问题。按需求主体划分，对教育的需求可分为个人需求和社会需求两个部分，本书分别称之为第一类需求和第二类需求。其中，第二类需求又包含了社会用人单位需求和国家需求两个部分，狭义的社会需求一般指社会用人单位对教育的需求，广义的社会需求则涵盖了国家需求的方面。个人的教育需求是指个人出于投资于教育将使其增进知识技能，进而在未来取得较高社会地位和获得较高收入的目的而产生的对教育有支付能力的需要；社会用人单位的教育需求是指其为了实现利益最大化而产生的对教育有支付能力的需要；国家对教育的需求是指国家基于本国经济社会发展对各类劳动力和专门人才的需求而产生的对教育有支付能力的需要。[②] 事实上，国家对教育的需求是一国内各类经济组织、政治组织和社会组织对教育的需求的总和，是各类社会用人单位的微观需求加总到一起并上升至国家高度的宏观需求。因此，国家对教育的需求一般以教育规划的形式出现，通过颁布法律、制定政策等形式影响教育供给。可见，个人和社会用人单位对教育的需求是为获取某种教育服务或教育产品的具体需求，而国家对教育的需求则是从政治稳定、经济发展、社会文明、文化繁荣出发的抽象需求，往往是国家战略的组成部分。由国家和社会用人单位共同构成的第二类需求反映在高等教育上就是"政治论"假设的现实支点，强调教育的"有用性"。以个体为单元的第一类需求的内生因子则相对复杂（详见本书

---

① 高鸿业. 西方经济学（微观部分）[M]. 北京：中国人民大学出版社，2007：21–24.

② 范先佐. 教育经济学新编 [M]. 北京：人民教育出版社，2010：160–163.

第 6 章和第 7 两章的讨论），强调教育的"有益性"。与需求相对应，教育的供给也可以分为第一类供给和第二类供给，前者面向个人（即学生），后者面向社会。不同的是，教育中两类供给的直接供给主体都是各级各类教育机构，间接供给主体则都是国家和政府，即两类供给在主体上是统一的。综上可知，教育的供求问题具有和其他私人物品、准公共物品或公共物品的供求问题相一致的基本原理，也有其特殊的一面。

同样，高等教育也连接着两座桥，一座通往个体求学者及其家庭，一座通往社会用人单位和国家，从而客观上也存在着两类相互联系又相互区别的供给和需求。[①] 高等教育的第一类需求是指社会大众为满足自身某种物质或精神需要而产生的接受高等教育的需求，本质上是对高等教育服务的需求；相应地高等教育的第一类供给是指高等教育机构向社会公众提供的接受高等教育的机会，本质上是一种教育服务的供给，提供的是一种知识。高等教育的第二类需求是指国家和社会各用人单位对受过高等教育的高级专门人才和劳动者的需求，本质上是对人力资源或高等教育"产品"的需求；相应地高等教育的第二类供给是指高等教育机构向国家和社会各用人单位输送的各类合格的大学毕业生，本质上是一种人力资源的供给，提供的是有知识或有技能的人。与一般原理相一致，高等教育两类供给的直接主体均是高等教育机构，因为招生和毕业生输出的行为主体均是各类高等教育机构，国家和政府则通过资金投入、政策引导等方式支持高等教育办学，充当了间接供给者的角色。高等教育的每一类需求则分别对应着不同的需求主体，个人、各类微观组织和国家共同构成了高等教育的需求主体。每一类需求主体相互联系又相互独立，代表着各自的行为目标和自身利益，对高等教育有着不同的需求预期。需要说明，由于国家对高等教育的需求和社会用人单位对高等教育的需求客观上存在很大的关联性，两者是宏观与微观的关系、整体与局部的关系、顶层设计和底层构架的关系，密不可分，加之国家需求是一种抽象的需求、政治意义上的需求和规划意义上的需求，需要通过各类经济组织、政治组织和社会组织的具体需求体现出来，因而国家需求和社会用人单位需求是捆绑在一起作为广义社会需求的整体出现的。而且由于在实证层面也难以将国家需求独立成类进行数据搜集，故本书在实际研究中不再单独讨论国家需求，而是从社会用人单位的角度来关注高等教育的第二类需求。这样，我们就可以看到高等教育的需求是一个"二元"需求主体结构，一头是个人及其家庭，另一头是社会。如不作特别说明，本书均采用"二分法"来看待高等教育的需求问题。

一旦对高等教育一元供给和二元需求的基本属性有所了解，就很容易知晓高等教育供求问题的特殊性究竟是什么。图 1-1 为高等教育供求三角关系示意图，为了简便起见，图中以大学代替高等教育机构作为供给主体，政府则以供给主体的配角形式出现。个人和社会作为两种不同的需求主体分别与大学建立了供求关系，这两种供求关系在某种意义上也可以看作委托—代理关系，分别发生在高等教育的"入口"和"出口"环节。两类需求主体之间之所以用虚线连接是因为在他们之中存在着一种隐形的双向供求关系。表面上看，两者好像没有直接联系，只是分别带有不同目的的高等教育的不同

---

① 相关论述可参见笔者以下期刊论文：王旭辉. 我国高等教育若干典型供求关系研究 [J]. 中国高教研究，2016（1）：21-29。

"顾客"，并分别与大学建立了委托—代理关系。而实际上，两者通过大学的桥梁于高等教育的"出口"处发生对接——接受完高等教育的个体融入社会之中。此时，社会和个体互为供给者和需求者，是一种各取所需的关系。个体为社会创造价值，为实现组织目标贡献力量；社会则为个体提供收入、资源和地位，满足"人"的需求。大学处在中间节点上正好起到了纽带的作用，政府则同时拥有高等教育的间接供给者和宏观需求者的双重身份，对大学的供给行为、社会的需求方向甚至个人群体的择校行为均产生着深远的影响。

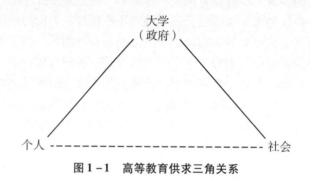

图 1-1　高等教育供求三角关系

由此可见，高等教育的供求关系具有"四元三角"的特点，其复杂性比起伯顿·R. 克拉克（Burton R. Clark，1983）提出的高等教育三角协调模型有过之而无不及。在克拉克的三角关系中，国家权力、学术权威和市场具有对称意义上的结构稳定性，三种变量在调节一国高等教育时是在一个平面上此消彼长的关系。而在高等教育供求三角中，三元主体变成了四元主体，且两两间既不独立也不互斥，相互交织在一起构成了一个极其不规则的结构。即使撇开个人和社会间的隐性供求关系，并且把政府因素也排除在外，单单"大学—个人"和"大学—社会"这样的一对二供求关系就会使问题变得异常复杂。当高等教育的个人需求和社会需求在规模、结构、变化任何一个方面不一致、不对称，甚至相互冲突时，大学应该如何应对？这足以让大学左右为难，更何况大学还有自己的逻辑、自己的追求、自己关于学科应如何发展的构想，这必然又与两类需求不完全吻合。而当大学的价值选择和政府的价值选择相左时，问题就更复杂了。这些方面均显示了高等教育供求问题的特殊性和复杂性。正如教育经济学家约翰·希恩（John Sheehan，1981）指出的那样："教育的供求关系是关于构成教育系统的一整套复杂机构体制同我们称之为社会的另一套复杂机构体制乃至观念准则之间的关系。"①

高等教育供求关系的复杂性决定了高等教育供求矛盾的复杂性。高等教育供求矛盾即高等教育供求失衡，是指高等教育处于供不应求或供过于求的状态。与供求矛盾或供求失衡相对应的概念是供求均衡。供求均衡的最一般意义是指经济事物中有关的变量在一定条件的相互作用下所达到的一种相对静止状态。② 从某种意义上说，经济学所说的

①　约翰·希恩. 教育经济学 [M]. 郑伊雍，译. 北京：教育科学出版社，1981：12.
②　高鸿业. 西方经济学（微观部分）[M]. 北京：中国人民大学出版社，2007：27.

供求均衡是一个点均衡，是瞬间的均衡，因而均衡是相对的，不均衡才是绝对的。① 现实中，高等教育的供给和需求都随时发生着变动，供求关系不可能严格地达到并保持静态意义上的"点平衡"。通常所说的高等教育供求均衡主要是指"域平衡"，即供给略大于需求或需求略大于供给时的状态。在这一状态下，高等教育供给基本能满足或适应高等教育需求，两者不存在明显矛盾，是一种可接受的"准平衡"状态。然而，供给主体和需求主体的非一一对应性使高等教育的供求关系并非可以线形地评价为"平衡"② 或"不平衡"，两类供求关系合起来至少存在四种状态。一是高等教育的第一类供求关系达到平衡，但第二类供求关系处于失衡的状态；二是高等教育的第二类供求关系达到平衡，但第一类供求关系处于失衡的状态；三是高等教育的两类供求关系同时达到平衡的状态；四是高等教育的两类供求关系均处于失衡的状态。严格地讲，只有第三种状态才是高等教育最理想的状态，前两种状态下的高等教育分别只适应了一种需求，供求均衡的天平倒向一端，另一端却存在着明显的矛盾，第四种状态下的高等教育则完全失衡，两类供求矛盾同时存在，且相互之间又构成了一对矛盾关系，高等教育供求矛盾的复杂性即在于此。

在现实中，第一、第二和第四种状态是高等教育供求体系最常处于的状态，两头都平衡的状态反而比较少见。例如，我国高等教育尚未进入普及化阶段，社会公众对接受高等教育的需求依然旺盛，高等教育办学尚不能完全满足这些需求，然而大学毕业生在就业市场中的"拥挤现象"却已显现，不少专业就业难已成为事实，考研大军的规模越来越大，这似乎又表明社会对大学毕业生的需求增长跟不上高校扩招的速度，高等教育供给已经过剩。中国高等教育供求之间的这种悖论表明了供求系统正处在上述第四种状态，即两头失衡的状态。这对政府制定高等教育发展战略、选择高等教育供求调节模式提出了更高的要求。事实上，专注于调节高等教育的某一类供求关系使之趋于平衡相对易于实现，而要同时调节高等教育的两类供求矛盾使整个系统达到综合平衡却是相当不易。正因如此，上述第三种状态在现实中很少存在，但我们又必须把它作为一种理想目标来努力追求。这就要求我们在研究高等教育发展规律、制定高等教育事业发展规划、改革高等教育运行的各个环节、评价高等教育办学效果时必须考虑到高等教育供求矛盾的复杂性及其产生的影响，重视对高等教育供求矛盾的系统研究和全局把控。

高等教育供求矛盾的复杂性除了表现在两类需求的非对称性上，还表现在它存在于不同维度、不同层面之中。与一般商品不同，高等教育供求均衡通常不是建立在价格基础上的均衡，而是建立在多种因素基础上的均衡，如经济发展和技术进步的需要、人口增长的需要、个人谋求职业和收入的需要、个人偏好的需要、择优录取的需要等等，从而高等教育的供求矛盾不仅表现在数量上，也表现在质量上和结构上。数量上的供求矛盾主要指高等教育总量的供不应求或供过于求，是高等教育供求矛盾最直观的表现形式。质量上的供求矛盾可以指高等教育办学质量跟不上经济社会发展对高素质人才需求的矛盾，也可以指优质高等教育资源的短缺和人们对接受优质高等教育的强烈诉求间的矛盾，还可以指高等教育服务难以满足人们教育需求多样性的矛盾。前者表现为高等教

---

① 范先佐. 教育经济学新编 [M]. 北京：人民教育出版社，2010：173.
② 此处所说的平衡包括了"点平衡"和"域平衡"，本书任何一处关于供求均衡的表述均指这一层含义。

育人才培养的质量跟不上经济发展和技术进步的要求，即从"实践理性"的角度看高校产出的人力资源合格率不达标。后者主要指由于个人的经济条件、禀赋、偏好乃至语言、文化的群体差异以及对高等教育主观期望的差异，人们对高等教育质量的定义和需求存在差异，而一国的高等教育系统无法提供如此差异化的高等教育服务，由此产生的供求间的矛盾。中间那种情况主要指一国内不同高校的办学水平参差不齐，优质资源短缺，而人们的高等教育需求恰恰集中在这一特定部分，由此产生的供求矛盾。这种矛盾形式在我国尤为突出，大家都希望进入"985 工程"、"211 工程"和"双一流"大学接受高等教育而实际上很难如愿。结构上的供求矛盾就更复杂了，既可以在高等教育的层次结构上产生矛盾，也可以在高等学校的类型结构上产生矛盾，还可以在高等教育的专业结构上产生矛盾，甚至在高等教育的空间结构上也可能存在矛盾，而每一类结构性矛盾既可以出现在高等教育的第一类供求关系上，也可以出现在高等教育的第二类供求关系上，可能涉及的问题非常之多。现实中，高等教育的数量矛盾、质量矛盾、结构矛盾可能同时存在，它们常常交织在一起、嵌套在一起，相互影响，相互渗透，且所有矛盾都可能横跨于高等教育的两类供求关系之中，只不过每一类供求关系都有各自的主要矛盾和次要矛盾罢了。综上可知，高等教育供求矛盾的复杂性在于它是一个具有复杂结构的矛盾体系，是一个多维度、多层次的问题。只有形成了这样的认识，对高等教育的供求问题才会有一个正确的理解，任何试图探讨高等教育供求问题的学术研究都必须建立在这样的理解之上。

最后，我国高等教育的供求问题因受特定经济、社会、制度、文化的影响又有其特殊性。其中有两点最为特殊。第一，高等教育供给和需求的逻辑不同导致两者很难建立起长效的均衡机制。一方面，大学生自主择业制度的建立将高等教育培养的"人"彻底推向了要素市场，其需求受市场机制的自发调节，而以学生为本的招生考试制度改革以及高等教育生源市场的不断发育使学生在很大程度上能够根据自己的"筹码"和偏好自主选择高等教育服务，其需求在很大程度上也已市场化。另一方面，高等教育的供给却依然维持着高度集中的计划管理方式，本书称之为"配给式"供给。高校专业设置和招生等环节始终处于行政管制的严格约束之下，必须严格按照政府下达的招生计划进行招生。这就形成了高等教育的供给和需求分别在不同逻辑和机制下运行的局面，"配给式"供给和市场性需求之间出现了互动的鸿沟。近年来，两种机制间的矛盾似乎正在显性化，已成为我国高等教育供求矛盾的根本原因。不仅如此，"配给式"供给还使高等教育两大市场之间失去了固有联系，生源市场和劳动力市场中间隔了一道"计划"的屏障，从而不利于两类需求的互动和磨合。正如有学者指出的那样："供给管理的计划体制已成为高校生存发展的硬约束，而需求调节的市场机制尚未真正成为高校向社会提供优质高等教育服务与产品的激励—约束机制。"[①] 第二，我国高等教育长期以来的"严进宽出"政策使大学生毕业率始终处在较高水平，其结果是高等教育的两类供给始终粘连在一起，区分度很小。高等教育第一类供给反映在数量上即招生规模，具体到专业层面即每个专业的招生规模，高等教育第二类供给反映在数量上即毕业生规模，具体到专业层面即每个专业的毕业生规模。由于入学的学生大部分均可毕业，不同

---

① 朱秋白. 高等教育供求结构分析与宏观管理研究［M］. 北京：经济科学出版社，2011：2.

高校、不同专业的毕业率差异甚微，这使得任何一所高校、任何一个专业的招生规模和四年后的毕业生规模十分接近，将招生规模乘以一个平均意义上的折算系数即可近似得到毕业生规模。于是，高等教育两类供给在考虑四年时间差的前提下无论在总量上还是在结构上均无多大差异，这就在供求主体"一对二"的基础上使供求内容也完全变成了"一对二"。虽然我国高等教育的供给主体是"高校 + 政府"相统一的一元主体，但本可以通过高等教育"入口"和"出口"在不同模式、规则下的独立运作将两类供给区分开，使入学不等于毕业，让两类供给分别单独处理与两类需求的关系，使高等教育的两类供求关系有更多机会各自走向平衡，避免相互捆绑、相互牵制的局面，而且这样对提高高等教育质量也大有裨益。而现实中，我国高等教育两类供给的粘连使供求系统成为真正意义上的"超静定结构"①，高校往往只能应付其中的一类需求，难以使整个供求系统走向综合协调。以上两方面是我国高等教育供求问题中最特殊的两个地方，而这恰恰阻碍了我国高等教育实现最佳状态的供求均衡。

1.2 问题提出

通过对高等教育供求问题的一般解读以及对我国高等教育供求问题中特殊性的认识，可以进一步引发一系列学术思考，思考的问题不外乎三个大的方面：第一，当前中国高等教育的供求关系正处在一个什么样的状态？第二，高等教育供求均衡的模式选择和供求调节的理论依据是什么？第三，中国是否可能、以何种方式走向高等教育供求关系的综合平衡？这些都是实践层面上亟待回答的重大问题，也是政府制定与调整高等教育发展政策的重要依据，还是大学提高活力，保持持续繁荣的科学指南。本书试图从理论和实证两个方面来回答这些问题。

关于本书的研究，特别要澄清三点：第一，高等教育的供求问题研究如果不是从纯理论的角度开展就必须要落到某一个具体的国家或地区上。中国正走在从高等教育大国向高等教育强国的转型路上，中国的经济发展和人民生活对高等教育的需求又如此之大，中国的问题也就是世界的问题。同时，除了问题的复杂性，中国高等教育还具有非常显著的特殊性。鉴于此，本书以中国高等教育的供求问题为研究对象。第二，高等教育有人才培养、科学研究、社会服务和文化传承等多种职能，每一种职能都可能存在相应的供求问题，因而广义上高等教育的供求问题应同时包含这四个方面。但在一项研究中必定难以面面俱到地覆盖每一条线索，需要有选择、有针对性地去讨论问题。鉴于人才培养是高等教育的首要职能，本书主要从这条线上来开展研究，其他方面的供求问题暂不涉及。第三，上述第一个问题本身就是一个非常庞大的问题集，其中包含的子问题需分别研究。如前文所述，高等教育供求问题的复杂性除了表现在它有两对供求关系外，还表现在它存在于数量维度、质量维度、结构维度等不同维度之中，结构维度中又包含了层次结构、类

---

① 超静定结构是结构力学中的一个概念，是指有多余约束的几何不变体。此处用以隐喻我国高等教育第二类供给的非独立性，即受到了不必要、不恰当的外在约束，从而不能独立地影响第二类供求关系。

型结构、专业结构、空间结构等不同层面的问题。这意味着对高等教育供求关系的全面实证评估理论上应包括两个系统、多个维度、多个层面在内的一系列数据收集和分析工作。一项研究显然无法把这些内容全部囊括在内，要把问题交代清楚就只能选择其中的一个角度进行研究。当我们试图以实证的方式评估中国高等教育的供求关系时，一定不能忘了这一点。本书拟在专业层面上针对高等教育供求的结构方面问题开展数据分析。

选择这么一个研究角度，首先是因为过去从总量层面、院校层面或空间层面开展研究的文献偏多，从专业层面探讨问题的文献较少。而高等教育专业层面的问题恰恰比其他任何一个层面的问题都要复杂和细微，实际上最具有研究价值。在过去的十几年里，我国高等教育的供求关系正悄然发生着改变：高等教育总量适应性不断增强的同时，一些新的问题如专业结构上的矛盾渐已成为供求矛盾的主要方面。一来人们对高等教育的需求层次正从过去的"上大学"和"择大学"层次逐渐上升为"择专业"的层次，日益重视专业志愿的达成度；二来经济转型和产业结构优化也迫切需要高等教育人才培养的专业结构与之相适应，而高校实际开设并招生的专业所具有的结构似乎并不能与两者的期望在一个较高的水平上相契合。其次，一旦把关注的基本单元落在专业上，结构方面的问题自然就成了主要问题，供求中的结构性矛盾相比于数量矛盾和质量矛盾显得更为突出，结构不匹配产生的直接社会影响更大、更具政策紧迫性。而且从实证可行性的角度讲，高等教育不同专业供求中的质量矛盾无从比较，不存在量化研究的可信标准，结构性矛盾则可以借助于"大数据"以一定方式进行评估。最后，在专业层面上讨论高等教育的供求问题也是基于我国现阶段特定现实背景的一个选题考虑。近年来，我国高校大手笔增设和取消专业的现象十分普遍，这看起来是对专业结构的一种调整以更好地适应两类需求，但也暴露了政策过程中存在的一些问题。例如，前不久，中山大学校方证实，近期已决定调整或暂停18个本科专业的招生，其中既包括存在16年之久的社会工作专业，也包括财政学、应用统计学、经济学等热门专业。在实施本科专业动态调整之前，中山大学有126个本科专业办学权。从前年开始，学校对全校本科专业开展摸底排查，分别于2016年、2017年暂停部分本科专业招生，2016年调整或暂停招生的专业数量为21个，2017年调整或暂停招生专业数量为18个。目前，本科招生的专业数量已调整为77个。一场暴风骤雨的改革，可能让中山大学的许多本科专业成为历史名词。大学过度扩招和迎合某种社会潮流设置新专业历来为社会所诟病。然而，如果把一两年之间取消专业视为对过去的纠正，就是试图以一种心血来潮纠正另一种激进行为。大学教育重在延续，即使有必要对不合理的专业结构做出优化，也应采取"渐进式疗法"，比如通过课程优化加强专业内涵建设以达到柔性改革的目标，而不是通过"休克式疗法"将以往的努力一笔勾销。不管当下中山大学正在进行的改革初衷如何，其实质都是行政主导的行为，相关专业教师并没有太大的发言权。当中大内部传出可能取消社会工作专业的消息时，相关专业的教师作出了很多努力，包括举办研讨会以扩大专业认知度、开展专业自省等活动，然而最终无果。① 以本书的观点看，专业应该是由教师建构

---

① 王钟的. 中大"砍专业"：要警惕另一种心血来潮［EB/OL］. 2017 - 5 - 9［2017 - 7 - 9］http：//www. thepaper. cn/newsDetail_forward_1681508.

起来的，其至应是由教师和学生共同建构起来的。在专业建设过程中，教师应成为行为主体，学生则通过自由选择传递不同专业的供求关系信号，进而影响教师的专业建设行为，而行政主导、强力推动的"休克式疗法"反而可能阻碍有实质性意义的改革。一所大学一边说要推广通识教育，一边又觉得不同专业课程雷同，这未尝没有逻辑悖论，中山大学取消专业事件不过是其中一例。其实一所大学设置多少专业、专业设置口径的粗细宽窄、专业间的课程重复率高低都不是最重要的，重要的是各院系的教师是否可以根据自己对本领域知识体系的理解来设置专业且自由安排其课程组合，并以学生意愿为主分配专业，让学生感到学有所值，让教师专注于专业教学，不必为朝令夕改的行政决策徒费精力。因此，从上述我国高校专业管理的现实问题上看，本书的选题也可谓是正当时。

以上是我们选择研究角度和界定研究范围的理论考虑点和现实导入点，本书将围绕着上述提出的三个问题对我国高等教育专业层面的供求问题展开研究。

1.3　文　献　回　顾

高等教育的供求问题研究起步于 20 世纪 60 年代。国外一批学者首先注意到研究相关问题的学术意义，这些学者来自教育学、经济学、政治学等不同领域，他们对高等教育供求问题的不同方面产生了研究兴趣。时至今日，已积累起一定数量的外文文献，涉及了较广的研究范围。国内研究起步较晚，一直到 20 世纪 90 年代这方面的研究才刚刚开始，原因部分地在于教育经济学在我国的发展相对滞后。由于存在于中国高等教育供求关系中的实际问题与西方国家有所不同，在高等教育制度、高等教育内部结构、经济社会发展、阶层差异和教育公平、文化价值观念等方面我们均有自己的特殊性和阶段性，国内学者与西方学者关注的视角自然有所不同。本书以研究领域（研究问题）为基本单位来组织文献综述，每个研究领域（研究问题）中均介绍了若干国内外有代表性的研究成果。考虑到高等教育供求问题是一个比较宽泛的话题，可进一步细分为很多子问题，本书紧扣主题对四个方面的文献进行回顾，分别是对高等教育供求命题的一般分析或整体讨论、对高等教育专业结构和高校专业设置的研究、关于学生专业选择方面的研究和大学生就业方面的研究。事实上，以上任何一个方面又包含着很多具体的研究视角。为了突出重点，本书根据需要在每类问题中选择性地对几个子问题进行文献介绍，详见下文的讨论。

1.3.1　对高等教育供求话题的一般分析或整体讨论

对高等教育供求话题的一般分析或整体讨论是国内学者最常选取的研究视角。西方学者关注的问题通常比较细、比较具体，国内学者则更热衷于站在宏观政策的高度上看待问题，这也是东、西方学术研究的不同特点。

1.3.1.1　高等教育供给和需求的概念界定

对于什么是高等教育供给和高等教育需求的问题，学界尚未形成一个相对统一的定义，在概念上往往是见仁见智的。例如，有学者认为高等教育供给是在一定的单位教育成本下，高等教育机构所能提供的教育，表现为高等教育机构培养一定数量、质量、结构劳动者的能力。[①] 该观点所指的高等教育供给实际上就是本书所说的第二类供给，纯粹指向劳动力市场。也有学者认为高等教育供给指在某一时期内，一国或一地区高等教育机构所能提供给受教育者的机会。[②] 该观点将高等教育供给指向生源市场，即本书所说的第一类供给。还有学者将上述两种观点整合在一起，认为高等教育供给是指一定社会为了培养各种熟练的劳动力和专门人才，促进经济、社会和个体的发展，由高等教育机构在一定时期内提供给学生受高等教育的机会。[③] 另一种观点认为，高等教育供给是指高等教育部门在一定时期内为个人和社会提供的接受高等教育与科技服务的机会。[④] 这种观点既突出了高等教育供给是为社会各行各业提供各类高等教育产品（包括各类人才和科研成果），也强调了高等教育供给是提供给个体的受教育机会。可见，高等教育供给是一个有不同说法的概念，可以从广义上下定义也可以从狭义上下定义，本书相对比较认同上述最后一种观点，它有助于我们更全面地把握高等教育供给的内涵和特征。相类似，学界对高等教育的需求也有多个版本的界定，本书比较认同的观点为：高等教育需求是指国家、企业和个人对高等教育有支付能力的需要，是获得高等教育服务（产品）的愿望与对高等教育支付能力的统一。[⑤] 这种定义将高等教育的两类需求都概括在内，较好地反映了高等教育需求的内涵。总的来说，学界对高等教育供给和需求概念的理解还没有完全统一，没有精准到像"教育投资""高等教育机构""学科""专业"等概念的清晰水平。这直接导致了对高等教育供求问题的各方面研究缺乏主线，研究的视角、理论、逻辑、落点、方法完全因概念理解不同而不同。

1.3.1.2 高等教育供求问题的基础理论研究

国内外文献在探讨高等教育的供求问题时常用的理论基础有人力资本理论、教育收益理论、教育属性理论、高等教育"适应论"、理性选择理论、需求层次理论、劳动力市场供求均衡理论等。每一种理论能且只能从一个侧面解释有关问题。

人力资本理论是教育经济学整个学科领域的基本理论之一，强调凝聚在劳动者身上的知识、技能及其所表现出来的能力。教育通过为全社会培养并输送人力资本来促进经济增长。从这种意义上讲，人力资本理论对研究高等教育的第二类供求关系具有十分重要的意义。社会对高等教育的需求更多地表现为对接受过高等教育的人的需求，即人力资本的需求。自舒尔茨（Schultz，1964）开创性地对人力资本理论进行系统论述后，贝克尔（Becker）、卢卡斯（Lucas）等一大批经济学家开始致力于从人力需求的角度研究高等教育供给，国内文献也大多将人力资本理论作为研究高等教育供求问题的理论基础。

自舒尔茨（Schultz，1964）在《教育的经济价值》一书中系统讨论了多种教育收

① 王善迈. 教育投入与产出研究 [M]. 石家庄：河北教育出版社，1996：321.
② 靳希斌. 教育经济学 [M]. 北京：人民教育出版社，2001：80.
③ 范先佐. 教育经济学 [M]. 北京：人民教育出版社，2010：165.
④ 李同明. 中国现代高等教育经济学 [M]. 北京：经济管理出版社，1998：98.
⑤ 王培根. 高等教育经济学 [M]. 北京：经济管理出版社，2004：70.

益后，教育收益逐渐成为教育经济学研究的热点，教育收益理论就是以此为基础经过许多学者不断补充后形成的一种理论。根据对国内外相关文献的梳理，教育收益可分为教育的私人货币收益、非货币收益和教育的社会货币收益、非货币收益四种。它们分别影响着私人和社会对教育的需求。高等教育也是如此，不同层次、不同类型的高等教育，甚至高等教育中的不同专业可能具备的私人收益和社会收益均存在差异，需求的结构性问题在很大程度上就源自这些差异。可见，教育收益理论在高等教育的结构性供求关系问题上具有很强的解释力。

美国著名经济学家萨缪尔森（Samuelson，1954）提出了"公共物品"这一概念，由此引发了国内外学界关于教育是否属于公共物品的广泛讨论。教育属性理论应运而生。与此同时，高等教育公共物品说、私人物品说、准公共物品说、混合物品说等不同观点层出不穷。更重要的是，对高等教育属性的准确把握有助于我们明确高等教育的供给主体、供给机制和供给方式等问题，这将直接影响到高等教育供求关系的处理过程和处理结果。因此，在讨论高等教育的供给时，很多文献都会谈到高等教育服务（产品）的属性问题，试图通过相关角度的论证寻找构建供求均衡机制的途径。

高等教育"适应论"即高等教育外部关系规律，是我国著名高等教育家潘懋元先生提出的高等教育基本规律之一。其核心观点是高等教育发展必须与社会发展需求相适应，在适应的过程中实现高等教育和外部系统的共同发展，这是高等教育基本规律的重要组成部分。事实上，高等教育"适应论"是一个内涵相当丰富的学说，高等教育的第二类供求关系完全可以看作高等教育外部关系规律中一个具体的方面，供求平衡在某种意义上即"充分适应"。因此，从高等教育"适应论"的视角来研究供求问题就成了国内学者的主流研究路径，至少"适应论"为相关研究提供了直接而有力的理论支持。然而，近年来也有学者从认知理性的角度对相关学说提出了质疑，并在国内高等教育学界激起了一阵涟漪，我们也曾对相关学术争鸣进行过一次梳理和解读，从高等教育哲学层面系统阐释了我们的逻辑理路和方法论立场。[1]

限于篇幅，本书不再逐一介绍高等教育供求问题研究中可能涉及的每一种基础理论，对相关基础理论研究的文献也不作展开论述。

1.3.1.3　高等教育供求关系的事实和价值研究

这方面的研究具有很宽的覆盖面，不同学者的关注点各不相同，理论研究和实证研究兼而有之。拉德纳和米勒（R. Radner & L. S. Miller，1970）对美国高等教育的供给和需求进行了开创性研究，较早提出了高等教育是一个特殊产业的概念，研究了高等教育供求关系中的"投入—产出"问题，分析了高等教育学生投入性供给（supply of student inputs）和劳动力市场需求（demand for places）的影响因素和相互关系。[2] 经济学家威廉·阿瑟·刘易斯（William Arthur Lewis，1994）对高等教育供给与社会经济发展的阶

---

① 可参见笔者以下期刊论文：邬大光，王旭辉. 近年来我国高等教育研究若干问题述评 [J]. 教育研究，2015（5）：73 – 88。

② Radner R，Miller L S Demand and Supply in U. S. Higher Education：A Progress Report ［J］. The American Economic Review，1970，60（2）；Papers and Proceedings of the Eighty-second Annual Meeting of the American Economic Association，1970；326 – 334.

段性需求的关系进行了研究。他在《经济增长理论》一书中指出，在经济发展的不同阶段，社会和个人有着不同的教育需求，高等教育供给必须充分考虑需求的阶段性问题。① 萨卡罗普洛斯和桑亚尔（G. Psacharopoulos & B. C. Sanyal，1981）曾对若干个国家的高等教育入学率（第一类供求关系）和毕业生失业率（第二类供求关系）做过相关性研究，结果显示高等教育入学率和毕业生失业率的相关性很弱，即扩大高等教育供给以满足更多学生的入学需求并不一定导致毕业生失业率的增加。② 不过，坦普尔（Temple，1999）对韩国开展的一项关于教育投资（供给）与经济增长间关系的实证研究却表明，这一时期韩国教育投资（供给）的增加不仅没有促进经济增长，反而出现了高失业率和经济衰退。③ 埃斯特拉·詹姆斯（Estella James，1993）研究了个人需求和私立教育发展的关系，他将人们对教育的需求分为超额需求和差异化需求，通过对 12 个发达国家和 38 个发展中国家的实证研究发现，私立教育的发展受超额需求、差异化需求和政策供给三方面的共同影响。④

国内方面，范先佐教授在《我国教育经济学的回顾和展望》一文中提出了供求问题研究的几个要点，为高等教育供求关系的研究提供了很有价值的方向性见解。在另一篇文献中，他们指出由于在相当长的时期内我国教育一直处于资源约束状态，由此造成总供给满足不了总需求的局面，这种矛盾不仅表现在数量上，也突出表现在质量和结构方面，因而增加教育的"有效供给"才是缓解供求矛盾的关键。⑤ 有学者通过对教育服务的双重属性及其矛盾运动的剖析，揭示了高等教育供求主体、高等教育供求客体以及高等教育供求关系的特点及其运动规律。⑥ 也有学者同时分析了高等教育两类供求矛盾的性质、影响因素及其关联，并通过实证说明了中国高等教育两类供求矛盾的现状、趋势和特征，提出了调节矛盾的机制和路径。⑦ 秦闻笛（2008）也指出了高校扩招以来我国高等教育服务供不应求和大学毕业生供过于求两类供求关系背道而驰的情形，认为简单地扩大高等教育供给无法化解任何一类矛盾。另一些学者从高等教育供求主体利益的角度出发做了一些研讨。例如，唐永泽（2002）在《我国高等教育主体间关系的变化趋势》一文中曾详细论述过政府与高校、学生与高校、企业与高校、高校与高校等各个主体间的利益关系；马永霞（2005，2006，2007）在此基础上进一步分析了高等教育供求主体的利益冲突及其带来的问题，第一篇文献重点谈了高等教育两类需求主体间的目标冲突；第二篇文献重点谈了高等教育多边供求主体彼此间的利益矛盾所导致的我国高等教育的严重结构失衡；第三篇文献则探讨了高等教育供求主体利益制约下的大学生就业市场配置问题。也有学者沿着詹姆斯（James，1993）的思路分析了我国民办高等教

① 阿瑟·刘易斯. 经济增长理论 [M]. 梁小民，译. 上海：上海三联书店，上海人民出版社，1994.

② Psacharopoulos G，Sanyal B C. Higher Education and Employment：the IIEP Experience in Five Less Developed Countries [M]. United Nations：IIEP Publications，1981.

③ Temple J. A Positive Effect of Human Capital on Grouth [J]. Economics Letters，1999，65（1）：131 – 134.

④ James E. Why Do Different Countries Choose a Different Public – Private Mix of Educational Services [J]. Journal of Human Resources，1993，28（3）：571 – 592.

⑤ 吴宏超，范先佐. 我国教育供求研究的回顾与反思 [J]. 教育与经济，2006（3）：24 – 27.

⑥ 刘学俊. 基于教育服务的高等教育供求研究 [J]. 江苏高教，2009（5）：38 – 40.

⑦ 朱秋白. 高等教育供求结构分析与宏观管理研究 [M]. 北京：经济科学出版社，2011：9 – 10.

育发展与个人需求的关系，认为我国的民办高等教育主要依赖于超额需求。①② 笔者的进一步研究表明：差异性需求的缺失导致我国民办高等教育生源的相对不足，而高昂的学费、当前的非正式制度环境、差强人意的办学现状和需求方的有限理性是制约我国民办高等教育差异性需求的根本因素。③

还有一些文献围绕着高等教育供求矛盾的调节机制进行了讨论，并大致形成了三种不同观点。干预派认为应通过公共政策来干预和调节高等教育的供求关系；市场派认为应通过完全的市场机制自行调节，减少行政干预；折衷派认为高等教育供求关系应由政府和市场共同调节，市场机制和宏观管理须有机结合。目前，越来越多学者已进入了折衷派的阵营。例如，丁小浩（1998）认为，只有政府宏观调控和市场机制有机结合起来才能使高等教育规模与结构的政策目标接近于实际供给和需求。又如，范先佐（2006）认为，政府而非市场应在教育资源配置中起基础作用，而市场则可作为增加教育供给的一种辅助手段。另有学者从公共经济学的视角分析了我国高等教育市场的供求缺口及其弥补办法，指出当存在高等教育供求缺口时，可以采取政府直接供给、间接供给、教育凭单制等多种供给方式以实现供求均衡。④ 此外，笔者也曾对我国高等教育的若干典型供求关系进行过实证研究，相关研究从院校、专业和空间三个维度展开，并分别提出了化解矛盾的思路。⑤

1.3.2 对高等教育专业结构和高校专业设置的研究

由于本书关注的是高等教育专业层面的供求问题，从而专业结构和专业设置就是与本书主题密切相关的问题。一方面，有什么样的专业设置逻辑及在此基础上形成的专业结构就决定了高等教育具有怎样的人才培养结构（供给结构）；另一方面，专业结构在很大程度上也是被需求塑造起来的，往往能部分地反映出需求结构的信息，在高等教育资源相对充足的国家尤其如此。因此，有必要对高等教育专业结构和专业设置方面的研究有一个大致的了解。

1.3.2.1 关于高等教育专业结构方面的研究

保罗·温道夫（Paul Windolf，1997）研究了高等教育规模扩张与结构变化之间的关系，作者主要从历史维度和比较维度两个方面开展研究。该研究的主要对象是德国高校，历史研究的时间跨度长达一个多世纪，同时也对美国和日本两国的高等教育结构变迁和德国进行了比较。保罗·温道夫（Paul Windolf，1997）认为，高等教育规模的急

---

① 宋光辉，陈勇. 超额需求、差异化需求与我国民办教育规模 [J]. 管理世界，2009（6）：61 – 71.

② 方芳，钟秉林. 我国民办高等教育的区域差异及影响因素分析 [J]. 教育研究，2011（7）：35 – 42.

③ 王旭辉. 我国民办高等教育的需求特征和需求制约因素分析——基于浙江省考生选择的实证研究 [J]. 教育发展研究，2015（13 – 14）：43 – 49.

④ 黄河，周采. 从公共经济学的视角看我国高等教育市场的缺口及其弥补 [J]. 南京师范大学学报（社会科学版），2005（2）：62 – 67.

⑤ 可参见笔者以下期刊论文：王旭辉. 我国高等教育若干典型供求关系研究 [J]. 中国高教研究，2016（1）：21 – 29.

剧扩张使高等教育的各种结构均发生了显著变化，而结构的改变反过来又加速了规模的扩张。具体到专业上，部分学科专业的扩张与经济周期的脉搏基本一致，而另一些则不是。通过对不同时期不同学科专业招生规模的分析，作者发现不同学科专业的学生数量在不同阶段分别达到了历史最高点和最低点。在某个时间截面上，一些专业学生爆满，一些专业则缺少学生。且学生对专业的偏好从时间上看并不固定，随着时间不同会有很大变化，变化的依据主要与就业市场的信号有关。作者指出，大学对学生专业偏好变化的适应能力是其在经济形势或劳动力市场发生变化时能否继续扩大供给规模的决定性条件。① 对于专业结构变化为何呈现出阶段性特征，保罗·温道夫（Paul Windolf, 1997）也做了一些解释，认为它受不同阶段个人教育决策模式的影响较大。在前期阶段，学生主要围绕着是否上大学、上什么大学考虑问题；在后期阶段，学生才重点考虑读什么专业的问题。关于上大学的问题，学生决策时一般不太受外部经济环境的影响，主要取决于个人意志，而在选择专业的问题上，人们就会更多地结合当前经济环境下的就业形势来考虑了。② 托尼·比彻和莫利斯·科根（Tony Becher & Maurice Kogan, 1992）针对英国的情况进行了研究。两位学者对英国"二战"以来高等教育中央权力部门（central authority）、高校（institute）、基本单位（basic units）和个体（individual）四个层面的结构变化展开了研究。其中基本单元即院系、学科和课程模块的层面。他们指出，高校按照系及学科组合来培养人才以应对社会需求的模式已越来越暴露出其局限性，以系为单位进行人才培养不如以课程模块为基础的学习计划，以课程组作为教学组织基础当成为一种改革趋势，或者说高校应把课程改革作为人才培养结构调整的重点方向。③

以上两项研究得出了一个共同结论：扩大高等教育规模必然导致大学中学科专业结构的变化，但若科类结构的变化与市场需求相左，则高等教育规模扩张将难以为继。由于专业本质上是相互关联的知识按照一定逻辑的组合，所以专业结构的变化很大程度上应是知识组合方式变得更为灵活以增强对市场需求的适应力。同时，我们也察觉到国外学者在讨论高等教育专业结构时的关注点和国内研究有所不同，他们往往不是就专业结构而论专业结构，而是将相关问题置于一个更具体的背景下和更宽阔的视野中来讨论，并且学生个体常常会成为他们关注的一个方面。

相较于国外，直接研究专业结构及其变化的国内文献为数不少。著作类文献有郝克明和汪永铨（1987）主编的《中国高等教育结构研究》、夏子贵和罗洪铁（1997）合著的《专业变革：跨世纪人才培养的宏伟工程》、纪宝成（2006）主编的《中国大学学科专业设置研究》、谢维和等（2007）合著的《中国高等教育大众化进程中的结构分析：1998－2004年的实证研究》、罗丹（2010）著述的《规模扩张以来高校专业结构变化研究》等。学位论文类文献有林蕙青（2006）的博士论文《高等学校学科专业结构调整研究》、闫亚林（2005）的博士论文《高等教育层次和科类结构研究》、曹洪军（2011）的博士论文《普通高校本科毕业生就业的专业结构性矛盾研究》、郭洁（2004）的硕士论文《新中国

---

①② Windolf P. Expansion and Structural Change: Higher Education in Germany, the United States and Japan, 1870－1990 [M]. Oxford: Westview Press, 1997: 37.

③ Becher T, Kogan M. Process and Structure in Higher Education [M]. London: Routledge, 1992: 96.

高等教育专业结构改革的历史研究》等。除此以外，研究一个省的高等教育专业结构的硕士论文至少有好几十篇，此处不再详细枚举。期刊类文献就更多了，例如，《从战略高度做好新一轮学科专业结构调整工作：访教育部高教司副司长林蕙青》《高校专业结构调整和人才培养》《高校学科专业结构调整现状分析与对策初探》《高等学校学科专业结构调整的新走向》《高校扩招与专业结构调整》《中国高等教育大众化初期学科结构变化的主要特点与实证分析》《对高等工科院校专业结构调整的思考》《宏观调控高等教育专业结构的资源分区控制法》《高等教育专业结构的现状与调整方向》《高职院校专业结构调整优化研究》《现代高校本科专业结构调整的多元耦合》《国外高等教育专业结构调整对我们的启示》《金融危机下高校专业结构调整与学科发展》等都是相关主题下的期刊论文。

　　总体上看，国内研究比较聚焦，往往就专业结构来谈专业结构，无非讨论的层面有所差异，有针对全国层面的分析，有针对区域层面的分析，也有针对一所高校的分析，少量文献则介绍了一些他国经验，但高度聚焦于"专业结构"或"科类结构"本身是大部分文献的共同之处。这使得很多讨论给人一种只见"结构"不见"人"或"关系"的感觉。这些研究的关切点主要集中在五个方面：一是对高等教育的专业结构及其变化进行现状或过程描述，并揭示出其中的问题；二是分析高等教育专业结构变化的影响因素，找出某些不合理现象的原因；三是对我国高等教育专业结构的变迁进行历史和制度分析，总结经验；四是结合社会需求或大学生就业问题讨论专业结构的合理性；五是围绕着如何进一步优化专业结构的问题开展对策研究并提出主张。很多时候，从文献的标题上就可以看出国内研究更倾向于以一种"帝师"的身份来看待相关问题，学者们的讨论都较为宏观，与国外研究的风格形成了鲜明对比。国外研究更像是一种"摸索"和"探险"，他们提出的见解多基于某项研究发现；国内研究则更像是"诊断"和"治疗"，很多见解来自研究者本人的价值预设。

1.3.2.2　关于高校专业设置方面的研究

　　高校的专业设置直接影响着高等教育的专业结构，进而决定了人才培养的专业结构。由于我国高等教育的专业设置不是高校单方面可以决定的，须受到严格的行政管制，从而存在的问题也较多，故国内学者对高校专业设置的问题一直较为关注。不仅是因供求矛盾而关注，更多的是因大学自主权而关注。以下对高校专业设置方面的国内研究做一个简要介绍。

　　有学者概括了我国高等教育专业设置的历史阶段。纪宝成（2006）在其《中国大学学科专业设置研究》一书中提出了"四阶段"说，将新中国成立以来我国高等教育的学科专业设置归纳为四个不同阶段；林蕙青（2006）则在其博士学位论文《高等教育学科专业结构调整研究》中将我国高等教育的专业设置划分为三个历史阶段，详见相关文献。更多学者把研究重点放在了目前高校专业设置存在的问题上。例如，刘少雪（2009）的专著《高等学校本科专业结构、设置及管理机制研究》、阳荣威（2006）的学位论文《高等学校专业设置与调控研究》、杨二辉（2006）的学位论文《我国高等学校专业设置与调整机制研究》等都着重讨论了专业设置中的一些问题，大多认为我国目前的专业设置制度强化了国家对高校专业设置的集中管理，高校的自主权十分有限，从而市场机制在高等教育的供求关系调节中无法正常发挥作用。虽然我国专业设置经历了多次调整，但调整的内容大多是专业的种数和点数，较少涉及专业设置权限和机制的调整。时至今日我国依然没有从根本上改变先确定专业再考虑课程的做法，依然没有建立起高校专业设置主动适应科技进步和社会变革需要的有效模式。有学者鞭辟入里地从专业设置的"计划体制"和大学生就业的"市场体制"的根本矛盾上阐明了问题的实质："当现行高等教育产品的培育模式被锁定时，国家对高教产品的完全自产自销转变为基本上的自产他销，专业人才的培养制度仍囿于计划体制的框架之下，却把这种制度下的产品流转到了另一种体制中，使得供求关系客观上表现出明显的断裂性。"① 杨同毅（2010）认为，由"计划"到"市场"是我国高校专业设置管理方式改革的唯一出路，政府应实现从资源配给向资源调控的转变。②

也有不少学者对我国高校的专业设置及其对供求关系的影响进行了一些实证研究。张振助（2014）对1994年以来我国本科高校专业设置的变动情况及其动因进行了分析，并从优化学科类型结构、推进学科质量评估和拨款调控、加强人才供求信息服务等角度对调整学科专业设置提出了若干建议。③ 其他实证研究如柳亮（2017）、何岸和杜学元（2004）、刘少雪（2009）、曹洪军（2011）、张忠福（2015）、丁明军等（2014）、冯成志（2013）、朱立峰（2012）等也从不同角度分析了高校专业设置中存在的问题，大部分文献都提到了由专业设置不合理而引发的人才供需结构性矛盾问题。事实上，高校专业设置的缺陷反映到宏观上即整个高等教育专业结构上的缺陷，并使相关问题最终在第二类供求关系的环节上集中显现，即结构性失业。

还有一些学者介绍了国外高校的专业设置及其调整策略。例如，张泽懿和卢晓东（2014）对中美理科本科专业设置进行了比较研究，发现两国理科本科专业设置存在着四个方面的不同，认为美国对新知识的生长形成了正确观念，并将这种认识与教育发展规律结合起来，形成了合理的教育组织模式和制度；④ 贾万刚（2005）考察了美、日、英三国的经验后提出了我国高等教育学科专业设置的改革建议，指出高校专业设置应面向市场、面向学生、面向未来。⑤ 此外，何兰英和龙大为（2004）的《中美研究型大学专业设置与人才培养的差异及启示》、卢小东（2001）的《中美大学本科专业设置比较》、户小英（2008）的《国外高等教育专业结构调整对我们的启示》、孙进（2011）的《德国应用科学大学专业设置的特点与启示》等文献均介绍了西方国家的高校在专业设置中的做法，以期为我国政府和高校提供参考。

综上所述，关于高校专业设置的研究涵盖了历史研究、现状研究、比较研究等多个方面，目的都是要找出问题并提供改进的思路。其中，相当一部分学者把我国当前专业设置的问题与社会需求联系在了一起，认为当前专业设置不当及根植于背后的高校缺乏自主权是造成高等教育第二类结构性供求矛盾的根本病灶，但目前讨论专业设置与学生

---

① 李婵娟. 不可忽视的结构性矛盾：专业与就业 [J]. 大学教育与评价, 2006 (12)：82 – 89.
② 杨同毅. 由"计划"到"市场"——我国高校专业设置管理方式的转变 [J]. 教育发展研究, 2010 (13 – 14)：74 – 77.
③ 张振助. 普通本科院校学科设置的实证分析及思考 [J]. 复旦教育论坛, 2014 (4)：76 – 81.
④ 张泽懿，卢晓东. 中美理科本科专业设置比较研究 [J]. 高等理科教育, 2014 (2)：61 – 87.
⑤ 贾万刚. 大学专业设置与大学生就业相协调的国际经验及启示 [J]. 理工高教研究, 2005 (4)：85 – 86.

需求间关系的文献仍较为少见。

1.3.3　关于学生专业选择方面的研究

严格来说,直接明确地把高等教育的第一类供求关系作为一个整体话题来研究的国内外文献都很少见,学界对高等教育第一类供求问题的探讨往往散见于一些更具体的话题之中,研究某个特定的方面。如上文论述的高校专业设置就是与这一主题有关的一类研究,高校如何设置专业实际上就是高等教育供给中的一个具体问题。其他也属于这一主题范畴的研究诸如高校招生研究、高等教育入学机会研究、学生学校选择研究、学生专业选择研究等,它们都是高等教育第一类供求问题中的不同子问题。特别地,学生专业选择研究与本书主题的关系最为密切,一来相关研究聚焦到了学生身上,学生集体选择行为的背后正是他们对不同专业的真实需求;二来相关研究具体到了专业层面,关注的正是需求的专业结构,而不是泛泛地讨论总需求特点或别的层面的问题,至于其他方面的研究则与本书主题有些疏远。鉴于此,我们针对性地对学生专业选择问题做一个文献介绍。

1.3.3.1　关于学生选择专业的影响因素研究

关注学生专业选择影响因素的国内外文献比较丰富。归根结底,影响学生选择专业的因素也就是影响学生专业需求的因素,研究这一问题有助于人们深入了解学生需求的特点和内在逻辑,从而为科学处理高等教育的第一类供求关系提供参考依据。

有学者认为学生的教育选择完全取决于不同主修计划在预期中能给他们带来的个人收益(Koch,1972;Cebula & Lopes,1982)。巴姆伯格(Bamburger,1986)认为学生的专业选择既受不同专业预期收益的影响也受从不同专业中毕业的概率影响。[1] 也有学者认为学生对学业的选择近似是一种理性人的决策,投入产出比是学生做出任何教育选择的主要依据,学生会系统评估某种学业选择的好处和风险,而社会环境的改变又会不断影响学生评估问题的价值标准(Boudon,1973,1979)。[2] 伯杰(Berger,1988)认为,学生选择一个主修而放弃其他主修的可能性取决于预计的该主修相对于其他主修的未来长期收益,但不同主修的起薪差异并不会对学生选择哪个主修产生明显影响。[3] 罗查特和迪穆拉米斯特(Rochat & Demeulemeester,2001)认为学业竞争风险和就业竞争风险是学生选择专业中最常考虑的两大因素,前者涉及的问题是不同专业的毕业难度,后者涉及的问题是不同专业就业时的竞争压力,一些学生为了回避这两种风险倾向于选择他们认为比较稳妥的专业。[4]

① 转引自孟大虎. 不确定环境中的抉择:从专业选择到职位决策 [J]. 北京师范大学学报(社会科学版),2004(3):99-104.

② 玛丽·杜里-柏拉,阿涅斯·冯·让丹. 学校社会学 [M]. 汪陵,译. 上海:华东师范大学出版社,2001:74-75.

③ Berger M C. Predicted Future Earnings and Choice of College Major [J]. Industrial & Labor Relations Review,1988,41(3):418-429.

④ Rochat D,Demeulemeester J L. Rational Choice under Unequal Constrains:The Example of Belgian Higher Education [J]. Economics of Education Review,2001,20(1):15-26.

还有一些学者在研究中加入了更多可能的影响因素，如学生的专业兴趣、自身的能力倾向、顺利就业的可能性和潜在的就业收入等。他们的调查发现，兴趣是学生选择专业最主要的影响因素，其次是职业生涯发展潜力和找到工作的可能性，最后是自身能力倾向、学费高低和专业的声誉，来自父母、高中教师等非本人因素对专业选择的影响相对较弱。① 相关学者也研究了学生后期改变专业的影响因素，发现专业兴趣、职业生涯与工作机会、一些介绍性课程、来自原专业的消极因素、学生间的相互影响等都是促使学生换专业的重要因素。② 宋和詹妮弗·格里克（Song & Jennifer E. Glick，2004）针对家庭背景对子女选择主修的影响做了一项分析，搜集了 9202 名美国学生和亚洲学生的数据，结果表明不同家庭背景对子女上大学的影响较为显著，但对他们主修选择的影响却是微乎其微的。③ 也有研究从家庭文化因素方面寻找学生专业选择差异的原因。④ 辛普森（Simpson，2001）对不同种族高中及以上学生的主修计划的影响因素进行了统计，结果发现不同种族的学生在选择主修的影响因素上并无太大差异。⑤ 格里芬（Griffin，1990）、梅普尔和斯特奇（Maple & Stage，1991）、托马斯（Thomas，1984）、特拉斯蒂等（Trusty et al，2000）、宋和詹妮弗·格里克（Song & Jennifer E. Glick，2004）、刘易斯和康奈尔（Lewis & Connell，2005）等文献均涉及了高中教育经历对学生进入大学后专业选择影响的实证分析。如有研究表明学生在高中阶段对数学的掌握程度将直接影响他们是否选择科学和技术类专业；反过来也一样，大学里主修科学课程的学生比主修其他课程的学生在高中阶段学习过更多数学课程。⑥ 也有研究表明，高中数学成绩越好的学生越倾向于选择未来潜在收入水平较高的专业。⑦ 还有一些文献比较了不同国家和地区的学生在选择专业时受家庭影响的差别，研究表明亚洲学生在专业和职业问题上受父母的影响最大。在许多亚洲国家中，一个人关于专业或职业方面的决策往往也是整个家庭的决策。⑧

国内方面，赵叶珠和钱兰英（1999）的调查研究表明，学生在填报专业志愿时考虑的前三位因素依次是拟填报专业的就业前景、个人兴趣和能否进入目标大学（即对专业持无所谓态度）。他们还指出，随着经济体制的转轨，学生选择专业的影响因素也在发生着变化，在计划经济体制下，学生选择专业的出发点是个人，归宿是社会，而在市场

---

①② Malgwi C A, Howe M A, Burnaby P A. Influences on Students' Choice of College Major [J]. Journal of Education for Business, 2005, 80 (5): 275 – 282.

③ Song G, Glick J E. College Attendance and Choice of College Majors among Asian – American Students [J]. Social Science Quarterly, 2004, 85 (5): 1401 – 1421.

④ 玛丽·杜里－柏拉，阿涅斯·冯·让丹. 学校社会学 [M]. 汪陵，译. 上海：华东师范大学出版社，2001：74 – 75.

⑤ Simpson J C. Segregated by Subject: Racial Differences in the Factors Influencing Academic Major Between European Americans, Asian Americans, and African, Hispanic, and Native Americans [J]. The Journal of Higher Education, 2001, 72 (1): 63 – 100.

⑥ Lewis B F, Connell S. African American Students' Career Considerations and Reasons for Enrolling in Advanced Science Courses [J]. Negro Educational Review, 2005 (56): 221 – 231.

⑦⑧ Song C, Glick J E. College Attendance and Choice of College Majors among Asian – American Students [J]. Social Science Quarterly, 2004, 85 (5): 1401 – 1421.

经济体制下，学生选择专业的出发点是社会，归宿则是个人。① 赵宏斌（2004）的研究显示，影响学生选什么专业的因素依次为就业难易度、是否为热门专业、性别因素和个人兴趣，其中前两个因素占据主导，表明学生对专业的需求很大程度上以就业为导向。② 童腮军（2003）在制作专业选择量表时将影响因素归纳为个人因素、家庭因素、高校因素和社会因素四大类，每一类下面分别设置若干二级指标，实证调查得出的主要结论为：个人兴趣和社会需求两个方面对专业选择的影响最大，一方面，多数学生的专业选择具有较强的职业倾向，将专业和职业紧密联系起来；另一方面，也有很多学生盲目追求热门专业，个人兴趣至上，把考虑的重点押在第一志愿专业上而忽略了其他志愿。③ 罗丹（2010）的调查显示：学生选择专业时重点考虑的问题依次为毕业后的就业前景、个人兴趣和特长、被录取的可能性、专业实力、其他和收费。其中，选择前三项的学生比例远远高于选择后几项的学生比例。④ 樊明成（2013）也对国内学生选择专业的影响因素开展过实证研究，结论为：个人兴趣、工作机会、职业生涯发展潜力、个人能力倾向、成绩落点、父母和家人的指导是影响学生决策的前六大因素。⑤ 同时，该学者也分析了不同类型高校的学生专业选择影响因素的差异。吕慈仙和李卫华（2014）从理性选择理论的视角研究了大类招生时学生选择专业的影响因素，研究发现学生选择专业有较大的理性成分，比较注重专业的实力。⑥ 胡昱东等（2016）则分析了研究型大学大类培养模式下学生专业选择的问题，发现就业前景、专业实力、家庭背景、他人影响和自我特质是五个最主要的影响因素，其中又以自我特质的影响最为突出。⑦ 此外，近几年还有一些硕士学位论文也从不同角度探讨了相关问题，例如，陆旖婷（2016）的论文《大学生工科专业选择影响因素研究——基于背景因素、自我效能感和兴趣的分析》、李娟（2015）的论文《家庭背景影响下大学生专业选择研究》、蔡雨珈（2015）的论文《高校社会影响力对高考考生专业选择的影响研究》等。

由以上分析可知，国内研究大多认为就业机会（就业率）、就业收益率、个人兴趣等是影响学生专业选择的主要因素，国外研究则表明不同专业毕业难度上的差异（毕业率）和高中学习内容也会是学生进入大学后选择专业的重要考虑点。前者是因为我国高等教育不同专业的毕业率没有显著差异，"毕业率"在我国完全不会成为一个影响因素，而西方国家的学生则需要考虑这个问题。再者就是国内学生在选择专业时受家庭成员的影响要超过西方国家的学生。总之，在充分把握相关问题国内外研究的基础上，才能对高等教育第一类需求的特点和内在逻辑有一个更好的理解。

---

① 赵叶珠，钱兰英. 九十年代大学生专业选择行为研究 [J]. 青年研究，1999（4）：12 - 15.

② 赵宏斌. 人力资本投资收益——风险与大学生择业行为 [J]. 北京师范大学学报（社会科学版），2004（3）：119 - 125.

③ 童腮军. 高考学生专业选择行为研究 [D]. 南昌：江西师范大学，2003：19 - 26.

④ 罗丹. 规模扩张以来高校专业结构变化研究 [M]. 广州：广东高等教育出版社，2010：196 - 211.

⑤ 樊明成. 我国大学生专业选择的影响因素 [J]. 现代教育管理，2013（1）：113 - 117.

⑥ 吕慈仙，李卫华. 高校学生专业选择的影响因素分析——基于理性选择理论的视角 [J]. 高等工程教育研究，2014（1）：81 - 85.

⑦ 胡昱东，陈劲，李明坤. 研究型大学大类培养模式下学生专业选择影响因素分析 [J]. 清华大学教育研究，2016（4）：46 - 51.

1.3.3.2 关于学生选择专业的群体差异研究

国外学者主要从不同性别学生、不同家庭地位学生、不同族类学生三种维度研究学生选择专业的群体差异。关于性别差异的研究，很多学者得出了基本一致的结论，即女生更倾向于选择人文社科类专业，男生更倾向于选择工程技术类专业。例如，戴维斯和格皮（Davies & Guppy，1997）、凯伦（Karen，2002）、特拉斯蒂等（Trusty et al，2000）、布尔迪约和帕斯隆（Bourdieu & Passeron，2002）等文献都论证了这一事实。如布尔迪约和帕斯隆（Bourdieu & Passeron，2002）指出，从学院的层面看，女生进入培养教师的文学院和理学院的可能性较男生大得多，且在两者之间女生选文科的可能性又要较男生大得多。[①] 辛普森（Simpson，2001）的研究表明，女生比男生更可能选择健康、财经、公共服务或其他文科类如英语、文学等主修计划，尤其是健康类和公共服务类，女生选择这些专业的概率约为男生的5倍左右，选择公共服务类专业的概率约为选择工程技术类专业的4倍左右，这是因为工作收入不见得是女生选择专业时考虑的首要因素。[②] 一些学者调查美国某商学院的学生后发现，在该学院提供的与财经商贸有关的主修领域中，男生更多地选择了财经、会计和计算机信息系统等主修领域，女生则大部分跑去了会计、市场营销和管理等主修领域。[③] 还有一些研究如威尔逊和波尔蒂扎（Wilson & Boldizar，1990）则表明不同性别学生就读专业的差异正在缩小，如商学、农学、工学等学科的女生比例都经历了由低到高的过程。[④]

关于家庭社会经济地位差异的研究中，有学者认为家庭背景的先天不足比性别问题给学生进入大学和选择专业带来的限制更明显。具体而言，家庭背景不太好的学生比其他学生进入文学院、理学院的概率更高，而进入法学院、医学院、药学院的概率则低了不少，文学院的部分专业对一些人来说甚至是强制选择或消极选择的结果。[⑤] 有学者着重探讨了家庭经济状况对学生选择专业的影响，认为完成学业所需的时间和费用会是经济状况处于劣势的学生在选择专业时重点考虑的问题，因为这些学生的抗风险能力相对较弱，在学业上往往"输不起"，他们在做决策时最重要的是规避学业失败的风险，而不是考虑学业成功后可能的收益。相反，经济条件优越的学生则倾向于选择更具挑战性的专业，即使学习过程中发现情况不妙，也有条件进行专业的二次调整，即尝试着走回头路。[⑥] 罗查特和迪穆拉米斯特（Rochat & Demeulemeester，2001）的研究表明，来自低收入群体的学生更倾向于选择教育类、人文类和艺术类专业，来自高收入群体的学生

① P. 布尔迪约，J. C. 帕斯隆. 继承人——大学生与文化 [M]. 刑克超，译. 北京：商务印书馆，2002：7.

② Simpson J C. Segregated by Subject：Racial Differences in the Factors Influencing Academic Major Between European Americans，Asian Americans，and African，Hispanic，and Native Americans [J]. The Journal of Higher Education，2001，72（1）：63 – 100.

③ Malgwi C A，Howe M A，Burnaby P A. Influences on Students' Choice of College Major [J]. Journal of Education for Business，2005，80（5）：275 – 282.

④ 转引自郭丛斌，曾满超，丁小浩. 中国高校理工类学生教育及就业状况的性别差异 [J]. 高等教育研究，2007（11）：89 – 101.

⑤ P. 布尔迪约，J. C. 帕斯隆. 继承人——大学生与文化 [M]. 刑克超，译. 北京：商务印书馆，2002：7 – 8.

⑥ 玛丽·杜里－柏拉，阿涅斯·冯·让丹. 学校社会学 [M]. 汪陵，译. 上海：华东师范大学出版社，2001：40.

则更乐意考虑工程、化学、数学等专业，前者的学业风险小但市场回报率低，后者的学业风险大但市场回报率高，从而印证了不同家庭经济背景的学生在考虑学业的"风险—收益"问题时具有完全不同的思维方式。①

由于像美国那样的移民国家中存在族群问题，一些研究也涉及了学生专业选择的族类差异。例如，有学者在研究中提到非裔美国学生、西班牙裔美国学生和印第安学生由于普遍缺乏数学和科学素养，常常会避开以之为主干课程的专业，如工程技术类专业。② 也有研究发现，亚裔美国人更倾向于选择科学和技术领域中的专业，这些专业通常都是未来就业收益比较可观的专业，如工程、数学、物理、生物科学、计算机科学等，而教育、人文学科领域的专业不常成为亚裔美国人光顾的对象，这很可能是基于生存、收入和安全的考虑。③ 宋和詹妮弗·格里克（Song & Jennifer E. Glick，2004）对不同族类学生所选主修的平均起薪进行了统计，发现东南亚人所选主修的平均起薪明显高于白人，从而客观上印证了上述判断。另有研究显示：西班牙裔美国人、印第安人、亚裔美国人、非裔美国人、欧裔美国人主修得最多的领域都是商科，主修得最少的领域依次是健康和生命科学、技术学科/健康和生命科学、公共服务、公共服务/健康和生命科学、健康和生命科学。相较之下，亚裔美国人选择健康和生命科学相关专业的比例是所有群体中最高的。④

国内学者主要从性别差异、城乡差异、社会阶层差异三个维度研究学生专业选择的群体差异。关于专业选择的性别差异，郭丛斌等（2007）、郑新蓉（2005）、陆根书等（2009）、樊明成（2011）、马莉萍等（2016）等文献都进行过一些讨论，相关研究均表明男生和女生在专业选择上存在显著差异：人文学科女生多男生少，社会科学男女比例相对适中，自然科学男生多女生少；⑤ 在理科和工科中，男生更可能选择工科专业，女生更可能选择理科专业；⑥ 专科专业由于职业取向较为明确，其性别布局差异大于本科专业；⑦ 性别刻板印象、家庭收入水平、家庭教育期望等因素是引起专业选择中性别隔离现象的重要原因。⑧

关于专业选择的城乡差异，有学者认为城市学生更倾向于选择热门专业，农村学生

① Rochat D, Demeulemeester J L. Rational Choice under Unequal Constrains: The Example of Belgian Higher Education [J]. Economics of Education Review, 2001, 20 (1): 15 - 26.

②④ Simpson J C. Segregated by Subject: Racial Differences in the Factors Influencing Academic Major Between European Americans, Asian Americans, and African, Hispanic, and Native Americans [J]. The Journal of Higher Education, 2001, 72 (1): 63 - 100.

③ Song G, Glick J E. College Attendance and Choice of College Majors among Asian - American Students [J]. Social Science Quarterly, 2004, 85 (5): 1401 - 1421.

⑤ 郭丛斌, 曾满超, 丁小浩. 中国高校理工类学生教育及就业状况的性别差异 [J]. 高等教育研究, 2007 (11): 89 - 101.

⑥ 马莉萍, 等. 大学生专业选择的性别差异——基于全国 85 所高校的调查研究 [J]. 高等教育研究, 2016 (5): 36 - 42.

⑦ 樊明成. 中国普通高校专业选择的研究 [M]. 福州: 福建教育出版社, 2011: 205.

⑧ 陆根书, 刘珊, 钟宇平. 高等教育需求及专业选择中的性别差异及其影响因素分析 [J]. 高等教育研究, 2009 (10): 14 - 29.

则更多地进入了传统学科，这与他们做决策时的信息灵敏度和风险承担能力的差异有关。[①] 一项对重庆高校开展的调查研究表明，城市学生就读艺术、外语、医学类专业的比例明显偏高，而农村学生就读机械、政治、化工、资源环境、农业、物理、化学类专业的比例明显偏高，相对于城市学生，农村学生选择的专业一般比较传统和艰苦。[②] 另有学者的统计也得出了类似结论：冷门专业多是农村学生的"大本营"，而像外语、国际贸易、会计、法律、计算机等在当时算是相对热门的专业中城镇学生比重较高，尤其是法语、国际商务等专业几乎都被城市学生包揽。[③] 蒋国河（2007）的研究显示：历史学类、社会学类、教育学类、理学类、农学类、林学类、机电工程类等专业中分布着大量农村生源，相反，中文类、外语类、法学类、艺术类、经管类等专业则以城市生源为主。[④] 樊明成（2011）进一步指出，城镇学生更多选择就读人文社科领域内的热门专业，他们对从业较为辛苦的专业具有明显的回避倾向，农村学生进入低成本专业、艰苦专业的比例明显偏高，这在一定程度上使群体的不平等在高等教育中得到复制。[⑤]

关于专业选择的社会阶层差异，学者们的研究一般都是从学生父母的政治、经济、社会、文化地位的差异入手来做，选取的通常都是教育社会学的视角。例如，武毅英和吴连海（2006）从家庭经济状况对学校和专业选择的影响的角度指出，低收入家庭的子女一般只能选择收费较低的学校和专业，中高收入家庭的子女在选择学校和专业时很少受费用的限制，这在无形中对两个群体的入学选择画上了一道分界线。[⑥] 正所谓需求是有支付能力的需要，支付能力越高个人需求受到的限制就越少，在专业选择问题上也是如此。根据我们的观察，经济条件不佳的家庭通常不会鼓励子女去选择5年学制的本科专业，如建筑学、城市规划等。有学者从不同经济状况的学生存在风险偏好差异的角度探讨了他们专业选择的差异性。[⑦] 类似的文献还有谢作栩和王伟宜（2005）发表的《社会阶层子女高等教育入学机会差异研究——从科类、专业角度谈起》。他们指出，对入学风险和个人预期收益的不同关注最终导致了各阶层子弟在专业需求上的差异。关注父母职业差异对子女选择专业的影响的大量研究表明：社会管理者、高级知识分子、企业家的子女就读热门专业的比重最高，工薪阶层子弟往往就读于一般专业，而农民的子女报考冷门专业的概率最大。例如，杨东平（2006）发现，优势阶层的子女选择艺术类专业的比例大大高于工人、农民的子女，相关专业看起来像是专门为优势阶层准备的。[⑧]

① 方跃林. 社会阶层化与高等教育入学机会的差异研究 [D]. 厦门：厦门大学，1991：13.

② 孟东方，等. 学生家庭社会经济地位与高等学校类型及专业选择的相关性研究（下）[J]. 渝州大学学报（哲学社会科学版），1996（4）：65 – 79.

③ 余秀兰. 中国教育的城乡差异——一种文化再生产现象的分析 [M]. 北京：教育科学出版社，2004：218 – 222.

④ 蒋国河. 当前我国高等教育入学机会的城乡差异——基于对江西、天津高校的实证调查分析 [J]. 现代大学教育，2007（6）：57 – 62.

⑤ 樊明成. 中国普通高校专业选择的研究 [M]. 福州：福建教育出版社，2011：205.

⑥ 武毅英，吴连海. 高校收费对教育机会均等的负面影响及反思 [J]. 复旦教育论坛，2006（2）：60 – 65.

⑦ 钟宇平，雷万鹏. 风险偏好对个人高等教育需求影响的实证研究——以高中生对农业、林业和师范院校需求为例 [J]. 高等教育研究，2005（1）：19 – 24.

⑧ 杨东平. 高等教育入学机会：扩大之中的阶层差距 [J]. 清华大学教育研究，2006（1）：19 – 25.

此外，陈经义（2010）、樊明成（2011）、杨立军（2014）等人的研究均涉及了学生专业选择的阶层差异问题。

事实上，国内外学界对这方面的讨论远不止本书介绍的这些文献，但相关讨论的结果却有一定的相似性，即用数据证实了专业选择中可能存在的各种群体差异，并从不同角度来解读和剖析这一问题。在本书看来，学生专业选择的群体差异实质上就是高等教育第一类需求的群体差异。虽然学界对这一问题的研究并非全部落在本书提出的这个点上，不少文献是站在高等教育入学公平的立场上看问题的，但这并不影响我们从供求关系的角度来看问题。至少前人的研究告诉我们：性别差异、阶层差异、种族差异、城乡差异等都可能引起人们对不同专业的需求差异，这些需求差异归根结底来自各个群体身份和处境上的差异，反映在社会现象上即专业选择的群体分化。从这个意义上讲，相关文献对于我们研究高等教育的第一类需求具有一定参考价值。

1.3.3.3　关于学生选择专业的其他国内研究

除上述两类主题外，国内关于学生选择专业的研究还涉及了以下两个方面：专业选择的达成度与满意度研究和专业选择权研究。前者以实证研究居多，后者以理论研究居多。

在有关专业选择的达成度与满意度研究中，有调查研究显示：近41%的学生目前所学专业并非自己当初所填专业，其中仅有8%的学生对当前所学专业表示满意；总体上也只有33%的学生满意于自己所学专业，9.8%的学生则表示对自己的专业不满意；对于那些当初按照个人兴趣填报志愿的学生来说，专业满意率也仅为37%；对于那些按照就业前景选择专业的学生来说，专业满意率只有25%。① 另一项调查研究表明：由于各种原因未能按本人意愿选择专业或经过一段时间的学习对自己的专业不满意者占53%的比重，其中"就业困难"和"专业前景不好"是学生对所学专业不满意的主要原因。② 根据樊明成（2011）搜集的数据可知：76.6%的学生达成了自己的专业志愿，23.4%的学生被调剂到了其他专业。若分具体专业看，热门专业或能带来较高经济、社会地位的专业，由于填报人数较多，按志愿录取学生的比例较高，冷门专业或预期收益不大的专业，由于填报人数较少，接收调剂生的比例较高，这反映了不同专业第一类供求关系的客观事实。③ 一些研究者认为大类招生是提高学生专业志愿达成度的有效措施，专业的大类招生更加人性化，更尊重学生需求，便于学生进行专业的二次选择，大类培养缩短了专业选择和就业的时间差，有利于个体把握市场需求，提高就业率。④ 吕慈仙（2012）尝试构建了基于专业自主选择的人才培养流程体系、具有多层次选择空间的课程结构体系和体现学生学习自主权的若干专业选择机制，为提高学生专业选择的达成度、满意度和学业成就感提供了一些思路。⑤

关注学生专业选择权的学者通常认为自由选择专业是学生的权利，尤其是以学生为

① 陈雷，贾朝霞，张良强. 专业选择的影响因素与满意度关系研究［J］. 文教资料，2005（33）：25-26.

② 赵宏斌. 人力资本投资收益——风险与大学生择业行为［J］. 北京师范大学学报（社会科学版），2004（3）：119-125.

③ 樊明成. 中国普通高校专业选择的研究［M］. 福州：福建教育出版社，2011：204.

④ 吕慈仙. 高等学校按学科大类招生的现状分析［J］. 宁波大学学报（教育科学版），2007（2）：65-68.

⑤ 吕慈仙. 高校专业自主选择机制的构建［J］. 教育发展研究，2012（23）：38-44.

本的高等教育观被确立后，允许学生自由选择专业更应是受高等教育权的应有之义，当前我们要做的只不过是促使这一权利的历史归位。一些学者从认识论的角度讨论了学生自由选择专业的必要性，认为学习自由是学术自由思想的重要组成部分，学习自由的核心是选择，对学校、专业、课程、教师、学习方式等方面的自由选择，追求学术自由必须要赋予大学生接受高等教育时的选择权利。① 一些学者从实际需要的角度讨论了学生二次选择专业的必要性，认为学生高考志愿填报具有较大的盲目性，进入大学学习一段时间后才可能对所学专业有充分的了解，在此基础上要求更换专业完全合理，国内大学应取消对学生转专业、转系做出的种种限制，大学生在充分了解、比较不同专业与自己的适配性后做出的选择才更符合自己的能力条件和兴趣爱好，也更符合社会发展的规律。② 一些学者从法律保障的角度讨论了学生的专业选择权，指出学习自由是学生受法律保护的权利，其依据是宪法受教育权条款，教育选择自由权包括选择学校的自由、选择专业的自由、选课的自由、上课的自由以及参与讨论与发表意见的自由等方面。③ 然而，由于中国高等教育资源仍普遍供不应求，考生常常为了确保录取被迫同意调剂到自己不喜欢的专业，这就侵犯了学生的学习自由权。④ 也有学者建议《高等教育法》应在学籍管理方面明确规定学生转系、转专业、选择课程等方面的自主权。⑤

还有一些文献对这一话题进行了从内涵到价值再到保障的一系列讨论：专业选择自主权是大学生学习权的重要内容，保障大学生专业选择权是高校的重要义务，各高校应解放思想，积极转变教育理念，完善学生选择专业的各项政策，破除种种障碍；⑥ 赋予大学生专业选择自主权既可以保障个体作为大学生、消费者、契约主体的基本权利，也可以鞭笞高校提高教学质量、增强专业设置活力，而大学生专业选择自主权的落实需要政府、高校和社会的共同努力。⑦ 此外，也有学者从高校专业设置改革的角度看待相关问题，指出大学生自由选择专业是市场模式下多元利益主体博弈的必然结果，是被教育规律所支配的合理行为，只有充分尊重学生的需求，那些落后的、不受欢迎的专业才能被淘汰；高校应增强专业设置的危机意识，政府则应改变传统的专业设置管理思路，让渡出高校专业设置的自主权，修正与大学生专业选择权相冲突的教育规章，并做好宏观调控和信息发布等引导性工作。⑧

1.3.4　大学生就业方面的研究

除了上述介绍的三个方面的文献，还有一类文献也与本书主题有密切关联，其关注

① 赵雄辉. 论大学生的选择权 [J]. 辽宁教育研究，2007 (1)：9 - 12.
② 彭志忠. 大学生专业自主权问题探析 [J]. 当代教育论坛，2003 (7)：72 - 73.
③④ 周光礼. 学习自由的法学透视 [J]. 高等工程教育研究，2005 (5)：24 - 28.
⑤ 刘冰. 中国高等学校学生权利救济研究 [D]. 长春：东北师范大学，2007：108.
⑥ 金劲彪，刘斌. 大学生选择专业权保障的若干思考 [J]. 高等工程教育研究，2012 (6)：169 - 172.
⑦ 贾汇亮. 大学生专业选择权：内涵、价值与保障 [J]. 江苏高教，2010 (5)：69 - 71.
⑧ 栗亚冬. 论大学生的专业选择权与高校的专业改革 [J]. 沈阳工程学院学报（社会科学版），2015 (4)：566 - 571.

点在于高等教育的第二类供求问题。众所周知，高等教育第二类供求关系主要通过大学生就业和社会招聘的过程反映出来，这一过程是相关理论议题的现实载体，故有关文献多围绕着这一具体问题开展研究。大学生就业及其与劳动力市场的互动问题说到底是人力资源的供求问题，也就是高等教育"出口"的供求问题，不同专业的就业率实际上就是它们的毕业生在特定时期供求关系的外在表现。只不过在问题描述的形式上，大多数研究者习惯于采用那些更直观、更社会化的说法，例如，"就业""失业""学—职关系""结构匹配/结构错位""对接"等话语常常成为这类研究的关键词，直接使用"供求关系""供求矛盾"等术语的作者并不多。由于大学生就业问题是社会各界广泛关注的热点问题，当前学术界关于该话题的文献多得几乎汗牛充栋：从总量供求关系、质量供求关系、结构供求关系，到高等教育运行机制与市场机制的关系、专业结构与产业结构的关系、规模扩张与结构变迁的关系、高等教育与劳动力市场的关系，再到人才需求预测、常规大学生就业调查等不同角度入手的理论探讨、实证检验、调查报告层出不穷，它们从不同侧面说明了高等教育第二类供求关系的现实表现和存在的问题。在具体到专业层面的研究中，学者们得出的结论几乎清一色都是"大学生就业存在着明显的结构性失衡"或"高等教育人才培养的专业结构与劳动力市场的需求结构难以有效对接"。换言之，多数研究表明高等教育"出口"环节的供求失衡已不容忽视，原因多出在质量和结构方面。

具体地，针对这一问题的国内外文献可以找出很多，例如，克拉克（C. R. Clark, 1973）的 *A Study of Graduate Employment*、尼古拉斯（Nicholas. P. Glytsos, 1990）的 *Anticipated Graduate Job Mismatches and Higher Education Capacity Inadequacies in Greece*、艾伦·伍德利和约翰·布伦南（Alan Woodley & John Brennan, 2000）的 *Higher Education and Graduate Employment in the United Kingdom*、吉姆·艾伦和佩德拉（Jim Allen & Petra Boezerooy, 2000）的 *Higher Education and Graduate Employment in the Netherlands*、保罗·温道夫（Paul Windolf, 1997）的 *Expansion and Structural Change: Higher Education in Germany, the United States and Japan, 1870 – 1990*、巴顿（P. E. Barton, 2008）的 *How Many College Graduates does the U. S. Labor Force Really Need*?、里瓦诺斯（I. Livanos, 2009）的 *The Relationship between Higher Education and Labor Market in Greece: the Weakest Link*?、乌尔里奇·泰希勒（Ulrich Teichler, 2015）的 *Higher Education and the World of Work: The Perennial Controversial Debate*、奥古斯塔和加布里埃拉（Augusta & Gabriella, 2011）的 *Higher Education and Graduate Employment in Europe*、加维德尔和加哈尼（Ghavidel & Jahani, 2015）的 *Higher Education Demand Estimation and Prediction by 2025 in Iran*、矢野真和（2006）的《高等教育的经济分析与政策》、邓岳敏（2007）的《改革开放以来中国高校人才培养与劳动力市场的对接问题研究》、赖德胜和孟大虎（2008）的《中国大学毕业生失业问题研究》、曹洪军（2011）的《普通高校本科毕业生就业的专业结构性矛盾研究》、王志华等（2014）的《我国产业结构与高校专业结构协调性分析——兼论大学生就业难与"技工荒"问题》、马延奇（2013）的《产业结构转型、专业结构调整与大学生就业促进》、王伯庆（2010）的《2009 年中国大学生就业与专业结构性失业状况调研报告》、徐平利（2009）的《专业与就业"错位现象"探

析》、张宝蓉（2008）的《我国台湾地区高校专业设置与劳动力市场对接分析》、张苏等（2010）的《大学教育与劳动力市场需求匹配关系研究》、张忠福（2015）的《大学生就业状况与学科专业设置》、李凡（2010）的《高等教育结构性失衡：大学生就业渠道阻塞的重要成因》、孙长缨（2008）的《当代大学生就业研究》、楼世洲和林浩波（2013）的《大学生结构性就业失衡：专业与行业的实证分析》、曹洪军和王一尊（2014）的《论大学生就业的专业结构性矛盾》、刘扬（2010）的《大学专业与工作匹配研究：基于大学毕业生就业调查的实证分析》等这样一些国内外专著、学位论文、期刊论文都或多或少地涉及了专业层面大学生就业问题的理论探讨或实证调查，大部分研究者都认为大学生的结构性失业、高等教育人才培养和劳动力市场的结构性错位是现阶段各国高等教育存在的主要供求矛盾。至于讨论非结构性问题的文献就更多了。

鉴于相关研究覆盖面太广、涉及的内容过于庞杂且主要研究结论和观点又较为相似，本书不再对这一领域的文献展开介绍。总之，国内外学界对高等教育第二类供求问题的研究主要集中在讨论大学生就业问题上，具体到不同科类、专业上即高等教育现行专业结构与社会需求结构的适应关系及由此造成的大学生结构性失业问题。尤其在我国，高度集中的专业设置管理和招生管理必然引起大学毕业生的专业结构偏离市场需求，对此学者们纷纷提出了矛盾调节的策略。

1.3.5 文献简评

上述一系列文献分析表明：现有的有关高等教育供求话题的国内外研究成果已十分丰硕，但相关研究仍不能充分反映问题的方方面面，也未能解决问题，原因在于国内文献虽然增长较快，但关注点过于零散，研究呈非积累性分布，没有在相对统一的系统框架下开展这一领域的研究，国外研究虽然起步较早，涉及面和视角较广，研究也较为细致，但一方面由于相关问题在各国的根源、表现、关切点、所处阶段等截然不同，英语世界探讨的问题常常与我国的现实问题相去甚远，除了研究方法论和诸如"阶层差异与教育不平等"等少数问题外很难对我们的理论话语和政策实践产生直接的指导意义；另一方面国外研究也存在和国内研究一样的问题，即过于碎片化、技术化的研究不利于"核心纲领"的架构，使高等教育供求问题的研究看起来不像是一个具有坚实内核的整体研究，而是分散在各个子问题中的"片段式"研究，甚至让人有一种"大杂烩"的感觉。国内外研究的这一现状可能与这一领域本身在理论建设上尚未成形、没有明确的学科知识归属甚至单纯地只是一个问题或学者的关切点趋于微观化有关。

总体而言，这一领域的过往研究可以概括为四个方面，分别是对高等教育供求话题的一般分析或整体讨论、对高等教育专业结构和高校专业设置的研究、关于学生专业选择方面的研究和大学生就业方面的研究。其中前两类研究多见于国内文献，国外学者则对后两类问题更感兴趣。涉及高等教育供求话题的一般分析或整体讨论的文献通常将高等教育供求关系或供求矛盾直接作为一个明确的问题放到台面上讨论，分析供求关系的现状、变化和影响因素，试图找出实现供求平衡或化解矛盾的出路。这类研究因直接使用了"供给"和"需求"等关键词，与本书的主题在"显性"意义上吻合。涉及高等教育专业结构或高校专业设置的文献一般通过分析专业结构或专业设置中存在的问题而与高等教育的结构性供求话题产生关联。评价专业结构或专业设置合理与否总是要引入一个评价或参照的标准，而这一标准往往来自高等教育的外部系统，从而脱离不了供求关系的基本规律。例如，从毕业生就业的角度来检验高等教育专业结构的合理性实际上就是在讨论专业结构对社会需求的适应性。再加上这类研究将关注点落在了"专业"上，不再泛泛地讨论当高等教育或高校作为一个整体时的情况，因而与本书的主题也算是高度相关。涉及学生专业选择的文献和大学生就业的文献分别可以看作是针对高等教育第一类供求问题和高等教育第二类供求问题的专门性、具体化研究，它们关注的重点分别在于高等教育的"入口"和"出口"。分析学生选择专业的实质就是学生需求研究在专业问题中的具体化，分析不同专业大学生就业的实质则是高等教育"产品"供求关系研究在专业问题中的具体化。这两类研究虽然都只是对供求问题的局部探索，且很多时候并未贴上"供给"和"需求"的标签，但实际上与本书主题也都密切相关。

从以往研究取得的成绩看，上述四个方面的国内外探索在相关问题的历史诠释、事实描述、假设检验、政策分析、价值讨论等方面取得了一定成就，尤其是从各个角度开展的实证研究为我们认识其中的一些现象并思考背后的原因提供了丰富的经验素材，例如，学生选择专业有哪些关键的影响因素、学生的专业选择具有怎样的群体特征、人才培养的专业结构与社会需求结构在多大程度上可以对接、专业管理制度变革过程中存在哪些问题、中西方相关问题中表现出的差异给我们带来了哪些启示等。然而，已有研究至少在以下四个方面相对薄弱：一是几乎所有探讨都没有系统地建立起研究相关问题的理论框架，或者说没有将相关问题理论化、规范化、体系化，这正是导致过去的研究缺乏内核和主线、过于零散、过于片段化的重要原因，不同研究者常常在不同关注点上跳来跳去，各自的研究存在话语对接障碍；二是大量实证研究只针对高等教育的某一类供求问题搜集数据并展开论证，把"入口"和"出口"中所涉及的问题串在一起并分析两者连带关系、相互作用的文献十分罕见，而事实上我们已知道，高等教育的两类供求问题并不是独立的，是一个体系下两个相互牵制的问题，割裂地分析并不能对宏观政策提供综合合理意义上的指导方针，至少高等教育双重供求矛盾该如何化解至今仍没有人能给出确切答案；三是除了以"专业结构""专业设置""专业选择"等为关键词的文献外，更多关于高等教育供求问题的研究并未具体到专业的层面，仍热衷于在整体的角度、院校的角度、学科门类的角度搜集数据，这在很大程度上限制了有关文献可能产生的政策价值；四是以往研究"事实"和"价值"两张皮的现象十分突出，实证研究仅仅是事实研究，只停留在数据统计和一般解读层面，理论研究则表现为纯粹的价值研究，缺乏严谨的科学论证，往往无法为作者的主张提供强有力的证明，很少有文献能体现多元方法论逻辑。关于第一、四两点，是高等教育领域的研究普遍存在的问题，笔者曾在《高等教育市场化研究述评与研究展望》一文中有详细论述。[①]

综上所述，相关领域的研究如要继续深入开展下去，可尝试着在以上四个方面寻求一些突破，这正是本书的探索要努力追求的目标。通过跳出对以往研究的路径依赖，以

---

① 可参见以下文献：王旭辉. 高等教育市场化研究述评与研究展望 [J]. 复旦教育论坛，2016 (2)：58 – 64.

一种全新的思维方式对待老问题，我们致力于构建自己独特的获取和使用知识的方法。同时，站在新的角度、采用新的方法、开发新的指标对我国高等教育的两类供求关系进行原创性的数据分析和批判性的理论思考也是本书相对于以往研究的独特之处。

1.4 研究思路和本书的学术意义

1.4.1 研究思路

基于以上讨论，本书提出三个主要的研究目标。第一，对我国高等教育专业层面的供求关系做出实证意义上的评估。通过对两类供求关系的分别评估，掌握矛盾的存在范围和具体表现的事实依据，为之后的理论研究提供事实基础。需要指出，过去的实证研究大多集中在评估高等教育的第二类供求关系上，对不同专业大学生就业的数据分析得比较详实，而缺乏对高等教育第一类供求关系的实证考察。本书恰恰认为我国高等教育在"适应论"的指导下第二类供求关系被过度关注，其中的矛盾有被夸大之嫌，反倒是高等教育与个人需求的关系比较紧张，尤其在专业问题上，结构性失衡较为明显，否则为什么很大一部分人不得不接受专业调剂呢？鉴于此，本书将更大篇幅的数据展示放在了高等教育的第一类供给和需求上。由于缺乏先前研究，这部分数据也是本书的原创性数据。第二，对我国高等教育供求矛盾的协调策略进行一般意义上的规范分析。实证评估的结果只能反映现实状态如何，其本身并不蕴含着解决问题的思路。特别是当高等教育的两类供求关系都存在结构性失衡时，政府和大学应如何应对是一个很有争议的问题。这时，就必须加入一系列价值判断和价值选择，告诉人们什么才是我们要构建的理想，并从学理角度对不同的可能和提出的主张进行规范意义上的论证。这一研究目标是一系列价值分析和非正规逻辑下理论推理的总和，也是本书的关键。第三，构建关于我国高等教育供求体系在专业问题上走向综合协调的理想模式。这是一个探索建立长效供求均衡机制、实现供求平衡的途径的过程，也是形成本书政策思想的过程，是在达成第二个研究目标后在理论上和政策上更进一步的产物。换言之，前者旨在提出并论证何为理想模式，后者旨在告诉大家理想模式怎么建。通过以上三步，我们就可以把我国高等教育专业层面的双重供求关系的现实表现、优化理念、破解之道三个问题以一个简单的串联结构阐述清楚，为我国高等教育供求管理的道路选择指明方向。

1.4.2 本书的学术意义

本书的学术价值主要体现在以下三个方面。

第一，过去对高等教育的供求问题研究往往只针对其中的一类供求关系。要么只关注高等教育与经济社会发展之间的关系，主要的关键词如大学生就业、就业率、人力资源、劳动力市场、产业结构、结构性失业等；要么只关注高等教育与求学者之间的关系，主要的关键词如入学机会、教育公平、学校选择、专业选择、高考、招生制度等。不论哪一类话题，研究的都只是高等教育的一座桥，没有把高等教育的"入口"和"出口"串成一条线来看待。事实上，要科学制定高等教育供求管理政策必须建立在全盘掌握两类供求关系特点、规律、矛盾的轻重缓急的基础之上，必须要对整个系统有一个全局性的把握，只针对一类问题的学术研究的价值仅限于学术本身，无法为决策部门提供制定政策的依据。现实中，大量文献都热衷于探讨我国高等教育的第二类供求关系并在单一视角得出的结论下提出政策主张，而政府决策部门往往基于政治收益上的考虑也乐于采取以就业为导向的高等教育供给侧改革，包括专业结构调整。其结果是与以学生为中心的高等教育理念发生了不可调和的冲突，忽略了高等教育第一类供求关系的健康发展。正是在这样的背景下，本书才主张将高等教育的整个供求系统作为一个整体来研究，以对高等教育供求三角关系的研究来取代过去"两点一线"的线性研究。这就弥补了过去割裂地看待问题存在的缺陷，是本书最重要的学术价值。

第二，过去对高等教育供求关系的实证研究缺乏对专业层面的关注，数据的搜集和分析大多偏于宏观，往往停留在高等教育体系层面或院校层面。一些文献虽然涉及了学生的专业选择或高校的专业结构调整等话题，但较少把相关话题置于供求关系的理论框架中加以讨论，缺乏理论建设。而事实上，一方面，高等教育的专业结构调整依据的正是供求关系。专业的存在服务于大学的人才培养，其管理逻辑有别于以纯学科知识为核心的学术研究。一个专业的存在首先要有人可培养，其次培养出的人即使不说有何用处，至少也得让其自己感到受益。因此，专业的设置和招生离不开人们对它的需求。所谓的"专业结构"正是在两类需求的共同影响下被人为地塑造起来的。大到高等教育的专业结构变迁，小到大学内部的专业结构调整，均脱离不了供求关系规律。另一方面，在高等教育的结构性问题中，专业结构又显得尤为重要。专业是知识的组合方式，也是人才培养的基本单位，专业建设的目的是更好地服务于人才培养，更好地实现有规律、有逻辑、有体系的传道授业，从而促进社会分工。到了宏观上，专业结构几乎决定了整个国家、整个社会的知识结构，对国民经济发展、产业结构变迁均产生了深远影响。不论从"适应"的角度还是从"引领"和"改造"的角度讲，一国高等教育的专业结构都至关重要。中国之所以能保持持续的技术进步和经济繁荣，跟各类理工科人才的大量培养不无关系，两者循环积累、互为因果。正因为上述两点，从供求关系的角度对高等教育专业层面的问题进行深入研究就显得很有必要，其意义不仅体现在对我国高等教育专业结构供求矛盾的诊断上，更体现在专业结构动态调整机制的建设上，这也是以往研究相对薄弱之处。

第三，过去的研究没有将事实分析和价值分析有效地整合起来，这是很多社会科学研究的通病。一些研究只进行没有事实基础的、不严谨的理论论述，另一些研究则只停留在对数据的表面分析上，没有进一步的价值辩论和学理研讨。这两类研究从方法论上看都是不完整的，而过去针对高等教育供求问题的研究无外乎这两种类型。本书试图将相关问题的实证评估和规范评估统一到一个整体框架内进行，将以"大数据"为依托的事实分析和以非正规推理为手段的价值论证有机结合起来，一者向人们展示我国高等教育专业层面的供求关系现状如何，二者告诉人们当面临两难选择时本书如何找到化解矛盾的突破口。由于事实分析和价值分析之间存在风格上的显著差异，在阅读本书前半部分时就像是阅读一份调查报告，而在阅读本书后半部分时又或许会感受到某些后实证主义色彩、哲学批判色彩、政策辩论色彩、主观想象色彩交织在了一起，与之前的分析形成了强烈的反差，这正是我们想要达到的研究效果。不论如何，在研究中将事实和价值结合起来是一种很有意义的尝试和探索，其学术意义超越了供求话题本身，具有一定的方法论价值。

1.5 本书的内容与结构

本书分为事实研究和理论研究两个部分。

在事实研究中，以数据的描述性分析为主，主要分析了高校招生的专业分布特征、不同专业的第一类需求表现、第一类供求关系、第二类供求关系以及供求问题中存在的若干现象。不单独分析不同专业的第二类需求表现是因为缺乏有效数据来源。能准确反映第二类需求的变量是历年全社会提供给不同专业大学毕业生的对口就业岗位数，相关数据在现有条件下不易搜集，而麦可思研究院统计的不同专业的大学生就业数据在很大程度上可以直接反映各专业的第二类供求关系，无须分别对供给和需求两个变量进行单独数据描述。因此，本书的事实分析部分仅充分展示了第一类供给和第一类需求的相关数据。由于本书的事实分析更多是关于数据的描述性分析，并非严格意义上的假设检验，故我们并不打算提出实证主义意义上的研究假设。当然，我们也可以非正式地假设我国高等教育的两类供求在专业结构上均存在不同程度的失衡，且两类需求本身也存在错位。这是根据我国长期以来采取的高等教育供求管理策略做出的自然推测，甚至我们有理由认为我国高等教育的两类供求矛盾存在着结构上的高度不对称，例如，一些专业在第一类供求关系中表现为供不应求的同时，在第二类供求关系中却表现为供过于求，另一些专业则相反。本书的事实研究可以看作在这样的非正式假设下开展的一系列基于数据的讨论。

在理论研究中，首先从高等教育供求矛盾产生的根源入手讨论何为调节矛盾的有效机制并分析了我国在供求调节上存在的问题；接着基于本书的核心价值理念讨论何为理想的高等教育供求协调模式，这一讨论既建立在实证评估结果的基础之上，也是本书理论思想的集中体现，相关思想超越了经验发现的范畴，是在对高等教育的哲学基础充分辩解的过程中得到阐释的，因而价值判断、理论推理、理由陈述就成了该部分的核心；最后围绕着本书想要建立的高等教育供求协调模式进行可能的政策创新方向的理论探讨，旨在提出如何构建理想模式的政策主张。特别要强调，本书的理论研究并不关心我国高等教育的专业结构具体应朝什么方向调整的问题，也不是要为那些数据上显示严重供求失衡的专业将来何去何从开出药方，而是要从整体上寻找一种能起动态调节作用的模式和相应的机制，这一模式及其附带机制要能时刻促使各专业的供求关系朝着相对合理的方向运动。这才是本书理论研究部分真正要达到的目标，探寻的是一种治本的方案。而前者只能起到治标的效果，一旦外部条件发生变化，苦心建立的平衡就会立刻被打破，供求关系就会再度陷入危机。因此，本书的理论研究相对于事实研究看似存在思维上的跳跃，实则只有在理论上跳出纯经验主义的狭隘思维，进入到一个更高的高度上看问题，才能提出建设性的政策主张，才能跳出"头痛医头，脚痛医脚"的思维局限，这正是以"化解矛盾"代替"解决矛盾"的智慧所在。有了这样的认识，就不难理解本书的事实研究和理论研究是在一个有机统一的系统框架下的两个相对独立又不可分割的组成部分。前者仅仅告诉人们"是什么"，后者则提示人们"应该是什么"和"怎么办"。本书的框架结构如图1－2所示。

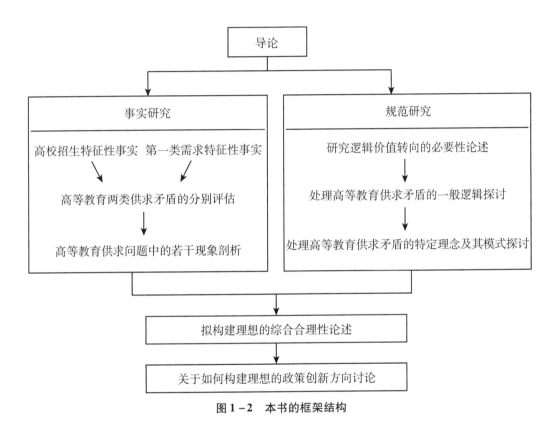

图1－2　本书的框架结构

　　第1章是本书的导论部分，着重交代选题的知识背景、学术意义、本书的研究问题、研究视角、研究目标、研究内容、研究方法、变量和样本的技术说明以及相关话题的文献回顾。这些内容足以让读者理解相关问题是一个什么样的问题、本书想要告诉人们什么以及本书的研究具有怎样的特点。由于供求问题既是一个理论问题，也是一个需要用事实说话的问题，故数据的搜集和处理在研究工作中就显得尤为重要，尤其是变量定义和样本选取问题都需要在文章的开头交代清楚，这将是本章接下来要重点诠释的内容。

　　第2章是本书要描述的第一个特征性事实，即我国高等教育供给的专业分布。这既是为不同专业的供给现状拍一张快照，从供给角度展示不同专业的相对规模，即结构方面的信息，也是进行下一步供求关系研究的基础工作。由于我国高等教育的两类供给没有明显分离，招生的专业结构和毕业生的专业结构高度相关，故第2章只分析其中一类供给的专业分布，以招生的专业分布代表一般意义上的高等教育供给的专业分布。相关的数据分析从宏观、中观和微观三个层面展开，三个层面分别对应于学科门类/专业大类、专业类别、专业三种分析口径，每个层面下又分别分析了本科和专科两个学历层次的数据。通过一系列数据统计和展示，全面刻画了不同层面、不同层次中各分析单元招生规模的相对关系，给人们提供一种直观的感知。

第3章是本书要描述的第二个特征性事实，即我国高等教育第一类需求的分专业现状。目的是为不同专业的第一类需求表现拍一张快照，从生源条件的角度反映第一类需求的专业差异，即需求结构方面的信息。在这一章的数据分析中，主要以各专业的整体生源水平来体现学生对不同专业的需求状况，具体变量定义详见后文的说明。数据分析的条理和第2章形成对应，即从宏观、中观和微观三个层面展开，每个层面下分为本科和专科两个学历层次。通过一系列数据统计和展示，让人们可以一目了然地看到哪些专业受学生欢迎，哪些专业则不被学生看好，甚至无法满额录取。

第4章分别评估了我国高等教育专业层面的两类供求关系。第一类供求关系分析建立在第2章和第3章的数据基础之上，采取的方法是对两方面数据进行结构匹配性研究。第二类供求关系分析主要基于大学生就业数据展开，通过对不同专业"就业率""学—职相关度"① 等指标的比较分析来说明人才培养与社会需求间的矛盾。结果发现，无论在学科门类/专业大类层面、专业类别层面还是专业层面，高等教育供给与两类需求间均存在不同程度的结构性矛盾，即高等教育提供的专业结构分别与人们求学需求的专业结构和社会人才需求的专业结构存在着某种程度的错位和不匹配。具体到微观上，一些专业（科类）在两类供求关系中又表现为不同的矛盾方向。分别考察本科和专科两个学历层次均得到相同结论。这意味着我国高等教育的专业结构调整将陷入两难困局。

第5章是本书事实研究的一个分支，是对前几章数据分析过程中发掘的若干现象的追加讨论。鉴于这些现象可能蕴含了重要的理论和政策含义，本书单独设置一章把这些现象分为四个专题进行研讨，分别是：大类招生是否受学生欢迎、在学生看来专业的重要性是否正在下降、专业是否具有层次性、专业间的"超额需求"和"差异化需求"之别。这一章大部分的讨论仍建立在数据基础之上，并加入了一些我们的理论判断，旨在深度挖掘数据背后的意义，从中提炼出有价值的理论议题。相关问题虽然是隐性的、潜在的，甚至是尚未明确的，但敏锐地捕捉哪怕是模糊的信息，跟踪关注数据反映出的现象是任何学术研究的应有之义。从这种意义上讲，第5章虽然只是本书研究中的一个分支，涉及的问题相对独立，讨论也仅仅点到为止，但有关讨论涉及的问题却可能十分重要。

第6章是本书理论研究部分的核心章节，主要对如何处理高等教育的双重供求矛盾进行了学理分析。首先，论述了研究逻辑价值转向的必要性，说明我们为什么不能直接

---

① 学—职相关度的物理意义为所学专业与就业岗位的相关度，在统计意义上则是指某个毕业生群体中所学专业与就业岗位基本相关的毕业生的比重，用以说明一个专业/科类第二类供求关系的匹配程度。

从事实研究得出的结论中找到解决问题的终极答案而要"转个弯"去做理论研究。其次，讨论了何为调节高等教育供求矛盾的有效途径，揭示了我国高等教育专业层面的供给管理中存在的两个典型问题，提出了以"市场式"供给取代"配给式"供给的核心观点，并将以市场为导向作为走向任何供求平衡的基本前提进行了一系列学理分析。最后，讨论了何为具有综合合理性的高等教育供求矛盾协调模式，提出了以学生为中心的均衡模式是唯一可取方案的另一个核心观点，并将其作为高等教育供求关系走向综合协调的唯一"特解"进行合理性论证。通过以上三步走，这一章完成了对本书拟构建理想的轮廓勾勒。

第 7 章是我们一系列理论研究的总结、提炼和深化，尤其是关于主要政策思想的深化讨论。在这一章里，我们先基于规范分析的结论进一步论述了拟构建理想的"理想性"，然后提出了关于如何构建理想的政策创新方向。在前半部分中，我们用了三个"不矛盾"来解释这样一个朴素的道理：只有充分利用"人"的多元理性才能最大限度地弥合高等教育两类供求关系间的鸿沟，高等教育供求体系中的各方诉求只能在成就每个"人"的过程中被综合兼顾。从而给人们指明了一条在充分满足学生对专业的需求中走向学生个体、大学、社会等多方主体相互协调、相互磨合的道路。在后半部分中，集中探讨了构建理想模式的现实途径，提出了八条政策创新方向，它们分别是关于如何构建我们想要的均衡模式和如何让这一模式发挥最佳功效的若干政策思路。在文章的最后，指出了八种方案必须形成一个有机整体和政策组合，以互补的方式参与到构建理想模式的政策实践中，而不宜割裂地运用。这样，高等教育专业层面的双重供求矛盾就可以在长效机制下走向综合协调意义上的动态平衡。

1.6　研究方法及技术说明

1.6.1　研究方法

社会科学任何一个领域的论述均应通过若干相互补充、相互竞争的方法论进行组织，每一种方法论都会有用，但它们又只是整个研究的一部分，每一种方法论在本书关于事实分析和价值分析的不同阶段发挥作用。方法是方法论的下位概念，是将方法论蕴含的思想具体实现出来的一种途径。在不同方法论的分别指导下，本书在研究方法上突出实证研究与理论研究相结合、定量研究与定性研究相结合、个案研究与比较研究相结合。

（1）实证研究与理论研究相结合。本书作为一项实践性很强的应用研究，需要实证研究的支持，特别是想要了解高等教育供求关系的现状，就要对其进行实证意义上的评估。需要说明，本书的实证研究并非实证主义意义上的实证研究，本书并不打算进行定因定果的假设检验，而更多的是一种描述性实证，通过对原始数据的简单加工把现实状态原原本本地呈现出来。这从广义上讲也属于实证研究的范畴，但有别于严格意义上的"归纳—演绎"逻辑。为了寻找化解矛盾的突破口，本书又不得不诉诸非正规逻辑下的规范研讨，因而理论研究是本书的另一个重头。理论研究本质上是一种诠释、批判、辩论和创造性认识的过程，在本书中它既建立在基本事实的基础之上，又包含了我们对相关问题的价值判断，是形成结论的必要环节。因此，本书是一部典型的实证研究和理论研究相结合的作品。特别的，此处把实证研究写在前面有特殊用意。一般自称为理论与实证相结合的文献往往都是理论在前、实证在后，普遍遵循"问题提出—理论陈述（推演）—实证检验—对策建议"的八股形式。而本书并没有按照这样的套路生产知识。在提出问题后开门见山地摆出事实，先让人们一睹真实世界，然后再进入理论辨析阶段，通过理论而非实证寻找我们想要的答案。这便是本书在方法上实证研究与理论研究的"另类"结合。

（2）定量研究与定性研究相结合。实证研究常常会用到定量方法，理论研究则常常借助于定性方法。在这一点上，本书也不例外。在本书特征性事实分析部分，主要采用了数据的描述性统计法，虽然最终反映在面上均是对数据的简单描述，但背后却包含着笔者对指标的精心设计。如第 2 章中的"供给熵""招生率""招生首位率""供给指数"和第 3 章中的"需求熵""平均生源指数""生源首位率""需求指数"等参数均为本书自主开发的指标，用以从不同侧面评价高等教育各专业的供给水平和第一类需求水平。技术上，本书运用了 Stata 软件中的某些功能对庞大而繁杂的原始数据进行既定目标下的筛选和统计。在评价供求关系的部分，除了进行描述性统计，也对数据展开了必要的相关性分析。在第 5 章的量化研究中，创造性地使用了"位序—生源分布法"对不同专业生源条件分布的宏观规律及其变化做出了分析，增添了本书定量方法的原创性元素。总体上，笔者的一贯原则是在定量研究中尽可能以最简单的方式说明问题，本书正是这样实践的。从第 6 章开始的理论研究中，定性研究方法成为主打，这一方法包含了一系列价值判断、理论寻据、意义诠释、逻辑推演、机制分析、哲学批判等论证过程。这些论证过程相互穿插、有机结合，共同组成了我们定性研究的核心部分。

（3）个案研究与比较研究相结合。在前期的描述性分析中，我们把 50 个本科专业类别和 40 个专科专业类别的招生规模和相对生源指数的变化趋势分别归纳为若干类型，并在每一种类型下选择了若干典型个案进行重点分析，这就是对有代表性的本、专科专业类别进行的个案研究。类似的个案讨论也体现在宏观层面和微观层面的分析中，如针对个别专业特殊的供给和需求现象的专门讨论。比较研究在本书中主要体现在两个方面。一方面在于不同学科门类间（或不同专业大类间）、不同专业类别间、不同专业间的比较，大类招生与按具体专业招生之间的比较，一本院校和二本院校之间的比较以及本科和专科之间的比较。从某种意义上讲，本书以高等教育中的专业为研究对象本身就意味着专业（科类）间的横向比较，包括供给上的比较和需求上的比较，所谓结构就是在比较基础上产生的概念。这种意义上的比较渗透在本书实证研究中的方方面面，多以图表的形式展现出来。另一方面在于本书将美国高校的理科专业设置与我国高等教育理学门类下的专业进行了比较，通过比较中美两国理学专业设置的差异思考其背后的原因，从"他山之石"中寻找可供借鉴的经验。之所以在讲美国时要突出"高校"而讲中国时却要突出"高等教育"主要是想暗示两者专业设置机制的差异，这正是我们要比较的一个重要内容，对于本书的理论探索有着重要意义。

1.6.2　变量说明

在量化研究部分，数据搜集、统计和分析是主要工作。而数据处理的前提是要先明确搜集什么数据，即先要对变量及其代理指标做出界定。既然高等教育至少存在着两类供给和两类需求，那么理论上就有四个变量。事实上我们已经知道，我国高等教育的两类供给在"严进宽出"的政策取向下不论在总量上还是在结构上都十分接近，① 人才培养的"过程筛选"并没有实质性地发挥作用，使几乎所有国内高校输入和输出的成分大体相仿。基于这样的事实，我国高等教育的两类供给在实证研究中可以简化为一个变量、一组数据。通过"降元"，两组供求关系就变成了由一个供给变量和两个需求变量组成的"三元"变量关系。理论上，应对这三个变量分别进行数据统计，在此基础上通过两两关系的分析就可以完成对高等教育供求三角关系的实证评估。然而，这种技术路线仅仅是理论上的预想，真正实践起来则会遇到困难。问题在于高等教育分专业的第二类需求即社会需求很难准确测度。能直接说明不同专业社会需求的指标即全社会提供给各专业大学毕业生的对口就业岗位数，而相关数据我们无法确切地获知，即缺乏搜集这些数据的渠道。除了这方面数据，其他代理指标在量化高等教育的社会需求时均存在很大的"有偏性"，轻易采用可能造成分析结果的失真。由此可见，在现有条件下很难对高等教育分专业的第二类需求进行独立的分析。

鉴于此，我们须对预想的技术路线进行调整：在评估高等教育第二类供求关系时，不是分别讨论供给和需求后对两者进行相关性研究，而是寄希望于找出一个能直接反映这种供求关系的变量。经过一番比较，我们发现"就业率""失业率""学—职相关度"等指标堪当此任。这些指标的实际赋值都取决于各专业大学毕业生规模和社会需求规模的共同影响，其本身就是各专业第二类供求关系的指示器。于是，我们要单独描述的供给和需求变量就只剩两个，即高等教育的第一类供给和第一类需求。通过分别寻找两个变量的代理指标并根据这一指标搜集数据、统计数据、分析数据就可以对第一类供给和第一类需求的分专业表现做出描述，进而研究两者的结构匹配性。下文将重点解释这两个变量的代理指标及其合法性基础。

关于高等教育分专业的第一类供给，本书选取的代理指标是不同专业的招生人数。通过对本书样本高校中涉及的每一种专业分别进行各自的招生人数累加就可以统计出每种专业在本书样本范围内的总招生规模，对不同专业的招生规模进行比较就可以看出它们第一类供给水平的差异。再次明确，本书所说的高等教育第一类供给指的是高等教育服务的供给，反映在数量上即高等教育入学机会的供给，具体到专业层面即各专业入学机会的供给。既然讲的是各专业的入学机会，那么以专业为单位的招生数量就自然成了最直接的代理指标，这一点应该是没有异议的。而分析不同专业招生数量的关系也就意

---

① 分析《中国教育统计年鉴》中统计的高校招生规模和结构与四年后高校毕业生规模和结构的关系即可印证此处的说法。

味着分析高校招生的专业结构，即供给的专业结构。与此相对应，人们自然而然地会想到高等教育分专业第一类需求的最佳代理指标应为每个专业高考志愿的填报人数。事实的确如此，每个专业报考了多少人直接体现了需求数量，进而说明该专业在生源市场中的需求热度，是比较理想的反映学生需求的指标。遗憾的是，这一数据集中掌握在各省级行政区教育主管部门内部，研究者个人很难获取得到。而各高校招生处只掌握本校学生的信息，以高校为单位搜集数据成本高昂，且能够构建的数据库的容量十分有限。因此，我们不得不放弃基于学生报考人数的分专业需求分析，寻找次优方案。

经反复论证，本书以"平均生源指数"作为不同专业第一类需求的代理指标。"平均生源指数"是一个宏观概念，是关于某个专业"种"的数据，如化学专业的平均生源指数，它由微观上的"相对平均分"计算而来。"相对平均分"是关于某个专业"点"的数据，如厦门大学化学专业的相对平均分。所谓"相对平均分"即"相对录取平均分"的简称，指某校某专业所录取的考生的高考平均成绩与该高校的最低投档线之间的差值。表1-1为某高校部分专业2015年在浙江省文史类的录取结果，其中，9个专业的录取平均分在减去该高校当年的投档线后就产生了各自的相对平均分。观察不同专业相对平均分的数值就可以一目了然地看出它们在同一院校中的生源条件差异。就该高校当年的情况而言，经济学基地班的生源条件最好，英语专业的生源最差。但这只包含了一所大学的信息，只涉及了相关专业的一个布点。当我们把所有样本高校同一专业的相对平均分放在一起计算平均值以后，就得到了该专业宏观意义上、大平均意义上的相对平均分，本书称之为"平均生源指数"，它是专业"种"层面的参数。本书认为，一个专业的平均生源指数可以在较大程度上反映学生对该专业的整体需求水平，因而可以作为其第一类需求的代理指标。下文将详细论证这一点。

表1-1 　　　　　2015年某高校部分专业在浙江省文史类的录取结果

专业名称	经济学基地班	财政学	中国语言文学类	英语	日语	新闻传播学类	历史学类	历史学基地班	文物与博物馆学
录取人数（人）	1	2	2	2	2	2	3	1	2
录取平均分（分）	664	662	656	653	654	654.5	658	660	663.5
投档线（分）	652	652	652	652	652	652	652	652	652
相对平均分（分）	12	10	4	1	2	2.5	6	8	11.5

资料来源：《2016年浙江省高考志愿填报参考》，浙江省教育考试院编。

不同专业的平均生源指数分布是广大考生"集体选择"的结果，这一"集体选择"的背后折射的正是学生对专业的集体需求结构，它产生于市场机制。每个人按照理性经济人的行为逻辑根据自身意愿和所持"资本"进行专业填报，高校则根据分专业招生计划择优录取。在这个过程中，学生之间和专业之间均发生了复杂博弈，一方面，学生为获取目标专业的入学机会"群雄逐鹿";另一方面,专业间也在相互争夺生源。当两种博弈在一定的报考和录取规则下达到相对均衡后,就清楚地记载下了当年各专业录取的考生信息,不同专业的平均生源指数随即产生,它虽然是一个"事后的参数",却蕴含了学生的集体需求信息。正如一次考古发现往往可以还原当时所发生事件的原貌。这也是数据挖掘要达到的一个目标。那么一个专业的平均生源指数究竟是如何反映学生需求的呢?首先,在微观上,相对平均分的高低表明一个专业在一所高校中生源质量的好坏,在按分择优录取规则下生源质量又往往与生源数量呈正相关关系,即一个专业的生源质量在很大程度上取决于其第一志愿填报人数,填报人数越多择优的余地就越大,从而最终反映在相对平均分上就越高,而生源数量或填报人数恰恰就是一个专业的学生需求数量。以上是基于单所高校的推理。同理,当我们把每一种专业所有布点的微观数据叠加在一起并进行平均化处理后,就可以建立起专业"种"层面平均生源指数和生源数量之间的关联性。这样我们就通过逆向推理还原了一个专业的平均生源指数和我们最理想的代理指标——生源数量或填报人数——的内在联系,因而可以在数据受限的条件下取而代之。

即便如此,这里还存在一个问题,即相对平均分与招生规模间的内生关系。由于各专业录取平均分的产生在于"填报"和"录取"两个过程,"填报"环节单纯由学生需求决定,"录取"环节一是高校择优的过程,二是受各专业招生计划的限制,而后者恰恰是一个供给变量。这就难免使人产生这样的疑问:平均生源指数虽然可以反映一个专业的整体生源条件,但作为其数据基础的相对平均分本身并不是一个纯需求参数,与招生规模之间存在一定的内生关系,如何能说明它更多地体现了学生需求水平而不是供给方面的信息呢?针对这个问题,首先我们承认相对平均分在理论上的确不是由单一需求因素决定的变量,也与各专业的招生人数有关。但本书必须要指出,在我国高等教育总体仍处于"卖方市场"以及不同专业微观供给差异有限的现实条件下,这一参数实际上受供给因素的影响并不明显。

一方面,除了民办院校和区位条件不佳的公办院校外,大部分院校的招生尚处在一个"卖方市场"的环境中,学生填报的数量大于招生计划的数量。表 1-2 为 2006 年浙江省部分二本院校面向本省的招生和报考人数统计表(数据说明见表后注释)。观察表 1-2 可知,除绍兴文理学院外,其他高校的一志愿填报人数都大于招生人数。这是在浙江省尚未实行平行志愿政策时的情况。不难想象,实行平行志愿后,随着填报风险的降低,志愿填报的"缝隙"被进一步压缩,再加上后来的公办、民办录取批次的合并,相关高校填报人数和招生人数之比还会有所提高。这说明除了上述提到的两类高校,多数高校相对于其招生计划都有充足的生源,即第一类需求,生源质量高低则另当别论。于是,这些高校就有了择优录取的空间。其结果是大部分专业表现为供不应求,剩下的专业则通过接收调剂生也基本实现满额录取。后者常常表现为较低的录取平均分,因为调剂生拉低了这些专业的相对平均分。但是,要通过接受调剂生才能满额录取的专业并不是因为招得太多之故,而是因为相对需求不足。事实表明,一个专业招生招的多少与能否自然满额录取并无直接关联,对此可以用图 1-3 中的数据来证明。

表1-2　　　　　**2006年浙江省部分二本院校面向本省的招生和报考人数统计**　　　　单位：人

高校名称	招生人数	填报人数	高校名称	招生人数	填报人数
浙江工业大学	300	605	浙江科技学院	2442	3918
浙江师范大学	65	78	浙江财经学院	1602	2182
宁波大学	270	364	杭州师范大学	1443	2310
杭州电子科技大学	945	1299	温州大学	1900	2979
浙江理工大学	1172	1246	浙江传媒学院	197	239
浙江中医药大学	590	812	宁波工程学院	440	701
中国计量学院	1015	1903	绍兴文理学院	1792	1786

注：选择2006年的数据是因为当时浙江省还没有实行平行志愿政策，每所高校的填报人数即为第一志愿填报人数，这有利于我们分析各高校招生人数和填报人数的真实关系。反而在平行志愿规则下，由于学生可以同时填报若干所高校，每所高校表现出的填报人数并不是第一志愿填报人数，从而无法真实地反映其供求关系。2006年是浙江省最后一年按非平行志愿规则录取的一年，故本表选择这一年的数据进行展示。选择二本高校的数据是因为当时浙江省的二本高校数量相对较多，便于我们分析。表中各高校的招生人数包含了文史类和理工类两者的招生人数。之所以不同高校招生人数存在较大差异并不是因为学校规模真有那么大差异，而是因为有的学校是纯粹的二本院校，有的学校则有部分专业同时在其他批次中招生。如浙江工业大学、浙江师范大学、宁波大学等主要面向本科一批招生，宁波工程学院则主要面向专科招生。

资料来源：《2009年浙江省高考志愿填报参考》。

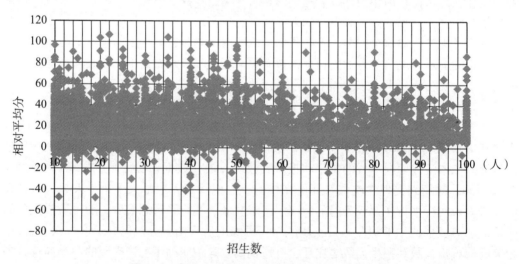

图1-3　部分专业招生人数和相对平均分散点关系

资料来源：历年《浙江省高考志愿填报参考》，浙江省教育考试院编。

如图1-3所示，横坐标为本书搜集的部分样本专业的招生人数，纵坐标为这些专业的相对平均分数值。总体上，相对平均分和招生人数两个变量之间没什么相关性，即统计上看一个专业的相对平均分高低并不取决于它招多少人。例如，同样招50个人的专业，相对平均分可以表现得截然不同。而即便是只招了几个人的专业，相对平均分也时常为负，相对平均分为负意味着对应的专业没有一次性招满，而是接收了调剂生，甚至是降分录取的调剂生。招生规模较大的专业相对平均分反而不太出现负值。这表明各专业的相对平均分在现实中与供给因素的关系并不密切，很多专业接收调剂生完全不是因为它们比其他专业招得更多。既然如此，我们就有理由认为在当前的供求环境下一个专业的相对平均分更多地取决于学生的填报情况。同理，在无须接收调剂生即可满额录取的专业中，由于大家都处在供不应求的状态，这时就看谁有更多"优"可择。需求越旺的专业即第一志愿填报人数越多的专业，将高分考生收入囊中的概率就越大，在按分录取的规则下相关专业的相对平均分自然越高。换言之，当供不应求已成为这些专业的既定条件时，这部分专业分别招多少人，即供给因素对相对平均分产生的实质性影响已很小，关键在于学生对它们的需求。这在图1-3中也能得到体现，如招生量大的专业中也有不少高分专业。综上可知，对于总体仍处于"卖方市场"的高校来说，不论是接收调剂生的专业相对于一次性满额录取的专业，还是一次性满额录取的专业的内部比较，都可以认为相对平均分在按分录取的规则下主要还是反映了需求方面的信息。鉴于此，本书在实证研究的样本选择中尽量选择生源相对充裕的高校作为分析对象，避免选择民办院校和区位条件不理想的公办院校作为分析对象。目的就是要最大限度地保障所选样本符合本书指标的技术要求，将供给因素对相对平均分指标的影响降到最低，提高指标的解释力。

另一方面，也是更重要的一个方面，即单所院校中除个别专业外不同专业面向一个地区的招生人数一般不会相差很悬殊，即使有一定差异也是根据以往生源状况设计的适当差异。根据我们的观察，如不按大类招生，则单个专业投放给本省的招生指标一般都是数十人，投放给地缘接近的省份的招生指标一般在5~10人之间，投放给其他省份的招生指标则一般在2~5人之间。如表1-1显示，某高校相关专业投放给浙江省的指标都在2人上下。这意味着单所高校分解到一个省的分专业招生人数一般比较接近，即不同专业微观层面的供给差异并不显著，从各高校投放给外省的指标看尤其如此。换言之，可能对各专业录取平均分产生影响的供给变量事实上的可变空间并不大，从准实验的角度讲可以近似假设为一个常量。相比之下，一所高校内不同专业的填报人数却有天壤之别，热门专业、优势专业的需求水平显然大大高于一般专业和冷门专业。也正因如此，专业的调剂往往不是由供给过多引起的，而是由需求不足引起的。即使一个专业只招少量学生，如一些农林牧渔类专业，也会因为需求不足而不得不接收调剂生；相反，即使一个专业的招生量很大，如有些院校的临床医学专业，也可能仍然供不应求。这样的例子比比皆是。这就证明了供给量的大小对平均生源水平的影响比人们想象中要小得多。而更多情况下，同一院校中多数专业细分到一个省以后的招生人数不具有实质性差异。专业间供给差异有限而需求差异巨大的事实决定了各专业的录取平均分受供给变量的影响远小于受需求变量的影响。这就从现实情况的角度较好地解释了为什么相对平均分指标更接近于一个需求意义上的指标。

或许有人会质疑：那为什么从宏观上看我国高等教育不同专业的学生规模有如此大的差异呢？这些差异从何而来？应明确指出，此处讨论的关键词有三个，分别是"单所高校"、"分省"和"专业点"。不同专业宏观规模的差异来源无外乎开设率的差异、招生率的差异、招生量微观差异的积累这三点。第一，不同专业在全国高校中的开设率有高有低；第二，不同专业在分省招生时涉及的地区数有多有少；第三，不同专业微观上哪怕是招生量的微小差异汇集到一起后也能体现为宏观上的显著差异。三个方面共同促成了人们看到的宏观表象，实际上单所高校单次招生表现出的专业间差异并没有那么大。综上所述，各专业的相对平均分是在院校分割的条件下产生的微观意义上的数据（即专业"点"层面的数据），在此基础上，本书把所有样本院校同一专业的相对平均分放在一起计算总的平均值，得到各专业宏观意义上的平均生源指数（即专业"种"层面的数据）。这种宏观意义上的平均生源指数是我们对微观数据按照新的排列组合方式二次加工后的结果，并非各专业录取后直接产生的数据，基本单元仍是院校分割下的每个专业"点"。这就决定了各专业"点"供给上的微观差异不至于成为影响我们宏观层面平均生源指数的关键因素。而对微观数据进行大平均处理又可以抵消个别样本中可能存在的偶然因素引起的随机偏差。

以上一系列讨论旨在论证以平均生源指数作为不同专业第一类需求的代理指标的合法性基础。为了支撑上述理论分析，还可以通过实证的方式进行论证，这一论证来自一项微型的准实验研究。笔者在几年前曾对一批参加完高考的高中毕业生开展过一次虚拟志愿填报的准实验游戏，该志愿填报主要针对专业志愿，起初的目的只在于进行过程模拟。实验过程大致如下：假设实验对象均是报考同一所高校的考生，给每位考生发一份该高校的分专业招生计划并给每位考生的高考成绩进行人为赋值，[①] 让他们根据自己的真实专业意向填报专业志愿，每人限填三个专业。最后，将这些学生的填报结果汇总到一起即可根据择优录取的原则进行模拟录取，并对一些关键的参数进行统计。重要的是，这一统计结果恰好可用以说明本书的代理变量选择问题。相关的统计结果详见表1-3。如表1-3所示，该校面向指定地区的总招生人数为54人，报考该校的考生共69人，两者之比为1:1.28，总体上第一类供求关系处在供不应求状态。这与表1-2中大多数高校的实际情况基本相符，从而保证了准实验能够在符合客观实际的条件下进行。各专业的招生人数相差不大，符合前文所说的单所高校多数专业分解到一个省以后的供应量相接近的情况，这样的情况可以在多数高校中得到印证。

表1-3 　　　　　　　　　　　虚拟专业志愿填报结果统计

招生专业	A	B	C	D	E	F	G	H	I	J	K	L	M	N	O	P	Q	R	S
招生人数（人）	2	2	3	2	3	4	3	2	3	3	3	3	3	3	3	3	3	3	3
填报人数（人）	6	14	7	5	11	16	12	14	14	13	16	19	11	6	6	7	10	12	13
录取均分（分）	568	605	571	566	583	608	583	574	597	593	610	619	585	565	567	569	583	587	590
$n1$（636分）		3								2		1							

---

① 不采用学生的原始高考成绩而要对成绩进行人为赋值是因为大家的实际高考成绩往往参差不齐，不太符合填报同一所高校的要求。为了使实验条件尽可能接近现实，达到较好的模拟效果，所以要对每个人的成绩重新定义，使不同学生的成绩差异控制在一个合理的范围。

续表

招生专业	A	B	C	D	E	F	G	H	I	J	K	L	M	N	O	P	Q	R	S
$n2$（632分）						1	2												3
$n3$（630分）				3						1	2								
$n4$（628分）								1	3										2
$n5$（627分）	2	1															3		
$n6$（624分）																3	2	1	
$n7$（621分）								2	1	3									
$n8$（619分）					2							1	3						
$n9$（617分）							3	2											1
$n10$（612分）												2	1					3	
$n11$（611分）						1	2				3								
$n12$（608分）				2		1			3										
$n13$（606分）		3		1											2				
$n14$（604分）					3				2	1									
$n15$（601分）		3										2					1		
$n16$（601分）							3			2	1								
$n17$（600分）				2	1				3										
$n18$（599分）													3		1			2	
$n19$（598分）				1								2		3					
$n20$（597分）			3					1											2
$n21$（596分）				3					2		1								
$n22$（596分）				2			3						1						
$n23$（595分）		3														1		2	
$n24$（593分）			1		3												2		
$n25$（591分）									1	3			2						
$n26$（590分）						1						2		3					
$n27$（589分）	1	2															3		
$n28$（587分）									1	3									2
$n29$（587分）								3									2	1	
$n30$（586分）					3						2		1						
$n31$（584分）							3	2											1
$n32$（583分）		3															2	1	

续表

招生专业	A	B	C	D	E	F	G	H	I	J	K	L	M	N	O	P	Q	R	S
n33（582分）		1		3			2												
n34（580分）							1			3		2							
n35（579分）				3	1									2					
n36（577分）		2											3		1				
n37（576分）						3		2			1								
n38（576分）			2		3							1							
n39（575分）	3															1		2	
n40（572分）									1			3							2
n41（572分）			1							2		3							
n42（571分）							3			1	2								
n43（570分）												1	2				3		
n44（570分）				2									3	1					
n45（570分）								2					3						1
n46（569分）						1	2				3								
n47（566分）				2					3									1	
n48（564分）						2					1	3							
n49（563分）					1									2				3	
n50（560分）							1	3		2									
n51（557分）								2	1										3
n52（556分）								3				2	1						
n53（551分）	2	3																1	
n54（550分）								1				3							2
n55（549分）		2	1															3	
n56（546分）	1															3	2		
n57（544分）						1	3					2							
n58（543分）									3	1	2								
n59（539分）												1		3				2	
n60（538分）	3	2														1			
n61（538分）						2					1								3
n62（535分）				2			1					3							
n63（533分）				1		3							2						
n64（532分）		1									3							2	

续表

招生专业	A	B	C	D	E	F	G	H	I	J	K	L	M	N	O	P	Q	R	S
$n65$（529 分）												3		1	2				
$n66$（528 分）			3		1					2									
$n67$（527 分）								3	1										2
$n68$（524 分）		3	2													1			
$n69$（523 分）						2												3	1

注：由于表格体量太大，招生专业的名称不再具体写出，以字母 A～S 表示。各专业的招生人数是某校 2006 年投放给浙江省的招生人数。各专业的填报人数是第一志愿填报、第二志愿填报和第三志愿填报的总人数。各专业的录取平均分是在学生填报基础上按择优录取规则录取下来后计算得到。$n1～n69$ 表示报考该校的不同学生，括号中的数值是笔者为每个人自定义的高考成绩。正表中的 1、2、3 分别表示第一志愿、第二志愿和第三志愿，空格表示该学生未填报相关专业。

对比各专业填报和录取结果可知：录取平均分和填报人数之间存在很明显的正相关关系。录取平均分最高的三个专业分别是 L 专业、K 专业和 F 专业，填报人数最多的也是这三个专业；录取平均分最低的三个专业分别是 N 专业、D 专业和 O 专业，填报人数最少的也是这几个专业外加一个 A 专业。相对平均分是由录取平均分换算而来的指标，它与填报人数之间自然也存在同样的正相关性。而一个专业的填报人数直接反映了学生对该专业的需求数量。可见，一个专业的相对平均分高低能在很大程度上说明该专业的第一类需求水平。这就从数据模拟的角度证实了当无法确切地获知一所高校中每个专业的高考志愿填报人数时，以相对平均分代替填报人数作为体现不同专业学生需求水平的做法是可取的。虽然两者并不是严格意义上的对应关系，但事实表明至少统计上的正相关是存在的。这是对一所高校内部各专业比较后得出的结论。同理，在合成 n 所高校的数据后，专业"点"之间的比较就变成了专业"种"之间的比较，基本原理则完全相通，同样可以用数据证明不同专业平均生源指数和平均报考人数之间的相关性。相反，图 1-3 的结果表明各专业的相对平均分和招生人数之间不存在统计上的相关性。尤其是像表 1-3 中的情况，所有专业的招生人数都在伯仲之间，若换成面向高校所在省的招生，无非在每个专业的招生人数后面再加一个零，这种供给上的差异压根不会对本书的参数产生什么实质性影响。

综上所述，在多数高校的招生仍处于"卖方市场"的环境和多数高校多数专业细分到省的招生规模不存在本质差异即供给变量可控的情况下，不同专业的平均生源指数就可以用来衡量学生需求。当然，我们也承认反映学生需求最好的参数仍然是每个专业的报考人数，当存在数据可得性障碍时，本书的做法是一种次优选择。至此，我们已对本书中最重要的变量做出了详细说明，其他未详尽诠释的变量见具体分析部分的说明。

1.6.3　样本和数据说明

本书关于高等教育第一类供求问题的事实分析包含了本科和专科两个学历层次，两个层次的样本分别搜集。本书拟搜集 2005～2015 年的数据进行分析，由于存在时间跨度，本科采取固定样本法，专科采取可变样本法。所谓固定样本即每年选取的样本高校完全相同，所谓可变样本即每年选取的样本高校基本相同，但又有所不同，具体原因见下文说明。本书共选取了 208 所本科高校作为本科层次每年固定的分析对象，年均选取 130 所高校作为专科层次的分析对象。这些本科、专科院校分布在全国各地。确切地说，高校是数据搜集的基本单元，而专业则是本书实际研究的基本单元。

特别要指出，本书的样本高校来自全国各地，但我们最终搜集的数据并不是这些高校面向全国招生的所有数据，而是有针对性地选择相关高校面向同一个省份的招生数据，即一个省级截面的数据。这样做是因为我国的高考高招是以省份为单位进行的，各地独立开展工作、独立统计数据，从而事实上并不存在所谓全国层面的数据。若想要做出一个全国层面的数据，则先要进行各省份数据的分别搜集，然后按统一规范汇总处理。在数据搜集环节，可以想到的途径有两种：一是按省份搜集，二是按高校搜集。事实上，无论哪种途径都很难顺利实现。一方面，在大部分高校的网站上只能找到分省份分专业的招生计划，找不到分省份分专业录取结果的详细统计信息，相关信息的公开度较低。另一方面，各省份教育考试院统计的本省份高考生的报考情况和录取情况通常以《高考志愿填报参考手册》的形式出现，由于不是规范的统计文献，各省份的统计口径、统计内容、统计形式、统计繁简程度各不相同，再加上各省份的招生考试规则，如高考科目设置、高考成绩计算、志愿填报规则、投档规则也各不相同，即使搜集到若干省份的原始数据也根本无法统一处理，无法科学地整合成全国性的数据，更何况要搜齐各个省份的原始数据也绝非易事，数据加工的工作量更是超出了个人的精力范围。因此，要搜集并统计样本高校面向全国各省份的分专业数据并不现实，故本书以一个省份为整体开展数据搜集工作，分析所有样本高校面向同一个省份招生所产生的数据。这就可以根据一个省份历年公布的全国高校在该省份的招生录取结果展开对数据的分析，既避免了不同省级行政区所产生数据的不可比性，也节省了直接向每所高校要数据的高昂成本。

既然全国层面的数据并不存在，省份与省份之间的数据又存在合成障碍，但又必须构建一个足够大的数据库，以确保研究结论的可信性，那么就要尽可能多地获取样本，且最好能拉长分析的时间跨度，这就要建立在研究者对相关数据有一定积累的基础之上。鉴于笔者从 2006 年参加高考以来就一直未间断地在跟踪搜集浙江省教育考试院统计的高考高招资料，对有关数据已掌握得较为系统，本书就以样本高校面向浙江省的招生为例来进行数据的处理。如果相关研究不是建立在我们长期以来对一省高考高招信息的连续跟踪的基础之上，那么早些年的数据就必然无法获取了，实证评估就只能局限于近几年的状态，有关的变化趋势就不得而知了。事实上，单单是本书选取的样本高校细分到每个专业后 2005～2015 年在浙江省招生产生的数据就已构成了一个相当庞大的数据库，包含了近十万个专业点数（即专业样本总量），近二十万个基础数据（每个专业对应一个供给数据和需求数据）。这一规模的数据库足以支撑起一项"大数据"研究，足以为本书的事实分析提供厚实的数据支撑。

再次强调，虽然本书关于第一类供求问题的数据产生于浙江省的高考高招，但所涉及的高校和专业是来自全国各地区的，所反映的供给和需求信息具有一般讨论价值。具体而言，可以认为全国高校投放给某一个省的招生指标汇总到一起后表现出的专业结构与高等教育总供给的专业结构具有很大程度的相似性。各省份的高等教育资源虽有很大差异，然而招生中省域高等教育市场并不是封闭的，而是一个开放系统，本省的高校可以去外省招生，外省的高校同样可以来本省招生，各省份高校的第一类供给相互交织，形成一个网络。在高等教育招生指标的跨省"大交换"背景下，全国高校提供给不同地区的入学机会总量虽因各地人口规模而异，但反映在宏观专业结构上却不会有很大差别。同理，不同地区学生的专业需求结构也不存在实质性差异。原因在于在我国相对统一的经济环境、制度环境、社会环境和文化环境下，影响不同地区学生选择专业的因素大同小异，再加上全国统一的劳动力市场使大学毕业生跨省流动的比重越来越高，这又会使学生在选择专业时不具有明显的地方化倾向，不存在身处发达地区的学生偏爱财经类专业而身处落后地区的学生却偏爱农林类专业或地矿类专业的差异。正因为受"中国式思维"的普遍影响和人力资本要素市场统一化的影响，不同省份的学生在专业上具有相似的需求结构。由此看来，若关注的是结构方面的问题、专业间关系问题，则分析样本高校关于某一个省的供给和需求数据与分析同样一些高校在全国的供给和需求数据具有同等效果。只要样本数量足够大，就可以使单一高校分省份分专业招生计划的有偏性得到充分的相互抵消和稀释，从而使反映在宏观上的结构与全国无异。

讲到这里，我们就可以回答起初提出的问题了，即为何专科层次不采取固定样本。由于是定向到一个省的招生，本科院校的招生通常具有较强的连续性和稳定性，本书选出的 208 所本科院校在过去的 2005～2015 年这 11 年中在浙江省的招生都从未间断，故可以将这些院校作为固定样本来研究。而高职高专院校则不然，招生的连续性不强。除了浙江省本省的高职高专院校外，其他高职高专院校不能保证在过去的 11 年中不间断地面向浙江省招生，这样的院校也有，但可供选择的余地却不大。另一种情况是，一些非本省的专科院校招生专业的数量很不稳定，一些年份的招生专业较多而另一些年份就明显偏少。这两种情况都不利于我们在专科层次寻找固定样本。鉴于此，本书对专科层次的数据分析采用可变样本法，年均挑选 130 所左右高职高专院校作为研究对象，并坚持最大限度地使每年选取的学校保持连贯性。总体上，我们能做到前后两年让 90% 以上的专科高校相重合。

关于本科、专科样本选择的一般原则，此处主要交代三点。第一，作为研究对象的高校均取自全国各个地区，尽可能保证样本分布的空间均衡性，使数据能够在一般意义上说明问题。特别是选择本科高校时不存在可变样本法中的一些限制，本书刻意少选浙江省本省的高校，而是从全国各个地区中分散地选择高校，以确保样本的代表性。这样做还有一个好处，即非浙江省的高校在向浙江省招生时各专业的招生人数通常较为均衡，出现"寡头"的概率较小，这就在很大程度上排除了供给因素对本书需求变量可能产生的影响。第二，我们在选择样本时兼顾了不同类型的高校，让综合类、理工类、医药类、农林类、师范类、财经类、语文类、政法类、民族类等类型的高校以一个恰当的比例组合在一起。这样做的目的是要让不同的专业类型都能均衡地进入到我们的视野中来，把本书数据反映的专业结构可能产生的误差降到最低。第三，本书尽可能选择招生专业种数较多的高校作为研究对象。这一方面是基于增加专业样本总量的考虑，另一方面招生专业种数多的高校学生报考的稳健性一般也更强，数据质量更有保障。在上述三个原则的指导下，本书对要研究的高校进行了精挑细选，最终确定了 208 所本科院校和年均 130 所专科院校进行数据采集。

　　由于目前浙江省高考高招刚开始实行文理不分，在本书研究的时间段内，尚存在文理分科。考虑到理工类和文史类两条线的数据的不可叠加性，即不宜混合在一起进行分析，只能二者取其一，而文科生可以选择的专业范围显然小于理科生的选择范围，两者是被包含与包含的关系，一般文科生能选的专业理科生都能选，而理学、农学、医学、工学等学科门类中的大部分专业是不面向文科生招生的，故本书所有的分专业数据全部采用样本高校面向理科生招生的数据。在讨论高等教育的第二类供求问题时，本书主要使用了"就业率""失业率""学—职相关度"等指标，由于相关数据不是由我们自行搜集而来，非本书的原创数据，故不再对其中的样本和数据做专门解释，具体可参见麦可思研究院给出的技术说明。数据来源上，关于样本高校分专业招生人数和录取平均分数据来自浙江省教育考试院历年出版的《浙江省高考志愿填报参考》一书中的统计，不同专业的相对平均分根据其录取平均分和相应年份各高校投档线计算得到，平均生源指数则是在相对平均分的基础上进一步计算而来。关于大学生就业方面的数据均来自麦可思研究院编写的《就业蓝皮书》。此处未提及的本书用到的其他数据均在文中的图表下注明了资料来源。

高校招生（供给）的专业/科类分布的描述性统计

——基于样本高校面向浙江省理科生招生的数据

高等教育供给水平是评价一国高等教育发展状况的重要依据，增强高等教育供给能力是建设高等教育大国和高等教育强国的前提，也是满足公众日益增长的对高等教育的需求和社会经济日益增长的对更高层次人才的需求的重要保障。保持高等教育供给能力稳步增长，并与各类需求良性互动是高等教育的生存之基和活力之源。因此，对我国高等教育进行供给研究具有十分重大的理论和政策意义。具体到专业层面，供给研究的一项基础工作即对高等教育供给的专业/科类分布进行特征描述。根据前文的说明，招生人数可较好地反映一个专业的供给水平，比较不同专业招生人数的相对关系即可判断供给的专业结构。本章基于样本高校面向浙江省理工类招生的数据描述了高校招生的专业/科类分布，以之作为进一步评估结构性供求关系的前提。本章的数据分析分别从宏观、中观和微观三个角度展开，每个角度下分为本科和专科两个层次。

2.1 宏观层面：高校招生的学科门类/专业大类分布

2.1.1 对本科层次的考察

从宏观层面考察本科层次的供给分布即从学科门类的角度来搜集和分析数据。总体上看，样本院校的总招生人数在 2005～2015 年这 11 年呈"倒 U 型"变化趋势，在 2012 年达到最高峰 38590 人，2015 年又迅速跌回到 2006～2007 年的水平，如图 2 - 1 所示。据此推测，全国高校在浙江省的总供给大致在 2012 年到达拐点，和高考人数在 2008 年出现拐点有四年的"时差"。说明了当一省的考生数量开始下降后，全国高校面向该省的总招生量也会跟着下降，只不过总供给的减少相对于总需求的减少存在一个滞后期，以确保毛入学率仍能持续增长。分别观察一本院校和二本院校的招生人数变化发现，二本院校的曲线形态和总曲线基本一致。一本院校的曲线则比较缓和，没有明显波峰，且招生人数最多的年份出现在 2010 年，较总体提前了两年，说明一本院校的招生更稳定，且近年来更具缩小供给的倾向。由于一本院校主要是以"985 工程""211 工程"为代表的研究型大学，从大学分化和分工的角度讲，这类院校更倾向于向人才培养的高级化方向发展，适当缩小本科培养份额乃大势所趋。

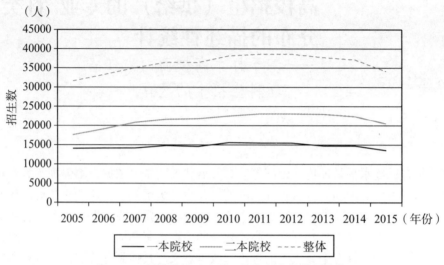

图 2-1　样本院校（本科）招生总人数变化趋势

资料来源：历年《浙江省高考志愿填报参考》，浙江省教育考试院编。图表中的数据为笔者根据原始数据整理并计算得到。本章所有图表和表格的原始数据来源均与此图表相同，后续图表和表格将不再重复注释。

分学科门类看，工学的招生规模遥遥领先于其他学科门类，是第二位理学的将近四倍，随后依次为管理学、医学、经济学、文学等。招生人数最少的三个学科门类依次是历史学、哲学和艺术学，由于数量太少的关系，在图 2-2 中未能显现出来。图 2-2 已对各学科门类的招生规模进行归一化处理，重在体现科类结构方面的信息。此处需说明两点：第一，由于本书采用的是面向理工类考生的招生数据，从而工学、理学的比重偏高而文、史、哲的比重偏低是必然的。但一方面，这并不影响本书的研究结论，因为本书的研究最终目的是分析供求的结构关系，无须精确无误地刻画各科类的招生比率；另一方面，面向理工类考生招生的专业相对齐全，几乎涵盖了所有学科门类，而面向文史类考生招生的专业覆盖面窄，不具备做研究的条件，出于可比性上的考虑，也不太合适把理工类和文史类的数据放在一起处理，故选择理工类的数据进行分析是唯一可行方案。事实上，从近几年《中国教育统计年鉴》中统计的全国性数据看，招生数、在校生数和毕业生数也均是工学遥遥领先，约占总量的 1/3 左右，最少的也是哲学和历史学。这说明本书的数据和官方统计的全国性数据具有一致性，具备做一般分析的价值。第二，部分一本院校会以综合班、实验班、试验班等形式招生，这些大类常常以较为复杂的跨学科形式存在，难以归入任何一个学科门类，本书在分类时将其单独作为一类来处理。总之，从招生规模看，工学位于第一梯队，理学、管理学、医学位于第二梯队，经济学、文学等位于第三梯队，图 2-2 所要传达的信息主要就在于此。

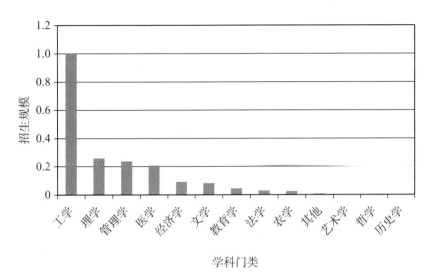

图 2 – 2　样本院校（本科）分学科门类招生规模分布

　　通过观察不同学科门类招生人数的变化趋势可以了解它们间的差异。由于不同学科门类体量悬殊，无法将它们放在一个图表中展示，故此处按招生规模大小分为三组，如图 2 – 3 至图 2 – 5 所示。图 2 – 3 为工学的招生变化图，图 2 – 4 包含了理学、管理学、医学、经济学和文学五个学科门类的信息，图 2 – 5 包含了教育学、法学、农学、艺术学和"其他"五个类别的信息，哲学和历史学因数据量太小，不具有统计意义而不进入分析。结合图 2 – 3 至图 2 – 5 可知：工学、管理学、文学和法学招生人数的变化趋势大体与总趋势相吻合，呈"倒 U 型"曲线，不同的是各自拐点出现的时间存在一定差异，例如，法学的拐点比较靠前，在 2008 年就达到了巅峰，工学的拐点出现在 2010年，管理学和文学的拐点则出现在 2011 年。医学、经济学、农学和各类试验班的招生人数呈波动上升状；理学、艺术学的招生人数则以下降为主；教育学的变化比较复杂，曲线大致呈横过来的"S 型"。

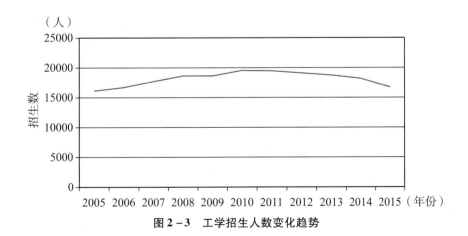

图 2 – 3　工学招生人数变化趋势

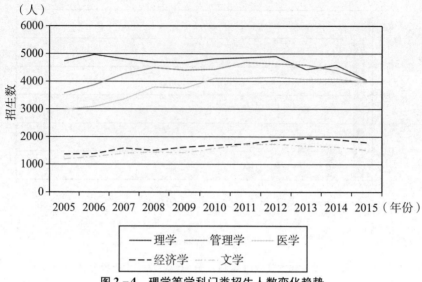

图2-4 理学等学科门类招生人数变化趋势

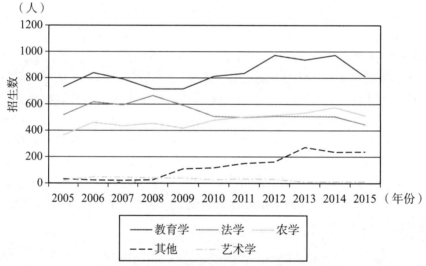

图2-5 教育学等学科门类招生人数变化趋势

　　进一步深入观察会发现同一学科门类在不同招生批次院校中的变化趋势未必一致。例如，一本院校中，管理学招生人数在2008年就已达到最高峰，随后缓慢下降；而二本院校中，管理学招生人数的最大值却出现在2012年，且前后变化幅度较大，如图2-6所示。这似乎暗示着一本院校管理学科类的招生相对更理性。又如，教育学招生人数在一本院校中主要呈增长态势，在二本院校中却增长得并不显著；医学和经济学又恰好相反，如图2-7和图2-8所示。可见，供给问题具体到每个招生批次就会变得独特而复杂，这可能与需求因素有关，也可能与不同类型院校本身的某些特征有关，这也是我们分别观察一本院校和二本院校的目的所在。一本院校近似为传统意义上的重点大学，二本院校的主体则是新建本科院校，分析两类高校供给和需求的分专业差异可以深入挖掘潜藏于大学分化中的专业分化，具有重要的理论和政策价值。

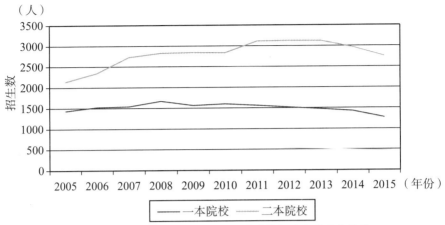

图 2 - 6　管理学分一本院校、二本院校招生人数变化趋势

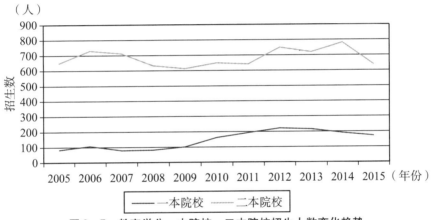

图 2 - 7　教育学分一本院校、二本院校招生人数变化趋势

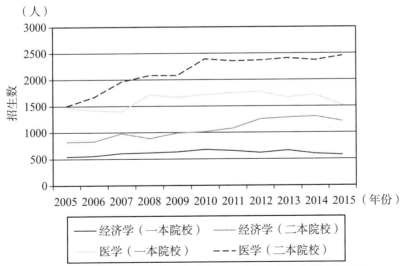

图 2 - 8　经济学和医学分一本院校、二本院校招生人数变化趋势

为了更全面地反映不同学科门类在不同招生批次院校中的"专门化率"，我们引入"供给熵"的概念。"熵"是热力学中表征物质状态的参量之一，其物理意义是体系混乱程度的度量。哈盖特（P. Haggett）首次将其引入到社会科学中来，提出了"区位熵"的概念，用以反映某一产业部门的专业化程度和某一区域的地位。这一概念在产业结构研究中具有重要意义和应用价值。简单地说，社会科学中的"熵"表示的是比率的比率，即二阶比率。此处将"供给熵"定义为如下公式：

$$S_{ij} = \frac{q_{ij}/q_j}{q_i/q}$$

在此公式中，S_{ij}就是j招生批次的i学科门类在总供给中的"供给熵"，q_{ij}为j招生批次的i学科门类的相关供给指标，在本书中即招生人数，q_j为j招生批次所有学科门类的相关供给指标，在本书中即j招生批次的总招生人数，q_i指不分招生批次的情况下i学科门类的相关供给指标，q为不分招生批次的情况下所有学科门类的相关供给指标。由此可见，"供给熵"指标可以较好地从供给角度评估各个招生批次中哪些学科门类具有比较优势，不妨将其理解为"专门化率"。当$S_{ij} > 1$时，表示i学科门类在第j批院校中占据的份额大于该学科门类在不分招生批次情况下的份额，S_{ij}值越大就表示i学科门类的招生越向第j批院校集中，从而专门化程度和比较优势越大。反之，当$S_{ij} < 1$时，表示i学科门类在第j批院校中占据的份额小于同一学科门类在不分招生批次情况下的份额，S_{ij}值越小说明i学科门类在第j批院校中的份额与其他批次比越没有优势。"供给熵"方法简便易行，可以在一定程度上反映相对供给结构的全貌。由于本科的数据只包含了一本院校和二本院校两个批次，两者为此消彼长的关系，因此只要计算其中一类院校的"供给熵"，同时也就掌握了另一类院校的相关信息。我们以一本院校为例，将"供给熵"的计算结果呈现于表2-1中。

表2-1　　　　　　　　2005～2015年一本院校各学科门类"供给熵"比较

学科门类	2005年	2006年	2007年	2008年	2009年	2010年	2011年	2012年	2013年	2014年	2015年
法学	1.20	1.15	1.19	1.17	1.15	1.38	1.37	1.37	1.28	1.27	1.40
工学	1.06	1.04	1.05	1.02	1.02	1.03	1.02	1.03	1.03	1.07	1.07
管理学	0.90	0.93	0.89	0.91	0.89	0.88	0.83	0.81	0.82	0.82	0.79
教育学	0.26	0.30	0.25	0.28	0.36	0.49	0.58	0.57	0.59	0.49	0.53
经济学	0.89	0.94	0.94	1.01	0.97	0.98	0.94	0.82	0.87	0.79	0.81
理学	0.87	0.92	0.97	0.94	0.93	0.95	0.95	1.03	1.02	0.95	1.00
农学	1.54	1.47	1.57	1.50	1.57	1.51	1.56	1.31	1.32	1.30	1.42
其他	2.25	2.35	2.47	2.46	2.49	2.44	2.49	2.49	2.56	2.52	2.51
文学	1.03	1.01	0.97	0.97	1.02	0.97	1.02	0.98	0.94	0.87	0.87

续表

学科门类	2005年	2006年	2007年	2008年	2009年	2010年	2011年	2012年	2013年	2014年	2015年
医学	1.12	1.08	1.03	1.11	1.11	1.02	1.06	1.07	1.05	1.06	0.96
艺术学	1.35	1.03	0.89	1.05	0.64	1.05	0.95	0.64	0.00	0.00	0.00
哲学	—	2.35	2.47	2.46	2.49	2.44	2.49	—	2.56	2.52	2.51

注：由于历史学招生院校数量太少，有效数据来源不足，故不在本表统计范围内；2005 年和 2012 年样本高校没有在哲学门类中招生，"供给熵"分母为 0，故以"—"表示。

从表 2-1 中不难看出，哲学和"其他"两个类别"供给熵"最高，历年都在 2.0 以上，表明相关学科门类主要集中在一本院校中招生，一本院校的"专门化率"非常之高。农学、法学、医学和工学的"供给熵"基本上也大于 1，表明这些学科门类在一本院校中所占份额要大于它们在总样本中占据的份额，即它们在一本院校中具有相对优势。管理学、教育学、经济学和理学正好相反，在二本院校中具有相对优势。文学和艺术学正负参半，没有明显的"主场"。从变化上看，法学、教育学、理学、哲学和其他五个类别的"供给熵"有一定上升趋势，招生份额正越来越多地从二本院校向一本院校转移，本书称之为供给层次的高级化。管理学、农学、文学、艺术学的"供给熵"则表现出一定程度的下降，招生份额正越来越多地从一本院校向二本院校转移，我们称之为供给层次的低级化。另一些学科门类如工学、经济学和医学的规律性相对较弱，呈小幅波动。总之，"供给熵"概念的引入为我们分析结构性问题提供了非常好的工具，它揭示了隐含在结构背后的不同科类人才培养的层次性问题。

2.1.2 对专科层次的考察

从宏观层面考察专科层次的供给分布即从专业大类的角度来搜集和分析数据。浙江省的专科招生从 2007 年开始合并为一个批次，在此之前分为高专和高职两个批次。为确保分析的一致性，本书将 2005 年和 2006 年的数据进行批次合并处理，这样对专科层次的考察就全部统一为一个招生批次。如图 2-9 所示，专科样本高校的总招生变化形态较本科更"陡峭"，峰值更突出且波动更大，表明专科层次的招生稳定性较差，这或许是因为专科层次人才培养更易受市场需求的直接影响，短期效应更明显。从变化上看，样本院校总招生人数在 2008 年达到最高峰 57092 人，之后总体在走下坡路，2012 年出现了小幅反弹，但总趋势依然没有改变。从曲线的首尾两端看，2005 年和 2015 年的招生人数基本处于同一水平，分别为 39853 人和 40420 人。可见，专科的招生高峰来得比本科早，与高考人数的高峰完全吻合，从一个侧面反映出我国正经历着学历高级化变迁的过程。图 2-10 为不同学历层次总供给变化趋势的一般规律图。图 2-10 从教育机会供给的角度向人们展现了学历高级化的一般进程。

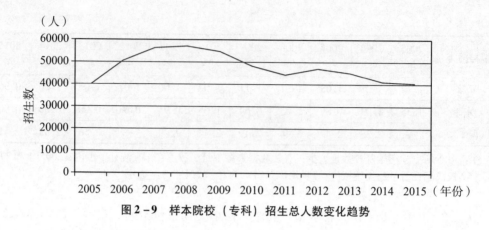

图2-9　样本院校（专科）招生总人数变化趋势

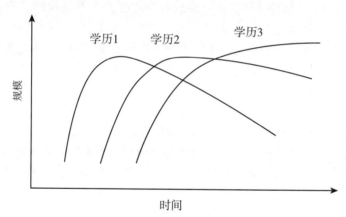

图2-10　供给视角下的学历高级化进程

从每个专业大类各自的情况看，财经商贸大类招生规模最大，其次为装备制造大类和电子信息大类，再次为土木建筑大类、医药卫生大类和教育与体育大类。招生规模最小的四个专业大类依次是公共管理与服务大类、文化艺术大类、轻工纺织大类、资源环境与安全大类，归一化后的相对规模均不到0.1，如图2-11所示。此处需说明两点：第一，和本科一样，专科也采用了面向理工类考生的招生数据。从近几年《中国教育统计年鉴》中统计的全国普通专科招生数、在校生数和毕业生数看，规模最大的六个专业大类依次为财经商贸大类、装备制造大类、土木建筑大类、医药卫生大类、教育与体育大类和电子信息大类，与本书数据显示的结果大体一致，说明本书研究的专科层次的样本及其包含的数据信息也具有做一般分析的价值。第二，在按照教育部划分的专业大类中，少数类别的开设院校较少，在本书的数据库中尚达不到统计分析的要求，故本书对其进行合并处理，将这些专业大类并入到相近的类别中去，具体归并情况如下：将公安与司法大类并入公共管理与服务大类，将水利大类并入土木建筑大类，将新闻传播大类并入文化艺术大类，将能源动力与材料大类并入装备制造大类，这样就将原来的19个专业大类缩减至15个。如无特别说明，在后文对专科层次的分析中，但凡涉及专业大类的讨论，均以合并后的类别为对象。总之，从招生规模看，财经商贸大类、装备制造大类、电子信息大类和土木建筑大类位于第一梯队，医药卫生大类、教育与体育大类等位于第二梯队。由于专科层次的专业大类较本科层次的学科门类划分得更细，故没有出现像本科那样工学一枝独秀的现象，招生的科类分布相对扁平和分散。

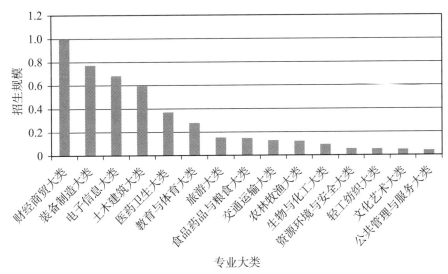

图 2 - 11　样本院校（专科）分专业大类招生规模分布

和本科层次一样，为了清晰地观察每个专业大类招生规模的变化趋势，我们将 15 个专业大类按体量大小分为三组，分别以三个图表展示。图 2 - 12 包含了财经商贸大类等五个专业大类招生人数的变化信息，图 2 - 13 包含了教育与体育大类等五个专业大类招生人数的变化信息，图 2 - 14 包含了生物与化工大类等专业大类的相关信息。如图 12 ~ 图 14 所示，不同专业大类的变化趋势存在较大差异，本书将其概括为五种类型加以讨论。

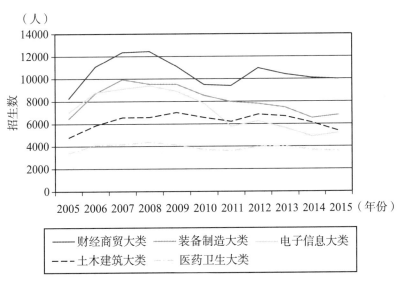

图 2 - 12　财经商贸等专业大类招生人数变化趋势

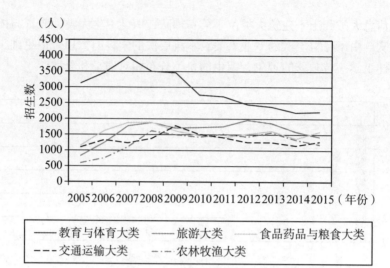

图 2－13　教育与体育等专业大类招生人数变化趋势

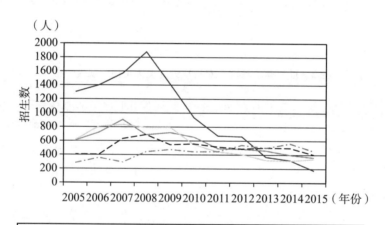

图 2－14　生物与化工等专业大类招生人数变化趋势

　　第一类是"双峰型"，即在 2005～2015 年这 11 年内出现了两次招生小高峰，如财经商贸大类、土木建筑大类、医药卫生大类和旅游大学属于该类型。除财经商贸大类外，另外几个类别的峰值均不明显，变化比较缓和。从长期看，这些专业大类的招生可能存在一定的周期性。第二类是"倒 U 型"，如装备制造大类、交通运输大类、文化艺术大类和农林牧渔大类属于该类型。其中，农林牧渔大类表现为顶端平坦的"倒 U型"，没有明显峰值。这些专业大类前期以扩招为主，达到一定规模后即开始减少招生，直至"一朝回到解放前"。第三类是"偏峰型"，它与"倒 U 型"的区别在于招生高峰出现较早，随后招生规模持续萎缩，甚至"跳水"，如电子信息大类、教育与体育大类、生物与化工大类、资源环境与安全大类和轻工纺织大类均属于该类型。最典型的如生物与化工大类，2005 年共招生 1301 人，到了 2008 年招生人数达 1877 人，之后每年大幅缩减招生，直到 2015 年只剩下 176 个招生名额。其他几个专业大类后期的萎缩迹象虽没有如此显著，但基本趋势也是如此。第四类是"勺型"，对应的专业大类为食品药品与粮食大类，在经历了前期的扩招后招生规模有所回落并长期维持在一个相对稳定的水平，并未持续下跌。第五类是"波折上升型"，如公共管理与服务大类。该专业大类是专科中少有的在 2010 年以后仍保持着整体扩招状态的一个类别。综上所述，多数专业大类和专科的总招生趋势有一定相似之处。由图 2-9 可知，总趋势大致介于"双峰型""倒 U 型""偏峰型"三种形态之间。少数专业大类偏离宏观规律，拥有自己独特的变化路径，体现了其供给上的特殊性。最后，将每一种趋势类型和专业大类的对应关系整理于表 2-2 中。

表 2-2　　　　　　　招生趋势类型和专科专业大类对应关系表

趋势类型	对应的专科专业大类
双峰型	财经商贸大类、土木建筑大类、医药卫生大类、旅游大类
倒 U 型	装备制造大类、交通运输大类、文化艺术大类、农林牧渔大类
偏峰型	电子信息大类、教育与体育大类、生物与化工大类、资源环境与安全大类、轻工纺织大类
勺型	食品药品与粮食大类
波折上升型	公共管理与服务大类

2.2　中观层面：高校招生的专业类别分布

2.2.1　对本科层次的考察

从中观层面考察本科层次的供给分布即从专业类别的角度来搜集和分析数据。在教育部印发的《普通高等学校本科专业目录（2012 年）》中，共有 92 个专业类别。为了便于分析，本书将规模较小且相近的类别进行合并，最终合并成 50 个专业类别。如无特别说明，在本科层次中观层面的研究中，均以合并后的 50 个专业类别为分析对象。

图 2-15 为 2005~2015 年 50 个本科专业类别的招生分布"全景图"，本书同样对数据进行了归一化处理。如图 2-15 所示，招生人数最多的 10 个本科专业类别依次为机械与仪器类、计算机类、工商管理类、电子信息类、土建类、医学类、数学与统计学类、电气与自动化类、管理科学与工程类和化工与制药类。其中机械与仪器类招生规模最大，是排在第 10 位的化工与制药类的将近 3 倍，是排在第 25 位的法学类的将近 7 倍。相对规模指数在 0.3 以上的专业类别还有外国语言文学类、材料类和经济贸易类。从这些"招生大户"中不难发现，来自工学门类的专业类别占据半壁江山。招生规模

最小的 10 个本科专业类别依次为历史学类、哲学类、公安学及其技术类、政治学类、艺术类、社会学类、兵器类、农林工程类、森林资源与生态类和力学类。其中历史学类垫底，部分人文社科类专业群如政、史、哲的招生规模相对于排位靠前的专业类别几乎可以忽略不计。其中一个重要的原因已在前文中述及，即本书的数据不包含文科生的招生数据，而政、史、哲相关专业主要面向文科招生。然而至关重要的是，即使把文史类的数据也掺和进来，虽可以大幅增加相关专业类的绝对招生数，但恐怕难以大幅提高它们所处的位次。原因很简单，即使在文科类招生中，出现频率最高、招生额度最大的专业也多出自管理学、经济学、文学和教育学等学科门类，哲学、历史学等的招生量依然较少。所以要特别提醒读者不要误以为掺进文科的数据就可以颠覆性地改变图 2－15 中各专业类别的位序和整体分布形态，根据我们对 2005～2015 年文科数据的观察几乎可以断定不存在这种可能。综上所述，50 个专业类别的招生规模差异显著，呈一定的阶梯分布特征。

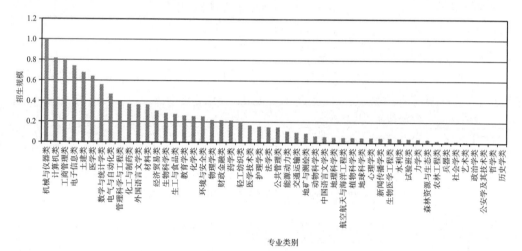

图 2－15　样本院校（本科）分专业类别招生规模分布

具体到每个招生批次，一本院校更倾向于向少数专业类别集中，二本院校在结构上的集中度相对较低，呈阶梯式分布，如图 2－16 和图 2－17 所示。对比发现：一本院校中计算机类招生人数最多，二本院校则是机械与仪器类，计算机类仅排第四位；两类院校各自进入前十的专业类中，有 8 个是重合的，有 2 个存在出入，一本院校中它们分别是材料类（第 9 位）和化工与制药类（第 10 位），二本院校中则变成了管理科学与工程类（第 9 位）和外国语言文学类（第 10 位）；8 个相重合的专业类别中，在一本院校中的位序高于二本院校的有计算机类、医学类、电子信息类、电气与自动化类，在二本院校中位序更高的有机械与仪器类、工商管理类、土建类、数学与统计学类；从前 25 位的情况看，两类院校重合的专业类别共计 23 个，存在差异的两个类别在一本院校中分别是法学类（第 22 位）和能源动力类（第 23 位），在二本院校中则是轻工纺织类（第 18 位）和护理类（第 19 位）；相重合的 23 个专业类别在一本院校和二本院校中位序相差最悬殊的为教育学类和化学类，分别相差了 13 个位次和 8 个位次，位序完全一致的有生工与食品类和财政金融类。综上可知，大部分本科专业类的招生规模在"重点大学"和"一般大学"中的相对水平所差无几，少数专业类别例外。在不同招生批次的高校中差异越大说明相关专业类别越具有特殊性，这种特殊性源于层次分化意义上的特殊性。关于这一点，还可以结合需求分析一起考察。

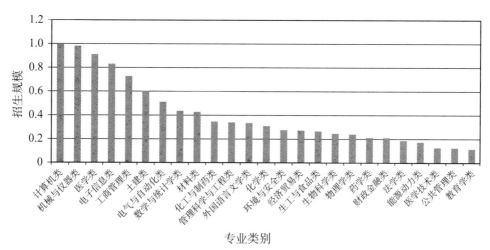

图 2－16　样本院校（一本）分专业类别招生规模分布（前 25 位）

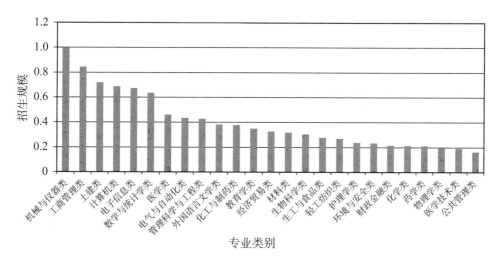

图 2－17　样本院校（二本）分专业类别招生规模分布（前 25 位）

图 2－18 为 50 个专业类别分别在一本院校和二本院校中的招生比例图。如图 2－18 所示，一本院校招生规模显著大于二本院校的专业类别有：公安学及其技术类、试验班类、哲学类、政治学类、兵器类、新闻传播学类、植物科学类、水利类、力学类、地理科学类、能源动力类、农林工程类等。其中，前 3 个类别在本书样本范围内只存在于一本院校中。二本院校招生规模显著大于一本院校的专业类别有：护理学类、教育学类、

轻工纺织类、历史学类、中国语言文学类、医学技术类、数学与统计学类、公共管理类、管理科学与工程类、艺术类、生物科学类、经济贸易类、土建类、工商管理类等。其中，护理学类在二本院校中的份额超过了90%。另一些专业类别如社会学类、生物医学工程类、动物科学类、法学类、计算机类、化学类等在两类院校中的招生份额基本相当。总体而言，更多专业类别在二本院校中的招生规模更大，说明了一般本科院校对毛入学率的贡献率大于重点本科院校。值得一提的是，医学类和护理学类同属医学学科门类，但两者在一本院校和二本院校中的供给分布却正好相反，医学类专业人才培养的高层次化倾向十分明显，反映在本科层次内部也以一本院校为招生主体，而护理类专业人才培养的层次性不高，反映在本科层次内部则是以二本院校为主要载体，类似的如医学技术类专业也是如此。事实上，学科门类的内部分化不仅仅存在于医学中，工学、理学等学科门类也有此现象。

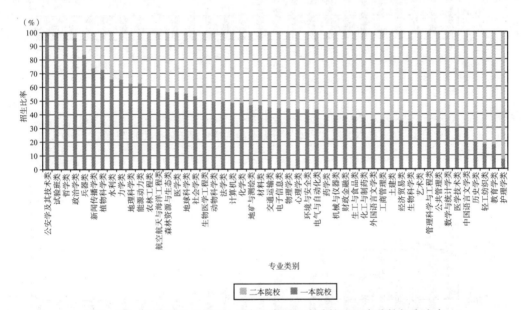

图2-18 样本院校（本科）分专业类别一本院校、二本院校招生比率

从"势"的方面看，50个专业类别的招生规模在时间轴上变化各异。本书将这些专业类别的走势概括为八种轨线类型，分别为"倒U型""增长型""下降型""局部增长型""波动型""平稳型""U型""无规律型"，并在每种类型中选几个比较典型的个例进行图形展示。

首先是"倒U型"。这是最普遍的一种变化趋势，也是与总趋势最接近的变化趋势，对应的专业类别品种繁多。图2-19为电子信息类、工商管理类、化工与制药类三者的形态，它们的招生轨迹在同类型专业类别中较具代表性。如图2-19所示，它们目前均已过了当年的扩招期，招生人数趋于下降。想当年，电子信息类、工商管理类等都是热门专业较多的专业类别，如今适当降温或许正是向理性回归的表现。

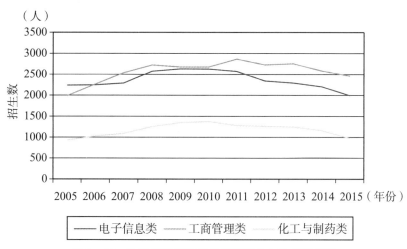

图 2 - 19 电子信息类等专业类别招生人数变化趋势

第二类是"增长型"，即过去 2005 ~ 2015 年以扩招为主。属于该类型的专业类别也不少，较典型的如材料类、财政金融类和能源动力类，见图 2 - 20。很显然，这些专业类别从目前看仍基本维持着扩张状态，三者的招生规模前后相比分别增长了 47.5%、70.9% 和 49.8%，大大超出了高校的平均扩招幅度，从供给角度看属于"朝阳系列"。从直觉上判断，与这些专业类别相对应的产业大体都是我国未来要重点发展的产业，产业结构高级化过程中高新技术产业如新材料、新能源的发展以及以金融业为代表的现代服务业的增长极有可能促使高校增加相关专业的设置并扩大招生。

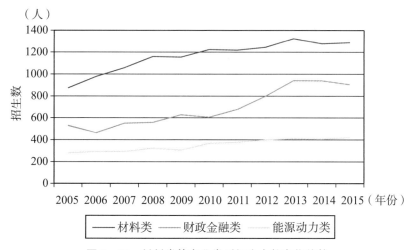

图 2 - 20 材料类等专业类别招生人数变化趋势

第三类是"下降型"。代表性专业类别如轻工纺织类、森林资源与生态类、生物科学类等。如图 2 - 21 所示，这些专业类别在 2005 ~ 2015 年以减少招生为主，三者的招生人数前后相比分别下降了 52.6%、25% 和 27.9%。从图形上看，森林资源与生态类的曲线倾斜得并不明显，这是由于相比于另两个类别，其绝对规模偏小，放在一张图中展示影响了其变化的视觉效果。若单独成图，就可以清晰地看出该类别的缩招迹象。特别地，轻工纺织类的招生规模在近几年正经历着急剧的萎缩。一个不争的事实是，随着劳动力价格的抬高，以纺织服装业为代表的劳动密集型产业正在逐渐迁出中国，迁移到劳动力成本更低的印度等国。从而相关专业缩小人才培养规格也就不难理解了。

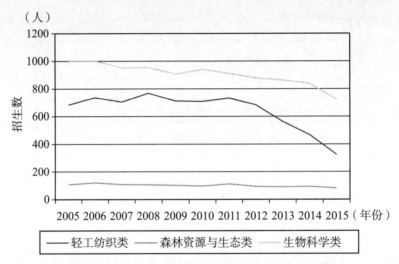

图 2-21　轻工纺织类等专业类别招生人数变化趋势

第四类是"局部增长型"。该类走势通常先有一个短暂的增长期，随后基本保持稳定，较具代表性的专业类别有护理学类、计算机类和医学类，见图 2-22。这些专业类别的招生稳定性较"倒 U 型"要强，扩招到一定程度后并不是紧接着就收缩，而是有若干年的保持时间，这与相关专业类较好的需求基础不无关系。医学门类下的好几个专业类别都属于该类型。

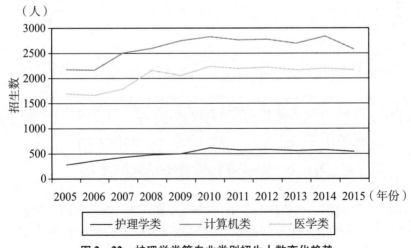

图 2-22　护理学类等专业类别招生人数变化趋势

第五类是"波动型"，即招生规模在时间轴上呈小幅波动，总体上前后变化不大。这样的专业类别有公共管理类、化学类和水利类等，见图 2 - 23。它们的招生从长期看较为稳定，短期内有些波动。当然，这些专业类应该是在经历了大规模扩招后才处于这一状态的，即它们的扩招在 2005 年以前就已经终止，并且直到 2015 年仍无减少招生迹象。

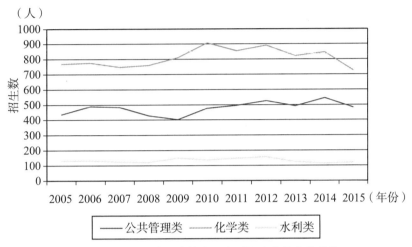

图 2 - 23　公共管理类等专业类别招生人数变化趋势

第六类是"平稳型"，典型代表为土建类和物理学类。如图 2 - 24 所示，土建类和物理学类的招生规模较为稳定，相较于"波动型"中的专业类别表现为更弱的波动性。在这一类型中，土建类专业极具代表性。我国自改革开放以来在两个方面出现了持续高速增长，一是 GDP，二是钢筋混凝土。为满足国家建设需要，土建类专业在经历了一轮扩招后在一个相对较长的时期内维持着较大规模的稳定的招生态势不足为奇。而一旦过了这个特定阶段，其人才培养规模的下降是可以预见的。例如，在美国，土建类专业现在就属于较难就业的专业。

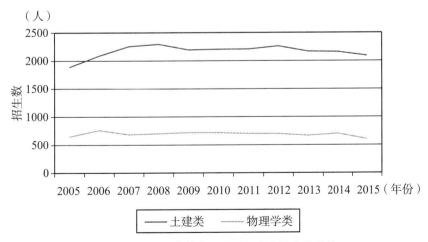

图 2 - 24　土建类等专业类别招生人数变化趋势

第七类是"U型"。这种变化趋势并不多见，只有地球科学类表现出这样的事实，招生人数在过去这些年经历了先下降后增长的过程，如图 2 – 25 所示。

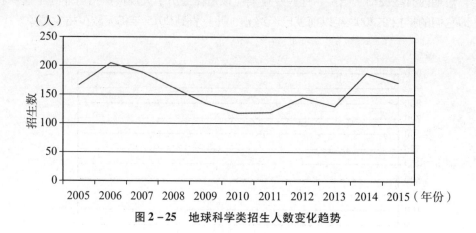

图 2 – 25　地球科学类招生人数变化趋势

此外，还有一种类型为"无规律型"。本书认为，部分专业类别之所以表现不出明显规律，很可能是因为它们的绝对规模偏小、招生院校数偏少，从而数据对个体变化较为敏感，稳定性不足。鉴于此，此处不做进一步讨论。为了便于比较，表 2 – 3 完整地呈现了每一种趋势类型对应了哪些专业类别。由表 2 – 3 可知，呈"倒 U 型"趋势的专业类别最多，其次为"增长型"和"波动型"。

表 2 – 3　　　　　　　　　招生趋势类型和本科专业类别对应关系

趋势类型	对应的本科专业类别
倒 U 型	电子信息类、工商管理类、化工与制药类、法学类、管理科学与工程类、机械与仪器类、交通运输类、经济贸易类、力学类、生物医学工程类、外国语言文学类
增长型	材料类、财政金融类、能源动力类、动物科学类、农林工程类、试验班类、药学类、植物科学类、中国语言文学类
下降型	轻工纺织类、森林资源与生态类、生物科学类、地理科学类、新闻传播学类
局部增长型	护理学类、计算机类、医学类、医学技术类
波动型	公共管理类、化学类、水利类、地矿与测绘类、航空航天与海洋工程类、环境与安全类、教育学类、生工与食品类、数学与统计学类
平稳型	土建类、物理学类
U 型	地球科学类
无规律型	兵器类、电气与自动化类、公安学及其技术类、社会学类、心理学类、艺术类、政治学类

注：个别专业类别的变化趋势表现为"偏峰型"，由于数量较少，在本表中计入"倒 U 型"中。历史学类和哲学类由于数据量太小，无统计意义，不列入本表归纳范围。

特别要指出，同宏观层面存在的问题一样，不同专业类别在一本院校和二本院校中常常表现出不一致的变化趋势，在一本院校中表现为持续扩招的专业类到了二本院校中未必如此，反之亦然。这样的例子可以举出很多，受篇幅所限，本书不再展开讨论，重要的是要有这样一个概念。

2.2.2 对专科层次的考察

在教育部印发的《普通高等学校高等职业教育（专科）专业目录（2015 年）》中，将专科专业分为 99 个类别。为了便于分析，本书把相近的专业类别进行合并，缩减为 40 个类别。如无特别说明，本书对专科层次中观层面的研究均以合并后的 40 个专业类别为分析对象。

图 2-26 为 2005~2015 年 40 个专科专业类别的招生分布"全景图"，纵坐标为归一化后的量纲。如图 2-26 所示，计算机类招生规模最大，紧随其后的专业类别为机械设计制造类、自动化类、财务会计与统计类和土木工程类，相对规模指数分别为 0.69、0.61、0.54 和 0.48。对比发现，计算机类在专科层次中的首位度[①]较高（10.41%），高于本科层次中招生规模最大的机械与仪器类（8.84%）。相对规模指数在 0.35 以上的专业类别还有语言类、经济贸易类和电子信息类。位于第 15~21 名的专业类间的规模差异甚微，且位于第 21 名以后的专业类的规模递减幅度也较为缓和。40 个类别中文秘类招生人数最少，仅为计算机类的 4%。其他招生规模较小的类别还有机电设备类、动物生产类和林业类等。与本科相似，规模较大的专业类别中至少有一半以上与"工科"相关。不同的是，规模较小的专业类别不再是清一色的文史类，也包括了农林牧渔等大

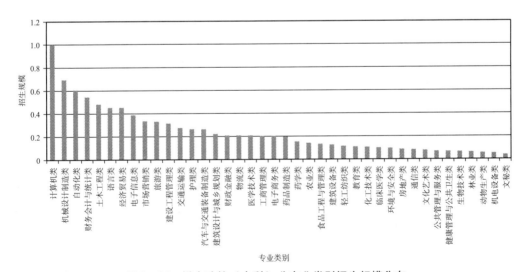

图 2-26 样本院校（专科）分专业类别招生规模分布

---

① 此处将"首位度"定义为首位专业类的相关统计量之值占所有专业类的相关统计量之值总和的比重。

类下的若干类别。总体而言，专科不同专业类别的招生规模差异较本科更小，结构上较本科更均衡。进一步观察发现，部分专业类的"势力"在本科和专科两个层次中基本相当，如计算机类（本科中排在第2位，专科中排在第1位），另一些专业类在不同层次中的相对位置却有天壤之别，如临床医学类（本科中排在第6位，专科中排在第29位）。这暗示了不同专业类别有不同属性及供给规律，归根结底是存在本书所说的层次性。

对各专业类别招生人数变化趋势的考察同样沿用分析本科层次时的做法：将40个专业类别概括为若干类型，从每种类型中选出几个有代表性的个体予以讨论。表2-4为详细归纳结果。与本科不同的是，专科中呈"倒U型""偏峰型""双峰型"走势的专业类别相对较多，保持扩招或平衡的类别相对偏少。如前所述，随着学历高级化进程的推进，专科的招生"拐点"先于本科出现，当下仍处于扩招状态的专业类别数量自然要少于本科。

表2-4 招生趋势类型和专科专业类别对应关系

趋势类型	对应的专科专业类别
双峰型	财务会计与统计类、工商管理类、动物生产类、土木工程类、医学技术类
倒U型	通信类、交通运输类、文秘类、药品制造类、建筑设备类、建筑设计与城乡规划类、文化艺术类、旅游类
偏峰型	林业类、轻工纺织类、化工技术类、生物技术类、房地产类、机械设计制造类、环境与安全类
勺型	经济贸易类、电子信息类、语言类、临床医学类、自动化类
波折增长型	公共管理与服务类、食品工程与管理类、建设工程管理类、药学类
波折下降型	物流类、计算机类、教育类、护理类
局部增长型	财政金融类、农业类
V型	电子商务类
无规律型	市场营销类、健康管理与公共卫生类、机电设备类、汽车与交通装备制造类

图2-27为财务会计与统计类、土木工程类和医学技术类3个专业类别招生人数的变化趋势图，它们的招生走势呈典型的"双峰型"形态，即在本书截取的时间段内出现了两次招生小高峰。"双峰型"曲线在本科层次中很少出现，这可能与高职高专院校的招生对外部环境的变化更敏感有关。如2008年金融危机发生后，财会类专科专业就开始减少招生，几年后随着经济环境趋稳，又逐渐扩大招生。本科层次的人才培养受这种影响就相对较小。

图2-28为交通运输类、建筑设备类、建筑设计与城乡规划类三个专业类别招生人数的变化趋势图。如图2-28所示，它们分别呈不同形态的倒U型，如建筑设备类呈顶端平坦的倒U型，形如高原，交通运输类呈顶端尖锐的倒U型，形如山峰，而建筑设计与城乡规划类则呈顶端圆润的倒U型。相类似的是，它们2015年的招生规模与2005

年基本持平，招生峰值一般出现在 2009 年前后。值得注意的是，同样是土建类专业，其招生在本科院校中表现得相当平稳，在专科院校中却出现了一定起伏，再次体现了不同层次高校供给上的差异性。

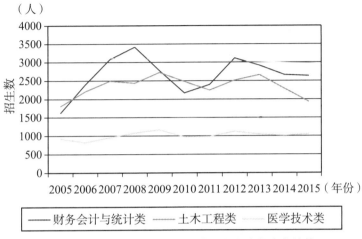

图 2-27　土木工程类等专业类别招生人数变化趋势

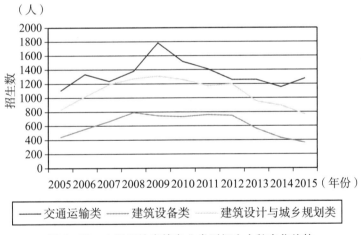

图 2-28　交通运输类等专业类别招生人数变化趋势

　　图 2-29 中包含了"偏峰型"形态中最典型的 3 个专业类别，分别是轻工纺织类、化工技术类和生工技术类。它们均在 2008 年以前走完了扩招的全部历程，紧接着就急剧萎缩，表现为"陡峭"的下降型走势。仅从图 2-29 上看，这 3 个专业类别可认定为专科层次中的"夕阳"类别，其人才培养很可能已被本科院校取代。事实上，由图 2-21 可知，轻工纺织类专业在本科层次中也表现为缩招态势，而像生物技术、生物工程等本科专业在 2011 ~ 2015 年中也属于撤销布点较多的专业之一。可见，一些专业类整体步入供给低谷已是一个不争的事实，只是为何变化幅度如此之大值得我们去反思。

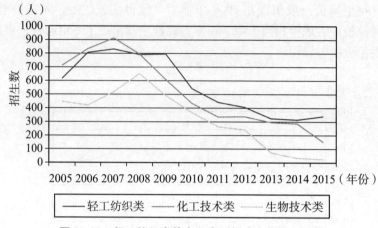

图 2-29　轻工纺织类等专业类别招生人数变化趋势

与上述类型有所不同，招生轨迹呈"勺型"的专业类别在经历了前期的扩招后招生规模有所回落并逐渐稳定，并未出现"跳水"现象。比较典型的如经济贸易类、语言类和自动化类等，见图 2-30。这些专业类别的总供给量和总需求量往往较大，且应用性较强，专科生也有一定的发展空间，从而招生的稳定性较好，暂时不会大幅缩减。

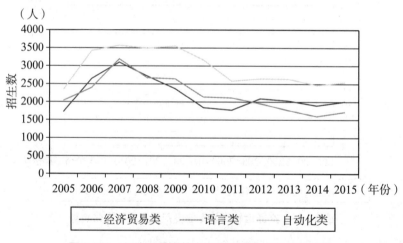

图 2-30　经济贸易类等专业类别招生人数变化趋势

图 2-31 和图 2-32 分别为"波折增长型"和"波折下降型"中具有代表性的专业类别。建设工程管理类、药学类、公共管理与服务类等专业类别的招生人数总体呈递增趋势，扩招仍在继续。相反，物流类、教育类、护理类等专业类别已过了扩张期，招生正走在下坡路上。表面上看，前者比后者似乎更有生命力。然而也可以这样理解：当前表现为扩招的专业类有可能在我国高等教育扩招的前期并没有迅速增长，随着产业结构变迁及相关行业发展才逐渐成为新的增长点，而后者则可能是前期扩招的主力，到了

2006～2015 年，随着供求关系的改变开始"调头"，或者招生份额部分地转移到了上一级学历层次的对应专业类别中，如护理类专业就是如此。这说明不同专业类繁荣的"年代"有所不同，当然也跟它们的生命周期有关。

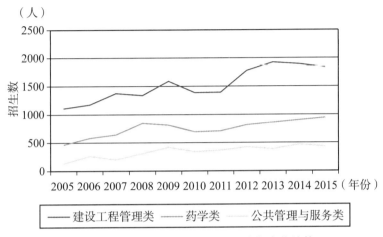

图 2－31 药学类等专业类别招生人数变化趋势

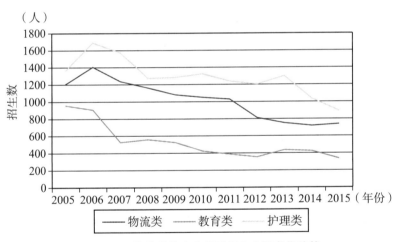

图 2－32 物流类等专业类别招生人数变化趋势

图 2－33 和图 2－34 分别为"局部增长型"和"V 型"走势对应的专业类别。前者以财政金融类和农业类最具代表性。与本科中的护理学类、计算机类、医学类等类别相似，它们的招生规模增长到一定程度后就开始保持在当时的水平。后者的典型代表是电子商务类，招生走势呈先下降后反弹的特点，和本科中的"U 型"轨线相仿。此外，也有一些专业类别的招生未表现出明显变化规律，如市场营销类、健康管理与公共卫生类、机电设备类等。

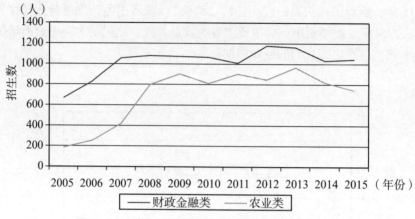

图 2-33　财政金融类等专业类别招生人数变化趋势

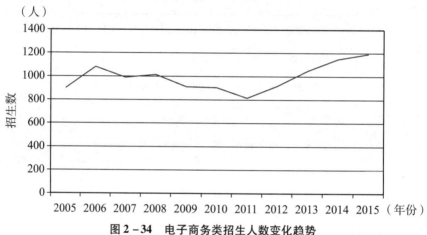

图 2-34　电子商务类招生人数变化趋势

综上所述，当我国进入高等教育大众化中后期阶段，由于高考生总量下降，高等教育总体保持扩招的同时不同专业类别已开始分化。有的专业类别与高等教育总供给保持同步，有的则已开始收缩甚至急转直下，相互差异显著。这大抵就是市场这只看不见的手调节产生的结果，也与高校专业结构调整的多元逻辑有关，是我国高等教育大众化中后期特有的结构变迁现象，具有很大的研究价值。更通俗地说，本节的"画板"上从供给角度描绘了哪些专业类庞大、哪些专业类瘦小、哪些专业类扩张、哪些专业类收缩、哪些专业类命长、哪些专业类命短、哪些专业类跳跃、哪些专业类稳定等一系列客观现象。

2.3　微观层面：高校招生的专业分布

2.3.1　对本科层次的考察

微观层面的考察理论上应从专业的角度来搜集和分析数据。但实际情况是：具体招生中一些高校实行的是大类招生，也有一些高校则是将专业和专业群混在一起招生，且所谓的专业群也不完全是教育部专业目录中命名的类别，很多是每个学校根据院系设置自己定义的。基于这样的事实，本节采用样本高校原始招生状态数据，不做任何二次加工，即高校怎么招我们就怎么统计，从而最终呈现出的结果既有专业，也有专业类。一方面，最原始的、未经加工的数据最有研究价值；另一方面，这样做也有助于我们对不同招生形式进行比较，从中挖掘出更多有价值的信息。需要指出，虽然微观层面的基本单元中掺进了一些专业类，但主体依然是具体专业，因为按专业招生的高校仍占多数。在教育部印发的《普通高等学校本科专业目录（2012 年）》中，共有专业种数 506 种。面对如此巨大的专业数目，无法再像前面探讨学科门类和专业类别那样逐一进行个体研究，比如细究每一种专业的变化趋势。鉴于此，下文以横截面分析为主，重点讨论 2005～2015 年累计各专业（类）招生的存量问题。

本书的样本高校是按照招生专业种数尽可能多的原则挑选出来的，这些高校面向浙江省的招生专业种数通常在 20～70 个之间。本书将每所高校的招生专业按招生量大小进行排序，以 15% 为断裂点，筛选出每所高校招生人数入围前 15% 的专业[①]，然后对所有样本高校筛选出的专业进行汇总就可以统计出每个专业单次招生进入招生量前 15% 的次数。这个次数可以在一定程度上反映不同专业的宏观供给水平，进入前 15% 次数越多的专业显然总供应量越大。本书统计了各专业 2005～2015 年的累计入围次数，统计结果见表 2-5。由于专业种数太多，表 2-5 只给出排名前 100 名的专业，即招生人数进入所在高校前 15% 范围次数最多的 100 个专业。表中最后一列"排名差"是指第四列数值和第六列数值之差。

表 2-5　　　　　招生量入围前 15% 次数最多的 100 个本科专业（类）统计

总排名	专业（类）名称	入围次数（合计）	一本院校		二本院校		排名差
			排名	入围次数	排名	入围次数	
1	计算机科学与技术	455	2	281	3	174	-1
2	土木工程	388	5	179	1	209	4
3	机械设计制造及其自动化	382	3	200	2	182	1
4	软件工程	328	1	288	22	40	-21
5	临床医学	308	4	187	4	121	0
6	电气工程及其自动化	278	6	171	5	107	1
7	自动化	270	6	171	6	99	0
8	电气信息类	165	10	101	12	64	-2
9	电子信息工程	157	13	89	11	68	2

---

① 本节所说的专业也包含专业类在内。由于按专业招生的院校占多数，方便起见，本节统一简称为专业。

续表

总排名	专业（类）名称	入围次数（合计）	一本院校		二本院校		排名差
			排名	入围次数	排名	入围次数	
10	机械（工程）类	149	15	80	10	69	5
11	能源与动力工程	146	11	98	15	48	-4
12	化学工程与工艺	143	19	60	7	83	12
13	机械工程	142	8	116	36	26	-28
14	工商管理类	132	9	108	42	24	-33
15	通信工程	115	14	84	28	31	-14
16	数学与应用数学	114	29	42	9	72	20
17	材料科学与工程	112	12	95	64	17	-52
18	英语	109	22	46	13	63	9
19	电子信息（科学）类	104	17	70	27	34	-10
20	护理学	103	58	24	8	79	50
21	材料成型及控制工程	96	34	36	14	60	20
22	应用化学	93	23	45	15	48	8
23	信息管理与信息系统	91	21	47	20	44	1
23	会计学	91	26	43	15	48	11
25	金融学	90	18	63	35	27	-17
26	测控技术与仪器	86	30	41	19	45	11
27	法学	84	16	71	78	13	-62
28	药学	71	37	34	25	37	12
29	国际经济与贸易	69	43	30	23	39	20
30	车辆工程	68	26	43	38	25	-12
31	高分子材料与工程	66	34	36	30	30	4
31	纺织工程	66	68	20	18	46	50
33	信息与计算科学	63	68	20	21	43	47
34	化学	61	26	43	60	18	-34
34	电子商务	61	52	26	26	35	26
36	数学类	59	20	51	99	8	-79
37	材料（科学）类	58	33	38	55	20	-22
38	统计学	57	40	31	36	26	4
39	生物科学	56	56	25	28	31	28

续表

总排名	专业（类）名称	入围次数（合计）	一本院校		二本院校		排名差
			排名	入围次数	排名	入围次数	
40	管理科学与工程类	54	23	45	93	9	−70
40	中医学	54	40	31	47	23	−7
42	光电信息科学与工程	53	47	28	38	25	9
43	经济学类	52	25	44	99	8	−74
44	化学类	51	34	36	72	15	−38
44	食品科学与工程	51	47	28	47	23	0
44	水产养殖学	51	64	22	33	29	31
44	生物工程	51	66	21	30	30	36
48	工商管理	50	38	32	60	18	−22
49	环境工程	49	52	26	47	23	5
50	电子信息科学与技术	48	58	24	42	24	16
50	动物科学	48	58	24	42	24	16
52	中药学	46	40	31	72	15	−32
52	动物医学	46	58	24	52	22	6
52	经济学	46	64	22	42	24	22
52	轻化工程	46	115	8	24	38	91
56	电子科学与技术	45	47	28	64	17	−17
56	土木类	45	52	26	57	19	−5
58	工程管理	44	85	14	30	30	55
59	生物科学类	43	45	29	75	14	−30
59	物理学	43	52	26	64	17	−12
61	物理学类	41	31	40	201	1	−170
61	金属材料工程	41	76	16	38	25	38
63	化工与制药类	40	58	24	70	16	−12
64	信息工程	39	32	39	240	0	−208
64	建筑学	39	76	16	47	23	29
64	无机非金属材料工程	39	82	15	42	24	40
64	制药工程	39	85	14	38	25	47
68	交通运输类	37	38	32	129	5	−91
68	园艺	37	43	30	107	7	−64
68	计算机类	37	47	28	93	9	−46
68	生物技术	37	85	14	47	23	38
68	网络工程	37	115	8	33	29	82

总排名	专业（类）名称	入围次数（合计）	一本院校		二本院校		排名差
			排名	入围次数	排名	入围次数	
73	水利类	34	51	27	107	7	−56
73	财务管理	34	74	17	64	17	10
75	建筑环境与能源应用工程	33	91	13	55	20	36
76	应用物理学	32	85	14	60	18	25
77	物流管理	31	70	19	79	12	−9
78	市场营销	30	73	18	79	12	−6
78	日语	30	76	16	75	14	1
78	冶金工程	30	91	13	64	17	27
81	理科试验班（类）	29	45	29	240	0	−195
81	交通运输	29	74	17	79	12	−5
81	给排水科学与工程	29	100	11	60	18	40
84	生物医学工程	28	66	21	107	7	−41
84	过程装备与控制工程	28	94	12	70	16	24
84	工业工程	28	129	7	53	21	76
87	能源动力类	27	56	25	174	2	−118
87	核工程与核技术	27	70	19	99	8	−29
87	电气类	27	115	8	57	19	58
90	园林	25	76	16	93	9	−17
91	飞行器设计与工程	24	58	24	240	0	−182
91	环境科学与工程类	24	70	19	129	5	−59
91	金融工程	24	85	14	89	10	−4
91	机械电子工程	24	129	7	64	17	65
91	医学检验技术	24	173	3	53	21	120
96	植物保护	23	76	16	107	7	−31
96	测绘工程	23	82	15	99	8	−17
96	物流工程	23	82	15	99	8	−17
96	保险学	23	106	9	75	14	31
100	药学类	22	100	11	84	11	16

注：本表中的专业均是《普通高等学校本科专业目录（2012 年）》中新目录下的专业。在 2012 年以前多数院校以老目录下的专业招生，本表在统计时已将对应的新老专业合并处理，并统一使用新专业名称。如能源与动力工程专业中包含了过去的热能与动力工程专业和能源动力系统及自动化专业，本表中统计的数据是这 3 个专业数据的总和。很多专业都存在新旧名称更替问题，此处不一一说明。本表最后一列的"排名差"指一本中的排名与二本中的排名的差值，其值大于 0 表明相关专业在二本中的名次高于其在一本中的名次，反之则表明其在一本中的名次高于二本中的名次。

在招生人数进入前 15% 次数最多的 100 个专业中，有 21 个专业类和 79 个真正的专业。在 21 个专业类中，9 个分布在前 50 名，12 个分布在 50～100 名。计算机科学与技术专业在 2005～2015 年这 11 年中共有 455 次入围记录，成为入围次数最多的本科专业，从而也就是整体供给水平最高的本科专业。观察发现，高校中只要开设了此专业，单次招生的招生人数就有很大概率挤进全校前 5 位，且该专业的开设率也出奇的高。一种可能的解释是该专业的人才培养具有显著的规模效应，规模越大，平均成本越低，因而适合"批量生产"。这恰恰反映了我国高校的专业设置和招生在一定程度上仍以办学资源、办学成本、自身便利为出发点，未必真正以劳动力市场和生源市场为依据，像计算机科学与技术专业，只要有足够教学所需的计算机设备和机房，就很容易有扩招倾向。在计算机类中，软件工程专业的供给水平也很高，共有 328 次入围记录，位列第 4 位。而像计算机类（第 68 位）、网络工程（第 68 位）等也均进入了百强行列，但入围次数远低于前二者。

根据中观层面的观察，50 个本科专业类别中机械与仪器类的招生规模最大，结合表 2-5 可知，机械设计制造及其自动化专业是该类别中的首位专业，进入前 15% 的次数为 382 次，位列本科专业第 3 位。其他机械与仪器类专业如机械（工程）类（第 10 位）、机械工程（第 13 位）、材料成型及控制工程（第 21 位）、测控技术与仪器（第 26 位）、车辆工程（第 30 位）、过程装备与控制工程（第 84 位）、机械电子工程（第 91 位）等也均是人才培养大户，不少专业在百强中的排名都较为靠前。与机械与仪器类相似的是电子信息类。如电气信息类（第 8 位）、电子信息工程（第 9 位）、通信工程（第 15 位）、电子信息（科学）类（第 19 位）、光电信息科学与工程（第 42 位）、电子信息科学与技术（第 50 位）、电子科学与技术（第 56 位）、信息工程（第 64 位）等电子信息类专业也都是高等教育毛入学率的"杰出贡献者"。以上机械类、电子类专业作为工科专业的主体保持着较高的整体供给水平与我国以制造业为主的产业结构有着密切的联系，为相关行业输送了大批技术型人才。另一些表现突出的工科专业来自土建类一族，如土木工程专业，共有 388 次入围记录，仅次于计算机科学与技术专业。如前所述，改革开放以来，我国的经济增长在很大程度上是钢筋混凝土的增长，甚至说钢筋混凝土的增长对经济增长的贡献超过了实体企业对经济增长的贡献也不为过。土木工程专业的大量开设和招生在其中起到了很大作用。应该说在过去的几十年里，尤其是 2010 年以前，土木工程专业的毕业生要实现就业绝非难事，因为有"房地产"和"基础设施建设"两大张力推动了该专业的扩招和繁荣，这是一个阶段性特征。除土木工程专业外，还有土木类（第 56 位）、建筑学（第 64 位）、建筑环境与能源应用工程（第 75 位）、给排水科学与工程（第 81 位）等土建类专业的整体供应量也较大。

管理类专业大规模招收本科生是我国高等教育的一大特色。事实上，连高职高专院校也开设了各式各样的管理类专业。在工商管理类下面，共有工商管理类（第 14 位）、会计学（第 23 位）、电子商务（第 34 位）、工商管理（第 48 位）、财务管理（第 73 位）、物流管理（第 77 位）、市场营销（第 78 位）、物流工程（第 96 位）8 个专业进入了上述百强榜单，它们均是对高等教育毛入学率贡献较大的人文社科类专业。这些专业中也不乏拥有广泛社会需求的专业，某些专业还是考生报考时的热门专业，如会计学、财务管理等。除上述提到的专业外，招生量进入前15%次数位于前十的专业还有临床医学（第5位）、电气工程及其自动化（第6位）、自动化（第7位）3个专业，入围次数分别为308次、278次和270次。电气工程及其自动化和自动化2个专业属于企业需求量较大的专业，而临床医学专业亦有如此庞大的人才培养规模多少有所出乎人们的意料。本书猜测该专业的扩招动力可能更多地来自学生需求而非社会需求，因为从就业率上看临床医学专业的表现并不突出，若从高考志愿填报的角度看，该专业属于热门专业。

根据表2-5的统计，入围次数在100次以上的专业共有20个。除上述提到的专业外，还有能源与动力工程（第11位）、化学工程与工艺（第12位）、数学与应用数学（第16位）、材料科学与工程（第17位）、英语（第18位）和护理学（第20位）等专业。它们均属于整体供给水平很高的本科专业，分别来自不同学科门类。表2-6归纳了每个学科门类中"小组冠军"获得者的基本信息，从中反映出学科门类间的巨大差距。

表2-6　　　　　　各学科门类中招生量入围前15%次数最多的专业汇总

学科门类	专业（类）名称	进入前15%总次数	总排名
工学	计算机科学与技术	455	1
医学	临床医学	308	5
管理学	工商管理类	132	14
理学	数学与应用数学	114	16
文学	英语	109	18
经济学	金融学	90	25
法学	法学	84	27
农学	水产养殖学	51	44
教育学	小学教育	19	104
艺术学	数字媒体艺术	3	212
哲学	哲学	1	272

注：历史学学科门类下无专业进入本书样本高校招生人数前15%的专业行列。

从表2-5中各专业进入前15%的总次数分布可以总结出一个事实：少数专业"占山为王"的次数或频率远高于其他专业，即高校招生的宏观专业结构并不扁平。换言之，将各高校招生规模最大的几个专业放在一起组成的"专业库"的内部结构比较单一。当然，一些专业、行业特色型院校除外。如在农林类院校中可能是农学类专业招生最多，而在语文类院校中则是语言类专业招生最多。然而，一旦我们的关注对象是一个整体，且在这一整体中，综合型大学和理工类大学份额最大，两者加起来就占据大半，那么分析结论就不会受少数专业、行业特色型院校的影响。图2-35为上述100个专业按照排名顺序排列的入围次数散点图。如图 2 - 35 所示，这些散点的分布接近反比例函数的曲线形态，少数专业的入围次数遥遥领先。入围次数在 250 次以上的 7 个专业的总次数占 100 个专业总次数的 31.16%，体量最大的 5 个专业类别中所有专业的总次数占 100 个专业总次数的 45.85%。特别地，排在第 100 名的药学类的入围次数仅有 22 次，不到第 1 名计算机科学与技术专业的1/20。而排在百名开外的专业还有很多，有很多专业甚至连一次都没能入围。经统计，共有 318 种专业的招生人数至少曾经有一次进入过前 15% 的范围，也就是说还有 100 多种专业从未入围前 15%。前 100 个专业的总入围次数占所有本科专业总入围次数的比重高达 86.24%。表明这 100 个专业吸纳了大部分本科生，尽管教育部规定的本科专业目录中共有 506 种专业，这有点类似于我国的财富分布特征。由图 2 - 36 可知，至少有一次进入前 15% 的专业种数大致呈逐年上升趋势，表明高校招生的专业集聚度正在降低。具体到每个招生批次，一本院校的专业种数历年都多于二本院校，表明一本院校招生的专业分布较二本院校相对分散，从趋势上看则是二本院校的入围专业种数增长更快。

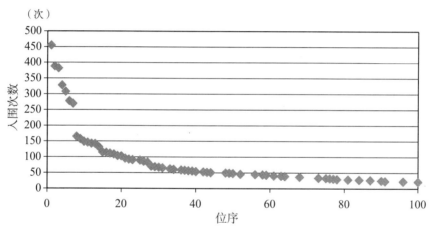

图 2 - 35　招生量入围前 15% 次数最多的 100 个本科专业的入围次数散点图

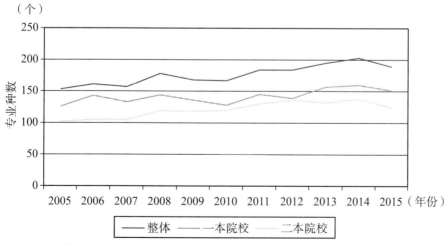

图 2 - 36　招生量至少一次入围前 15% 的本科专业种数变化趋势

　　表2-5中第四列至第七列的数据反映了每个招生批次的详细信息。据此可知，同一专业在不同招生批次中所处的位置可能相似，也可能截然不同。根据前文的论述，不同学科门类和专业类别在一本院校和二本院校之间出现了一定的分化倾向，对于更具体的专业而言，分化现象就更普遍了。表2-5最后一列数值的正负属性说明了相关专业招生中的倾向性，数值的绝对值越大说明相关专业在一本院校和二本院校中的排名越悬殊，从而分化越明显。经统计，排名差大于或等于50的专业有医学检验技术（120）、轻化工程（91）、网络工程（82）、工业工程（76）、机械电子工程（65）、电气类（58）、工程管理（55）、纺织工程（50）和护理学（50）9个专业。这些专业的招生份额更多地分布在二本院校中。最典型如医学检验技术专业，在一本院校中只有3次进入招生人数前15%的范围，排在第173位，而在二本院校中则有21次入围记录，排在第53位。总体上这些专业大多是应用性较强的专业，以工科专业为主。排名差小于或等于负50的专业有信息工程（-208）、理科试验班（类）（-195）、飞行器设计与工程（-182）、物理学类（-170）、能源动力类（-118）、交通运输类（-91）、数学类（-79）、经济学类（-74）、管理科学与工程类（-70）、园艺（-64）、法学（-62）、环境科学与工程类（-59）、水利类（-56）和材料科学与工程（-52）14个专业。这些专业的招生份额更多地分布在一本院校中，部分专业的倾向性特别明显。例如，信息工程专业，在一本院校中共有39次进入招生人数前15%的范围，排在第32位，在二本院校中却没有一次入围前15%；又如，飞行器设计与工程专业，在一本院校中共有24次入围记录，排在第58位，在二本院校中同样也是0记录。另外，像理科试验班（类）、物理学类、能源动力类等亦属于此类型。总体而言，这些专业主要有两个特征：一是以专业类居多，二是以基础学科专业居多。关于第一点，可以推测一本院校即重点大学更普遍地推行了大类招生，而新建本科院校仍以具体专业招生为主。关于第二点，可以认为重点大学承担了更多基础学科的人才培养，新建本科院校则承担了较多应用学科的人才培养。排名差在-5~5之间的专业有计算机科学与技术、土木工程、机械设计制造及其自动化、临床医学、电气工程及其自动化、自动化、电气信息类、电子信息工程、机械（工程）类、能源与动力工程、信息管理与信息系统、高分子材料与工程、统计学、食品科学与工程、环境工程、土木类、日语、交通运输和金融工程19个专业，这些专业的招生在一本院校和二本院校中基本均衡，无分化倾向。总之，多数专业招生中的分化倾向不明显或较小，一些专业表现得较为极端。图2-37为100个专业的排名差以递增方式排列时连成的曲线图。

　　事实上，一个专业单次招生人数进入所在高校前15%的累计次数只是从一个侧面说明了该专业的供给水平，无法完整地反映供给的其他方面特征。为了从各个角度展开观察，本书进一步统计了100个常见专业（类）的"累计招生人数""累计招生次数""招生率""招生首位率"等从不同侧面反映各专业供给水平的指标，并据此合成了"供给指数"。关于此处所说的100个常见专业（类），本书是按照出现频率高、数据稳定性好的原则筛选出来的，与表2-5中的专业基本重合，但不完全一致。

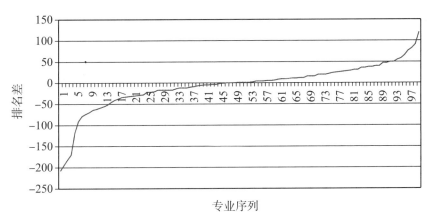

图 2 - 37　100 个本科专业在一本院校和二本院校中的招生分化特征

　　如图 2 - 38 所示，从累计招生人数（归一化后的结果）看，排在前 10 名的专业依次为计算机科学与技术、临床医学、土木工程、机械设计制造及其自动化、英语、数学与应用数学、电气信息类、电子信息工程、电气工程及其自动化和化学工程与工艺。其中前 3 个专业的相对规模指数均在 0.7 以上，到了第 10 个专业已降至 0.47。10 个专业中，有 9 个是真正的专业，1 个是专业类，即电气信息类。该专业类是教育部老目录下的类别名称，2013 年以前很多高校都喜欢以之为基本单元进行大类招生，它对应于本书中观层面中的 3 个专业类别：电气与自动化类、计算机类和生物医学工程类。由于其覆盖面广，成为招生规模最大的实体专业群，并进入了累计招生人数的前 10 名，其他以专业类形式招生的单元排名靠前的不多，进入前 20 名的还有机械（工程）类和工商管理类。值得关注的是临床医学专业的招生规模十分靠前，一跃成为亚军。在几年前，除医科大学外，一些综合性大学，尤其是综合性地方本科院校都存在该专业的大范围扩招。如浙江省的杭州师范大学、温州大学、湖州师范学院、绍兴文理学院、嘉兴学院、台州学院、丽水学院等院校均开设了此专业并大量招生。累计招生人数倒数前十个专业依次为动物医学、园林、动物科学、园艺、测绘工程、保险学、资源环境与城乡规划管理、无机非金属材料工程、地理信息科学和旅游管理。这些专业中来自农学、理学的专业偏多。特别指出，图 2 - 38 中的 100 个专业都是较为常见的本科专业，即使是排名靠后的专业，也是招生规模相对较大的专业，大量未涉及的专业甚至只有更小的规模。

　　与招生人数不同，累计招生次数是反映一个专业出现在高校招生菜单中频次的指标，与之对应的是招生率，即招生频率。累计招生次数的多寡和招生率的高低可以间接衡量一个专业在高校中的开设率。一个专业的招生率越高，往往其开设率也越高。如图 2 - 39 所示，累计招生次数或招生率进入前 10 名的专业依次为计算机科学与技术、土木工程、自动化、英语、电气工程及其自动化、信息管理与信息系统、机械设计制造及其自动化、国际经济与贸易、电子信息工程和信息与计算科学。可以近似地认为，这些专业也是目前国内高校开设率最高的专业。它们清一色都是专业，无专业类。从招生率数值看，计算机科学与技术专业远高于其他专业，招生率高达 72.55%。即 100 所高校

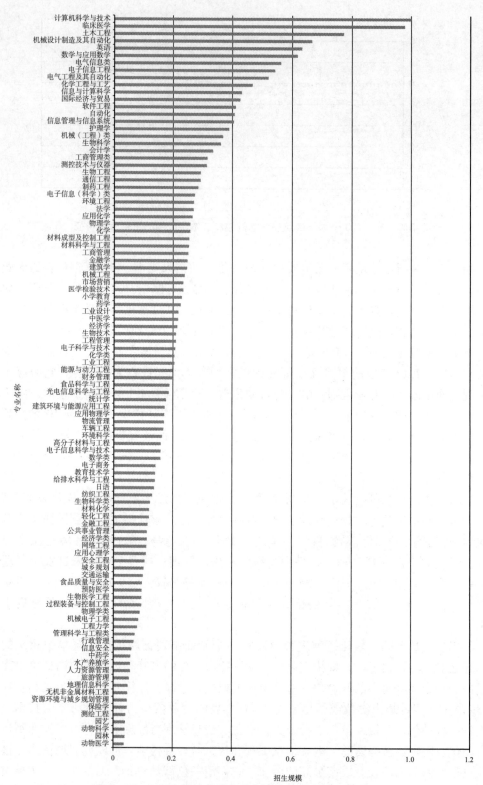

图 2－38　100 个常见本科专业在样本院校中招生规模分布

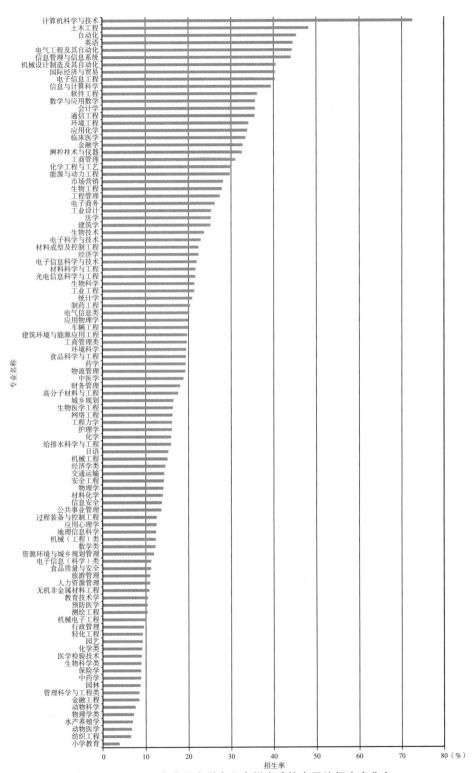

图 2-39　100 个常见本科专业在样本院校中平均招生率分布

注：招生率 = 累计招生次数/（样本院校数量×11）。

中就有 72.55 所在浙江省有该专业的招生，据此可推测该专业的开设率至少在 90% 以上。进入前 10 名的其他专业的招生率大多在 40%～50% 之间。从专业构成上看，这些专业和按照累计招生人数排名的前 10 名专业有一定出入。例如，临床医学专业的整体招生规模很大，但累计招生次数和招生频率却未能进入前 10 名，仅排在第 17 位，原因在于其受开设率所限，主要载体仅限于医科大学、综合性大学和部分理工类大学，不像计算机科学与技术专业那样任何类型高校均可开设。相反，自动化、信息管理与信息系统、国际经济与贸易、信息与计算科学等专业的招生频率很高，却未能进入累计招生人数的前 10 名，表明这些专业开设得较为普遍，但平均每次招生的人数并不出类拔萃。累计招生次数或招生率位于倒数前 10 名的专业依次为小学教育、纺织工程、动物医学、水产养殖学、物理学类、动物科学、金融工程、管理科学与工程类、园林和中药学，它们的招生率均小于 10%。

招生首位率是从另一个侧面反映各专业供给状况的指标，指的是一个专业在存在招生的前提下单次招生规模进入全校专业前 15% 的概率。如图 2 - 40 所示，"首位率"最高的 10 个专业依次为电气信息类、机械（工程）类、纺织工程、机械设计制造及其自动化、机械工程、电子信息（科学）类、临床医学、软件工程、土木工程和水产养殖学。这些专业和按其他标准遴选出的专业有几处明显的不同：10 个席位中就有 3 个是专业类；像纺织工程、水产养殖学这样的在前述指标中居于三线的专业在此处却挺进了前 10 名；计算机科学与技术专业反而不在前 10 名之列。这说明有些专业的开设率虽然不高，可一旦开设并招生，一次性供应量往往较大。从数值上看，除了电气信息类和机械（工程）类 2 个专业类的招生首位率在 50% 以上，其余 8 个专业的该项指标均处于 35%～50% 之间。需指出，由于专业类是包含了若干种具体专业的招生单元，是高校进行大类培养的基本单位，从而同类型专业和专业类相比较而言，一般都是专业类的单次招生量更大，这就不难理解为何当大部分高校仍以专业为基本招生单元时一些专业类在招生首位率这一指标中会有出众的表现了。100 个常见专业中招生首位率最低的 10 个专业依次为城乡规划、工业设计、环境科学、公共事业管理、应用心理学、人力资源管理、行政管理、工程力学、市场营销和材料化学。其中城乡规划专业最低，只有 1.33%，即 100 次招生中仅有 1.33 次进入所在高校招生人数前 15% 的专业行列。

最后，本书以一个复合指标来相对综合地反映各专业的整体供给水平，我们称之为"供给指数"。该指数由累计招生人数和招生率两项指标合成，前者用以反映招生的整体规模，后者用以反映专业开设的普遍程度。如图 2 - 41 所示，"供给指数"最高的 10 个专业依次为计算机科学与技术、土木工程、英语、临床医学、机械设计制造及其自动化、电气工程及其自动化、电子信息工程、自动化、数学与应用数学和信息管理与信息系统，"供给指数"均在 10.0 以上。其中计算机科学与技术专业最高，达 25.96。这 10 个专业基本可以代表 2005～2015 年我国高校综合供给水平最高的 10 个本科专业，它们对高等教育毛入学率的贡献率基本也是最大的。这 10 个专业涵盖了工学、文学、医学、理学和管理学 5 个学科门类，其中工学专业占据半壁江山。排在第 11～20 位的专业中，除来自上述学科门类外，出现了 2 个经济学门类的专业，分别是国际经济与贸易和金融学。"供给指数"最高的专业类为电气信息类，排在第 22 位。"供给指数"最低的 10

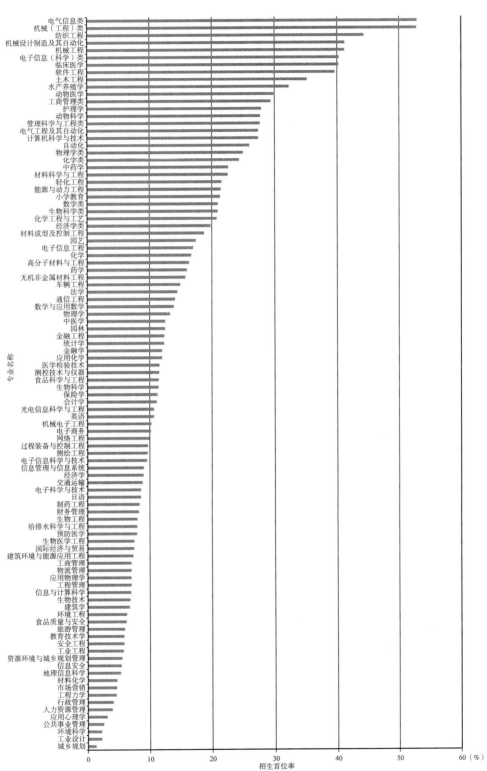

图 2-40　100 个常见本科专业在样本院校中平均招生首位率分布

注：招生首位率 = 招生人数进入前 15% 的次数/累计招生次数。

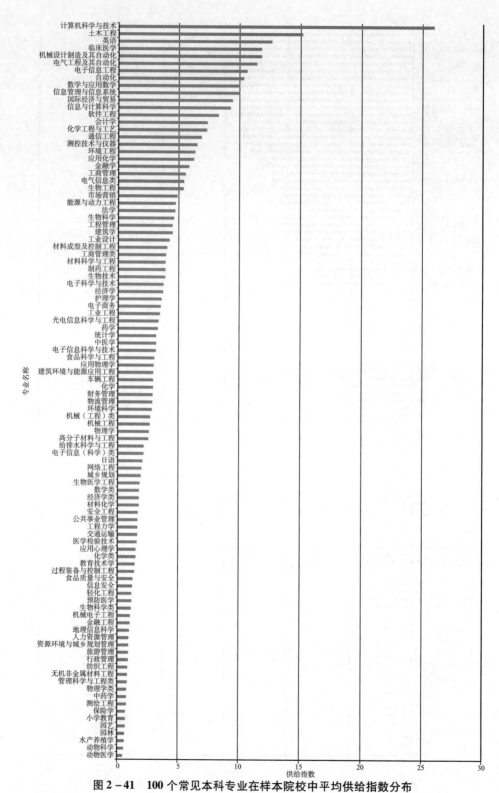

图 2 - 41　100 个常见本科专业在样本院校中平均供给指数分布

注：供给指数 = 累计招生人数$^{0.5}$ × 招生率/100。

个专业依次为动物医学、动物科学、水产养殖学、园林、园艺、小学教育、保险学、测绘工程、中药学和物理学类。其中倒数前 5 个专业清一色地来自农学学科门类。再次强调，此处分析的专业相对于我们视野以外的专业很可能都是"供给指数"较高的专业。

2.3.2 对专科层次的考察

和本科一样，高职高专院校的招生也包含了专业和专业类两种形式，且同样也是按专业招生居多。以下仍然按各院校的实际招生单元进行数据统计和分析。在讨论重点上，依然以各专业 2005～2015 年合计或均值的横截面分析为主，不再讨论各专业历年数据及其变化。数据处理方法同样是先将每所高职高专院校的招生专业按招生人数进行排序，以 18% 为断裂点①，逐一记录各样本院校中招生人数位于前 18% 的专业，并对汇总形成的"专业库"进行统计，筛选出招生人数入围前 18% 次数最多的 96 个专业，见表 2－7。需要说明，排名越往后就越有更多专业发生并列，如排在并列第 97 的专业（累计有 7 次入围前 18% 的专业）就多达 12 个。因此，严格按照位次难以选出正好 100个专业，本表取前 96 个专业作为分析对象。

表 2－7　　　　招生量入围前 18% 次数最多的 96 个专科专业（类）统计

排名	专业（类）名称	入围次数	排名	专业（类）名称	入围次数
1	会计	242	16	商务英语	74
2	建筑工程技术	197	16	物流管理	74
3	机电一体化技术	196	19	应用英语	73
4	护理	132	20	机械制造与自动化	71
5	工程造价	115	21	工商企业管理	62
6	数控技术	107	22	计算机网络技术	58
7	计算机应用技术	105	23	电子信息工程技术	51
8	国际经济与贸易	97	24	金融管理与实务	41
9	模具设计与制造	95	25	市场营销	40
10	电气自动化技术	80	26	国际贸易实务	36
11	汽车检测与维修技术	79	27	通信技术	34
11	应用电子技术	79	28	药学	33
13	电子商务	77	29	建筑工程管理	28
13	临床医学	77	29	汽车运用技术	28
13	软件技术	77	31	国际商务	27
16	会计电算化	74	31	酒店管理	27

---

① 由于专科院校平均每年的样本数少于本科院校，为了尽可能扩大专业的样本容量，多获取一些观测值，降低专业间并列的概率，此处将断裂点的范围放宽至 18%。

续表

排名	专业（类）名称	入围次数	排名	专业（类）名称	入围次数
33	计算机类	26	63	眼视光技术	11
33	建筑装饰工程技术	26	63	应用化工技术	11
33	数学教育	26	63	园艺技术	11
36	财务管理	23	68	动漫设计与制作	10
36	工程监理	23	68	房地产经营与估价	10
38	生物制药技术	22	68	工程测量与监理	10
39	道路桥梁工程技术	21	68	国际金融	10
39	汽车技术服务与营销	21	68	航海技术	10
41	口腔医学	20	68	计算机辅助设计与制造	10
41	生物技术及应用	20	68	金融与证券	10
41	医学检验技术	20	68	民航运输类	10
41	园林技术	20	68	水利水电建筑工程	10
45	计算机信息管理	19	68	投资与理财	10
45	汽车电子技术	19	68	学前教育	10
47	食品营养与检测	18	79	建筑设备工程技术	9
48	机械制造类	17	79	精细化学品生产技术	9
49	报关与国际货运	16	79	人力资源管理	9
49	生化制药技术	16	79	土木建筑与管理类	9
49	市政工程技术	16	79	中药	9
52	建筑设计技术	15	79	助产	9
53	环境监测与治理技术	14	85	城市轨道交通控制	8
53	旅游管理	14	85	飞机维修	8
53	室内设计技术	14	85	服装设计	8
56	畜牧兽医	13	85	港口物流设备与自动控制	8
56	机械设计与制造	13	85	工程测量技术	8
56	楼宇智能化工程技术	13	85	会计与审计	8
56	移动通信技术	13	85	计算机通信	8
56	园林工程技术	13	85	轮机工程技术	8
61	保险实务	12	85	染整技术	8
61	生产过程自动化技术	12	85	商务管理	8
63	财务会计类	11	85	数控设备应用与维护	8
63	城市轨道交通运营管理	11	85	英语教育	8

注：本表中的专业均是原来《普通高等学校高职高专教育指导性专业目录》中的老专业。因为新的专科专业目录印发于 2015 年，在这之前高职高专院校均以老目录下的专业招生，本书的数据为 2005~2015 年的数据，故应以老目录下的专业为分析对象。

在表 2-7 的 96 个专业中，仅有 5 个是专业类，分别为计算机类（第 33 位）、机械制造类（第 48 位）、财务会计类（第 63 位）、民航运输类（第 68 位）和土木建筑与管理类（第 79 位），其余 91 个均为专业。表明在专科层次中，大类招生的普及性远不及本科。会计专业在 2005~2015 年间共有 242 次进入招生人数前 18% 的范围，为专科专业的总冠军，也是唯一累计入围次数突破 200 次的专业。对应的本科专业"会计学"表现并没有那么出众，在表 2-5 中仅排在第 23 位。存在类似差异的专业还有护理、国际经济与贸易等。相反，在本科中居于榜首的专业"计算机科学与技术"对应的专科专业"计算机应用技术"在表 2-7 中仅排在第 7 位。前 18% 累计入围次数最多的 10 个专科专业依次为会计、建筑工程技术、机电一体化技术、护理、工程造价、数控技术、计算机应用技术、国际经济与贸易、模具设计与制造和电气自动化技术。其中前 7 个专业的入围次数均在百次以上。这些专业中，有的专业的"本科版"并不出类拔萃，甚至"名不见经传"，最典型如工程造价专业在专科层次中能挺进前 5 位，在本科层次中却无缘百强。再一次说明了同一专业在不同层次中供给的差异性，且比起一本院校和二本院校间的差异要大得多。将观察对象扩展至前 20 个专业可以进一步发掘本科和专科的差异。例如，软件工程、临床医学、机械设计制造及其自动化专业的上述指标在本科层次中均名列前茅，在专科层次中则位于 10~20 名之间；又如，电子商务、商务英语、应用英语、物流管理等专业的上述指标在专科层次中均在 20 名以内，在本科层次中则"泯然众人"。此外，也有不少专业在不同学历层次中不能完全对应，这些都体现了每个学历层次人才培养的特殊性和针对性。从相关专业的角度来说，则是体现了它们人才培养层次上的差异。

分析前 20 个专业的类型发现"六大门类"分享了这块蛋糕：共有 6 个专业来自装备制造大类，5 个专业来自财经商贸大类，3 个专业来自电子信息大类，各有 2 个专业来自土木建筑大类、医药卫生大类和教育与体育大类。表 2-8 归纳了每个专业大类中入围前 18% 次数最多的专业。从各"旗舰专业"从属的专业大类排序看，与宏观层面的数据分析结果较为接近。从"旗舰专业"本身看，与本科差异显著。例如，本科医学门类下的首位专业是临床医学，而专科医药卫生大类下的首位专业却变成了护理；本科农学门类下的首位专业是水产养殖学，专科农林牧渔大类下的首位专业则是园林技术；本科管理学和经济学门类下的首位专业分别是工商管理类和金融学，而在专科财经商贸大类中则是会计。类似的情况还有不少，两者完全一致的反而几乎没有。从总排名看，专科层次各专业大类的"旗舰专业"之间显然较本科更为接近，整体呈"多中心"结构，并列位于最后的染整技术专业和服装设计专业也均在百名以内，而本科的内部结构显然要集聚地多，表明专科各专业大类间的平衡性相对较好。

表 2-8 　　　　　 各专业大类中招生量入围前 18% 次数最多的专业汇总

专业大类	专业名称	进入前 18% 总次数	总排名
财经商贸大类	会计	242	1
土木建筑大类	建筑工程技术	197	2
装备制造大类	机电一体化技术	196	3
医药卫生大类	护理	132	4

专业大类	专业名称	进入前18%总次数	总排名
电子信息大类	计算机应用技术	105	7
教育与体育大类	商务英语	74	16
交通运输大类	汽车运用技术	28	29
旅游大类	酒店管理	27	31
食品药品与粮食大类	生物制药技术	22	38
生物与化工大类	生物技术及应用	20	41
农林牧渔大类	园林技术	20	41
资源环境与安全大类	环境监测与治理技术	14	53
公共管理与服务大类	人力资源管理	9	79
文化艺术大类	服装设计	8	85
轻工纺织大类	染整技术	8	85

注：本表中的专业大类与本书宏观层面界定的专业大类相一致：土木建筑大类中包含了水利大类，装备制造大类中包含了能源动力与材料大类，公共管理与服务大类中包含了公安与司法大类，文化艺术大类中包含了新闻传播大类。

  图2-42为上述96个专业招生人数进入所在院校前18%总次数的位序散点图。与本科相类似，散点分布大致呈反比例函数形态，除部分专业、行业特色型院校外，多数院校单次招生中招生量较大的专业集中在同样一些专业。经统计，入围次数在100次以上的7个专业的总次数占96个专业总次数的31.84%，5个规模最大的专业大类中所有专业的总次数占96个专业总次数的42.96%，并列第85名的专业入围前18%的次数仅有8次，约为首席专业的1/30。2005~2015年这11年中招生人数至少曾经有一次进入前18%的专业共有330种，尚有100多种专业从未进入这一范围。表2-7中96个专业的总入围次数占所有专科专业总入围次数的比重高达84.78%。以上数据和本科层次的数据十分接近，说明不论哪个学历层次，都是少数专业吸纳了多数学生，成为毛入学率的贡献主体。从变化趋势看，至少有一次入围前18%的专业种数在2010年以前呈上升走势，之后有轻微回落迹象，见图2-43。由此可知，高职高专院校招生的专业分布并未表现出持续的分散化，这很可能是专科层次人才培养开始缩减的信号，暗示着一些专业的人才培养份额正向着更高层次转移，大规模人才培养的专业种数趋于减少。这与专科层次总供给达到拐点后趋于下降的脉搏相一致。

  同样地，为了克服单一指标反映问题的片面性，我们进一步统计了80个常见专科专业的"累计招生人数""累计招生次数""招生率""招生首位率""供给指数"等指标。由于本书的专科样本容量小于本科，为确保分析的专业具备较好的数据"厚度"及稳定性，此处只选取80个专科专业作为统计对象。① 如图2-44所示，累计招生人数

---

  ① 如前所述，高职高专院校大多以专业为基本招生单位，大类招生在高职高专院校中并不普及，为确保数据"厚度"，此处作为分析对象的单元均为专业，无专业类。

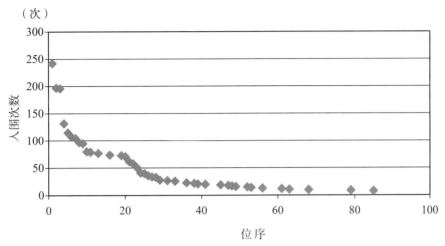

图 2-42　招生量入围前 18％次数最多的 96 个专科专业的入围次数散点图

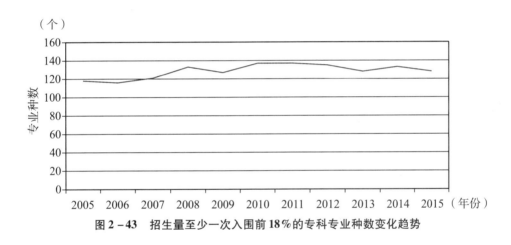

图 2-43　招生量至少一次入围前 18％的专科专业种数变化趋势

（归一化后的结果）最多的 10 个专业依次为会计、建筑工程技术、机电一体化技术、计算机应用技术、护理、数控技术、物流管理、电子商务、应用电子技术和国际经济与贸易，相对规模指数均在 0.5 以上。其中会计专业招生最多，约为第 10 名国际经济与贸易专业的 2 倍，第 80 名国际金融专业的 30 倍。10 个专业中，有些专业的"本科版本"也是名列前茅的招生大户，有些则不是，如物流管理、电子商务等专业在本科层次中的整体招生规模并不算大。相反，本科高校大量招生的英语、临床医学等专业在专科中却略显平庸。一般而言，社会需求量大、应用性强、"学—职"关系明确的专业容易成为专科层次大规模人才培养的专业，本科则相对复杂一些。在这 80 个专业中，累计招生人数相对较少的 10 个专业依次为国际金融、眼视光技术、移动通信技术、生化制药技术、应用化工技术、生产过程自动化技术、口腔医学、服装设计、通信技术和连锁经营管理。如前所述，它们相对于本书视野范围以外的大多数专业而言，仍属于整体供给水平较高的专业。

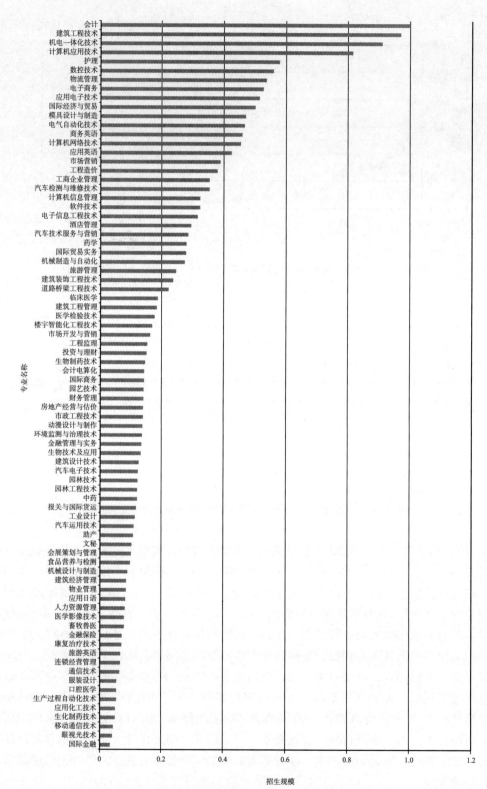

图 2-44　80 个常见专科专业在样本院校中招生规模分布

从累计招生次数和招生率看，前 10 个专业依次是机电一体化技术、物流管理、电子商务、计算机应用技术、会计、市场营销、计算机网络技术、商务英语、数控技术和应用电子技术，见图 2 - 45。这些专业基本上可视为目前国内高职高专院校开设率最高的专业。从招生率数值看，机电一体化专业最高，达 43.6%，前 5 个专业中其余 4 个专业的招生率也均在 40% 以上。据此推测，前 5 个专业的实际开设率均超过 50%。第 5 个专业以后招生率开始拉开差距，排在第 6 位的市场营销专业直接降到了 34.29%，排在第 10 位的应用电子技术专业则已降至 29.46%，与本科前 10 个专业的同一指标形成了鲜明对比，平均数值要低于本科 10 个百分点左右，从招生率或开设率的侧面反映了专科专业的供给分布较本科专业更分散的事实。与累计招生人数最多的 10 个专业相比，市场营销、计算机网络技术和商务英语 3 个专业属于"新面孔"，它们频繁出现于各类专科院校的招生菜单，但整体招生规模并非最大。特别地，物流管理和电子商务专业的招生率在本科层次中并不起眼，在专科层次中却高居前 3 位，体现了这 2 个专业供给上突出的分层倾向。累计招生次数和招生率在 80 个专业中靠后的 10 个专业依次为生化制药技术、移动通信技术、中药、眼视光技术、畜牧兽医、建筑经济管理、国际金融、生产过程自动化技术、康复治疗技术和市场开发与营销，招生率均小于 5%，最小的仅 2.38%。不难推测，若继续往下排，很多专业的招生率甚至达不到 1%。

按招生首位率统计，进入前 10 位的专业依次是临床医学、建筑工程技术、生化制药技术、护理、会计、金融管理与实务、工程造价、会计电算化、国际经济与贸易和机械制造与自动化，见图 2 - 46。如前所述，招生首位率高的专业招生频率未必也高，通常倾向于集中招生，按这一标准做出的专业排序自然与前述排序有所不同。例如，临床医学、生化制药技术、金融管理与实务、会计电算化等专业的招生率、累计招生人数都不算靠前，但在开设并招生的院校中，它们时常成为招生的主打专业。这些专业往往存在于专业倾向性明显的院校。上述 10 个专业中，临床医学、护理专业主要来自医药类院校，会计、金融管理与实务、会计电算化、国际经济与贸易专业主要来自财经类院校，以此类推。从数值上看，临床医学专业招生首位率最高，达 55.8%，建筑工程技术、生化制药技术、护理、会计 4 个专业的招生首位率在 40% ~ 50% 之间，进入前 10 位的其余 5 个专业加上机电一体化技术专业的招生首位率处于 30% ~ 40% 之间。招生首位率相对较低的 10 个专业依次为金融保险、连锁经营管理、旅游英语、会展策划与管理、旅游管理、应用日语、文秘、物业管理、动漫设计与制作和计算机信息管理，其值从 2.17% ~ 6.57% 不等。这些专业均是高职高专院校广泛开设的专业，但由于不是所属专业类别中的"旗舰专业"，单次招生人数往往不多。

最后，同样用"供给指数"衡量各专科专业的综合供给水平。如图 2 - 47 所示，"供给指数"最高的 10 个专业依次为会计、机电一体化技术、计算机应用技术、物流管理、电子商务、建筑工程技术、数控技术、计算机网络技术、商务英语和市场营销。其中，前 7 个专业的"供给指数"均在 10.0 以上，其余 3 个专业在 9.0 ~ 10.0 之间，"供给指数"最高的会计专业之值为 18.24。以上 10 个专业基本代表了 2005 ~ 2015 年我国高职高专院校整体供给水平最高的 10 个专业，它们涵盖了财经商贸大类、装备制造大类、电子信息大类、土木建筑大类和教育与体育大类 5 个专业大类。与本科不同的是，

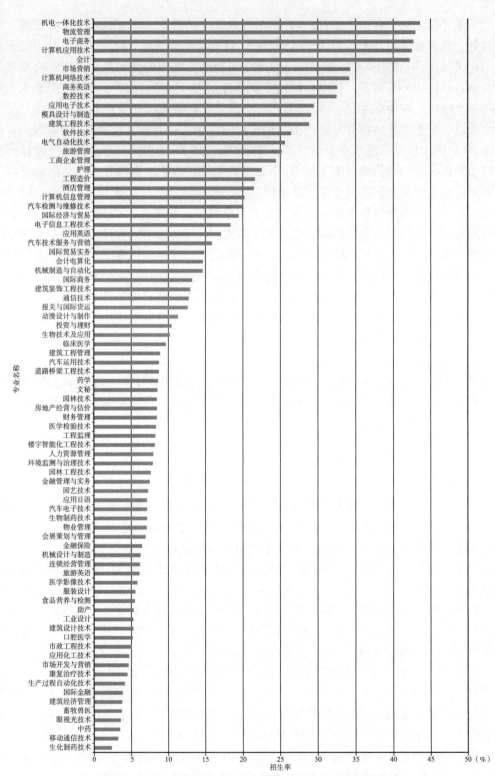

图 2 - 45　80 个常见专科专业在样本院校中平均招生率分布

注：招生率 = 累计招生次数/（样本院校数量 ×11）。

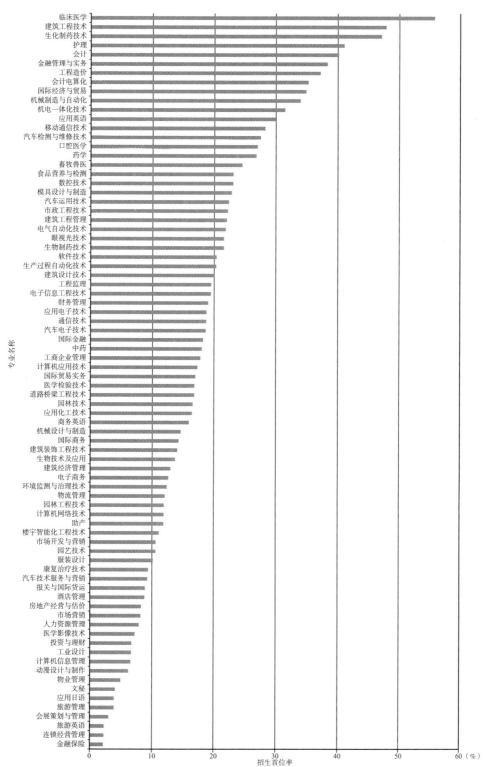

图 2 - 46　80 个常见专科专业在样本院校中平均招生首位率分布

注：招生首位率 = 招生人数进入前 18% 的次数/累计招生次数。

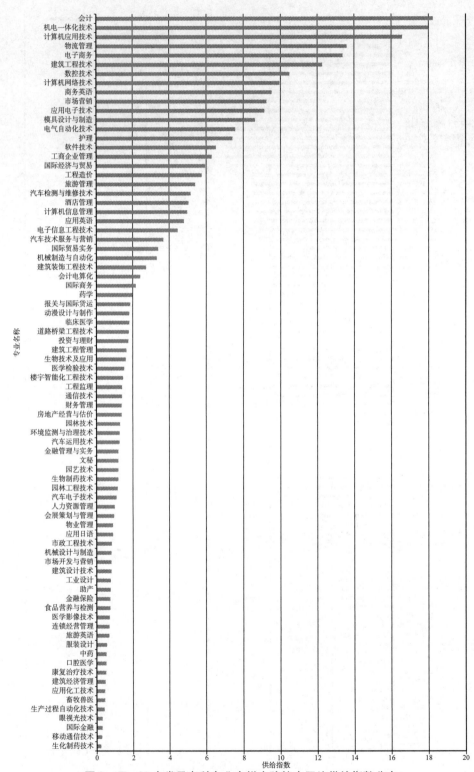

图 2-47　80 个常见专科专业在样本院校中平均供给指数分布

注：供给指数 = 累计招生人数$^{0.5}$ × 招生率/100。

前 10 个专业中财经商贸大类下的专业占比最高，而医药卫生大类下无专业入围。根据图 2 - 47 的分布形态，排在第 30 位以后的专业所呈现的梯度明显较前面更平坦，即前面那些专业的整体供给水平显著地高于后面的专业，从而可以理解为从供给角度讲，最主要的专科专业也就是图 2 - 47 中的前 30 个专业。80 个常见专业中"供给指数"最低的 10 个专业依次为生化制药技术、移动通信技术、国际金融、眼视光技术、生产过程自动化技术、畜牧兽医、应用化工技术、建筑经济管理、康复治疗技术和口腔医学，"供给指数"均在 0.5 以下。

不同专业/科类的第一类需求表现的描述性统计

第 3 章

——基于样本高校面向浙江省理科生招生的数据

第一类需求形成于高等教育"入口",讲述的是个体选择高等教育服务的故事。具体到专业层面,即学生的专业偏好及其在实际选择行为和结果中的体现,与高校招生产生直接供求关联。第一类需求分析是高等教育供求问题研究中非常关键的一环,不仅涉及个体对高等教育机会的选择,而且关系到高等教育的各方面结构调整。本章的主要工作在于对高等教育不同专业/科类的第一类需求进行特征描述。根据前文的说明,报考人数最能直观地反映一个专业的第一类需求水平。然而,在无法翔实地获取各专业相关数据的有限研究条件下,生源条件也可以在一定程度上反映一个专业的第一类需求水平,它与报考人数之间存在着显著的正相关性,比较不同专业生源条件的优劣即可判断第一类需求的专业差异。本章基于样本高校面向浙江省理工类招生的数据对不同专业/科类的整体生源水平进行了全面描述,以之作为进一步评估高等教育第一类供求关系的基础。在具体数据解读中,主要使用了"平均生源指数"指标,指标选取的依据及其解释力说明详见本书第 1.6 节的论述。与第 2 章相对应,本章的数据分析也按照从宏观到微观的步骤展开,每个层面的讨论也分为本科和专科两个层次。

3.1 宏观层面:不同学科门类/专业大类生源条件对比

3.1.1 对本科层次的考察

图 3 - 1 为本书样本范围内所有本科专业(以点数计)相对平均分均值走势图。从一本院校的趋势看,2005 年和 2006 年的相对平均分均值最高,分别为 21.82 分和 22.81 分,2007 年骤降至 12.75 分,2008 年基本与之持平,2009 年再次小幅下跌,跌至 8.71 分,随后趋于稳定。以 2005 年为例来解释相关数据:若以计算公式表达,2005 年的相对平均分均值(21.82 分)= $\sum$(i 专业的录取平均分 – j 高校的投档线)/专业点数 。其中,$i = 1 - m$,$j = 1 - n$,m、n 分别为当年一本院校的招生专业点数和

招生院校数。① 可以近似地认为，当一个考生的高考成绩高于其所填院校的投档线21.82 分时，大致能被该院校中等分值的专业录取，或者说能被录取的专业和不能被录取的专业各占一半左右。到了 2007 年，考生的成绩只需高出高校投档线 13 分左右就有一半专业可供选择，比 2005 年和 2006 年要舒服得多。本书认为，2007 年相对平均分均值发生突降的原因在于浙江省从 2007 年开始实行平行志愿政策。一般而言，平行志愿可以大大降低考生被退档的风险，考生的分数利用率能够得到大幅提升，填报同一所高校的考生间的成绩差距被很大程度地压缩，致使最终均衡结果较非平行志愿规则下更"紧实"。因此，实行平行志愿政策后，高校投档线和各专业录取均分间的"空隙"变得更小，专业与专业之间的"空隙"也被压缩，这也解释了为什么平行志愿对考生效能能起到"帕累托改进"作用的道理。由于平行志愿的实施是一个从不成熟到成熟的过程，社会须有一个适应期，考生在起初几年不可避免地存在老政策下的思维惯性，因而 2007 年和 2008 年正好是一个缓冲期，高校投档线和各专业录取均分间还有进一步收敛的空间。到了 2009 年及以后，从图中的趋势就可看出考生已基本适应了平行志愿规则，需求分布趋于理性。

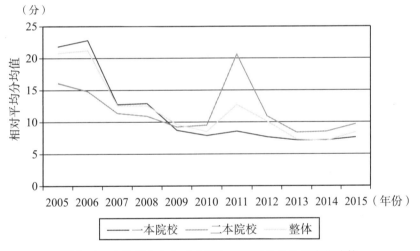

图 3 - 1　全体样本专业（本科）相对平均分均值变化趋势

资料来源：历年《浙江省高考志愿填报参考》，浙江省教育考试院编。图表中的数据为笔者根据原始数据整理并计算得到。本章所有图表和表格的原始数据来源均与此图表相同，后续图表和表格将不再重复注释。

从二本院校的趋势看，前几年的变化规律与一本院校相似，2011 年出现反常，相对平均分均值突然飙升至 20.61 分，甚至超过了 2005 年和 2006 年非平行志愿时期的水平，2012 年开始又回归正常轨道。经查证，2011 年为近年来浙江省高考试题最难的一年，理科二本院校的最低控制线创下了历史最低纪录，仅为 382 分，从而各高校的投档

———————————

① 如无特别说明，本章所说的专业和院校均指本书样本范围内的专业和院校，且招生均专指面向浙江省的招生。

线也跟着大幅下降。一般而言，试题越难区分度越大，不同水平的考生越能在成绩上拉开差距，从而全体考生的分数分布就越松散，这就连带地造成了最终均衡结果的"蓬松化"。此时，绝大多数高校中不同专业的录取平均分差距被拉大，即所谓的"热门专业"与"冷门专业"间或"强势专业"与"弱势专业"间的"空隙"增大，最终表现为全体专业相对平均分的均值水涨船高。这就合理地解释了2011年出现在二本院校中的反常现象。之所以一本院校的相对平均分均值未出现大幅波动是因为学生对考试难易度的敏感性呈"倒U型"分布，中等水平的考生（对应于二本院校水平）对考试难易度最为敏感，达到一本院校水平的考生通常具备扎实的基础，成绩稳定性好，不易因试题难度的增加而产生显著的内部分化。而且浙江省的二本院校是以前一般公办本科和民办本科合并后的产物，对应的考生群体的成绩分布面很宽，从而他们是影响相对平均分均值的主要群体。

总趋势由一本院校和二本院校各自的趋势合成而来，综合了两者的特征，如图3-1所示。总之，不同年份相对平均分均值的高低不仅受志愿填报和投档规则影响，也与考试难易程度有关，还可能受总需求规模的影响，其形成机制十分复杂。正因为该参数具有这种特性，而一个专业或科类的平均生源指数的计算原理与之大体相仿，故在对不同专业/科类进行具体研究时，相关指标可用以横截面分析，却不能用以时间序列分析。在横向上，可以通过比较同一时期不同专业的平均生源指数来区分各专业整体生源条件的优劣，进而说明第一类需求的专业差异；但在时间轴上，一个专业平均生源指数的变化趋势是毫无意义的，不能通过前后比较得出任何结论。例如，我们不能根据一个专业历年平均生源指数高低来判断该专业哪一年生源更好。然而，我们却可以通过每个专业的平均生源指数与上述相对平均分均值的差分来判断其生源水平（需求）变化趋势。如图3-2所示，纵坐标表示一个专业的平均生源指数与全体专业相对平均分均值之间的差值，以下均称为"相对生源指数"。其值大于零说明该专业当年的生源条件优于众专业的平均水平。由图3-2可知，英语专业的平均生源指数几乎每年都高于本科专业的平均水平，其趋势则是下降的。相反，教育技术学专业的平均生源指数几乎每年都低于本科专业的平均水平，但其趋势是上升的。这就足以说明英语专业的整体生源条件优

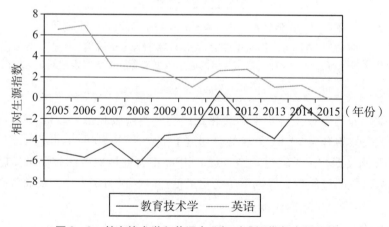

图3-2　教育技术学和英语专业相对生源指数变化趋势

于教育技术学专业，即学生对英语专业的需求比对教育技术学专业的需求更旺盛，但前者的生源状况在变差而后者的学生需求在增长。下文关于各学科门类的需求趋势分析均借助于"相对生源指数"参数。

按照2005～2015年的综合数据分学科门类看，"其他"类别的平均生源指数最高，达22.33，如图3-3所示。表明各类实验班、试验班等最受考生青睐，大量高分考生都喜欢往这些地方钻。其次是医学和经济学，平均生源指数分别为15.30和15.11。它们是最受学生欢迎的2个真正的学科门类。紧接着往下是文学、工学、管理学、法学等学科门类。理学及以上学科门类的平均生源指数均在10.0以上，理学之后的学科门类则低于10.0。平均生源指数最低的学科门类为艺术学，仅有7.19。可以理解为只要考生的成绩比所填高校的投档线高7分左右，就有一定概率被艺术学门类下的某个专业录取。这说明在文理科招生中，艺术学门类下的专业被填报得相对较少，即需求相对不足。当然，艺术类招生另当别论，很可能想学艺术的人都通过"艺考"的途径入门，而非文理科考试。平均生源指数较低的学科门类还有哲学、农学等，这些学科门类的生源条件较差与人们的直觉基本相符。从结构上看，"其他"一类的整体生源条件遥遥领先，医学和经济学也有不俗表现，从文学开始生源水平的区分度有所减小。通过图3-3显示，各学科门类的报考热度一目了然，平均生源指数越高的学科门类自然被填报得越多，第一类需求表现越好。

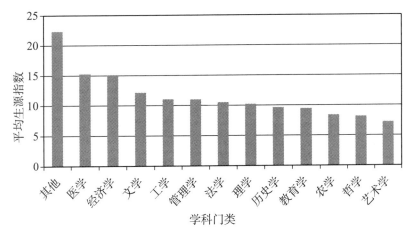

图3-3 样本院校（本科）分学科门类平均生源指数分布

分招生批次看，在一本院校中，依然是"其他"、医学和经济学占据前三甲，平均生源指数分别为22.33、15.32和14.41，见图3-4。不同的是，理学和法学窜到了工学和管理学的前面，艺术学也往上走了几个台阶，历史学成为垫底。从平均生源指数数值看，文、理、法、工、管5个学科门类非常接近，教、艺、哲、农4个学科门类也非常接近，2个组别内部的前后差距均不超过1.0。历史学的处境最为不妙，平均生源指数只有1.5，只要能进入一所大学且填报了历史学门类中的专业，被录取就基本毫无悬念。可见，在一本院校中历史学是一个需求普遍不足的学科门类，最没人填。在二本院校中，缺少"其他"和哲学两个类别的数据，经济学比医学更受学生青睐，以 16.38 的平均生源指数居于榜首，其他学科门类的顺序与图 3 - 3 大体相似，见图 3 - 5。从结构上看，不同学科门类间的梯度较一本院校更明显（"首"和"尾"除外）。对比不同学科门类在两个招生批次中的数值发现，文学、工学、管理学和历史学 4 个学科门类在一本院校和二本院校中差异最大，二本院校的平均生源指数都比一本院校高 2 个点以上，表明它们在二本院校生群体中的需求基础更好。若不看数值看位次，则一本院校学生对理学的偏爱显然超过二本院校学生，典型的参照是"理"大于"工"，二本院校学生正好相反，是"工"大于"理"，从一个侧面反映了二本院校学生对高等教育的需求更具有就业导向性。这些现象隐约告诉我们需求和供给一样存在分化倾向。

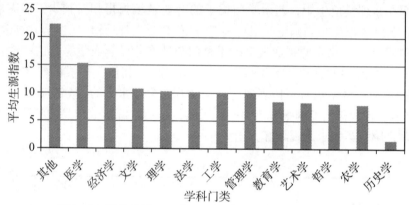

图 3 - 4　样本院校（一本）分学科门类平均生源指数分布

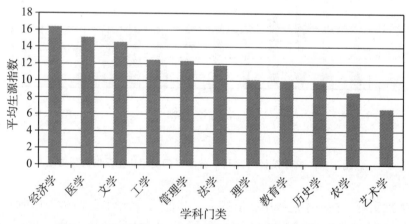

图 3 - 5　样本院校（二本）分学科门类平均生源指数分布

要分析不同学科门类的生源趋势必须从相对趋势的角度来观察，即观察每个学科门类相对生源指数的历年变化来判断其生源趋势。经统计发现，这些学科门类的相对生源指数可以按照增长（下降）的程度分为五种类型，分别为增长Ⅰ型（大幅增长）、增长Ⅱ型（显著增长）、增长Ⅲ型（小幅增长）、波动平衡型和下降型。每种类型对应的学科门类的具体表征分别如图 3－6 至图 3－10 所示。图中纵坐标的含义与图 3－2 一致，相对生源指数大于零说明相关学科门类的平均生源指数在总平均水平之上，其走势较好地反映了相关学科门类生源条件的变化方向，即第一类需求的变化方向。

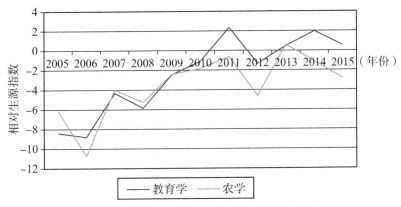

图 3－6 教育学、农学相对生源指数变化趋势

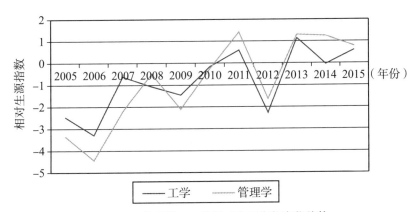

图 3－7 管理学、工学相对生源指数变化趋势

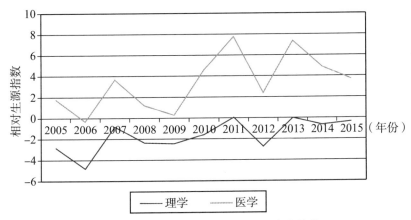

图 3－8 理学、医学相对生源指数变化趋势

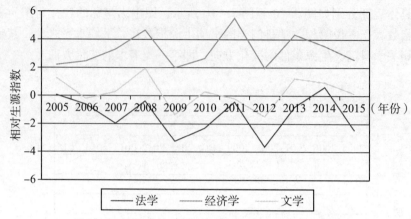

图3-9 经济学、文学、法学相对生源指数变化趋势

图3-10 "其他"类别相对生源指数变化趋势

　　教育学和农学是相对生源指数增幅最大的2个学科门类，它们在前期均属于"廉价"学科门类，经过10年左右的增长基本达到了平均水平，从被学生遗忘的角落里走了出来，见图3-6。工学和管理学位于增长的第二梯队，前期也处于低谷状态，后期的生源表现差强人意，见图3-7。理学和医学属于小幅增长型，两者的需求基础均不算太差，医学甚至拥有不错的基础，从而增长幅度有限，见图3-8。特别地，图3-8中的两条线完全分离，没有一个交点，表明医学的生源条件优于理学一个档次。反观图3-6和图3-7，两条线始终缠绕在一起，表明教育学和农学是一个需求水平，工学和管理学也是一个需求水平。法学、经济学和文学的相对生源指数既没有显著增长也没有显著下降，大致围绕着某个常量上下波动，它们的生源条件前后没有发生太大变化，相对稳定，见图3-9。横向比较，学生报考热度按经济学、文学、法学的顺序依次降低。最后一类是"其他"类别，相对生源指数一路大踏步下滑，从2005年的"至高无上"逐渐走到了2015年的"繁华落尽"，见图3-10。事实的确如此，各类实验班、试验班等早在10年前的确存在过热现象，结果抬得越高摔得越碎，如今恰好只能维持在平均水平，与农学无异。这值得人们去反思专业的生命周期问题。

结合图 3-6 至图 3-10 发现：绝大多数学科门类的相对生源指数在 2005 年时参差不齐，而到了 2015 年几乎都收敛于平均水平附近，体现了殊途同归的命运。此间隐含了一个十分重要的理论命题：随着不同学科门类的关系逐渐从不完全竞争演变为完全竞争，每个学科门类赋予学生的"教育收益率"日渐收敛，从而学生对不同学科门类的偏好及表现出的需求热情也随之趋于收敛。最终体现为：在大多数学生看来，不同学科门类"市场红利"的差异性以及排除个人兴趣因素后如何选择的重要性正在降低。学科门类层面的这种变化归根结底是由微观专业层面的相应变化引起的。由于"热门专业"在一定时期内仍会存在，并不均匀地分布于不同学科门类之中，使得短期内仍存在少数学科门类相对"吃香"、第一类需求热度居高不下的现象，经济学和医学就是如此。但从长期看，它们必然也会朝收敛方向进军，这是由供求关系规律决定的，谁也不例外。此外，哲学、历史学和艺术学因数据量较小，不在本书分析之列。

若将一本院校和二本院校分开考察，则一些学科门类如教育学的相对生源指数不论走势还是整体水平在两者中均未出现明显分异，见图 3-11。说明一本院校学生和二本院校学生对教育学科类抱有的热情大体相仿，且变化同步。另一些学科门类在不同层次中相对生源指数同时存在着"态"和"势"的差异，如文学就是这样的典型。如图 3-12 所示，从前期看文学在二本院校中的相对生源条件显然优于一本院校，尤其是2007 年以前，文学几乎是二本院校中最为炙手可热的学科门类之一，但很快急转直下，与一本院校层次呈相反趋势发展并于 2015 年出现交叉。还有一些学科门类在一本院校和二本院校中的需求基础始终保持着分层，如工学。由图 3-13 可知，工学在二本院校中的相对生源指数长期高于一本院校，表明二本院校考生更倾向于填报工科专业。可见，一些学科门类的第一类需求具体到每个招生批次就会变得非常不同，其背后的原理在于不同层次的学生群体基于主观和客观方面的复杂原因具有不同的需求取向和决策逻辑，这促使部分学科门类在第一类需求上发生层次分化。

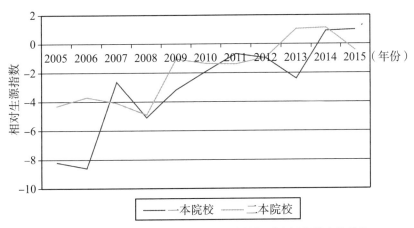

图 3-11 教育学分一本院校、二本院校相对生源指数变化趋势

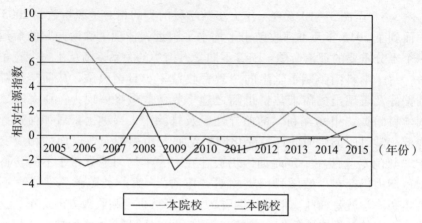

图 3 – 12　文学分一本院校、二本院校相对生源指数变化趋势

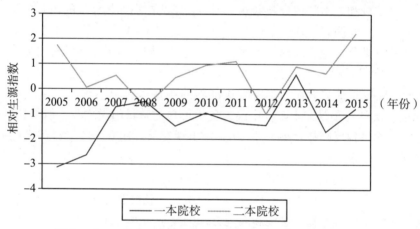

图 3 – 13　工学分一本院校、二本院校相对生源指数变化趋势

为了更完整地反映不同学科门类在不同招生批次院校中的生源分化特征，本章引入"需求熵"的概念。"需求熵"的物理意义与"供给熵"完全一致，两者主要在现实意义及变量上有所区别。"需求熵"的计算公式可定义如下：

$$D_{ij} = \frac{n_{ij}/n_j}{n_i/n}$$

在此公式中，D_{ij}就是j招生批次的i学科门类在总需求中的"需求熵"，n_{ij}为j招生批次的i学科门类的相关需求指标，在本书中即平均生源指数，n_j为j招生批次所有学科门类的相关需求指标，在本书中即j招生批次的相对平均分均值，n_i指不分招生批次的情况下i学科门类的相关需求指标，n为不分招生批次的情况下所有学科门类的相关需求指标。由此可见，"需求熵"指标可以较好地从需求角度评估各个招生批次中哪些学科门类具有比较优势，可以理解为第一类需求的"专门化率"。当$D_{ij} > 1$时，表示i学科门类在第j批院校中的相对生源条件优于该学科门类在不分招生批次时的相对生源条件，D_{ij}值越大就表示i学科门类中各专业的填报越集中于j招生批次的学生，从而需求的分化程度越高。反之，当 $D_{ij} < 1$ 时，表示 i 学科门类在第 j 批院校中的相对生源条件差于同一学科门类在不分招生批次时的相对生源条件，D_{ij} 值越小说明 j 招生批次的学生越不倾向于填报 i 学科门类中的专业。由于浙江省自 2009 年起将本科招生合并为两批，只要计算一本院校的"需求熵"，就可以定性地对二本院校的相关信息做出判断，反之亦然。以下以一本院校为例，将"需求熵"的计算结果呈现于表 3 - 1 中。

表 3 - 1 　　　　　 2005～2015 年一本院校各学科门类"需求熵"比较

学科门类	2005年	2006年	2007年	2008年	2009年	2010年	2011年	2012年	2013年	2014年	2015年
法学	1.01	1.04	0.90	0.95	1.03	1.19	0.87	1.24	1.04	0.77	1.15
工学	0.97	1.05	0.99	1.05	0.98	0.90	0.80	1.05	0.94	0.77	0.84
管理学	0.99	1.02	1.01	0.97	0.97	0.89	0.83	1.19	0.96	0.68	0.82
教育学	1.05	1.07	1.21	1.13	0.86	0.87	0.78	1.01	0.62	0.88	1.06
经济学	1.05	0.98	0.97	0.94	1.02	0.99	1.09	1.26	0.99	0.80	1.01
理学	1.04	1.07	1.13	1.09	1.05	1.04	0.83	1.28	1.08	1.00	1.00
农学	1.14	0.98	1.19	1.01	0.91	0.90	0.73	1.23	0.84	0.99	1.07
其他	0.95	0.93	0.99	0.97	1.11	1.08	1.48	1.32	1.02	0.99	1.11
文学	0.89	0.90	0.86	1.02	0.79	0.94	0.87	1.08	0.84	0.87	1.10
医学	0.98	1.02	1.15	1.01	1.02	1.05	1.28	1.21	1.01	1.05	1.00
艺术学	1.15	1.14	0.58	1.00	0.72	0.43	1.34	0.61	0.00	0.00	0.00
哲学	—	0.93	0.99	0.97	1.11	1.08	1.48	—	1.02	0.99	1.11

注：由于历史学招生院校数量太少，有效数据来源不足，故不在本表统计范围内；2005 年和 2012 年样本高校没有在哲学门类中招生，"需求熵"分母为 0，故以"—"表示。

根据表 3 - 1 中的数据，可以计算出各学科门类 2005～2015 年这 11 年的平均"需求熵"，其分布区间为 0.87～1.09，区间宽度小于"供给熵"。原因在于 2 个变量性质的差异。在本书中，"供给熵"的解释变量是绝对量，"需求熵"的解释变量是平均值，绝对量的变化幅度自然远大于平均值的变化幅度，不同解释变量波动空间的大小直接决定了相应被解释变量的波动范围。所以不同学科门类的"需求熵"体现在数值上不如"供给熵"差异显著，但实质上背后反映出的问题是一致的。按从大到小的顺序，"需求熵"均值大于 1 的类别有"其他"、哲学、医学、理学、法学和经济学，这些学科门类相对更受一本生欢迎，在一本院校中拥有更好的需求基础。按从小到大的顺序，"需求熵"均值小于 1 的学科门类有艺术学、文学、工学、管理学和教育学，这些学科门类相对更受二本院校学生欢迎，在二本院校中拥有更好的需求基础。农学的"需求熵"均值正好为 1，说明该学科门类在一本院校和二本院校中未表现出相对生源差别。综上不难发现：就业时对学历层次要求较高、基础学科构成比例较大的学科门类通常在一本院校中具有较高的"需求熵"，符合人们的直觉。从变化上看，大部分学科门类的"需求熵"在 2005～2015 年间未表现出显而易见的单调趋势，始终在某一范围内波动。只有工学、管理学和教育学稍微有一点走低迹象，它们的主体生源似乎有轻微的"二本化"倾向。总之，"需求熵"概念揭示了隐含在结构背后的层次性问题，在第一类需求的研究中具有重要意义。

3.1.2　对专科层次的考察

同上一章的做法相一致，将 2005 年和 2006 年高职和高专的数据进行合并，从而与 2007 年及以后的数据相统一。图 3–14 为本书样本范围内所有专科专业（以点数计）相对平均分均值走势图。在 2009 年及以前，全体专科专业的相对平均分均值一直维持在较高水平，除 2005 年以外均在 20 分以上，2007 年最高，达 25.8 分。2010 年及以后相对平均分均值基本稳定在 10～15 分的范围，2012 年降至 10 分以下，成为历史最低。很明显，2010 年是一个突变年。如前所述，不同年份相对平均分均值的高低与高考高招规则、考试难易度和总需求规模等因素都可能有关。按照常理，总需求不可能在前后两年发生突变；专科生对考试难易的敏感度也不如二本院校的学生高，且现实中 2010 年也不是考试难度的分水岭。如此一来，发生这种突变的唯一合理解释即某些规则的改变。

据了解，自 2009 年起，浙江省对高考科目进行了调整，本科考生在原来基础上加考"自选模块"，专科考生则以"应用技术"来取代原先的"理科综合/文科综合"，以此对本科生和专科生实行差别化评价和选拔，这标志着专科层次开始从原先的统一标准中部分地独立出来。这一招生考试政策的突变必然引起专科生成绩分布、内部结构和志愿填报上的某些改变。或许是因为某些其他因素的抵消，该政策实施的第一年并未引起全体专科专业相对平均分均值的大幅变化，而是从次年开始相关变化得以体现，并在突变发生后得到巩固。综上所述，最终反映在数据上的突变只能用招生考试规则的改变才能解释得通。与图 3–1 一样，图 3–14 也只是客观地呈现了专科层次历年相对平均分均值的静态水准，不同年份的这一数值并不具有可比性。这一数据只能作为下文分析每一个专业大类需求变化方向的参照基准，即计算相对生源指数的数据基础。

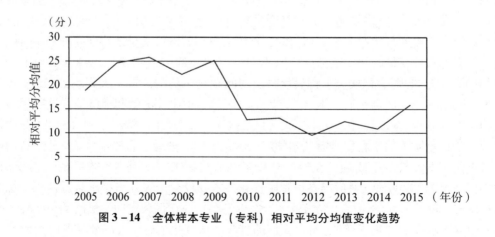

图 3–14　全体样本专业（专科）相对平均分均值变化趋势

分专业大类看，平均生源指数最高的大类为教育与体育大类，2005～2015 年这 11 年均值为 23.07，比本科层次中各类实验班、试验班的同一数据还要略高，如图 3 - 15 所示。教育与体育大类在专科层次中包含了教育类、语言类、文秘类和体育类 4 个专业类别，大致对应于本科的教育学和文学 2 个学科门类。由图 3 - 3 可知，教育学和文学在本科中均不属于最"吃香"的学科门类，其中教育学的整体生源条件甚至位于中等偏下。到了专科层次中，教育与体育大类反而成为最有生源优势的一个专业大类，足见不同学历层次第一类需求的结构性差异。平均生源指数在 20 以上的专业大类还有交通运输大类、医药卫生大类和公共管理与服务大类，三者的数值非常接近。它们也都是专科生普遍热衷报考的专业大类，在生源市场中颇具人气。需指出，本书的公共管理与服务大类中包含了公安与司法大类。实际上，之所以该专业大类的平均生源指数较高是因为公安与司法大类做了很大贡献，真正受考生欢迎的是这个专业大类，而非公共管理与服务大类本身。相比之下，财经商贸大类在专科中的需求热度较之经济学在本科中的热度稍有不及。平均生源指数最低的 3 个专业大类依次是电子信息大类、旅游大类和生物与化工大类，分别为 13.33、14.34 和 14.73，它们在高职高专院校中的整体生源基础最差。出乎我们意料的是电子信息大类居然成为"首低"。一种可能的解释是，由于相关专业类别在本科层次中招生规模较大，大量本科毕业生进入劳动力市场后对专科生产生了强大的挤出效应，导致专科生就业难度大、层次低、工作苦，久而久之专科考生就不爱选择这一专业大类了。除上述最靠前和最靠后的专业大类外，其他专业大类的平均生源指数集中在 15～20 之间。从结构上看，不同专业大类的"身高"差距较本科不同学科门类要小，从一个侧面说明了专科生的需求结构较本科生更扁平。更通俗地说，专科生较本科生更不在意学什么。

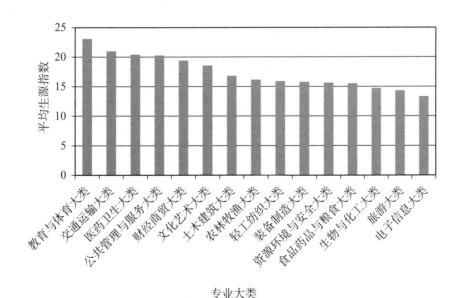

专业大类

图 3 - 15 样本院校（专科）分专业大类平均生源指数分布

从趋势上看，各专业大类的相对生源水平变化的规律性明显弱于本科层次的各学科门类，有不少专业大类甚至在2005～2015年未表现出任何规律。本书认为可以从两个方面来解释这一现象。一种解释是专科生的需求受外部环境影响较大，经济社会环境每一年都在发生变化，从而历年专科考生的宏观需求结构在专业上不具有明显的连续性。另一种解释则是上文所说的不同个体对于读什么专业的挑剔性需求或指向性弱于本科考生，从而专科考生的专业选择更加分散化，而专业选择的分散化表现在宏观上就是需求结构具有一定的随机性，反映在最终结果上即不同年份填报的连续性较差。之所以可能存在这种情况是因为专科不同专业的"教育收益率"的收敛进程快于本科，被集体信赖的热门专科专业已越来越少，或者是因为热门专业相对均匀地分布在不同专业大类之中，使不同专业大类的"教育收益率"处在伯仲之间。不论由哪一种原因引起，变化上的弱规律性这一事实本身就是一个重要的研究发现。具体而言，电子信息大类和土木建筑大类的相对生源指数分别在某一时段内出现了短暂攀升；财经商贸大类、教育与体育大类和旅游大类的相对生源指数出现了不同程度的下滑；交通运输大类、生物与化工大类和食品药品与粮食大类的这一参数在波动中基本保持着平衡；其余几个专业大类的变化轨迹较为复杂，暂无规律可循。

图3-16中两个专业大类的相对生源指数分别在某一时段内有所跃迁。电子信息大类的生源条件正在得到改善，但依然步履维艰，最近几年平均生源水平依然处在中等以下，第一类需求相对不足。土木建筑大类的生源变化轨迹与电子信息大类十分相似，但整体状况却要优越不少。图3-17中的三个专业大类正经历着"失宠"的过程。教育与体育大类虽然起点很高，但其走下坡路的趋势却非常明显，到了2015年已风光不再，成为生源条件最普通的类别之一。与其变化轨迹相似的还有旅游大类。不同的是，旅游大类的需求基础本身就很一般，经历这一轮下行后几乎成为最冷门的专业大类。相对而言，财经商贸大类的变化还算缓和。图3-18中三个专业大类的相对生源指数波动较大，生源状况不太稳定，但整体看来前后变化不大。生物与化工大类和食品药品与粮食大类大致处于同一水平，交通运输大类显然拥有更充足的需求来源，更常成为学生填报

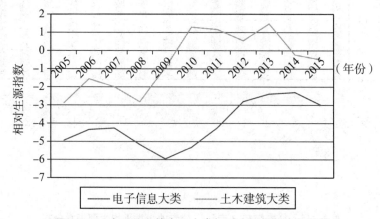

图3-16 电子信息等专业大类相对生源指数变化趋势

的对象。最后，公共管理与服务大类、农林牧渔大类、轻工纺织大类、医药卫生大类、装备制造大类、资源环境与安全大类和文化艺术大类等专业大类的相对生源指数变化规律较弱，说明第一类需求不太稳定，此处不做具体讨论。

图 3 - 17 财经商贸等专业大类相对生源指数变化趋势

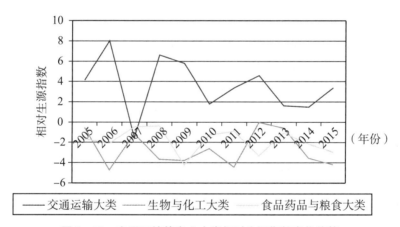

图 3 - 18 交通运输等专业大类相对生源指数变化趋势

3.2 中观层面：不同专业类别生源条件对比

3.2.1 对本科层次的考察

与第 2 章相一致，以合并后的 50 个本科专业类别为分析对象。如图 3 - 19 所示，整体生源水平最好的 10 个专业类别依次为试验班类、医学类、财政金融类、土建类、经济贸易类、电气与自动化类、航空航天与航海工程类、医学技术类、外国语言文学类

和水利类。其中前 4 位的平均生源指数分别为 22.33、19.25、15.57 和 15.49，后 6 位
分布在 12～15 之间。试验班类和医学类最为出类拔萃，就读门槛最高，即报考学生最
多。排名越往后不同专业类别的生源差距越不明显。进一步观察发现：从经济学门类中
分出的 2 个专业类别——财政金融类和经济贸易类——均进入了前 10 位，表明经济类
专业近年来极其热门，颇受学生追捧；医学门类下除医学类外，医学技术类的生源表现
也相当出色；在工学门类中，土建类和电气与自动化类人气最高，可与经济类专业比
肩；外国语言文学类则是人文学科中最突出的一支。再往下，工商管理类、心理学类、
法学类、森林资源与生态类分别是管理学、理学、法学和农学中学生最热衷报考的专业
类别。而教育学、历史学、哲学和艺术学 4 个学科门类下均无专业类别进入平均生源指
数前 25 位。理学门类中各专业类别的需求基础较为接近，如生物科学类、地球科学类、
数学与统计学类、物理学类等的整体生源条件均在伯仲之间。

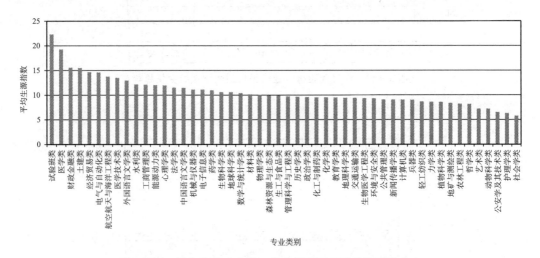

图 3－19 样本院校（本科）分专业类别平均生源指数分布

平均生源指数低于 10.0 的专业类别共有 27 个，从森林资源与生态类开始一直到社会
学类均在此列，它们的平均生源指数分布范围为 5.76～9.94，前后只相差 4 个点左右。生
源条件最差的 10 个专业类别依次为社会学类、护理学类、公安学及其技术类、动物科学
类、艺术类、哲学类、农林工程类、地矿与测绘类、植物科学类和力学类。在学科门类层
面，艺术学是生源市场中最冷门的科类，在专业类别层面，艺术类是艺术学门类下唯一的
专业类别，两者在本书中的统计口径完全一致，将其作为参照发现社会学类、护理学类、
公安学及其技术类和动物科学类 4 个类别的平均生源指数均位于艺术类之后，说明这些专
业类的学生报考积极性尚不如艺术类，往往是志愿调剂的接收者。除了本身就不太受学
生关注的学科门类下的专业类别外，还有一些排名靠后的专业类别来自看起来相对主流
的学科门类，从某种意义上讲它们的生源竞争力拖了这些学科门类的后腿。如社会学类
之于法学、护理学类之于医学、农林工程类之于工学等。整体上看，50 个专业类别的
平均生源指数分布呈中间平缓、两端陡峭的形态。表明除"热门类别"和"冷门类别"

外，很多处在中游水平的专业类别生源差距并不很大，更多体现为"差异化需求"意义上的差距，而非"超额需求"意义上的差距，特别是排在第22～39位之间的专业类别，生源梯度很不明显。特别注意到，计算机类位于50个类别中3/4的节点处，学生填报热度中等偏下，由本书第2章的数据可知，该类别是招生规模第二大集团，从这一个例就可以看出高等教育第一类供求关系中存在着严重的结构性错位问题。

截取每个招生批次前25个专业类别进行比较：一本院校和二本院校中各出现了两个"生源寡头"，分别是试验班类（22.33）、医学类（18.83）和航空航天与海洋工程类（23.23）、医学类（19.65），它们是各自招生批次中就读门槛最高也就是报考中竞争最激烈的专业类别，其中医学类在一本院校和二本院校中完全"通约"，如图3-20和图3-21所示。虽然最近由于医患关系紧张等原因医学类专业似乎有所降温，但本书的数据表明医学类仍是最具需求张力的专业类别之一，这一点即使与直觉存在出入也不可否认。在一本院校中，从第3个专业类别开始平均生源指数按照一定梯度近似均匀地下降，到了第8个专业类别以后降幅趋于减小，说明生源差距主要体现在前8个专业类别之中，见图3-20。在二本院校中，第3～8个专业类别的平均生源指数没有拉开差距，从第8个专业类别开始才真正产生梯度，说明除了前3个类别，生源差距主要体现在第8个专业类别之后，见图3-21。不论以上哪种情况，前8个专业类别均可认为是所在招生批次中的"热门类别"。

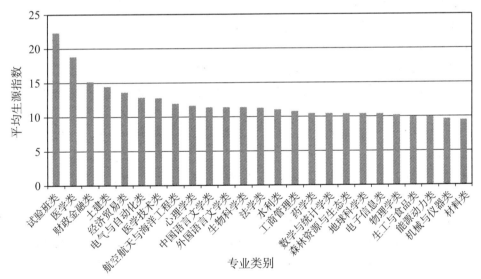

图3-20 样本院校（一本）分专业类别平均生源指数分布（前25名）

对比具体名单可知：一本院校和二本院校各自进入前10位的专业类别中，有7个是重合的，分别是医学类、财政金融类、土建类、经济与贸易类、电气与自动化类、医学技术类和航空航天与海洋工程类，另外3个存在出入，在一本院校中分别是试验班类（第1位）、心理学类（第9位）和中国语言文学类（第10位），在二本院校中则变成了能源动力类（第4位）、外国语言文学类（第8位）和水利类（第10位）。7个重合

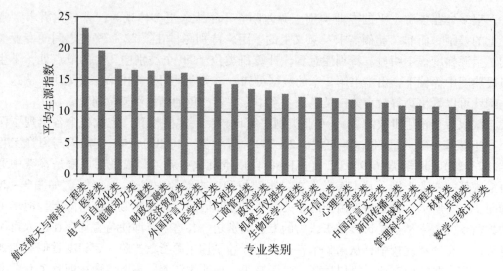

图 3-21　样本院校（二本）分专业类别平均生源指数分布（前 25 名）

的专业类别中，在一本院校中的位次高于二本院校的有财政金融类、土建类、经济贸易类和医学技术类，在二本院校中位次更高的有电气与自动化类和航空航天与海洋工程类。从前 25 位的情况看，一本院校和二本院校重合的专业类别共有 20 个，剩下 5 个类别存在差异，在一本院校中分别是试验班类（第 1 位）、生物科学类（第 12 位）、森林资源与生态类（第 18 位）、物理学类（第 21 位）和生工与食品类（第 22 位），在二本院校中则分别是政治学类（第 12 位）、生物医学工程类（第 14 位）、新闻传播学类（第 20 位）、管理科学与工程类（第 22 位）和兵器类（第 24 位）。这些专业类别在一本院校和二本院校中的相对生源条件大多错位明显，第一类需求具有一定分化倾向。试验班类是个例外，因为在本书选取的二本院校中，没有该类别的招生记录。在重合的 20 个专业类别中，2 个招生批次位序相差最悬殊的类别为能源动力类、机械与仪器类和中国语言文学类，分别相差 19 个、11 个和 9 个位次，位次差异越大说明学生需求分化得越彻底。例如，能源动力类是二本院校考生较为热衷于填报的专业类，在一本院校考生群体中谈不上很受欢迎。两个招生批次位序完全一致的专业类别只有医学类 1 个，较为接近的还有土建类、材料类、医学技术类、药学类等。概括起来，医学门类下有多个专业类别的生源分布较为均衡，在一本院校和二本院校中具有相似的需求基础。

　　从相对趋势看，50 个专业类别可以按相对生源指数的增长（下降）状况分为八类：增长Ⅰ型（整体大幅增长）、增长Ⅱ型（整体显著增长）、增长Ⅲ型（局部增长）、下降Ⅰ型（整体大幅下降）、下降Ⅱ型（整体显著下降）、下降Ⅲ型（局部下降）、波动平衡型和无规律型。

　　图 3-22 为土建类、教育学类和动物科学类的相对生源指数走势图。它们为增长Ⅰ型中的典型专业类别。如图 3-22 所示，3 个类别层次分明，生源方面土建类优于教育学类，教育学类优于动物科学类，不过三者的生源变化趋势完全一致，报考热度均在奔腾上升。图 3-23 中包含了财政金融类、电气与自动化类、药学类和管理科学与工程类

的相关信息。作为增长Ⅱ型的代表，这 4 个专业类别相对生源指数的涨幅显然小于上述 3 个个体，不过曲折上扬的趋势同样清晰可见。从它们在生源市场中的表现看，都属于仍有一定发展空间的专业类别。横向比较，财政金融类和电气与自动化类明显比另外 2 个类别更具需求优势。图 3-24 为增长Ⅲ型中 3 个典型个例的变化示例图。如图 3-24 所示，它们在整个过程中没有始终保持增长，但前期涨幅都很可观。以本章的标准看，这 3 个专业类别完全可视为同类项，无论前期基础还是变化轨迹都十分相似：早在 2005 年和 2006 年时都还显得"门前冷落鞍马稀"，自 2009 年以来整体生源状况均已接近平均水平并保持良好。由此可见，"冷门类别"未必一直冷门，即使就业相对艰苦的专业只要拥有合理的"教育收益率"也能受到一部分学生的关注，体现了市场这只看不见的手的神奇作用。需指出，相对生源指数局部增长有多种形态，上述 3 个专业类别的增长轨迹只是其中一种形态，其他类别的增长形态不尽相同，只要符合局部增长的基本特征就属于增长Ⅲ型，具体不再展开讨论。

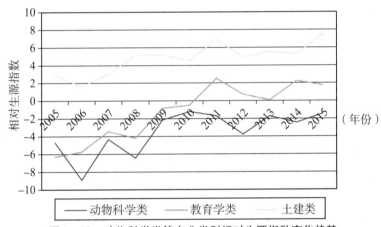

图 3-22 动物科学类等专业类别相对生源指数变化趋势

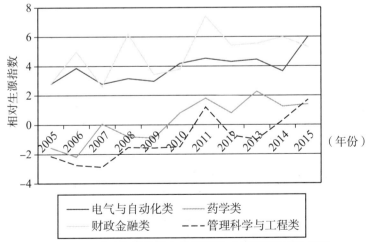

图 3-23 财政金融类等专业类别相对生源指数变化趋势

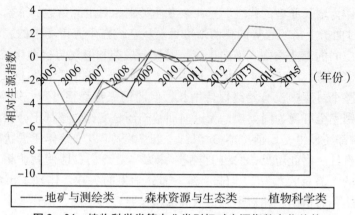

图 3 – 24　植物科学类等专业类别相对生源指数变化趋势

　　试验班类是代表下降 I 型的唯一专业类别，它对应于宏观层面中的"其他"一类，是所有专业类别中生源指数下降最快的一类，从看似"精英"的出场一路走向大众化，最终泯然众人，具体变化过程见图 3 – 10。法学类、经济贸易类和生物科学类是下降 II 型的典型专业类别。如图 3 – 25 所示：它们在 2005 ~ 2015 年里经历了生源质量的持续下滑，而生源质量下滑的背后即生源数量的减少，或者说"择优"空间的萎缩，归根结底则是第一类需求的萎缩，从而这些专业类别从当时的相对热门不可挽回地逐渐"失宠"，最终生源优势消失殆尽。例如，经济贸易类专业在 2008 年金融危机发生以前是最为兴旺的专业家族之一，2008 年以后身价迅速下跌直至退出"热门类别"之列。将其与财政金融类对比发现，两者的兴衰趋势正好相反。可见，在经济学门类内部，学生追逐的热点正从经济贸易类专业转向财政金融类专业，这是中观层面中一个非常典型的盛衰更替现象，体现了不同专业类别的"时代性"和生命周期差异。图 3 – 26 中的 3 个专业类别为下降 III 型中的代表，它们的相对生源指数均表现为局部下降，且主要的下降时段都在 2009 年以前。虽然有的类别后期有反弹现象，但总体以下降为主。3 个类别中，政治学类的变化幅度最大，由"热"转"冷"的趋势最明显。

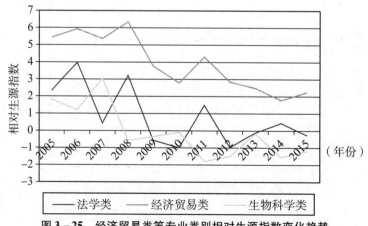

图 3 – 25　经济贸易类等专业类别相对生源指数变化趋势

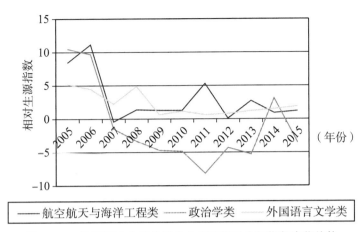

图3-26 外国语言文学类等专业类别相对生源指数变化趋势

生工与食品类、生物医学工程类、新闻传播学类等专业类别属于波动平衡型，相对生源指数围绕着某一水平上下波动，见图3-27。从图3-27中看，这些类别既不会成为学生报考的热点也不至于完全被忽略，整体生源条件一般。医学类是个例外，同样属于波动平衡型，与上述三者在生源场域中几乎没有交集，独自在一个较高的水平上波动。此外，还有不少专业类别的相对生源指数变化的规律性不强，难以对其准确归类，本书统一将它们作为无规律型看待。事实上，有的专业类别也并非完全没有规律，也有大致呈"U型"和"倒U型"的个例。由于品种繁多、个体间差异较大，本书不再对它们逐一展开讨论。表3-2完整地枚举了与每一种趋势类型相对应的专业类别名单。

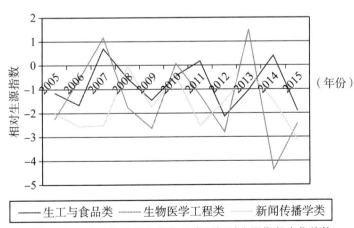

图3-27 生工与食品类等专业类别相对生源指数变化趋势

表3-2 **生源趋势类型和本科专业类别对应关系**

趋势类型	对应的本科专业类别
增长Ⅰ型	土建类、教育学类、动物科学类
增长Ⅱ型	电气与自动化类、药学类、财政金融类、管理科学与工程类、轻工纺织类

续表

趋势类型	对应的本科专业类别
增长Ⅲ型	地矿与测绘类、地理科学类、工商管理类、公共管理类、化工与制药类、化学类、机械与仪器类、能源动力类、农林工程类、森林资源与生态类、数学与统计学类、医学技术类、植物科学类
下降Ⅰ型	试验班类
下降Ⅱ型	法学类、经济贸易类、生物科学类
下降Ⅲ型	公安学及其技术类、航空航天与海洋工程类、政治学类、外国语言文学类
波动平衡型	地球科学类、生工与食品类、生物医学工程类、心理学类、新闻传播学类、兵器类、医学类
无规律型	材料类、电子信息类、护理学类、环境与安全类、计算机类、交通运输类、力学类、社会学类、水利类、物理学类、艺术类、中国语言文学类

注：历史学类和哲学类由于数据量太小，无统计意义，不列入本表的归纳范围。

3.2.2 对专科层次的考察

40 个专科专业类别各自的平均生源指数 2005~2015 年这 11 年均值如图 3-28 所示。教育类的平均生源指数最高，为 28.71，高于第 2 位财务会计与统计类 4.5 个点。这说明教育类专业在专科层次中的报考竞争性很强，进而说明了其填报群体很大，需求旺盛。相比之下，本科层次中教育学类的平均生源指数仅为 9.46，位于 50 个本科专业类别的中下游水平，反而不太受学生欢迎。这一方面是由相关专业类别在不同学历层次中的专业构成差异所致，另一方面则可以看作第一类需求层次分化的典型案例。

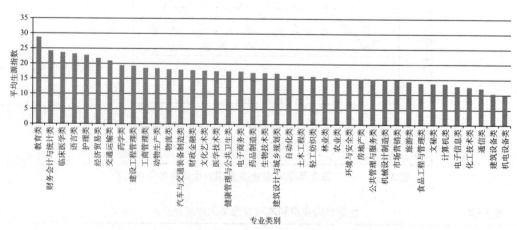

图 3-28 样本院校（专科）分专业类别平均生源指数分布

关于第一点，本科高校在教育学这个类别中最常开设的专业有教育学、教育技术学、科学教育、小学教育、学前教育、特殊教育等；在高职高专院校中教育类最为常见的专业有学前教育、小学教育、语文教育、数学教育、英语教育、物理教育、化学教育、历史教育、地理教育等。两者的专业构成显然有所不同。本科教育学类中的专业并非都是真正的师范专业，如教育学就是一个定位不太明确的专业。即使是师范专业，有的专业也不太主流，如特殊教育。一些主流的、按基础教育科目划分的师范专业（如数学、物理、化学等）均不在教育学门类中，而是分散在理学等其他科类中。理学的主流专业比教育学中的专业更受学生欢迎的原因就出在这里。专科的专业分类与本科不同，所有跟师范有关的专业都集中在教育类中，且分得很具体，针对性强。正是由于存在如此差异，专科的教育类才比本科的教育学类在各自层次内部更具需求基础。

关于第二点，职业教育的人才培养大多面向生产第一线，至少规划和预期如此。从头至尾看一遍我国的高职高专专业目录就能深刻感受到这一点。事实上，不论主观意愿如何，专科毕业生的确大多流向了企业，且以私企居多。然而，在家长的传统观念中，找一个相对稳定的工作如党政机关、事业单位自然是首选。但受学历层次所限，专科生无论考取公务员还是进入各类专业技术或行政管理方面的事业单位均有较大难度，而教育类专业从字面上看就很容易让人理解其培养目标——培养基础教育师资。这在很多家长看来要优于进企业工作，对农村家庭来说更是如此。[①] 如此一来，就不难理解为何教育类会是专科院校中平均生源最好的专业类别。本科生则不然，他们可以选择的就业途径要丰富得多，即使进入企业，他们的工作层次、收入增长空间和晋升空间均比专科生有优势地多，且他们更容易在大城市扎根下来。所以本科生没有理由热衷于教育学类专业。这种第一类需求的层次分化有其合理的集体预期和现实基础，体现了不同层次学生选择专业时的理性逻辑。

平均生源指数在 20 以上的专业类别还有财务会计与统计类（24.21）、临床医学类（23.68）、语言类（23.24）、护理类（22.80）、经济贸易类（21.79）和交通运输类（20.96）。它们是除教育类以外的热门专科专业类别，多数类别对应的本科版本也受到本科生青睐。特别地，护理类也是一个典型的存在需求分层的专业类别。不论在一本院校还是二本院校中，护理类专业均颇受学生旁落，在一本院校和二本院校中的平均生源指数分别为 5.93 和 6.71。个别年份这一数值甚至为负，即不少高校的相关专业出现了首轮投档人数不足的情况，直至降分录取阶段才完成招生计划。到了专科层次，护理类专业的生源直逼临床医学类专业，两者的报考热度不相上下。一方面，护理类专业上升为本科培养层次历时不长，社会观念往往具有时滞性，对其认知还停留在过去的低层次中。换言之，很多人在主观上就已给相关专业贴上了"专科"的标签。另一方面，本科生若想进医院工作，首先想到的必然是临床医学类专业，重要的是本科生也有这个条件去选择就读这些专业。对于专科生而言，读了临床医学类专业就意味着要一层层往上考直至研究生学历才能找到出路，否则难有用武之地；护理类专业则不然，毕业后通常都能找到相对体面的工作。对于现实一点的家庭而言，在医学大类中护理类专业自然是首选。可见，数据的背后皆隐含着复杂的社会思维过程，深入挖掘可以还原很多客观现实及基于客观现实和主观愿望的决策逻辑。大多数高等教育的个体客户都是根

---

① 笔者曾在填报高考志愿期间走访过一些农村家庭，很多学生家长反馈的想法支持了这一判断。

据自身利益诉求和客观形势对不同专业（类）进行"教育收益率"的充分评估后做出似然理性的选择，这种高等教育第一类需求的特点在最终的均衡结果及其数据上得到了充分体现。

平均生源指数较低的专业类别有机电设备类（9.95）、建筑设备类（10.41）、通信类（12.18）、化工技术类（12.59）、电子信息类（12.87）、计算机类（13.64）、文秘类（13.75）等，它们往往是吸收专业调剂生的主要阵营。这些专业类别大多对应于本科层次中的工科专业类。之所以工科专业类在本科中大多具有中等生源条件，到了专科中却情况不妙，是因为大部分工科专业的专科毕业生往往需要进入生产第一线工作。在很多人看来，这类工作不仅就业环境艰苦，社会层次也较低，故一般不会将相关专业作为优先考虑的对象。据了解，相关专业相当比例的专科毕业生最终选择了从事保险、销售等与所学完全无关的工作，原因基本都是对制造业一线工作的有意规避。这也是造成我国高级技术工人严重短缺的原因之一。特别指出，电子信息类在专科中是生源不足的专业类之一，而在本科中平均生源指数却排在第17位，处于中上游，与专科的情况形成了巨大反差，是第一类需求层次分化的又一典型案例。整体分布上，专科的40个专业类别和本科的50个专业类别有着相似的分布规律，即首尾两端梯度明显，中间平缓，平均生源指数大致服从正态分布。前10个类别平均生源指数的最高与最低值相差10.13，后10个类别的最高与最低值相差4.88，中间20个类别的最高与最低值只差了3.48。

宏观数据表明：各专业大类的生源变化方向不如本科各学科门类明晰，不少专业大类的相对生源指数走势毫无规律可循。到了中观层面，这一现象更加突出，几乎没有哪个专业类别的相对生源指数能维持单调走势，变化轨迹大多杂乱无章，可能的原因已于上文中得以阐释。可见，相对趋势分析对于大多数专科专业类别而言意义不大。当然，也存在少数例外，以下选择性地对几种类别进行讨论。

财政金融类、电子商务类和建设工程管理类是专科中相对生源指数增长迹象最明显的专业类别，虽然都不是单调递增，但增长趋势仍一目了然，见图3-29。可以说此三者是40个专业类别中生源势头最好的类别。其中财政金融类和建设工程管理类的招生也在扩张，体现了供需双方变化方向的同步性。

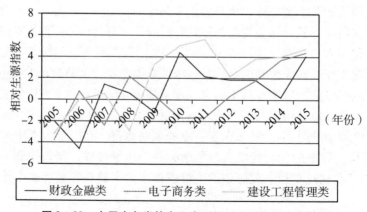

图3-29　电子商务类等专业类别相对生源指数变化趋势

　　财务会计与统计类、计算机类、林业类、建筑设备类、文化艺术类等专业类别的相对生源水平或表现为整体小幅提升，抑或表现为某一时段的短暂提升。图 3 - 30 中包含了财务会计与统计类和计算机类的相对生源指数变化轨迹，两者均为局部攀升型，前者主要发生在前期，后者则发生于后期。如图 3 - 30 所示，2 个专业类别的整体生源条件相差悬殊，财务会计与统计类的生源质量大大高于平均水平，学生需求旺盛，计算机类相形见绌，2012 年以前甚至可认定为冷门类别。相似地，这 2 个类别都具有很大的招生规模，尤其是计算机类，招生规模居专科各专业类别之首。这意味着计算机类在专科层次中和本科层次一样存在着第一类供求的大幅错位，高校爱招可学生不爱报，从而表现为显著的供求矛盾。相对而言，财务会计与统计类既是招生大户也是报考热门，第一类供求关系较为协调。

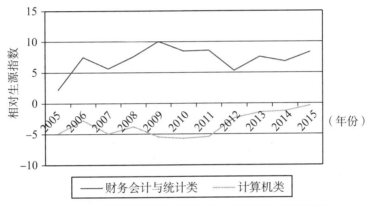

图 3 - 30　计算机类等专业类别相对生源指数变化趋势

　　经济贸易类、物流类、语言类、汽车与交通装备制造类是相对生源指数走下坡路最明显的专业类别，虽然也都不是单调下跌，但都存在显而易见的走低，见图 3 - 31。它们是所有专科专业类别中最 "失意" 的类别。例如，经济贸易类，2005 年的平均就读门槛高于整体平均水平 11.17 分，到了 2015 年这一分差已缩小至 1.54 分，生源优势荡然无存。有趣的是，经济贸易类和财政金融类生源变化的相反趋势与本科中的表现完全一致，表明不论在哪个学历层次，学生对经济贸易类专业的需求正逐渐转移至财政金融类专业，这是同一科类下不同专业类别盛衰更替的最典型案例，从中映射出我国经济结构的变迁。深入观察会发现，经济贸易类、物流类、语言类等专业类别或多或少都与外贸行业有关，它们的生源缩水一定程度上可以说明人们越来越不看好外贸行业。

　　药品制造类、环境与安全类、工商管理类、文秘类、农业类等专业类别的相对生源水平或呈整体小幅下降，抑或呈某一时段的集中下降。如图 3 - 32 所示，药品制造类和环境与安全类的相对生源指数均有一定下跌倾向，前者集中表现在某一时段，后者表现在全程。从第一类需求的角度讲，这些都是不被看好的专业类别，应适当缩减招生。

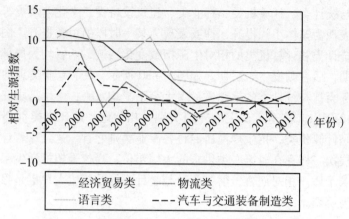

图 3-31　物流类等专业类别相对生源指数变化趋势

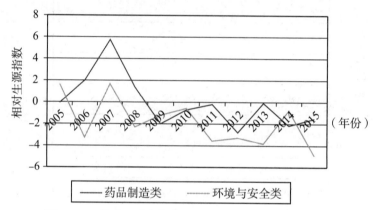

图 3-32　药品制造类等专业类别相对生源指数变化趋势

3.3　微观层面：不同专业生源条件对比

3.3.1　对本科层次的考察

理论上讲，微观层面指的是专业层面。由于部分高校实行大类招生，故本书的微观数据表现为"以专业为主，专业和专业类并存"的特点。从研究角度讲，这是一个很有价值的数据结构，方便我们对两种不同的招生形式进行比较，从而拓展研究发现。和第 2 章相应部分一样，本节的数据分析以各专业 2005～2015 年这 11 年均值的横截面分析为主，不再讨论各专业历年数据及其变化。将每所高校的招生专业按录取分数的高低进行排序，以 15% 为断裂点，截取各样本高校相对平均分前 15% 的专业①，并对构造起

---

①　本节所说的专业均包含大类招生的专业类，因总体以专业居多，故一律简称专业。

来的"专业库"进行统计制作一个关于录取分数进入所在高校前15%总次数的专业排行榜。表3-3为本书截取的前101个①专业的详细统计结果。此处需说明两点：其一，表中统计的各专业入围前15%的次数是2005～2015年的总次数，用以综合地反映不同专业在这一时期的整体生源状况，数据的稳健性较好；其二，这一指标主要用以反映不同专业成为高校招生中高分专业的频次，即成为生源高地的频次，可反映第一类需求的广度或规模，但由于没有剥离各专业招生次数（招生率）这一因素，不能直接作为第一类需求热度的评价标准，即专业热门度的评价标准。关于第二点，将在下文的具体分析中做进一步解释。

表3-3 相对平均分入围前15%次数最多的101个本科专业（类）统计

总排名	专业（类）名称	入围次数（合计）	一本院校		二本院校		排名差
			排名	入围次数	排名	入围次数	
1	电气工程及其自动化	477	1	286	2	191	−1
2	土木工程	468	5	218	1	250	4
3	会计学	420	3	233	3	187	0
4	临床医学	380	2	265	9	115	−7
5	金融学	348	4	229	8	119	−4
6	建筑学	333	6	199	7	134	−1
7	国际经济与贸易	308	7	159	4	149	3
8	机械设计制造及其自动化	272	8	127	5	145	3
9	英语	218	17	73	6	145	11
10	通信工程	184	9	107	11	77	−2
11	经济学	144	17	73	12	71	5
12	数学与应用数学	143	13	85	13	58	0
13	自动化	128	15	75	17	53	−2
14	工商管理类	127	10	97	29	30	−19
15	电子信息工程	124	21	66	13	58	8
15	财务管理	124	38	32	10	92	28
17	法学	115	14	83	25	32	−11
18	城乡规划	114	16	74	20	40	−4
19	工商管理	113	23	57	15	56	8
20	经济学类	111	11	88	33	23	−22

① 由于并列第98的专业共有4个，故此处截取了101个专业。

总排名	专业（类）名称	入围次数（合计）	一本院校		二本院校		排名差
			排名	入围次数	排名	入围次数	
21	计算机科学与技术	106	24	51	16	55	8
22	车辆工程	105	17	73	25	32	−8
23	口腔医学	92	22	59	23	33	−1
24	理科试验班（类）	88	11	88	233	0	−222
25	中医学	84	32	43	18	41	14
26	生物科学	79	20	67	72	12	−52
27	机械工程	75	26	49	30	26	−4
28	化学	74	26	49	31	25	−5
29	金融工程	69	45	28	18	41	27
30	能源与动力工程	66	37	34	25	32	12
31	材料科学与工程	64	26	49	58	15	−32
32	风景园林	63	24	51	72	12	−48
32	化学工程与工艺	63	33	41	34	22	−1
32	生物工程	63	41	30	23	33	18
35	物理学	54	35	38	50	16	−15
36	水利水电工程	53	39	31	34	22	5
37	飞行器设计与工程	52	31	44	87	8	−56
37	药学	52	30	45	100	7	−70
37	工程管理	52	59	21	28	31	31
40	数学类	50	26	49	189	1	−163
41	光电信息科学与工程	47	33	41	105	6	−72
42	园林	45	41	30	58	15	−17
43	工业设计	43	52	24	43	19	9
43	高分子材料与工程	43	43	29	65	14	−22
43	交通运输	43	45	28	58	15	−13
43	食品科学与工程	43	47	27	50	16	−3
47	环境工程	42	49	26	50	16	−1
48	中西医临床医学	41	161	3	21	38	140
49	德语	40	56	23	47	17	9
50	道路桥梁与渡河工程	37	39	31	105	6	−66
50	小学教育	37	161	3	22	34	139

总排名	专业（类）名称	入围次数（合计）	一本院校		二本院校		排名差
			排名	入围次数	排名	入围次数	
52	机械（工程）类	35	52	24	77	11	−25
52	电子科学与技术	35	43	29	105	6	−62
52	信息工程	35	36	35	233	0	−197
52	制药工程	35	59	21	65	14	−6
56	生物技术	34	64	18	50	16	14
56	应用心理学	34	74	13	37	21	37
58	电气信息类	33	50	25	87	8	−37
58	应用化学	33	80	12	37	21	43
58	信息管理与信息系统	33	74	13	42	20	32
61	食品质量与安全	32	67	17	58	15	9
61	财政学	32	73	14	44	18	29
63	电子信息（科学）类	30	56	23	100	7	−44
63	土木类	30	50	25	120	5	−70
63	信息与计算科学	30	80	12	44	18	36
66	核工程与核技术	29	80	12	47	17	33
66	交通工程	29	69	16	68	13	1
66	法语	29	56	23	105	6	−49
66	西班牙语	29	52	24	120	5	−68
70	物流管理	28	127	6	34	22	93
70	汉语言文学	28	90	10	44	18	46
72	生物科学类	27	47	27	233	0	−186
72	审计学	27	161	3	32	24	129
74	机械电子工程	26	137	5	37	21	100
74	地质学	26	52	24	165	2	−113
76	软件工程	25	90	10	58	15	32
76	船舶与海洋工程	25	59	21	131	4	−72
76	眼视光医学	25	96	9	50	16	46
76	电子商务	25	96	9	50	16	46
80	微电子科学与工程	24	59	21	141	3	−82
80	物理学类	24	59	21	141	3	−82
82	材料成型及控制工程	23	183	2	37	21	146

续表

总排名	专业（类）名称	入围次数（合计）	一本院校		二本院校		排名差
			排名	入围次数	排名	入围次数	
82	给排水科学与工程	23	117	7	50	16	67
82	工程造价	23	183	2	37	21	146
85	电子信息科学与技术	22	96	9	68	13	28
85	环境科学	22	80	12	79	10	1
85	市场营销	22	127	6	50	16	77
85	土地资源管理	22	72	15	100	7	−28
85	园艺	22	74	13	83	9	−9
85	动物医学	22	108	8	65	14	43
91	资源勘查工程	21	64	18	141	3	−77
91	统计学	21	74	13	87	8	−13
91	金融学类	21	69	16	120	5	−51
94	飞行器动力工程	20	80	12	87	8	−7
94	麻醉学	20	137	5	58	15	79
94	农林经济管理	20	67	17	141	3	−74
94	日语	20	90	10	79	10	11
98	港口航道与海岸工程	19	87	11	87	8	0
98	服装设计与工程	19	87	11	87	8	0
98	医学影像技术	19	127	6	68	13	59
98	工业工程	19	117	7	72	12	45

注：本表中的专业均是《普通高等学校本科专业目录（2012 年）》中新目录下的专业。旧目录下的专业和新目录下的专业的衔接办法同本书第 2 章，详见表 2－5 的注释。本表最后一列的"排名差"指一本排名与二本排名的差值，其值大于 0 表明相关专业在二本中的名次高于其在一本中的名次，反之则表明其在一本中的名次高于二本中的名次。

如表 3－3 所示，相对平均分进入所在高校前 15% 次数最多的 10 个专业依次为电气工程及其自动化、土木工程、会计学、临床医学、金融学、建筑学、国际经济与贸易、机械设计制造及其自动化、英语和通信工程。入围次数从 184 次到 477 次不等，次数最多的专业是第 10 个专业的 2.59 倍，衰减效应明显。电气工程及其自动化专业是入围次数最多的专业，其录取分数 2005～2015 年这 11 年共有 477 次处在本书样本高校招生专业的前 15% 范围，平均每年约有 43.36 次。这意味着该专业成为各类本科院校高分专业的次数最多。这是否就说明该专业是最热门、整体生源最好的专业呢？答案是否定的。不妨看一下上述 10 个专业在本书样本高校中的招生次数：电气工程及其自动化（1014次）、土木工程（1103 次）、会计学（816 次）、临床医学（765 次）、金融学（749次）、建筑学（577 次）、国际经济与贸易（924 次）、机械设计制造及其自动化（927

次）、英语（1019 次）和通信工程（814 次）。可见，这些专业的招生频率本身就存在较大差异，频率高的专业约为频率低的专业的两倍。招生频率越高就表示相关专业出现在高校招生菜单中的机会越大，即露脸次数越多，从而成为生源高地的机会也相应越大，在"上层空间"的露脸次数自然越多。换言之，一个"平民专业"的开设率越高，它就越有可能在入围次数这一项目中打败"贵族"而使自己看起来也像"贵族"。这很容易掩盖其"平民属性"的事实。如电气工程及其自动化、土木工程这两个专业之所以相对平均分入围前 15% 的次数数一数二是因为它们在高校招生菜单中的出席率也数一数二，后者对前者的带动不可忽略。因此，要去伪存真，准确地判断一个专业在第一类需求中究竟是"平民"还是"贵族"，最好的办法就是完全剔除供给因素，通过诸如"首位率"这样的指标来评价。

那么，是否反过来意味着表 3 - 3 中的统计指标毫无意义呢？事实也并非如此。一方面，一个专业如果没有较好的需求基础，没有一定规模的忠实客户，要频繁地进入"上层空间"也不太可能。能在相对平均分入围前 15% 次数这个项目中取得较高名次的专业，也非等闲之辈，至少群众基础还是很扎实的，具有相当广泛的学生需求。举个反例，计算机科学与技术专业在本书样本高校中共有 1660 次招生记录，雄居本科专业之冠，而其相对平均分只有 106 次入围前 15%，屈居第 21 位；软件工程专业共有 827 次招生记录，位居本科专业第 11 位，相对平均分的入围次数却只有 25 次，排在第 76 位。这两个例子说明在高校招生中经常出席的专业未必都具有时常成为生源高地的潜力，即供给基数大不是推动第一类需求的充分条件。另一方面，上述统计指标虽不能准确反映各专业的热门程度，但直观地体现了供给约束下各专业的需求广度或需求规模。相对平均分入围前 15% 次数多的专业毕竟事实上吸收了大量高分考生，高分考生拥有量位居前列。能一定程度地吸纳高分考生意味着填报相关专业的中、低分考生也不在少数。从这个角度讲，这些专业通常具有较广泛的第一类需求。打个比方，人均 GDP 或地均 GDP 更能客观地反映某一地区经济发展水平并不代表 GDP 这一指标就没有意义；同理，表 3 - 3 的统计指标至少可以从一个侧面说明个体需求问题。该指标排名靠前的专业一般具备两个特征：一是开设高校数多，存在面广，具备满足大规模个体需求的基础；二是这些专业在各自的主阵营中往往是考生最常光顾的对象之一。因此，表 3 - 3 呈现的专业结构近似地体现了第一类需求规模分布的专业结构，从某种意义上讲与期刊的影响因子排序有一定相似之处。

回到数据本身，上述进入前 10 位的专业中有 5 个专业出自工学门类，乍看之下有所偏离预期。根据前文的讨论，工学的生源条件只是中等偏上（见图 3 - 3），细分到专业类别后，也没有哪个工学类别进入前 3 位，最靠前的土建类位居第 4 位，电气与自动化类则位居第 6 位（见图 3 - 19），与此处的结果有一定出入。事实上，我们在数据搜集和前期处理中发现，电气工程及其自动化、建筑学等专业在理工类高校中，甚至在综合性大学中经常成为录取分数最高的专业之一，偏爱工科的高分考生最可能流入的专业就是这些专业。理工类高校和综合类高校恰恰又是高校类型中比重最高的两类高校，能经常在这两类高校中脱颖而出的专业，通常就能成为排名靠前的专业，如此就不难理解为何这些工科专业成为一所大学中生源高地的次数能超过其他专业了。相类似，会计学、金融学、国际经济与贸易、英语、临床医学等专业的存在面也较广，且本身在各自的"主场"中均是考生最常光顾的对象。例如，在财经类高校和综合类高校中，有相当一部分高分考生流向了会计学、金融学等专业，在医药类高校和综合类高校中，又有不少高分考生选择临床医学专业，尤其是本硕博贯通培养或本硕连读的临床医学专业。总之，平均生源指数高低和相对平均分入围"上层空间"次数多寡是从两个不同侧面反映第一类需求的指标，不可混为一谈。

从第 11~20 位这一区间的专业构成看，主体就不再是工学门类中的专业了，经管类专业取而代之，如经济学、经济学类、工商管理、工商管理类等，同时还出现了理学、法学门类下的专业。特别地，工商管理类和经济学类是第一类需求面最广的 2 个专业类，分别以 127 次和 111 次的入围次数排在第 14 位和第 20 位。而招生人数入围前 15% 次数最多的两个专业类则是电气信息类（165 次）和机械（工程）类（149 次），分别排在第 8 位和第 10 位。从这一点上也可以看出第一类供需是不对称的。经统计，进入上述榜单的专业类共有 11 个，约占总数的 11%。除了工商管理类和经济学类，其余 9 个专业类分别是理科试验班（类）（88 次，第 24 位）、数学类（50 次，第 40 位）、机械（工程）类（35 次，第 52 位）、电气信息类（33 次，第 58 位）、电子信息（科学）类（30 次，第 63 位）、土木类（30 次，第 63 位）、生物科学类（27 次，第 72 位）、物理学类（24 次，第 80 位）和金融学类（21 次，第 91 位）。其中，理学和工学各占 4 席，经济学占 2 席，管理学占 1 席。在招生人数入围次数最多的 100 个专业中，则有 21 个属于专业类，整整比这里多出了 10 个席位。由此可见，需求者对专业类的偏爱远不及供给者，即高等教育第一类供求之间在大类招生问题上可能也存在着矛盾。由中观层面的数据可知，试验班类（含理科试验班类、工科试验班类、人文社科试验班类等）是所有类别中平均生源指数最高的类别。而在此处，排名最靠前的理科试验班（类）也不过二十开外，至于其他类别的试验班甚至入不了流，其中的原因仍在于指标选取上。开设各类试验班的高校毕竟是少数，二本院校尤为罕见，虽然它热极一时，但在开设率有限的条件下，入围次数自然也就有限，一旦改变评价角度，结果就会出现实质性变化。

按本书的 50 个专业类别来归纳，表 3-3 的 101 个专业有 41 个集中分布于六大专业类别，分别为工商管理类（8 个专业）、电子信息类（8 个专业）、机械与仪器类（7 个专业）、土建类（7 个专业）、医学类（6 个专业）和外国语言文学类（5 个专业），详细名单见表 3-4。例如，在工商管理类中，会计学、工商管理类、财务管理、工商管理 4 个专业（类）的生源水平处于所在高校前 15% 的次数均在 100 次以上，且均进入了前 20 名。这些专业通常开设于各类高校的管理学院或商学院中，因而相关学院对包括高分考生在内的第一类需求者的拉力往往也是最大的。以此类推，像外国语学院、医学院、土木与建筑学院、经济学院等一般也是生源最充足且高分考生流入最多的学院。当然，任何一个专业类别中均有需求基础较差的专业。仍以工商管理类为例，像物业管理、旅游管理、酒店管理等专业就榜上无名，像市场营销、电子商务等专业虽然进入了百强，但很可能是因为开设率较高而相应地助长了它们相对平均分的入围次数，实际上低分录取甚至接收调剂生的案例可能反而更多，从而整体生源条件一般。一般而言，"大比分"领先的专业基本可以判定其需求基础相对较好，如土木工程和给排水科学与工程比，显然是前者的整体生源条件更好。而"小比分"领先的情况就不能轻易做这样的判断，如土木工程和建筑学比，就不能认定为前者的整体生源条件优于后者，因为前者的开设率明显更高。

表 3 – 4   百强专业（按入围次数）拥有量最大的六个专业类别统计

工商管理类	电子信息类	机械与仪器类
会计学（3） 工商管理类（14） 财务管理（15） 工商管理（19） 物流管理（70） 审计学（72） 电子商务（76） 市场营销（85）	通信工程（10） 电子信息工程（15） 光电信息科学与工程（41） 电子科学与技术（52） 信息工程（52） 电子信息（科学）类（63） 微电子科学与工程（80） 电子信息科学与技术（85）	机械设计制造及其自动化（8） 车辆工程（22） 机械工程（27） 工业设计（43） 机械（工程）类（52） 机械电子工程（74） 材料成型及控制工程（82）
土建类	医学类	外国语言文学类
土木工程（2） 建筑学（6） 城乡规划（18） 风景园林（32） 道路桥梁与渡河工程（50） 土木类（63） 给排水科学与工程（82）	临床医学（4） 口腔医学（23） 中医学（25） 中西医临床医学（48） 眼视光医学（76） 麻醉学（94）	英语（9） 德语（49） 法语（66） 西班牙语（66） 日语（94）

注：括号中的数值为各专业在表 3 – 3 中的位次。

相较于医学类、土建类等类别，另一些平均生源指数较高的专业类别如财政金融类、经济贸易类、电气与自动化类等拥有的百强专业数量要少得多。但它们均有各自的"明星专业"，例如，财政金融类中的金融学、金融工程，经济贸易类中的国际经济与贸易、经济学，电气与自动化类中的电气工程及其自动化，这些专业均是需求基础极好的专业。正是由于这些专业的存在，对应的专业类别才能成为 50 个专业类中的强队。有的专业类别中没有一个专业进入表 3 – 3 的范围，从而成为最失落的类别，如哲学类、政治学类、社会学类、护理学类等。表 3 – 5 归纳了每个学科门类中的"小组冠军"名单。从排名看，除艺术学和哲学 2 个学科门类外，其他学科门类的首席专业差距不算太大，尤其是工、管、医、经、文、理、法 7 个学科门的旗舰专业均在20 名以内。从入围次数看，位次衰减效应倒是十分显著。与表 2 – 6 对比，部分学科门类的旗舰专业发生了变化，且个别学科门类的位次也有变动，从一个侧面体现了供求的结构性错位。

表3-5　　　　　各学科门类中相对平均分入围前15%次数最多的专业汇总

学科门类	专业名称	进入前15%总次数	总排名
工学	电气工程及其自动化	477	1
管理学	会计学	420	3
医学	临床医学	380	4
经济学	金融学	348	5
文学	英语	218	9
理学	数学与应用数学	143	12
法学	法学	115	17
农学	园林	45	42
教育学	小学教育	37	51
艺术学	广播电视编导	2	260
哲学	哲学	1	307

注：历史学学科门类下无专业进入本书样本高校相对平均分前15%的专业行列。

图3-33为上述101个专业入围次数的位序散点图。散点的分布形态与招生人数入围次数的散点分布形态较为相似，接近反比例函数的曲线形态，少数专业拥有多数高分考生的现象突出。专业、行业特色型院校亦逃不出需求集聚的既定路径。例如，在农林类院校中，农学类专业同样有可能生源不足，学生照样倾向于选择一般意义上的热门专业或大宗专业，使农林类院校中很可能是建筑学、会计学、金融学等专业生源最好，优势学科专业的生源反而一般。事实上，由于第一类需求预期上的整齐性，几乎所有类型高校都存在类似情况。换言之，学生选择专业时的路径依赖所产生的"共轭效应"可能凌驾于院校特色和学科特色之上，对心理预期中热点、大宗或兴趣以外的专业表现出一定随意性。这也是高等教育第一类需求的一个特点。经统计，入围次数在200次以上的9个专业的总次数占101个专业总次数的41.21%；若把门槛降低至100次，则入围次数超过100次的22个专业的总次数占101个专业总次数的62.15%；并列第98的专业仅有19次入围记录，约为首位专业的1/25。共有307种专业的相对平均分在2005~2015年这11年中至少有1次进入过所在高校前15%的范围，尚有近200种专业从未成为生源高地。前101个专业的总入围次数占所有本科专业总入围次数的比重高达87.33%，它们吸纳了绝大部分优质生源。由图3-34可知，至少有1次进入前15%的专业种数呈曲折攀升态势，总体增长比较缓慢，一本院校增长快于二本院校，表明高分考生的专业流向较过去略微分散化。从数值上看，一本院校的相关专业种数历年都多于二本院校，表明二本院校学生高等教育需求的专业分布面相对更窄。

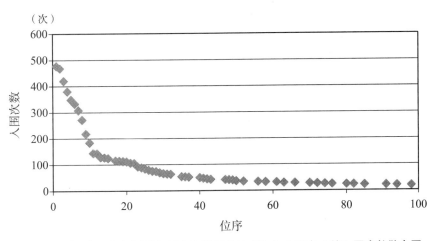

图 3 – 33　相对平均分入围前 15％次数最多的 101 个本科专业的入围次数散点图

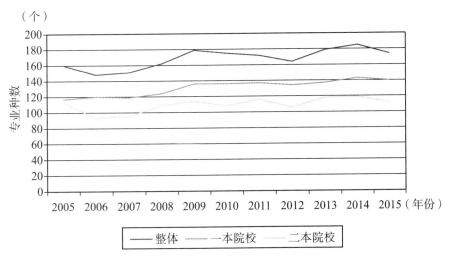

图 3 – 34　相对平均分至少一次入围前 15％的本科专业种数变化趋势

　　由表 3 – 3 中一本入围次数和二本入围次数的数据可知，一本院校中相对平均分入围次数最多的 10 个专业和二本院校中相应的 10 个专业有 9 个完全一致，剩下 1 个专业在一本院校中为工商管理类，在二本院校中则是财务管理。由此可见，一本院校学生和二本院校学生填报地最普遍的 10 个专业重合率较高，达 90％。然而，继续往下比较差别就愈来愈明显。为找出那些一本院校和二本院校生源差异最显著和最不显著的专业，表 3 – 3 的最后一列计算了各专业在 2 个本科亚层次中的排名差，其绝对值越大说明对应专业的需求分化倾向越明显。统计显示，排名差大于或等于 100 的专业有工程造价（146）、材料成型及控制工程（146）、中西医临床医学（140）、小学教育（139）、审计学（129）和机械电子工程（100）6 个专业。这些专业在二本院校中具有相对充足和理想的生源。例如，工程造价专业，在一本院校中只有 2 次进入相对平均分前 15％的范围，排在第 183 位，在二本院校中则有 21 次入围记录，排在第 37 位；又如，小学教育专业，在一本院校中只有3次入围记录，排在第161位，在二本院校中却入围了34次，居于第22位。排名差介于50~100之间的专业共有5个，分别是物流管理（93）、麻醉学（79）、市场营销（77）、给排水科学与工程（67）和医学影像技术（59）。这些专业多是应用性或针对性较强的专业。排名差≤-100的专业有理科试验班（类）（-222）、信息工程（-197）、生物科学类（-186）、数学类（-163）和地质学（-113）5个专业。它们通常只有在一本院校中才生源充足，在二本院校中往往生源不佳。除信息工程专业外，剩下4个专业均是理学门类下的专业或专业类。再一次证明了在"理"和"工"之间，一本院校学生偏爱"理"二本院校学生偏爱"工"的事实。这是两个学生群体在需求上的最大差异之一。排名差介于-100~-50之间的专业有很多，此处不再详细罗列。排名差接近于0的专业有环境科学、交通工程、服装设计与工程、港口航道与海岸工程、数学与应用数学、会计学、环境工程、化学工程与工艺、口腔医学、建筑学、电气工程及其自动化、自动化、通信工程、食品科学与工程、国际经济与贸易等。这些专业的第一类需求较为均衡地分布于一本院校和二本院校之中，它们在2个本科亚层次中具有相似的生源状况。观察发现，这些专业大多是整体招生规模较大的专业，而上述在一本院校和二本院校中存在显著生源差异的专业往往整体招生规模不大。这说明相对大宗的、大家耳熟能详的专业出现需求分化的概率小于那些招生率较低的专业。图3-35为101个专业的排名差以递增方式排列时连成的曲线图。

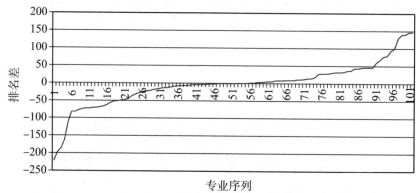

图3-35　101个本科专业在一本院校和二本院校中的生源分化特征

　　如前所述，一个专业相对平均分进入所在高校前15%的累计次数只能从一个方面反映该专业的第一类需求状况，主要体现的是相关专业的需求广度或规模，无法体现该专业的真实需求热度，即填报的热门程度，也无法体现其整体生源水平。鉴于此，本书进一步统计了100个常见专业（类）的"平均生源指数""生源首位率""需求指数"三个从不同侧面反映各专业第一类需求表现的指标。本章分析的100个常见专业（类）与第2章保持一致，与表3-3中的专业基本重合，但不完全一致。事实上，表3-3中的101个专业是根据单一指标的排序截取而来的，少数专业存在开设率偏低、代表性不足的缺陷。

　　如图3-36所示，平均生源指数最高的十个专业依次为临床医学（21.91）、建筑学（21.20）、中医学（18.67）、会计学（17.96）、金融学（17.83）、电气工程及其自动化

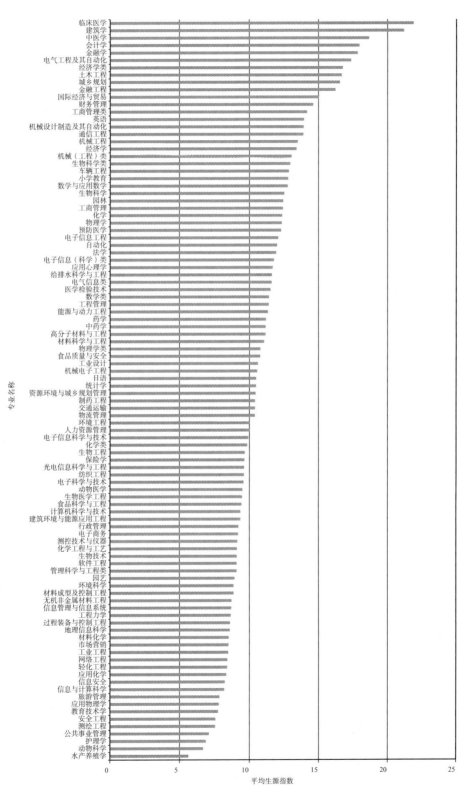

图 3-36　100 个常见本科专业基于样本院校的平均生源指数分布

（17.34）、经济学类（16.75）、土木工程（16.67）、城乡规划（16.54）和金融工程（16.23）。其中前2个专业与其他专业拉开了一定距离，是就读门槛最高的本科专业，从而也是学生报考最集中的本科专业。在高等教育入学机会总体供不应求的市场条件和择优录取的游戏规则下，各专业平均生源指数的高低即平均生源质量的高低主要取决于填报人数的多少，一志愿填报人数越多的专业，录取到高分考生的概率和比率也越大，从而平均生源指数即平均生源质量也越高。因此，临床医学和建筑学2个专业可认为是2005～2015年间最受本科生青睐的专业。当然，这是基于对理科生的统计得出的结论。由于这2个专业一般不招收文科生，故对于文科生而言，很可能是排在其后的会计学、金融学、经济学类、金融工程等专业最具需求张力。将10个专业与表3-3中前10个专业对比发现：医学类和经济、管理类专业的位次有所提升，把一些工科专业挤到了后面。表明它们的整体生源条件比那些工科专业更好（建筑学除外），是真正最受学生欢迎的专业。一些工科专业虽具有需求的广泛性，但并不是最热门的专业。如电气工程及其自动化和土木工程专业相较于表3-3后退了好几个名次，机械设计制造及其自动化和通信工程专业则直接退出前10位。10个专业中，9个是真正的专业，有1个是专业类，即经济学类。这是大类招生中最具报考人气的基本单元，"财经热"在此处得以充分体现。平均生源指数位于第10～20位的专业有国际经济与贸易、财务管理、工商管理类、英语、机械设计制造及其自动化、通信工程、机械工程、经济学、机械（工程）类和生物科学类，其值落在12.95～15.04的区间内。它们同样具备不错的需求基础。这一排段以经管类专业和工科专业为主，且大类招生的单元开始增多。平均生源指数最低的10个专业依次为水产养殖学（5.64）、动物科学（6.69）、护理学（6.89）、公共事业管理（7.11）、测绘工程（7.56）、安全工程（7.58）、教育技术学（7.77）、应用物理学（7.82）、旅游管理（7.86）和信息与计算科学（8.20）。它们大多属于生源较差、需求不足的专业。但严格地讲，比它们境况更糟的专业还有很多，由于数据来源不足，本书没有统计。

生源首位率是从另一个侧面说明不同专业第一类需求状况的指标。其核心是在表3-3指标的基础上剥离招生次数（招生率）因素，测度各专业成为高校招生中高分专业的概率，从而反映其热门程度。由图3-37可知，生源首位率最高的十个专业依次为建筑学（57.71%）、会计学（51.47%）、临床医学（49.67%）、电气工程及其自动化（47.04%）、金融学（46.46%）、土木工程（42.43%）、小学教育（41.57%）、经济学类（41.44%）、金融工程（35.57%）和国际经济与贸易（33.33%）。其中，建筑学、会计学两个专业的生源首位率超过了50%，意味着100次招生中生源水平进入所在高校招生专业前15%的次数超过一半。这对于一个专业来说是相当出色的表现，只要存在该专业的招生，就有过半的概率成为学生报考的热点，需求张力可见一斑。从专业构成看，上述专业和平均生源指数最高的10个专业基本重合，且表现最佳的专业类依然是经济学类，最大的不同在于小学教育这个专业。有教育学的专业进入报考最热门专业之列是本书始料未及的。小学教育专业的平均生源指数为12.80，位于第22位，在100个常见专业中位于中上水平，而其生源首位率却达到了41.57%，高居第7位。经查证，出现如此结果的主要原因在于该专业的开设面上。开设小学教育专业的高校一般都是师

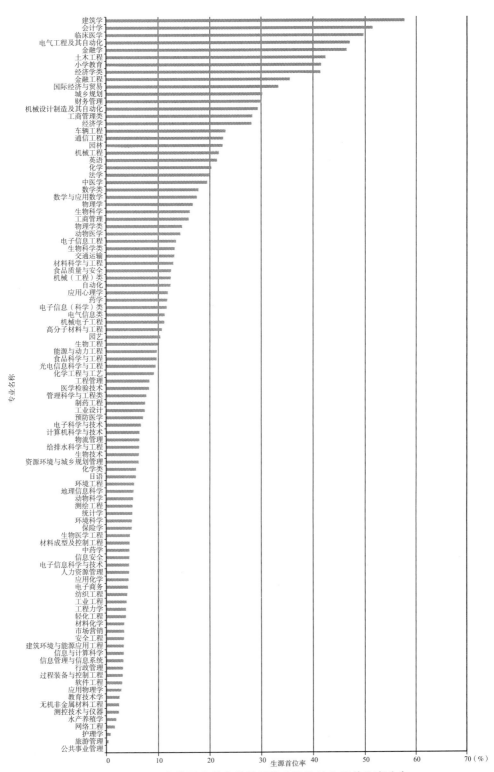

图3-37 100个常见本科专业基于样本院校的生源首位率分布

注：生源首位率=相对平均分进入前15%的次数/累计招生次数。

范院校，其他类型高校不常设此专业，且师范院校又以二本院校居多。我们已知道相关专业的第一类需求存在层次分化倾向，在二本院校中具有较好的需求基础，加上二本师范类高校招生专业的覆盖面一般并不很广，学生的专业挑选空间不是很大，从而在二本师范类高校中该专业成为学生优先考虑填报的对象就不足为奇了。该个例表明，开设面仅限于某一类专业特色型院校的专业如出现较高的生源首位率，只能说明它在特定范围中甚至不完全竞争条件下拥有较好的生源。只有在多种类型高校中，尤其是综合性大学中广泛参与生源竞争的专业才是普遍意义上、综合意义上的热门专业。生源首位率位于第二梯队的 10 个专业也基本与平均生源指数位于第二梯队的专业吻合，以工学类和经管类专业为主。生源首位率最低的 10 个专业依次为公共事业管理（0%）、旅游管理（0.4%）、护理学（0.81%）、网络工程（1.61%）、水产养殖学（1.9%）、测控技术与仪器（2.42%）、无机非金属材料工程（2.43%）、教育技术学（2.5%）、应用物理学（2.85%）和软件工程（3.02%）。特别地，公共事业管理专业的生源水平从未进入所在高校前 15% 的范围，说明该专业的生源在各类高校中通常均处于劣势甚至短缺，很可能是接收调剂生的主要阵营之一，至少鲜有高分考生填报。旅游管理、护理学等专业也大抵如此。

最后，以"需求指数"这一复合指标来综合反映上述专业的整体需求水平。该指数由平均生源指数和生源首位率两项指标合成，前者用以反映整体生源水平，后者用以反映报考热度，这样就可以在评价中兼顾"均值"和"极值"。如图 3-38 所示，"需求指数"在 5.0 以上的 11 个专业依次为建筑学、临床医学、会计学、金融学、电气工程及其自动化、土木工程、经济学类、金融工程、小学教育、国际经济与贸易和城乡规划。其中，建筑学和临床医学的"需求指数"在 10.0 以上。这些专业基本可以代表 2005~2015 年我国高校开设的本科专业中第一类需求最旺盛的 11 个专业，建筑学、临床医学、会计学、金融学四大专业尤为突出，分别是工学、医学、管理学和经济学 4 个学科门类中的旗舰专业，与人们的直觉基本一致。上述 11 个专业的共同之处在于就业预期普遍较高，不是面向高收入行业如银行、证券、设计、规划等，就是针对稳定性强的用人部门如医院、学校、垄断性国企等。显然学生报考这些专业都是想奔着这些地方去，这也是高等教育第一类需求的主要逻辑之一。从大类招生的角度看，"需求指数"最高的 5 个专业类依次为经济学类、工商管理类、数学类、生物科学类和机械（工程）类，分别位于第 7 位、第 14 位、第 26 位、第 29 位和第 31 位，同样是经济学、管理学门类中的专业类最吃香，其次是理学。"需求指数"最低的 10 个专业依次为公共事业管理、旅游管理、护理学、水产养殖学、网络工程、教育技术学、无机非金属材料工程、测控技术与仪器、应用物理学和安全工程，其中工学专业占了 4 席。可见，在学生眼中，工学中的不同专业最为良莠不齐，几乎覆盖了从最"热"到最"冷"的全部范围。从"需求指数"的分布形态上看，100 个常见专业（类）的内部差异较"供给指数"更大，即斜率更大，这就是第一类需求的专业结构较高校招生的专业结构更集中、更紧实的有力证据。

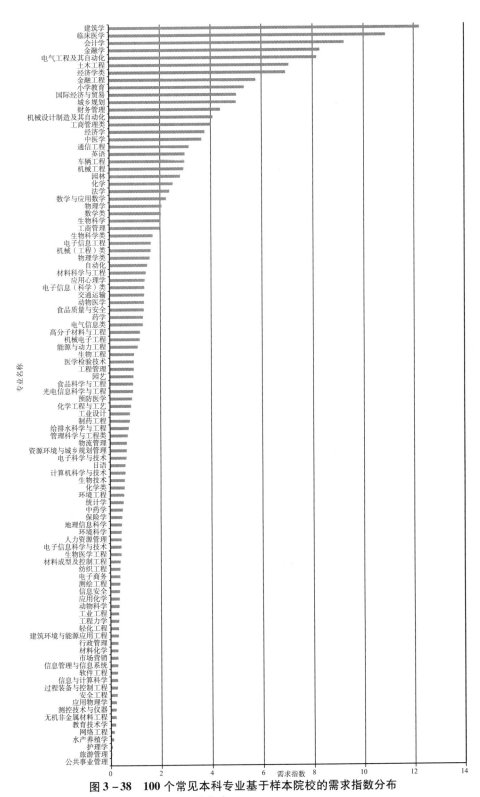

图 3-38　100 个常见本科专业基于样本院校的需求指数分布

注：需求指数 = 平均生源指数 × 生源首位率/100。

3.3.2 对专科层次的考察

在专科的数据分析中，同样先对每所高职高专院校的招生专业按录取分数高低进行排序，以18%为断裂点①，筛选出所有样本院校中相对平均分位于前18%的专业，并对各专业的入围次数进行统计。由于排在第50位以后的专业频繁出现并列，并列第96位的专业共有7个，故表3-6共截取了102个专业。同样地，表3-6中统计的数据是各专业2005~2015年的总数据，分年度数据不再讨论。

表3-6　　相对平均分入围前18%次数最多的102个专科专业（类）统计

排名	专业（类）名称	入围次数（次）	排名	专业（类）名称	入围次数（次）
1	会计	354	23	汽车检测与维修技术	41
2	商务英语	211	24	计算机网络技术	39
3	电子商务	132	25	电气自动化技术	37
4	工程造价	125	26	国际商务	36
5	国际经济与贸易	116	26	应用电子技术	36
6	机电一体化技术	111	28	酒店管理	32
6	物流管理	111	29	建筑装饰工程技术	31
8	应用英语	107	30	财务管理	30
9	工商企业管理	98	31	建筑经济管理	28
10	护理	80	31	口腔医学	28
11	国际贸易实务	77	33	服装设计	27
12	建筑工程技术	73	33	旅游管理	27
13	市场营销	71	33	药学	27
14	计算机应用技术	64	36	学前教育	26
15	软件技术	62	37	数学教育	25
16	机械制造与自动化	56	38	道路桥梁工程技术	24
16	数控技术	56	39	建筑工程管理	23
18	临床医学	48	39	汽车技术服务与营销	23
19	会计电算化	47	41	商务日语	22
20	金融管理与实务	46	42	动漫设计与制作	21
21	报关与国际货运	43	42	应用西班牙语	21
21	模具设计与制造	43	44	城市轨道交通运营管理	20

---

① 以18%为断裂点的理由见本书第2章的对应部分。

排名	专业（类）名称	入围次数（次）	排名	专业（类）名称	入围次数（次）
44	飞机维修	20	74	城镇规划	11
44	建筑设计技术	20	74	畜牧兽医	11
44	水利水电建筑工程	20	74	导游	11
44	通信技术	20	74	法律事务	11
44	投资与理财	20	74	航空机电设备维修	11
44	助产	20	74	营销与策划	11
51	英语教育	19	74	应用韩语	11
52	电子信息工程技术	18	74	针灸推拿	11
52	生物技术及应用	18	82	房地产经营与估价	10
52	应用日语	18	82	环境艺术设计	10
55	国际金融	16	82	汽车运用技术	10
55	会计与审计	16	82	商务管理	10
55	金融与证券	16	82	文秘	10
58	工程监理	15	82	医学影像技术	10
58	室内设计技术	15	82	应用法语	10
60	初等教育	14	82	中医学	10
60	国际航运业务管理	14	90	金融保险	9
60	计算机信息管理	14	90	旅游英语	9
60	人力资源管理	14	90	生物制药技术	9
60	税务	14	90	铁道交通运营管理	9
60	珠宝首饰工艺及鉴定	14	90	园艺技术	9
66	环境监测与治理技术	13	90	装潢艺术设计	9
66	机械设计与制造	13	96	财务会计类	8
66	口腔医学技术	13	96	船舶工程技术	8
66	物业管理	13	96	航海技术	8
66	医学检验技术	13	96	汽车制造与装配技术	8
66	中药	13	96	图形图像制作	8
72	连锁经营管理	12	96	刑事执行	8
72	园林技术	12	96	药物制剂技术	8

注：本表中的专业均是原来《普通高等学校高职高专教育指导性专业目录》中的老专业。因为新的专科专业目录印发于 2015 年，在这之前高校均以老目录下的专业招生，本书的数据为 2005～2015 年的数据，故应以老目录下的专业为分析对象。

从表 3-6 中很容易看出高分专科生都去了哪些专业。生源水平挤进各高职高专院校前 18% 次数最多的 10 个专科专业依次为会计、商务英语、电子商务、工程造价、国际经济与贸易、机电一体化技术、物流管理、应用英语、工商企业管理和护理，入围次数从 80 次到 354 次不等，次数最多的专业是第 10 个专业的 4.425 倍，位次衰减效应较本科专业更显著。会计专业是入围次数最多的专业，2005~2015 年这 11 年共有 354 次入围记录，年均 32.18 次。但仅凭这一点尚不能断定会计专业就是整体生源最好、需求最旺专业，原因已在分析本科时详细论述，即该统计量与招生率有关。尽管如此，该指标仍能较好地体现不同专业需求的广泛性，入围次数较多的专业一般都具有充足的生源和较大的市场份额，是学生报考的大宗专业。从 10 个专业的构成看，只有机电一体化技术与工科相关，其他 9 个专业不是财经就是语言，或是医药卫生，并以财经类居多，与本科形成了较大反差。表明专科生相对于本科生而言主动选择技术类专业的群体要小得多。会计、国际经济与贸易、应用英语、工商企业管理等专业的本科版本在相关指标的排名上也有不错的表现，需求面也较广。相反，电子商务、工程造价、物流管理和护理专业的本科版本在这一指标中的表现则较为逊色，尤其是护理学专业，连前 100 名都进不了，而在本科中有较高排名的金融学、建筑学、电气工程及其自动化等专业到了专科层次却相对普通，这可能与本、专科生的需求差异和同一专业在两个层次中的开设率差异都有关系。从 11~20 个专业的构成看，财经类专业依然是主流，但技术类专业也有所增多，如建筑工程技术、计算机应用技术、软件技术、数控技术等。值得注意的是，表 3-6 的 102 个专业中只有财务会计类 1 个专业类，而且只排在第 96 位。由第 2 章的数据可知，招生人数入围前 18% 次数最多的 96 个专业中有 5 个专业类，分别是计算机类、机械制造类、财务会计类、民航运输类和土木建筑与管理类。从而可以总结两个现象：一是与高校招生相比，学生更喜欢具体专业，对大类招生中的单元兴趣不大；二是与本科生相比，专科生的这一倾向更加明显。

对 102 个专业按专业大类做一个简单的统计发现：各专业大类上述专业拥有量从大到小依次为财经商贸大类（24 个）、教育与体育大类（13 个）、土木建筑大类（12 个）、医药卫生大类（11 个）、装备制造大类（10 个）、电子信息大类（9 个）、交通运输大类（7 个）、文化艺术大类（4 个）、旅游大类（3 个）、农林牧渔大类（3 个）、食品药品与粮食大类（2 个）、公共管理与服务大类（2 个）、生物与化工大类（1 个）、资源环境与安全大类（1 个）和轻工纺织大类（0 个），见图 3-39。财经商贸大类的上述专业拥有量大比分领先，有力地说明了专科生对财经类专业的偏爱远胜本科生。前 6 个专业大类的上述专业拥有量合起来的比重高达 77.45%，说明第一类需求意义上的大宗专业集中分布在这 6 个专业大类之中。轻工纺织大类是唯一没有专业入围表 3-6 范围的专业大类，最受冷落。将图 3-39 与图 3-15 对比发现，两者中专业大类的排序大相径庭。这意味着一个专业大类拥有的百强专业数量和它自身的平均生源指数之间没有必然的相关性，进而暗示了一个专业的平均生源水平高低和其成为高校招生中生源高地的频次是两回事，分别是从不同侧面反映问题的参数，不可混为一谈。正因如此，才需要多角度、多方位地去评价高等教育的第一类需求。

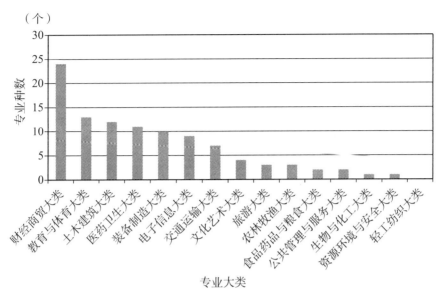

图3-39　入围次数最多的102个专科专业的专业大类分布

表3-7归纳了每个专业大类中按相对平均分入围次数评比出的旗舰专业名单。和本科相比，不同专业大类的旗舰专业间差距更大。在本、专科相同或相近的科类中，两个学历层次的旗舰专业也时常不同。如本科医学门类下的旗舰专业是临床医学，而专科医药卫生大类下的旗舰专业则是护理。这主要与第一类需求的层次分化有关，而第一类需求层次分化的背后则是受高等教育第二类需求的直接影响，社会对不同职业的学历期望截然不同导致了不同层次学生专业选择倾向的差异。这种情况不同程度地存在于不同科类中。

表3-7　　　　　　　各专业大类中相对平均分入围前18%次数最多的专业汇总

专业大类	专业名称	进入前18%总次数（次）	总排名
财经商贸大类	会计	354	1
教育与体育大类	商务英语	211	2
土木建筑大类	工程造价	125	4
装备制造大类	机电一体化技术	111	6
医药卫生大类	护理	80	10
电子信息大类	计算机应用技术	64	14
旅游大类	酒店管理	32	28
文化艺术大类	服装设计	27	33
交通运输大类	道路桥梁工程技术	24	38
生物与化工大类	生物技术及应用	18	52

续表

专业大类	专业名称	进入前18%总次数（次）	总排名
资源环境与安全大类	环境监测与治理技术	13	66
农林牧渔大类	园林技术	12	72
公共管理与服务大类	法律事务	11	74
食品药品与粮食大类	生物制药技术	9	90
轻工纺织大类	包装技术与设计	6	110

注：本表中的专业大类与本书宏观层面界定的专业大类相一致。

图 3 – 40 为上述 102 个专业累计入围次数的位序散点图。如图 3 – 40 所示，前 2 个专业（会计学、商务英语）的首位度很高，累计入围次数把其他专业远远地甩在了后面，从第 3 个专业开始散点分布趋于密集。经统计，入围次数在 100 次以上的 8 个专业的总次数占 102 个专业总次数的 36.3%；仅财经商贸大类中的专业的总入围次数占 102 个专业总次数的比重就高达 38.11%；若再算上教育与体育大类、土木建筑大类、装备制造大类和医药卫生大类中的专业，则这一比重将提升至 82.61%；位于并列第 96 的专业入围次数仅有 8 次，约为会计专业的 1/44。2005 ~ 2015 年这 11 年中相对平均分至少曾有 1 次进入前 18% 的专业共有 344 种，尚有 100 多种专业的生源水平从未挤进这一范围。前 102 个专业的总入围次数占所有专科专业总入围次数的比重高达 86.11%。以上数据和本科层次的对应数据非常接近，说明不论哪个学历层次高分学生的专业分布面均较窄，进而也意味着整体生源的专业分布很不均匀。图 3 – 41 描述了相对平均分至少有一次入围前 18% 的历年专业种数。从图 3 – 41 中看，历年专业种数处于波动状态，无明显趋势，表明近年来专科生志愿填报时经常光顾的专业菜单既没有拓展也没有缩减，始终维持在 120 ~ 140 个专业之间，剩下的专业则几乎吸引不了优质生源。

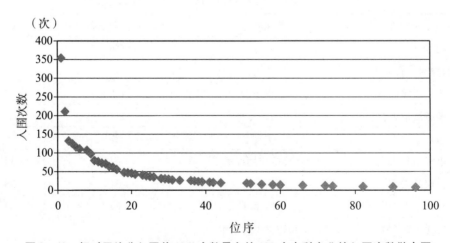

图 3 – 40 相对平均分入围前 18% 次数最多的 102 个专科专业的入围次数散点图

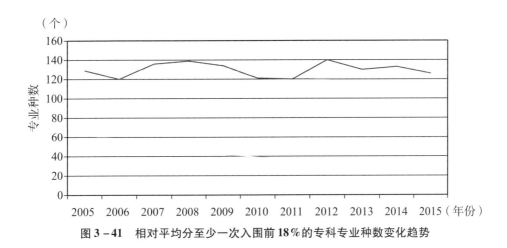

（个）

图 3 - 41　相对平均分至少一次入围前 18% 的专科专业种数变化趋势

　　为了克服单一指标反映问题的片面性，同样需借助于"平均生源指数""生源首位率"等指标来分析不同专业的第一类需求表现。80 个常见专科专业 2005～2015 年的平均生源指数如图 3 - 42 所示。排进前 10 位的专业依次为会计（27.52）、国际金融（25.91）、国际经济与贸易（25.22）、口腔医学（24.47）、商务英语（24.33）、临床医学（23.58）、建筑经济管理（23.24）、护理（23.08）、应用英语（23.06）和服装设计（22.69）。会计专业是平均生源最好的专科专业，也是学生志愿填报竞争最大的专科专业。10 个专业中，财经类专业占据主导，其次是医药卫生类专业和语言类专业，没有对应于工科的专业。须知这是基于理科生的高招数据统计而来的结果，连理科生都希望往财经类专业扎堆而没有一个技术类专业成为集体偏好的对象，这是专科层次第一类需求的鲜明特点，甚至是一种社会现象，暗示着技术类专业的教育收益率还有提高的空间。会计、国际金融、国际经济与贸易、临床医学等专业与对应的本科专业具有基本对称的生源条件；商务英语、建筑经济管理、护理、服装设计等专业的对应本科专业则不具有明显生源优势，护理学专业在本科高校中甚至经常不能满额录取。整体生源水平处在 10～20 名的专业有工程造价、中药、应用日语、报关与国际货运、建筑设计技术、助产、国际商务、畜牧兽医、金融管理与实务和财务管理，平均生源指数均在 20 以上。这些专业的构成与前 10 个专业相似，财经类专业仍占半壁江山。畜牧兽医这一农林牧渔大类下的专业也跻身其中与就业市场关系密切。因为本科生较少有人愿意填报相关专业，而社会对相关人才的需求始终存在，从而给专科生留下了较大的就业空间。这说明学生的专业选择中包含了较大的理性成分，一定程度上将社会需求考虑在内。80 个常见专业中平均生源指数较低的 10 个专业依次为汽车技术服务与营销（10.25）、生化制药技术（10.95）、生产过程自动化技术（11.13）、食品营养与检测（11.94）、计算机信息管理（12.66）、汽车运用技术（12.92）、应用电子技术（13.00）、市政工程技术（13.10）、工业设计（13.10）和旅游英语（13.27），技术类专业比重较高。

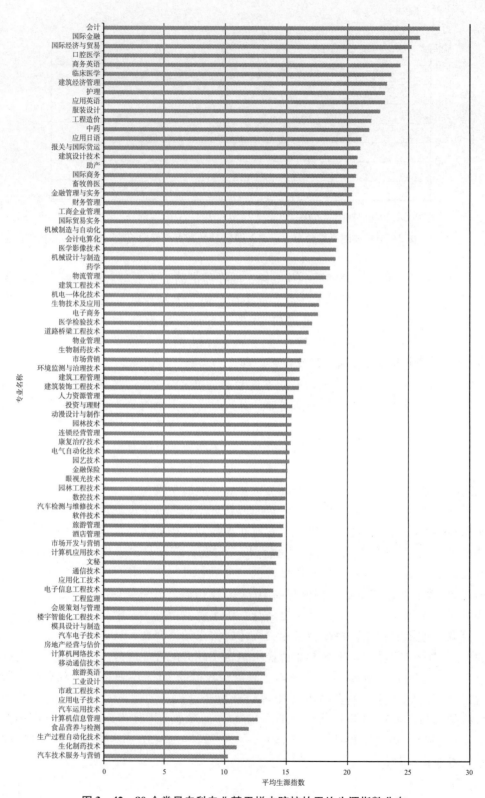

图 3-42　80 个常见专科专业基于样本院校的平均生源指数分布

生源首位率超过30%的11个专业依次为会计（58.71%）、建筑经济管理（51.85%）、商务英语（45.38%）、应用英语（43.85%）、金融管理与实务（42.99%）、国际经济与贸易（41.73%）、工程造价（40.45%）、口腔医学（37.84%）、国际贸易实务（36.32%）、临床医学（34.78%）和服装设计（34.18%），照样是会计专业最高，见图3-43。会计和建筑经济管理2个专业的生源首位率超过了50%，成为报考最热的两个专科专业，后者与我国过去十几年房地产业的迅速发展有很大关系。从构成上看，这些专业和平均生源最好的10个专业重合率高，也是以财经类专业居多。与表3-6中前11个专业对比发现，有5个专业存在出入。电子商务、机电一体化技术、物流管理、工商企业管理和护理等专业虽然录取分数成为所在院校前18%高的次数较多，但入围这一范围的概率却并不很高，从而只能算第一类需求意义上的大宗专业。相反，金融管理与实务、临床医学、口腔医学、服装设计和建筑经济管理等专业虽然由于本身开设率的关系相对平均分的入围次数受到影响，可一旦招生，成为学生报考热点的概率就很大，因而是真正的热门专业。从这里可以看出，数据统计中是否排除开设率或招生率因素对不同专业的排序结果有很大影响，两者反映的信息完全不同。只有当排除相关因素后筛选出的专业才更接近真正意义上的热门专业或冷门专业。生源首位率位于第二梯队的10个专业以财经类专业和医药卫生类专业为主。生源首位率靠后的10个专业依次为康复治疗技术（3.13%）、生产过程自动化技术（3.39%）、市政工程技术（4.17%）、园林工程技术（4.59%）、计算机信息管理（4.84%）、会展策划与管理（5.05%）、楼宇智能化工程技术（5.13%）、眼视光技术（5.88%）、食品营养与检测（6.41%）和工业设计（6.67%），同样以技术类专业居多。

按"需求指数"统计，进入前10位的专业依次是会计、建筑经济管理、商务英语、国际经济与贸易、应用英语、口腔医学、工程造价、金融管理与实务、临床医学和服装设计，见图3-44。其中，前5个专业的"需求指数"均在10.0以上，会计专业最高，为16.16。以上10个专业代表了过去十几年我国高职高专院校开设的整体需求水平最高的10个专业，它们分别来自财经商贸大类（3个）、土木建筑大类（2个）、教育与体育大类（2个）、医药卫生大类（2个）和文化艺术大类（1个）。与"需求指数"最高的10个本科专业相比，有4个专业基本能对应起来：会计—会计学，国际经济与贸易—国际经济与贸易，金融管理与实务—金融学，临床医学—临床医学。表明这几个专业的第一类需求覆盖面最广，无论放在本科还是专科，都是极具魅力的专业，学生的报考热情完全不因学历层次的差异而有丝毫不同。当然，若细究它们在2005~2015年中的变化轨迹，则可能存在内部差异，如前文提到的国贸类专业和金融类专业的相反趋势。"需求指数"靠后的10个专业依次为生产过程自动化技术、康复治疗技术、市政工程技术、计算机信息管理、园林工程技术、会展策划与管理、楼宇智能化工程技术、食品营养与检测、工业设计和眼视光技术，与单一指标下产生的专业区别不大。

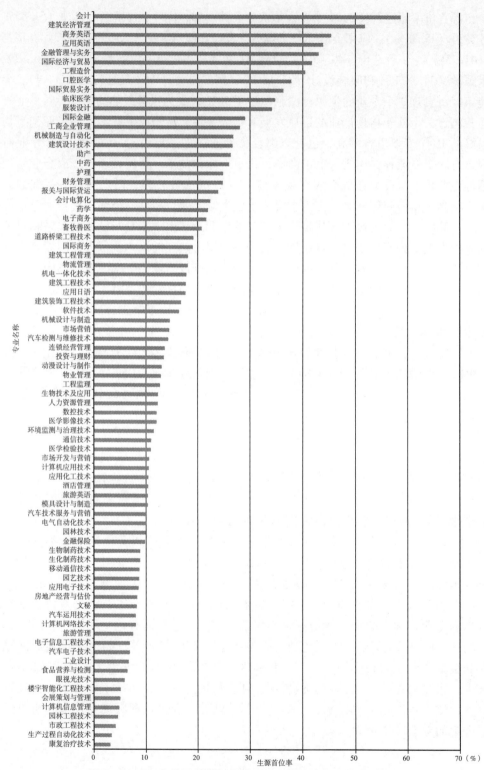

图3-43　80个常见专科专业基于样本院校的生源首位率分布

注：生源首位率 = 相对平均分进入前18%的次数/累计招生次数。

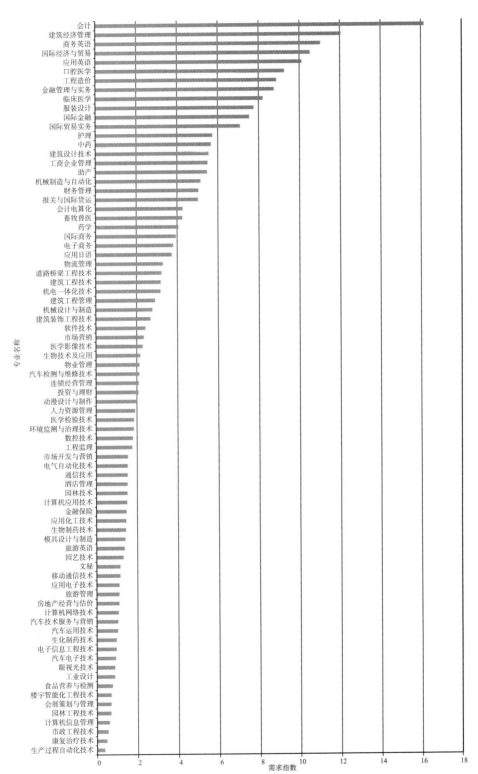

图 3-44 80 个常见专科专业基于样本院校的需求指数分布

注：需求指数 = 平均生源指数 × 生源首位率/100。

第 4 章　高等教育的两类供求矛盾评估

研究供求问题的核心是分析供求关系，判断供求矛盾的现状。本章拟对高等教育专业/科类层面的两类供求关系进行分别评估。所有的讨论均包含本科和专科两个层次。首先，在有了第 2 章和第 3 章的数据基础后，就可以对高等教育的第一类供求关系进行结构匹配性分析，从相对关系的角度说明问题。受数据所限，高等教育的第二类需求很难以专业为单位直接测度，本章以麦可思研究院发布的大学生就业数据作为不同专业/科类第二类供求关系的评价依据。通过一系列数据分析我们发现，高等教育的两类供求在专业/科类层面均存在某种程度的结构性失衡，且一些专业/科类在两类供求关系中的表现截然不同，从而高等教育的专业结构调整面临着两难问题。

4.1　第一类供求矛盾分析

由于本书用以说明高等教育供给和第一类需求的数据具有不同属性，不能对两者进行直接比较，从而也就无法通过已有数据进行数量关系意义上的供求分析。只有当供、求两方面数据具有相同属性时，如招生人数和报考人数，才能分别对每个专业的绝对供求关系做出直接评价。因此，下文的分析思路主要从不同专业/科类的相对供求关系角度展开，具体而言即通过考察某一专业/科类在整个序列中供给的相对表现和需求的相对表现的匹配性来判断其是否存在突出的供求矛盾。对所有专业/科类都进行这样的比较后就可以判断结构性错位的整体程度，也就达到了评估结构性供求关系的目的。归根结底，本节对高等教育第一类供求关系的评估是整体结构意义上的评估，而非具体数量意义上的评估。相对分析法或结构分析法的优点在于很容易从整体上判断供求结构关系的匹配性和协调性，而不必逐一关心每个专业具体的供求数量关系。形象地说就是通过分析 DNA 两根链条上众多基因节点能否有效匹配或衔接、是否存在病理性错位、错位程度和错位基因数量如何来判断该 DNA 的健康水平。我们要达到的研究目标就在于这一层面。

4.1.1　对本科层次的考察

不同学科门类的招生规模和生源条件排序如表 4 - 1 所示，该表选择了 2005 年、2015 年和 2005 ~ 2015 这 11 年均值三组数据予以展示。不论从哪组数据看，各学科门类按招生规模排序的结果与按生源条件排序的结果均截然不同。如工学、理学和管理学在三组数据中均是招生规模最大的三个学科门类，但生源却仅仅处在中游水平。以 11 年平均状态为例，工学、理学和管理学的生源水平仅位于第 5、第 8 和第 6 位。相反，生源条件较好的医学、经济学两个学科门类加上"其他"这个特殊类别的招生规模都不是很大。说明在学科门类层面，高校供给和第一类需求之间存在结构上的错位，供应量大的学科门类学生不喜欢，学生喜欢的学科门类供应量又不大。当然，两者也并非全方位错位，有些学科门类如艺术学、哲学等招生规模和生源条件在各自的序列中具有相似的位置。从变化上看，从 2005 ~ 2015 年，绝大部分学科门类的相对生源条件发生了变化，如管理学、教育学的生源水平位次上升最多，均上升了 5 个位次，法学和"其他"的相对生源条件下降最快，分别下降了 4 个位次和 6 个位次。表明时隔十年，第一类需求的科类结构已发生了很大变化。反观供给方面，只有法学和农学两个学科门类的排序发生了对调，其他学科门类丝毫未动。很显然，就学科门类层面来看，招生结构并未受到学生需求变化的影响。

表 4 - 1   不同学科门类招生规模排序和生源条件排序对照

学科门类	2005 年		2015 年		招生量排序（累计）	生源指数排序（平均）
	招生量排序	生源指数排序	招生量排序	生源指数排序		
工学	1	6	1	4	1	5
理学	2	7	2	8	2	8
管理学	3	8	3	3	3	6
医学	4	3	4	1	4	2
经济学	5	2	5	2	5	3
文学	6	4	6	6	6	4
教育学	7	10	7	5	7	10
法学	8	5	9	9	8	7
农学	9	9	8	10	9	11
其他	10	1	10	7	10	1
艺术学	11	11	11	12	11	13
哲学	—	—	12	11	12	12
历史学	—	—	—	—	13	9

注：2005 年本书样本高校无哲学和历史学门类下的专业招生，数据缺失；2015 年历史学门类下的专业招生量太小，数据无统计意义。本章第 4.1 节的所有图表数据来源均与前两章中的图表一致，以下不再反复注明。

将观察对象细化到专业类别发现绝大多数专业类别的招生和生源存在不同程度的错位，详见表 4 - 2。以 2005 年为例，招生规模位于第一梯队的专业类别和生源条件位于第一梯队的专业类别基本不相对称。招生量最大的 5 个专业类别中只有土建类的整体生源水平能进前 10 名，其他类别的生源条件仅处在中上游地带，算不上学生报考的热点。相反，生源最好的 5 个专业类别中，只有医学类的招生规模较大，有的类别如政治学类、试验班类的招生量甚至位于倒数前 10 名。到了 2015 年，情况有所改善，工商管理类、土建类、医学类和电气与自动化类 4 个类别同时进入了招生规模和生源指数的前 10 名，既属于招生大户也属于生源高地。从错位程度看，2005 年结构性错位最突出的有机械与仪器类、计算机类、管理科学与工程类、化工与制药类、材料类、教育学类、轻工纺织类、心理学类、水利类、航空航天与海洋工程类、试验班类、政治学类和公安学及其技术类 13 个专业类别，占总数的 26%，招生量和生源指数比较均相差 20 个位次以上，其中轻工纺织类及以前的专业类别有高度供过于求的嫌疑，心理学类及以后的专业类别则有高度供不应求的嫌疑；2015 年结构性错位最突出的有计算机类、化工与制药类、材料类、生工与食品类、护理学类、交通运输类、地理科学类、水利类和中国语言文学类 9 个专业类别，占总数的 18%，招生量和生源指数比较也均相差 20 个位次以上，其中护理学类及以前的专业类别有高度供过于求的嫌疑，交通运输类及以后的专业类别则有高度供不应求的嫌疑。相比之下，2015 年存在严重错位的专业类别数量少于 2005 年，表明经过 11 年磨合后供求双方的协调性有所加强。计算机类、化工与制药类、材料类和水利类 4 个专业类别最为顽固，时隔十年错位程度毫无缩小迹象。此外，也有一些专业类别在两个年度中招生量位次和生源指数位次均较为接近，如土建类、医学类、电气与自动化类、外国语言文学类、药学类、新闻传播学类、力学类、社会学类、艺术类等。从某种意义上讲，它们的相对供求关系较为稳定。

表 4 - 2　　　　　**50 个本科专业类别招生规模排序和生源条件排序对照表**

专业类别	2005 年		2015 年	
	招生量排序	生源指数排序	招生量排序	生源指数排序
机械与仪器类	1	22	1	13
电子信息类	2	13	6	18
计算机类	3	26	2	24
工商管理类	4	20	3	10
土建类	5	8	5	2
数学与统计学类	6	19	7	19
医学类	7	4	4	1
电气与自动化类	8	9	8	4
管理科学与工程类	9	29	11	17
生物科学类	10	15	19	34
化工与制药类	11	39	12	39
外国语言文学类	12	7	10	14
材料类	13	35	9	38

续表

专业类别	2005 年		2015 年	
	招生量排序	生源指数排序	招生量排序	生源指数排序
生工与食品类	14	23	15	40
经济贸易类	15	5	14	12
环境与安全类	16	18	17	26
化学类	17	32	18	22
教育学类	18	46	16	16
轻工纺织类	19	45	27	30
物理学类	20	17	21	27
药学类	21	24	20	20
财政金融类	22	10	13	5
法学类	23	12	26	29
公共管理类	24	33	24	28
医学技术类	25	16	22	11
交通运输类	26	30	28	6
能源动力类	27	25	25	7
护理学类	28	38	23	49
地矿与测绘类	29	47	29	33
地理科学类	30	42	37	9
地球科学类	31	41	35	32
新闻传播学类	32	27	40	44
心理学类	33	11	36	25
水利类	34	6	39	15
动物科学类	35	43	30	35
植物科学类	36	44	33	41
航空航天与海洋工程类	37	3	34	23
生物医学工程类	38	31	38	42
森林资源与生态类	39	28	43	31
中国语言文学类	40	21	32	8
力学类	41	36	41	36
社会学类	42	40	45	48
兵器类	43	37	44	46
农林工程类	44	34	42	37

续表

专业类别	2005 年		2015 年	
	招生量排序	生源指数排序	招生量排序	生源指数排序
试验班类	45	1	31	21
政治学类	46	2	48	47
艺术类	47	48	47	45
公安学及其技术类	48	14	46	50
哲学类	—	—	49	43

注：2005 年本书样本高校没有哲学类专业招生，数据缺失；历史学类由于整体数据不足不在本表统计之列。

从变化上看，绝大多数专业类别无论是招生规模还是生源条件，2015 年的位次与2005 年比都发生了一定变化。对比两个年度的数据可知：招生规模位次上升最快的专业类别为财政金融类、中国语言文学类和试验班类，分别上升了 9 个、8 个和 14 个位次，相对扩招幅度最大；招生规模位次下降最快的专业类别为生物科学类、轻工纺织类、地理科学类和新闻传播学类，分别下降了 9 个、8 个、7 个和 8 个位次，相对缩招幅度最大；招生规模位次未发生变化的专业类别有机械与仪器类、土建类、电气与自动化类、公共管理类、地矿与测绘类、生物医学工程类、力学类和艺术类。相比之下，各专业类别相对生源条件的变化更为显著：相对生源水平提升较快的专业类别有工商管理类、管理科学与工程类、化学类、教育学类、轻工纺织类、交通运输类、能源动力类、地矿与测绘类、地理科学类、中国语言文学类等，均上升了 10 个及以上位次；相对生源水平下降较快的专业类别有生物科学类、生工与食品类、物理学类、法学类、护理学类、新闻传播学类、心理学类、航空航天与海洋工程类、生物医学工程类、试验班类、政治学类、公安学及其技术类等，均下降了 10 个及以上位次；相对生源条件保持不变的专业类别有数学与统计学类、化工与制药类和力学类。综上可知，第一类需求的结构变迁比高校招生的结构调整快得多，虽然相关变化未必是线性的。宏观上看，供求双方的以上变化总体是朝着收敛方向进军的，一定程度上降低了两者的结构不对称性。具体到不同专业类别则依旧是喜忧并存。例如，管理科学与工程类、化学类、教育学类、轻工纺织类、地矿与测绘类、心理学类、航空航天与海洋工程类、试验班类、政治学类、公安学及其技术类等专业类别的供求对称性有明显加强迹象；而像生物科学类、生工与食品类、交通运输类、能源动力类、护理学类、地理科学类等专业类别的结构性错位反而有所加剧。

图 4-1 为 50 个本科专业类别 2005～2015 年这 11 年累计招生量和平均生源指数的散点图。图中横坐标为不同专业类别的累计招生人数，纵坐标为对应的平均生源指数。如图 4-1 所示，两者的关系并不十分明确，对数曲线的拟合优度仅有 0.11。因此可以认为，在专业类别层面，招生规模和生源指数之间无明显相关性，从而从统计上说明了高校招生和学生需求间的中观结构匹配性并不理想，即整体上存在显著的结

构性供求矛盾。

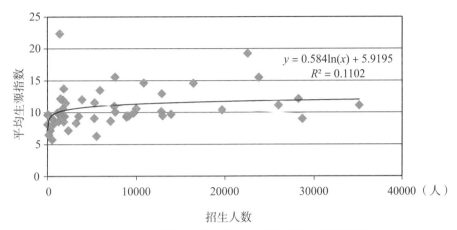

$$y = 0.584\ln(x) + 5.9195$$
$$R^2 = 0.1102$$

图 4 - 1　50 个本科专业类别招生规模和平均生源指数关系

那么，在专业层面高校招生和第一类需求的关系又如何呢？从 362 个本科专业招生人数和相对平均分各自入围所在高校前 15% 的累计次数的关系看，两者似乎存在一定程度的正相关。如图 4 - 2 所示，横坐标为各专业招生人数入围次数，纵坐标为各专业相对平均分入围次数，散点拟合优度达到了 0.44。然而，并不能因此认为在专业结构上第一类供求关系是基本协调的。原因在于相对平均分入围次数这一统计量没有剥离招生次数（招生率）因素，只能部分地反映需求信息，也就是它与招生人数入围次数这一统计量之间的关系不够外生，从而两者表面上的相关性很可能来自指标设计本身，而非供求结构关系的真实反映。退一步讲，即便观察存在内生关系的两项统计，差异也是显而易见的。以两项统计各自排进前 20 的专业（类）为例，如表 4 - 3 所示，只有 10 个专业（类）完全重合，有一半专业（类）不一致。如招生人数入围次数较多的计算机科学与技术、软件工程、电气信息类、机械（工程）类等专业（类）的相对平均分入围次数并不多，而相对平均分入围次数较多的会计学、金融学、建筑学、国际经济与贸易、经济学等专业（类）的招生人数入围次数又不算多。即使在重合的 10 个专业（类）中，有的专业（类）两项统计结果也存在较大差距。例如，电气工程及其自动化专业的招生人数入围次数为 278 次，而相对平均分入围次数有 477 次；相反，自动化专业的招生人数入围次数为 270 次，而相对平均分入围次数只有 128 次。我们还注意到，招生人数入围次数最多的 20 个专业中，工学专业居多，而相对平均分入围次数最多的 20 个专业中，经管类专业的比重赛过了工学专业。凡此种种均说明了一个问题：在供和需两个即使不够外生的代理指标中，结构不匹配现象尚很明显，若消除内生因素，则专业层面的第一类供求矛盾比想象中突出。

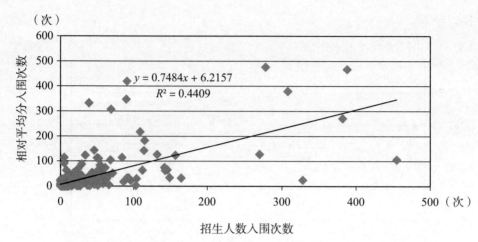

图 4 − 2　362 个本科专业招生人数入围次数和相对平均分入围次数关系

表 4 − 3　　　招生人数和相对平均分入围次数最多的 20 个本科专业（类）比较

招生人数入围次数最多的 20 个专业（类）		相对平均分入围次数最多的 20 个专业（类）	
专业（类）	累计入围次数（次）	专业（类）	累计入围次数（次）
计算机科学与技术	455	电气工程及其自动化	477
土木工程	388	土木工程	468
机械设计制造及其自动化	382	会计学	420
软件工程	328	临床医学	380
临床医学	308	金融学	348
电气工程及其自动化	278	建筑学	333
自动化	270	国际经济与贸易	308
电气信息类	165	机械设计制造及其自动化	272
电子信息工程	157	英语	218
机械（工程）类	149	通信工程	184
能源与动力工程	146	经济学	144
化学工程与工艺	143	数学与应用数学	143
机械工程	142	自动化	128
工商管理类	132	工商管理类	127
通信工程	115	电子信息工程	124
数学与应用数学	114	财务管理	124
材料科学与工程	112	法学	115
英语	109	城乡规划	114
电子信息（科学）类	104	工商管理	113
护理学	103	经济学类	111

为得到更精确的分析结果,最大限度地避免变量内生性对分析结果造成的干扰,下文以招生率排序和招生规模排序两项指标从两个不同侧面反映各专业的相对供给水平,以整体生源条件排序反映各专业的相对需求表现,对专业层面的相对供求关系做进一步考究。100 个常见本科专业(类)的各项指标排序结果见表 4-4。需要指出,招生率指标可以折射出一个专业在高校中的开设频率,是一个非常能反映供给水平的参数,可与招生量指标互补地说明问题。由表 4-4 可知,在 2005 年和 2015 年中,招生率最高的 10 个专业(类)和生源条件最好的 10 个专业(类)均只有 2 个重合,有 8 个不一致;招生规模最大的 10 个专业(类)和生源条件最好的 10 个专业(类)均只有 3 个重合,有 7 个不一致。也就是说我国高校开得最多、招得最多的专业大多不是学生报考最热门的专业,而学生普遍热衷填报的专业学校开得不够广泛、招得也不够多,在一个局部上体现了结构性供求矛盾。从错位程度看,2005 年结构性错位最突出的专业(类)[1] 有经济学类、预防医学、园林、机械电子工程、数学类、电气信息类、生物科学类、管理科学与工程类、市场营销、计算机科学与技术、工业工程和化学工程与工艺,其中前 8 个专业(类)具有较大供不应求倾向,后 4 个专业(类)具有较大供过于求倾向;2015 年结构性错位最突出的专业(类)有资源环境与城乡规划管理、城乡规划、交通运输、中药学、保险学、园林、信息与计算科学、电气信息类、化学工程与工艺和生物工程,其中前 6 个专业(类)具有较大供不应求倾向,后 4 个专业(类)具有较大供过于求倾向。对比发现,园林专业在 2005 年和 2015 年中都具有供不应求倾向,化学工程与工艺专业在 2005 年和 2015 年中都具有供过于求倾向,电气信息类则从 2005 年的供不应求倾向转变成了 2015 年的供过于求倾向。这是十分有趣的研究发现,反映了我国高等教育 2005~2015 年部分专业相对供求关系的变化。

表 4-4　　100 个常见本科专业(类)招生率、招生规模和生源条件排序对照

专业(类)名称	2005 年			2015 年		
	招生率排序	招生量排序	生源指数排序	招生率排序	招生量排序	生源指数排序
计算机科学与技术	1	1	58	1	4	43
信息与计算科学	2	9	54	12	15	66
英语	3	7	9	6	8	45
土木工程	4	3	15	3	5	7
自动化	5	10	46	4	25	21
信息管理与信息系统	6	12	50	7	16	50
机械设计制造及其自动化	7	4	32	9	11	11

---

[1]　此处将结构性错位最突出的专业(类)定义为:招生率与生源指数位次之差的绝对值和招生量与生源指数位次之差的绝对值之和超过 100 的专业(类)。

专业（类）名称	2005 年			2015 年		
	招生率排序	招生量排序	生源指数排序	招生率排序	招生量排序	生源指数排序
国际经济与贸易	8	14	10	10	14	38
电子信息工程	9	6	26	17	19	16
通信工程	10	15	14	13	37	22
环境工程	11	24	33	14	31	57
数学与应用数学	12	5	43	18	7	23
电气工程及其自动化	13	8	8	2	9	6
工商管理	14	18	28	26	29	26
临床医学	15	2	1	21	1	2
金融学	16	33	7	16	26	10
市场营销	17	23	81	36	53	33
会计学	18	36	38	11	12	4
化学工程与工艺	19	11	90	23	18	86
测控技术与仪器	20	19	64	28	49	46
应用化学	21	26	72	15	24	62
生物工程	22	17	29	34	39	93
工程管理	23	51	70	24	50	19
能源与动力工程	24	39	66	19	36	18
电子商务	25	55	85	33	62	80
工业设计	26	43	65	38	40	35
软件工程	27	16	59	5	13	44
电子科学与技术	28	38	48	46	59	78
建筑学	29	32	2	29	33	1
生物技术	30	28	34	40	57	85
材料成型及控制工程	31	41	82	45	70	42
工业工程	32	37	89	57	61	76
生物科学	33	13	25	53	17	47
法学	34	25	20	25	30	58
应用物理学	35	42	55	66	78	56
制药工程	36	31	49	54	45	69
经济学	37	48	18	47	35	24

续表

专业（类）名称	2005 年			2015 年		
	招生率排序	招生量排序	生源指数排序	招生率排序	招生量排序	生源指数排序
电子信息科学与技术	38	47	30	37	48	36
建筑环境与能源应用工程	39	56	86	44	58	27
食品科学与工程	40	34	83	52	75	87
材料科学与工程	41	27	52	39	34	32
环境科学	42	44	19	49	65	54
中医学	43	21	6	51	43	3
护理学	44	35	75	70	10	89
统计学	45	58	53	41	44	53
城乡规划	46	60	11	48	74	8
高分子材料与工程	47	69	44	56	46	71
光电信息科学与工程	48	54	42	31	41	73
化学	49	22	41	68	32	12
交通运输	50	64	67	83	83	9
公共事业管理	51	57	77	75	73	97
车辆工程	52	46	24	32	56	39
给排水科学与工程	53	61	61	58	60	14
药学	54	20	51	35	28	49
财务管理	55	68	23	42	23	17
生物医学工程	56	73	60	50	84	90
机械工程	57	30	40	74	42	82
物流管理	58	77	31	43	51	81
工程力学	59	84	63	61	81	84
地理信息科学	60	78	95	71	90	65
材料化学	61	75	94	76	82	94
过程装备与控制工程	62	65	79	80	88	95
旅游管理	63	81	78	94	86	91
安全工程	64	72	100	63	68	20
日语	65	66	35	69	72	67
网络工程	66	85	93	55	64	37
工商管理类	67	59	17	22	20	51

续表

专业（类）名称	2005 年			2015 年		
	招生率排序	招生量排序	生源指数排序	招生率排序	招生量排序	生源指数排序
人力资源管理	68	79	99	86	96	72
无机非金属材料工程	69	83	73	79	92	92
教育技术学	70	50	91	87	71	74
物理学	71	29	13	60	21	52
园林	72	88	21	97	99	34
信息安全	73	82	45	64	87	83
应用心理学	74	67	36	65	69	55
资源环境与城乡规划管理	75	90	69	93	100	5
测绘工程	76	86	98	81	93	88
中药学	77	74	57	95	98	25
轻化工程	78	63	76	88	89	41
医学检验技术	79	49	74	84	38	30
食品质量与安全	80	80	88	73	77	77
预防医学	81	76	27	85	63	29
园艺	82	97	87	89	95	79
行政管理	83	70	37	78	85	75
保险学	84	89	84	96	97	31
电气信息类	85	52	5	8	2	68
机械电子工程	86	71	16	62	79	40
纺织工程	87	53	92	100	76	100
数学类	88	95	12	59	47	59
水产养殖学	89	94	80	98	80	99
机械（工程）类	90	40	39	27	3	60
生物科学类	91	91	3	72	55	96
动物医学	92	100	96	91	94	48
动物科学	93	99	62	92	91	70
电子信息（科学）类	94	62	47	30	6	63
经济学类	95	93	4	20	52	28
化学类	96	92	56	67	67	61

续表

专业（类）名称	2005 年			2015 年		
	招生率排序	招生量排序	生源指数排序	招生率排序	招生量排序	生源指数排序
物理学类	97	96	68	90	54	64
金融工程	98	87	71	77	22	13
管理科学与工程类	99	98	22	82	66	98
小学教育	100	45	97	99	27	15

注：本表中的 100 个专业与本书第 2 章、第 3 章中统计的 100 个常见本科专业完全一致。由于部分高校实施大类招生，故 100 个专业中包含了一些常见专业类。本表在表 4 - 1 和表 4 - 2 的基础上增加了招生率排序一栏，以期从另一个侧面反映各专业（类）的相对供给水平。

从变化上看，2005~2015 年，招生率位次上升较快的专业（类）有金融工程、经济学类、车辆工程、机械电子工程、软件工程、工商管理类、数学类、机械（工程）类、化学类、电子信息（科学）类、电气信息类等，均上升了 20 个位次以上，招生率位次下降较快的专业（类）有交通运输、园林、生物科学、应用物理学、工业工程、护理学、旅游管理、公共事业管理等，均下降了 20 个位次以上；招生规模位次上升较快的专业（类）有金融工程、财务管理、经济学类、工商管理类、数学类、机械（工程）类、电子信息（科学）类、物理学类、电气信息类、物流管理、生物科学类、管理科学与工程类等，均上升了 25 个位次以上，招生规模位次下降较快的专业（类）有市场营销、轻化工程、材料成型及控制工程、测控技术与仪器、应用物理学、生物技术、食品科学与工程等，均下降了 25 个位次以上；相对生源水平提升较快的专业（类）有资源环境与城乡规划管理、交通运输、金融工程、小学教育、能源与动力工程、工程管理、安全工程、建筑环境与能源应用工程、医学检验技术、保险学、市场营销、网络工程、动物医学等，均提升了 40 个位次以上，相对生源水平下降较快的专业（类）有数学类、电气信息类、物流管理、机械工程、生物技术、生物工程、生物科学类、管理科学与工程类等，均下降了 40 个位次以上。从这些变化中可以总结出两点：其一，招生率也好，招生规模也好，位次提升较快的专业中以专业类居多，而位次下降较快的专业中几乎无专业类；相反，相对生源水平提升较快的专业中无专业类，下降较快的专业中反倒有好几个专业类。表明在这 11 年里高校扩招主要以大类招生形式进行，而学生似乎并不太喜欢这种形式，这也是第一类供求矛盾的一种表现。其二，近年来不同专业（类）的相对生源条件变化十分显著，几乎重塑了第一类需求的专业结构版图，即学生的集体专业偏好存在显著的时间转移效应，而整个高等教育系统的专业结构调整相对缓慢，结构固化问题已有所显现。关于这一点，也可以从统计上得到验证。

如图 4 - 3~图 4 - 5 所示，100 个常见本科专业（类）2005 年的平均生源指数和 2006 年的平均生源指数相关性较高，相关系数为 0.65；若中间间隔 4 年，将 2005 年的

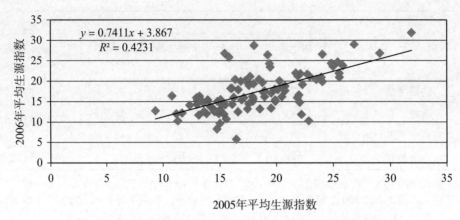

图 4 - 3 100 个常见本科专业 2005 年和 2006 年平均生源指数关系

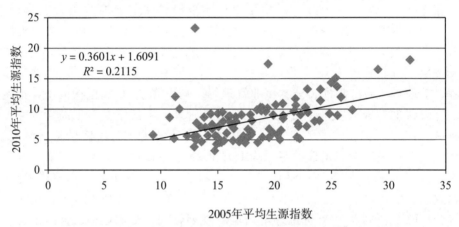

图 4 - 4 100 个常见本科专业 2005 年和 2010 年平均生源指数关系

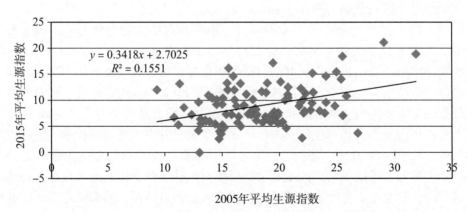

图 4 - 5 100 个常见本科专业 2005 年和 2015 年平均生源指数关系

数据和 2010 年的数据做相关性分析，则相关系数降低至 0.46；若中间间隔 9 年，将 2005 年的数据和 2015 年的数据做相关性分析，则相关系数只剩下 0.39。表明前后两届学生具有较为接近的专业偏好，相隔时间越长，学生的集体专业偏好交集越少，2015 年的高考生与 2005 年的高考生的需求结构显然很不一样，充分体现了高等教育第一类需求的阶段性和时代性。本书同样计算了相关专业（类）不同年份招生规模的相关系数，结果显示：2005 年和 2006 年这些专业招生规模的相关系数为 0.98，2005 年和 2010 年的相关系数为 0.86，2005 年和 2015 年的相关系数为 0.67。虽然高校招生的专业结构也随时间发生变化，但变化幅度显然较小，跟不上学生需求的转移。

最后，供求双方的以上变化在使一些专业（类）的供求对称性得到加强的同时也使另一些专业（类）的结构性错位进一步加剧。前者有代表性的专业（类）如经济学类、市场营销、机械电子工程、材料成型及控制工程、测控技术与仪器、数学类、化学类、行政管理、工业工程、生物科学类和管理科学与工程类等，后者有代表性的专业（类）如资源环境与城乡规划管理、交通运输、给排水科学与工程、中药学、保险学、轻化工程、英语、动物医学、生物技术和生物工程等。应注意，不论一个专业的供求关系如何发展，不一定是供和求的哪一方单方面引起的结果，有时是双方共同变化的结果。因此，不能简单地将某一次供求关系的改变归结于单一原因，应具体问题具体分析。综合地看，我国过去的专业结构调整在第一类供求的结构匹配度上似乎并没有起到显著的帕累托改进作用，整体上 2015 年的结构性供求矛盾具有和 2005 年相似的程度。

如图 4 - 6 和图 4 - 7 所示，100 个常见本科专业（类）2005 ～ 2015 年这 11 年平均招生率和累计招生量两项指标分别与它们的 11 年平均生源指数均无明显相关性。两图中的纵坐标均为各专业（类）的 11 年平均生源指数，横坐标分别为各专业（类）的 11 年平均招生率和累计招生量。也就是说当较大程度上克服了变量内生性问题后，高校招生和学生需求的结构性错位和矛盾就充分显露出来了。

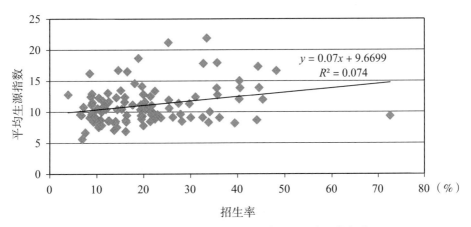

图 4 - 6 100 个常见本科专业招生率和平均生源指数关系

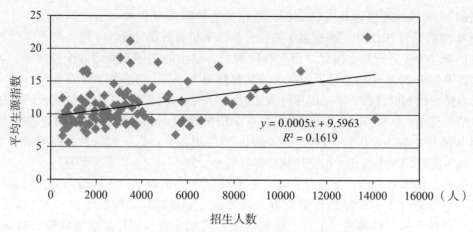

图 4 - 7　100 个常见本科专业招生规模和平均生源指数关系

　　为了更全面地评估供求关系，确保研究结论的稳健性，可以通过再次改变供给和第一类需求的代理指标来做进一步追加分析。图 4 - 8 为 100 个常见本科专业（类）2005 ～ 2015 年这 11 年平均招生首位率和生源首位率散点关系图。图 4 - 9 为相关专业（类）11 年平均供给指数和需求指数散点关系图。采用这两组参数做相关性分析最大限度地避免了变量间可能存在的内生性，可以更纯粹地评估高等教育的第一类供求关系，使研究结论更具科学性。如图 4 - 8 和图 4 - 9 所示，两组数据间的相关性表现得比以往更弱，拟合优度分别只有 0.039 和 0.091，可以说几乎不存在相关性。至此，我们可以确切地得出结论：在本科层次，高校招生的专业结构和第一类需求的专业结构的匹配度严重偏低，第一类供求在整体上表现出明显的结构性矛盾，具体到微观上则可以找出为数不少的专业存在供求间明显的结构性错位。这意味着虽然我国高等教育毛入学率在不断增长，对求学者入学需求的总量满足率在逐年提高，但要在专业结构上充分满足学生需求还有很长的路要走。

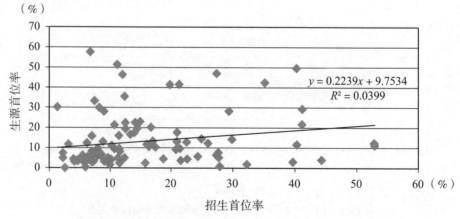

图 4 - 8　100 个常见本科专业招生首位率和生源首位率关系

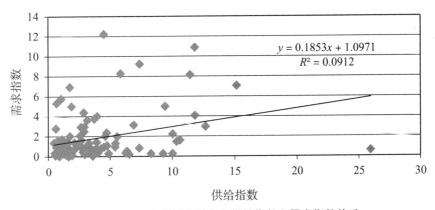

$$y = 0.1853x + 1.0971$$
$$R^2 = 0.0912$$

图 4 - 9 100 个常见本科专业供给指数和需求指数关系

4.1.2 对专科层次的考察

专科层次不同专业大类的招生规模和生源条件排序如表 4 - 5 所示，表中包含了 2005 年、2015 年和 2005~2015 年这 11 年均值三组数据。从各专业大类的 11 年综合数据看，招生规模排序结果与平均生源指数排序结果截然不同。累计招生量最大的 4 个专业大类的整体生源水平分别仅位于第 5、第 10、第 15 和第 7 位。尤其是电子信息大类，招生规模位列前三名，而生源条件则完全垫底。相反，生源条件较好的教育与体育大类、交通运输大类、医药卫生大类和公共管理与服务大类的招生规模都不是很大，体量最大的医药卫生大类也只排在第 5 位。表明在专业大类这个划分很粗的层面，高校招生和第一类需求在整体结构上就已表现出不相匹配。当然也存在一些专业大类学生普遍不感兴趣，高校招得也少，例如，生物与化工大类、资源环境与安全大类等，它们的供给和需求具有序列上的对应性。从单个年份的数据看，2005 年中的电子信息大类、土木建筑大类、轻工纺织大类和 2015 年中的电子信息大类、文化艺术大类、公共管理与服务大类等均存在显而易见的供求结构性错位。从变化上看，从 2005~2015 年，绝大多数专业大类的相对招生规模和相对生源条件均发生了不同程度的变化。例如，生物与化工大类的相对招生规模下降了 8 个位次，公共管理与服务大类的相对招生规模则上升了 4 个位次；又如，旅游大类和轻工纺织大类的相对生源水平分别下降了 8 个和 7 个位次，文化艺术大类和公共管理与服务大类的相对生源水平则分别提升了 11 个和 7 个位次。表明时隔十年，供的科类结构和需的科类结构均发生了较大变化。那么这些变化又产生了什么结果呢？观察发现：电子信息大类、土木建筑大类、教育与体育大类、农林牧渔大类、资源环境与安全大类和轻工纺织大类的供求对称性有不同程度的加强，而文化艺术大类、旅游大类和公共管理与服务大类的结构性错位反而有所加剧，其余专业大类的相对供求关系基本维持原状。

表4-5　　　　　　　　　不同专业大类招生规模排序和生源条件排序对照

专业大类	2005 年		2015 年		招生量排序（累计）	生源指数排序（平均）
	招生量排序	生源指数排序	招生量排序	生源指数排序		
财经商贸大类	1	5	1	6	1	5
装备制造大类	3	10	2	9	2	10
电子信息大类	2	14	4	12	3	15
土木建筑大类	4	13	3	8	4	7
医药卫生大类	5	4	5	4	5	3
教育与体育大类	6	1	6	5	6	1
旅游大类	10	7	8	15	7	14
食品药品与粮食大类	8	11	7	11	8	12
交通运输大类	9	2	9	3	9	2
农林牧渔大类	13	6	10	7	10	8
生物与化工大类	7	8	15	14	11	13
资源环境与安全大类	12	15	13	13	12	11
轻工纺织大类	11	3	14	10	13	9
文化艺术大类	14	12	12	1	14	6
公共管理与服务大类	15	9	11	2	15	4

注：本表中的专业大类划分结果与本书第 2 章和第 3 章相同，规模偏小的四个专业大类已并入相近类别中。

表 4-6 为细化到专业类别后的招生序列和生源序列对照表。以 2005 年为例，招生规模最大的 5 个专业类别中只有语言类的整体生源水平能进前 5 位，其他类别的平均生源指数处于 18~36 位不等，均不是学生报考意义上的热门类别。相反，生源条件最好的 5 个专业类别中，语言类、经济贸易类和物流类 3 个类别的招生规模较大，均能进入前 10 位。2015 年两者的对应性更差，招生量前 10 位的专业类别和生源最好的 10 个专业类别只有 2 个能对得上号，大部分类别位次相差悬殊。从错位程度看，2005 年结构性错位最突出的有计算机类、机械设计制造类、电子信息类、土木工程类、建设工程管理类、电子商务类、临床医学类、生物技术类、农业类和健康管理与公共卫生类 10 个专业类别，占总数的 25%，相对招生规模与相对生源水平比较均相差 15 个位次以上，其中前 6 个专业类别有高度供过于求的嫌疑，后 4 个专业类别则有高度供不应求的嫌疑；2015 年结构性错位最突出的有计算机类、自动化类、电子信息类、土木工程类、市场营销类、旅游类、护理类、教育类、生物技术类、林业类、文化艺术类和动物生产类 12 个专业类别，占总数的 30%，相对招生规模与相对生源水平比较也均相差 15 个位次以上，其中前 6 个专业类别有高度供过于求的嫌疑，后 6 个专业类别则有高度供不应

求的嫌疑。对比发现，计算机类、电子信息类和土木工程类在 2005 年和 2015 年都有供过于求倾向，而生物技术类在两个年份中都有供不应求倾向。表明时隔十年，一些老问题、老矛盾依旧没有实质性改善，而新问题、新矛盾倒是增加了一些，从而使 2015 年存在明显错位的专业类别较 2005 年不减反增。此外，也有一些专业类别从首尾两年的数据看相对供求关系较为稳定，如语言类、财务会计与统计类、交通运输类、建筑设计与城乡规划类、药品制造类、公共管理与服务类等。

表 4 - 6   40 个专科专业类别招生规模排序和生源条件排序对照

专业类别	2005 年		2015 年	
	招生量排序	生源指数排序	招生量排序	生源指数排序
计算机类	1	35	1	21
机械设计制造类	2	27	4	15
自动化类	3	18	3	19
语言类	4	2	8	12
电子信息类	5	36	13	36
土木工程类	6	29	6	25
经济贸易类	7	1	5	13
财务会计与统计类	8	13	2	2
护理类	9	12	18	1
物流类	10	4	24	34
市场营销类	11	26	10	30
建设工程管理类	12	28	7	6
交通运输类	13	9	12	7
教育类	14	5	31	4
工商管理类	15	7	19	17
医学技术类	16	22	15	11
电子商务类	17	33	14	8
建筑设计与城乡规划类	18	19	22	22
旅游类	19	20	11	33
药品制造类	20	21	21	26
化工技术类	21	34	39	39
汽车与交通装备制造类	22	16	9	20
财政金融类	23	23	16	9
轻工纺织类	24	11	30	24
环境与安全类	25	14	34	32

续表

专业类别	2005 年		2015 年	
	招生量排序	生源指数排序	招生量排序	生源指数排序
临床医学类	26	8	26	14
药学类	27	15	17	29
生物技术类	28	10	40	16
建筑设备类	29	40	27	31
食品工程与管理类	30	30	20	28
房地产类	31	25	35	37
林业类	32	17	37	5
文化艺术类	33	38	33	3
通信类	34	31	28	35
农业类	35	3	23	27
健康管理与公共卫生类	36	6	29	18
公共管理与服务类	37	32	25	23
文秘类	38	24	38	40
机电设备类	39	37	32	38
动物生产类	40	39	36	10

从变化角度看，十年来绝大多数专业类别无论相对招生规模还是相对生源条件均发生了不同程度的变化。具体而言，相对扩招幅度较大的专业类别有汽车与交通装备制造类、药学类、食品工程与管理类、农业类、公共管理与服务类等，招生规模均上升了10个位次以上；相对缩招幅度较大的专业类别有物流类、教育类、化工技术类、生物技术类等，招生规模均下降了10个位次以上；相对招生规模没有改变的专业类别有计算机类、自动化类、土木工程类、临床医学类、文化艺术类和文秘类。相比之下，各专业类别相对生源条件的变化更为显著：相对生源水平提升较快的专业类别有计算机类、机械设计制造类、财务会计与统计类、护理类、建设工程管理类、医学技术类、电子商务类、财政金融类、林业类、文化艺术类、动物生产类等，均提升了10个及以上位次；相对生源水平下降较快的专业类别有语言类、经济贸易类、物流类、工商管理类、旅游类、轻工纺织类、环境与安全类、药学类、房地产类、农业类、健康管理与公共卫生类、文秘类等，均下降了10个及以上位次；相对生源水平完全保持不变的专业类别只有电子信息类1个。以上变化的结果是：以计算机类、机械设计制造类、建设工程管理类、电子商务类、化工技术类、农业类、健康管理与公共卫生类、文秘类等为代表的专业类别的供求对称性有一定程度的增强；以护理类、教育类、旅游类、林业类、文化艺术类、动物生产类等为代表的专业类别的结构性错位进一步加大。即整体上看一些地方在变得更好的同时另一些地方却愈发失衡，第一类供求关系的结构混乱度并未显著减

小，结构性矛盾没有实质性地得到缓解，与本科同一层面的情况相比不见得更乐观。

图 4-10 为 40 个专科专业类别 2005～2015 年这 11 年累计招生量和平均生源指数的散点图。图中横坐标为不同专业类别的累计招生人数，纵坐标为对应的平均生源指数。和本科一样，两者的关系并非十分明确，二次函数的拟合优度仅有 0.105。从而可以认为，专科各专业类别的招生规模和生源指数之间无明显相关性，从统计上说明了高职高专院校招生和学生专业选择在中观层面的结构匹配性不佳，从而反映了高等教育第一类供求关系的脆弱现实。

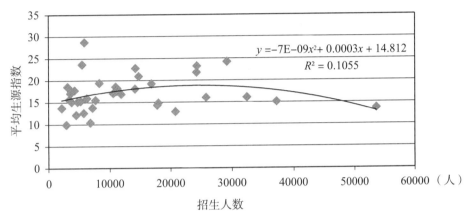

$$y = -7\text{E}{-}09x^2 + 0.0003x + 14.812$$
$$R^2 = 0.1055$$

图 4-10　40 个专科专业类别招生规模和平均生源指数关系

为避免变量内生性对研究结论的干扰，专业层面的数据分析直接以各专业招生率、招生规模和平均生源指数为基础指标，不再将招生人数和相对平均分各自入围所在高校前 18% 的累计次数的相关性纳入分析范畴。80 个常见专科专业的各项指标排序结果见表 4-7。由表 4-7 可知，2005 年招生率最高的 10 个专业和生源条件最好的 10 个专业没有一个重合，2015 年只有 1 个会计专业重合；2005 年招生规模最大的 10 个专业和生源条件最好的 10 个专业只有一个应用英语专业重合，2015 年也只有会计和工程造价 2 个专业相重合。从各项指标的前 10 个专业构成看，高职高专院校开得多、招得多的专业与专科生普遍青睐的专业间的交集十分有限。前者通常都是像计算机应用技术、建筑工程技术、机电一体化技术、数控技术、计算机网络技术、应用电子技术等等这样的专业名称中带"技术"二字的专业，而后者往往是像临床医学、护理、国际经济与贸易、国际金融、应用日语、会计等专业名称中不带"技术"二字的专业，两者中的专业显然具有不同特点。从错位程度看，2005 年结构性错位最突出的专业[①]有电子商务、计算机应用技术、计算机网络技术、模具设计与制造、软件技术、应用电子技术、计算机信息管理、口腔医学、康复治疗技术、建筑经济管理、移动通信技术和国际金融等，前 7 个专业具有较大供过于求倾向，后 5 个专业具有较大供不应求倾向。其中，计算机类的

---

① 此处将结构性错位最突出的专业定义为：招生率与生源指数位次之差的绝对值和招生量与生源指数位次之差的绝对值之和超过 100 的专业。

几个主要专业都有供过于求倾向。2015 年结构性错位最突出的专业有物流管理、汽车技术服务与营销、应用电子技术、旅游管理、助产、建筑经济管理、畜牧兽医、服装设计、园林技术、应用日语、旅游英语和国际金融等，前 4 个专业具有较大供过于求倾向，后 8 个专业具有较大供不应求倾向。对比发现，应用电子技术专业在 2005 年和 2015 年中都有供过于求倾向，建筑经济管理和国际金融专业在两个年份中都有供不应求倾向。

表 4 – 7　　　　　80 个常见专科专业招生率、招生规模和生源条件排序对照

专业名称	2005 年			2015 年		
	招生率排序	招生量排序	生源指数排序	招生率排序	招生量排序	生源指数排序
计算机应用技术	1	1	60	5	5	31
计算机网络技术	2	8	63	7	10	47
电子商务	3	12	59	1	4	14
应用电子技术	4	9	72	29	25	74
数控技术	5	7	41	19	24	40
物流管理	6	5	13	4	11	67
会计	7	6	17	3	1	1
机电一体化技术	8	3	22	2	3	30
商务英语	9	14	12	8	8	20
市场营销	10	15	30	9	17	38
模具设计与制造	11	13	70	16	18	36
软件技术	12	19	65	15	22	32
建筑工程技术	13	2	45	6	2	39
旅游管理	14	23	31	17	35	72
计算机信息管理	15	16·	69	32	30	49
电气自动化技术	16	18	27	10	7	53
工商企业管理	17	17	19	13	20	24
工程造价	18	32	71	11	6	8
国际经济与贸易	19	11	10	26	16	16
电子信息工程技术	20	20	53	30	28	62
汽车检测与维修技术	21	26	40	14	9	46
通信技术	22	63	64	33	60	69
国际贸易实务	23	25	7	23	12	34
会计电算化	24	66	75	20	26	17

续表

专业名称	2005 年			2015 年		
	招生率排序	招生量排序	生源指数排序	招生率排序	招生量排序	生源指数排序
护理	25	4	23	12	13	3
环境监测与治理技术	26	35	49	60	50	63
机械制造与自动化	27	27	29	24	15	7
建筑装饰工程技术	28	36	54	31	27	28
酒店管理	29	39	36	18	23	50
应用英语	30	10	9	25	19	33
园林技术	31	31	28	75	76	11
工程监理	32	38	46	42	46	66
生物技术及应用	33	24	14	67	79	48
文秘	34	64	42	51	56	80
物业管理	35	55	47	71	72	60
道路桥梁工程技术	36	21	38	59	39	23
财务管理	37	53	24	35	45	21
房地产经营与估价	38	44	50	53	53	75
建筑工程管理	39	29	39	36	29	13
汽车技术服务与营销	40	34	78	21	21	78
汽车运用技术	41	33	52	44	66	73
机械设计与制造	42	50	67	63	67	58
临床医学	43	30	2	45	48	44
投资与理财	44	40	73	34	43	26
园艺技术	45	51	6	48	42	22
楼宇智能化工程技术	46	54	66	39	52	54
应用化工技术	47	56	57	77	73	61
园林工程技术	48	37	16	57	55	79
国际商务	49	45	11	22	38	25
建筑设计技术	50	43	58	61	62	18
金融保险	51	73	76	65	61	64
应用日语	52	42	5	66	77	9
工业设计	53	61	44	52	36	65
旅游英语	54	78	80	80	78	12

续表

专业名称	2005 年			2015 年		
	招生率排序	招生量排序	生源指数排序	招生率排序	招生量排序	生源指数排序
药学	55	28	25	41	14	52
医学检验技术	56	22	48	43	34	19
服装设计	57	76	32	50	71	6
汽车电子技术	58	52	21	40	33	57
生产过程自动化技术	59	41	74	79	74	70
食品营养与检测	60	57	68	64	58	27
动漫设计与制作	61	48	15	37	59	37
国际金融	62	70	8	74	80	2
生物制药技术	63	46	18	49	47	45
金融管理与实务	64	58	35	38	31	4
连锁经营管理	65	68	55	54	51	76
医学影像技术	66	62	62	62	54	29
建筑经济管理	67	49	3	73	65	10
康复治疗技术	68	65	4	56	64	35
口腔医学	69	79	20	68	63	43
人力资源管理	70	74	79	47	57	42
市场开发与营销	71	47	56	55	32	77
市政工程技术	72	60	61	46	44	59
眼视光技术	73	77	51	72	70	55
中药	74	69	43	70	41	56
助产	75	59	33	58	49	5
报关与国际货运	76	71	26	27	37	41
会展策划与管理	77	67	37	28	40	71
畜牧兽医	78	75	34	69	69	15
生化制药技术	79	72	77	76	68	51
移动通信技术	80	80	1	78	75	68

注：本表中的 80 个专业与本书第 2 章、第 3 章中统计的 80 个常见专科专业完全一致。与表 4 - 4 一样，本表也给出了招生率指标的排序。

2005～2015 年，招生率位次上升较快的专业有金融管理与实务、报关与国际货运、国际商务、会展策划与管理、市政工程技术、人力资源管理、动漫设计与制作等，均上升了 20 个位次以上，招生率位次下降较快的专业有应用电子技术、道路桥梁工程技术、环境监测与治理技术、机械设计与制造、物业管理、应用化工技术、生产过程自动化技术、园林技术、旅游英语、生物技术及应用等，均下降了 20 个位次以上；招生规模位次上升较快的专业有工程造价、会计电算化、金融管理与实务、工业设计、报关与国际货运、会展策划与管理、中药等，均上升了 20 个位次以上，招生规模位次下降较快的专业有生物技术及应用、应用日语、园林技术、生产过程自动化技术、汽车运用技术等，均下降了 20 个位次以上；相对生源水平提升较快的专业有电子商务、工程造价、模具设计与制造、软件技术、会计电算化、金融管理与实务、投资与理财、医学影像技术、人力资源管理、食品营养与检测、建筑设计技术、旅游英语等，均提升了 30 个位次以上，相对生源水平下降较快的专业有生物技术及应用、移动通信技术、康复治疗技术、文秘、园林工程技术、临床医学、会展策划与管理、旅游管理、汽车电子技术、物流管理等，均下降了 30 个位次以上。和之前的结果一样，上述变化在使一些专业的供求对称性得到加强的同时也使另一些专业的结构性错位程度有所加大。前者有代表性的专业如电子商务、工程造价、模具设计与制造、软件技术、计算机信息管理、报关与国际货运、生物制药技术、临床医学、康复治疗技术和移动通信技术等，后者有代表性的专业如电气自动化技术、物流管理、旅游管理、医学影像技术、建筑设计技术、园林技术和旅游英语等。这说明相较于 2005 年，2015 年专科层次专业结构方面的整体供求关系没有实质性改观。

如图 4-11 和图 4-12 所示，80 个常见专科专业 11 年平均招生率和累计招生量两项指标分别与它们的 11 年平均生源指数均毫无相关性。两图中的纵坐标均为各专业 11 年平均生源指数，横坐标分别为各专业 11 年平均招生率和累计招生量。据此可知，在专科层次，不同专业的供给差异和生源条件差异之间同样无关，这就从统计上论证了高职高专院校招生和学生需求在专业结构上的严重失衡。

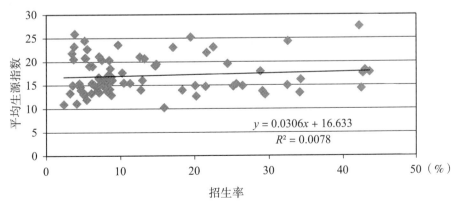

图 4-11　80 个常见专科专业招生率和平均生源指数关系

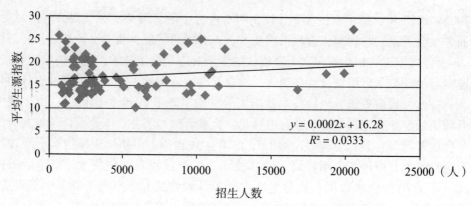

图 4 - 12　80 个常见专科专业招生规模和平均生源指数关系

最后，为确保研究结论的稳健性，本书同样分析了专科专业招生首位率和生源首位率的相关性以及供给指数和需求指数的相关性。分析结果如图 4 - 13 和图 4 - 14 所示。不同专业招生首位率和生源首位率之间呈非常微弱的正相关关系，拟合优度为 0.186，

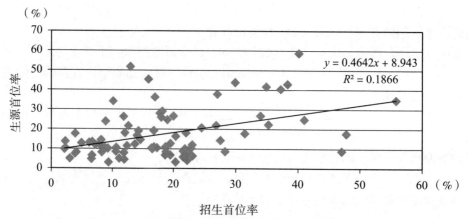

图 4 - 13　80 个常见专科专业招生首位率和生源首位率关系

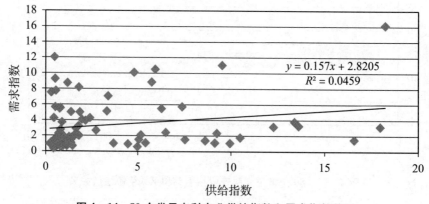

图 4 - 14　80 个常见专科专业供给指数和需求指数关系

而供给指数和需求指数之间体现不出丝毫关联，拟合优度只有 0.045。由此可见，专科层次专业结构上的第一类供求矛盾完全不亚于本科层次。综上所述，无论哪个学历层次和哪个观察视角的分析结果均表明我国高等教育第一类供求的结构性矛盾已不容忽视，如要进一步落实学生的学习自主权及其所包含的专业选择权，提高专业志愿达成度，真正从"学什么"的层面满足个体的高等教育需求，则高等教育的专业结构应加快调整步伐，并改变过去与这一目标相违背的结构调整逻辑。

4.2 第二类供求矛盾分析

高等教育供给与第二类需求的关联发生在高等教育的"出口"，伴随着高校向社会各界输送各级各类专门人才的过程，也伴随着高等教育适应和引领社会经济发展的过程。总体上，我国高等教育促进了全社会人力资本的提升，正日益满足国民经济发展对各类人才的需求。然而，高等教育人才培养与社会经济人才需求的结构性矛盾同样长期存在，大学毕业生的专业结构未必能与社会对知识的需求结构无缝衔接，部分专业的毕业生失业率偏高或对口就业率偏低的现象十分普遍。究其原因，高等教育第二类供求矛盾的根源很大程度上在于大学以学科知识逻辑为基础的专业设置及人才培养与社会经济以产业发展、职业标准、能力本位等实用逻辑为导向的人才需求之间的矛盾。从高等教育哲学的角度讲就是"认识论"和"政治论"之间的矛盾在专业问题上的具体表现。本节主要从就业率、就业相关度[①]等方面入手对高等教育不同专业的第二类供求关系进行实证评估，主要数据来源为麦可思研究院编著的《就业蓝皮书》。麦可思研究院的第一本大学生就业报告发布于 2009 年，更早的数据没有统计，由于时间跨度较短，2009年以来的数据整齐性较高，没有必要逐年分析或进行时间序列分析。鉴于此，本书以最近的《2016 年中国本科生就业报告》和《2016 年中国高职高专生就业报告》中的数据为例来说明问题。

4.2.1 对本科层次的考察

表 4-8 为主要学科门类的就业率、学—职相关度和供求协调指数三个指标的统计结果。就业率是高校毕业生供求关系的指示器，由社会需求和毕业生规模两者共同决定，因而它能够说明第二类供求关系本身。进一步讲，就业率是就业大学生数与毕业大学生数的比率，分子是体现社会需求的参数，分母则是体现高等教育供给的参数，所以就业率是高等教育供给与社会需求相结合的产物，其本身就是供求关系的直接写照，就业率越高的专业（100% 除外）往往供求越平衡。当一个专业毕业生的就业率达到或接近 100% 时，该专业就处于供不应求或供求基本平衡的状态。现实中，我国高等教育大部分专业的毕业生就业率达不到 100%，若不考虑少数毕业生不想就业的主观因素则说

---

① 在本书中，就业相关度、学—职相关度、就业对口率等概念均表达的是同一种意思。

明当前大部分专业的第二类供求关系表现为供过于求，即毕业生过剩，只是不同专业供过于求的程度有所不同，而这个程度恰好可以通过就业率的具体数值得到反映。高等教育第二类供求的结构性关系在某种意义上就是通过不同专业毕业生的就业率差异得到体现的。不同专业就业率差异越大，结构性矛盾越突出；就业率差异越小，结构性矛盾也越小。学—职相关度即专业和就业的相关度，是从另一个侧面反映第二类供求关系的指标。和就业率一样，这一指标的高低受供需双方的共同影响。专业为供的方面，工作岗位为需的方面，专业和就业相关度即供求相关度，或者说供求匹配度。学—职相关度越高，供求匹配性也越好。本书将供求协调指数定义为以上两者的复合指标，其对立面即供求矛盾指数。从不同专业供求协调指数的差异程度就可以看出一国高等教育第二类供求的结构性矛盾程度。通过分析上述三项指标的专业/科类差异就能达到比较不同专业/科类第二类供求关系的目的，而不必像上一节那样对供给和需求各自的代理变量进行数据间的相关性分析，这就是上述参数的最大优点。

表4-8　　　　　不同学科门类就业率、学—职相关度、供求协调指数统计表

学科门类	就业率（%）		学—职相关度（%）		供求协调指数	
	2015 年	2014 年	2015 年	2014 年	2015 年	2014 年
管理学	94.0	93.4	67	68	0.63	0.64
工学	93.6	93.1	71	72	0.66	0.67
经济学	92.3	91.7	64	61	0.59	0.56
医学	91.5	92.8	95	94	0.87	0.87
农学	91.0	90.3	55	55	0.50	0.50
理学	90.7	90.5	59	60	0.54	0.54
教育学	90.5	90.5	71	68	0.64	0.62
文学	90.4	91.3	66	65	0.60	0.59
法学	86.9	88.4	60	58	0.52	0.51
历史学	86.4	—	58	—	0.50	—

注：就业率为毕业生毕业半年后的就业率，学—职相关度指毕业生的工作与专业相关度，供求协调指数为前两项指标的乘积，用以综合反映第二类供求关系。2014 年缺历史学的数据，哲学、艺术学因样本较少，没有包括在内。数据来源为麦可思研究院发布的《2016 年中国本科生就业报告》。如无特别说明，本目后续表格和图表中的相关指标含义和数据来源均与本表相同，不再反复注明。

以 2015 年为例，就业率最高的 3 个学科门类分别是管理学、工学和经济学，就业率均在 92% 以上。毕业生供过于求最典型的学科门类是历史学和法学，就业率分别为 86.4% 和 86.9%，就业率最高的学科门类和就业率最低的学科门类相差不到 8 个百分点。由这些数据可知，没有哪个学科门类的就业率达到或接近 100%，所有学科门类都

不同程度地处在供过于求状态。从学—职相关度看，医学最高，达95%，第二高的工学和教育学均只有71%，学—职相关度最低的农学则只有55%，彼此差异较大。除医学外，其他学科门类专业和就业的对口率均不高。这意味着高就业率并不是供求均衡的充分条件，就业率较高而学—职相关度不高从某种意义上也暗示着供与求之间是不匹配的。由于学—职相关度大幅领先，供求协调指数最高的学科门类也是医学，其次是工学。农学和历史学的供求协调指数最低。供求协调指数的高低相对全面地反映了不同学科门类第二类供求矛盾的程度。供求矛盾最大和最小的学科门类的供求协调指数相差0.37，表明学科门类层面的结构性供求矛盾有较高的识别度。2015 年 10 个学科门类的平均供求协调指数为0.61，即平均平衡率为61%，可以近似地认为我国本科层次的高等教育第二类供求关系的整体矛盾率或失衡率约为39%。2014 年的数据反映的信息也大同小异。

到了专业类别层面，不同类别的就业率差异依然较小。表 4－9 统计了主要本科专业类别2013～2015 年这 3 年的就业率水平。仍以 2015 年为例，就业率最高的 5 个专业类别依次为护理学类（95.5%）、能源动力类（94.9%）、管理科学与工程类（94.7%）、电气信息类（94.4%）和环境生态类（94.4%），就业率前后只相差1.1 个百分点。再往后的专业类别在就业率上也没有和它们拉开实质性差距。我们注意到护理学类的平均就业率最高，但前文的数据却显示护理学类是本科生填报的冷门类别，整体生源条件不佳，这意味着学生选择专业时不一定将就业率作为重要参考依据。换言之，不同专业（类）的第二类供求关系很难说对第一类需求产生了多大影响。当然，这也可以从不同专业（类）的就业率不具有实质性差异上得到解释。就业率最低的五个专业类别依次为物理学类（86.8%）、法学类（88.1%）、心理学类（88.2%）、政治学类（88.5%）和生物科学类（88.6%），其中 3 个来自理学门类，两个来自法学门类。相对而言，它们供过于求的矛盾更突出一些。即便如此，所有有统计的本科专业类别的就业率也都在85% 以上。

表 4－9　　　　　　　2013～2015 年不同本科专业类别就业率统计　　　　　　单位：%

本科专业类别	2015 年就业率	2014 年就业率	2013 年就业率
护理学类	95.5	97.0	94.5
能源动力类	94.9	92.9	95.2
管理科学与工程类	94.7	94.8	93.6
电气信息类	94.4	93.0	92.1
环境生态类	94.4	92.0	93.6
工商管理类	94.1	93.2	93.5
地理科学类	94.0	93.6	91.8
交通运输类	93.7	93.8	92.8

续表

本科专业类别	2015 年就业率	2014 年就业率	2013 年就业率
轻工纺织食品类	93.2	93.2	90.3
环境与安全类	93.2	92.6	90.2
测绘类	92.9	94.7	91.5
教育学类	92.5	93.9	91.6
机械类	92.4	92.9	93.3
土建类	92.3	94.0	94.6
环境科学类	92.2	89.7	88.0
外国语言文学类	92.0	91.7	91.6
药学类	92.0	92.6	91.1
数学类	92.0	91.9	89.5
统计学类	91.9	91.5	91.1
电子信息科学类	91.8	91.8	90.3
化工与制药类	91.8	91.7	91.9
经济学类	91.7	91.7	91.9
新闻传播学类	91.6	91.8	92.2
社会学类	91.5	90.7	88.2
材料类	91.3	90.5	91.6
公共管理类	91.0	91.9	91.2
仪器仪表类	91.0	90.8	90.5
临床医学与医学技术类	90.8	94.1	92.3
化学类	90.4	91.3	88.3
中国语言文学类	90.2	91.2	90.9
艺术类	89.9	91.3	88.8
历史学类	89.9	92.4	88.9
材料科学类	89.9	90.8	—
地矿类	89.5	91.3	—
体育学类	89.2	88.2	90.1

续表

本科专业类别	2015 年就业率	2014 年就业率	2013 年就业率
生物工程类	88.7	90.4	87.1
生物科学类	88.6	88.9	85.1
政治学类	88.5	90.1	91.3
心理学类	88.2	90.4	86.7
法学类	88.1	87.0	86.4
物理学类	86.8	87.6	85.4

注：本表中的专业类别是麦可思研究院界定的类别，与本书的分类结果有所不同。部分专业类别因样本较少，没有包括在内。

图 4 – 15 和图 4 – 16 分别为以上专业类别 2014 年、2015 年就业率关系图和 2013 年、2015 年就业率关系图。如图所示，两组数据的相关性均很高，拟合优度均达到了 0.6 以上，表明在前后几年时间里同一个专业类别的就业率不会发生很大变化。换言之，大多数专业类的第二类供求关系在短期内是稳定的。经计算，以上专业类在三个年度中的平均就业率分别为 90.74%、91.83% 和 91.53%，约有 2/3 的类别的就业率在 90% 以上。仅从就业率数据上看，似乎高等教育与社会经济之间衔接顺畅，多数专业类的大学毕业生不存在严重供过于求，且不同专业类的毕业生具有接近的就业结果因而不存在显而易见的结构性矛盾。然而，这只是就业率单一指标下的表象，事实上正如上文所述，对于衡量第二类供求均衡程度而言仅依靠就业率指标并不充分，还要结合学—职相关度数据才能做出客观评价。不论是学科门类间还是专业类别间，抑或是不同专业间，真正能拉开实质性差距的指标是学—职相关度，就业率差异相对于学—职相关度上的差异往往是微不足道的。因为不同专业间的部分"可通约性"和劳动力市场的开放性，任何一个专业的毕业生要就业其实都不太难，关键在于是否对口就业，专业与专业的区别主要就在于此。现阶段不少专业的学—职相关度偏低，这才是导致某些专业第二类供求不匹配的主要矛盾点，也是高等教育整体上结构性矛盾的主要来源。不论是客观原因还是大学毕业生的主观因素造成的学—职不匹配，客观上均引起了某一专业一个单位的供求错位。当这种微观错位在不同专业中得到不同程度的累积后，就导致了高等教育第二类供求的结构性矛盾。由于在《2016 年中国本科生就业报告》中没有统计专业类别层面的学—职相关度数据，从而也无法计算相应的供求协调指数，也就无法准确地评估各专业类别的真实供求关系。若以学科门类层面的数据来推测，大部分专业类别的学—职匹配度会在 55% ~95% 之间，供求协调指数则会分布在 0.5 ~0.9 的区间内，整体上的结构性供求矛盾同样具有较高识别度。

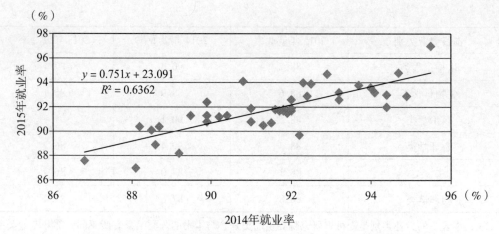

图 4 – 15　主要本科专业类别 2014 年就业率和 2015 年就业率关系

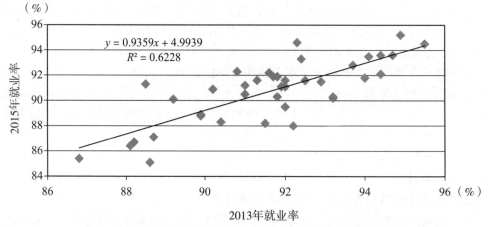

图 4 – 16　主要本科专业类别 2013 年就业率和 2015 年就业率关系

　　就业率最高的 50 个本科专业的就业率分布区间为 92.7%~96.6%，其中物流管理、电气工程及其自动化和软件工程占据了前三甲，就业率均在 96% 以上，但都尚未接近 100%，见表 4 – 10。一个专业的就业率较高可分为两种情况讨论：一是相关专业的毕业生大多能找到专业对口的工作且主观上愿意从事本专业工作；二是相关专业的毕业生虽未必能轻而易举地找到专业对口的工作或主观上不愿从事本专业工作，但要实现就业绝非难事。前一种情况对应的专业属于供求协调性较好的专业，[①] 后一种情况说明相关

---

　　① 本节探讨第二类供求关系有一个基本假设：自高等教育大众化以来，我国绝大多数专业的大学毕业生逐渐从原来的供不应求演变为当前的过剩状态，因而才有失业率升高、创业教育兴起等社会现象的产生。理论上讲，只要一个专业的就业率不能接近于 100%，在不考虑少数毕业生主观不想就业的因素的前提下就可以认为该专业不处于供不应求状态。基于这样的前提假设，本节所说的第二类供求平衡性或协调性主要指多大程度上存在供过于求的矛盾以及多大程度上存在供求错位的矛盾。

专业的就业市场分割度①较低，毕业生有较大择业空间，但供求匹配性低于前者。可见，同是高就业率专业也可能存在本质区别。如护理学专业的就业率很高，且就业对口率也很高，说明第二类供求关系真正意义上较为乐观。相反，物流管理专业就业率也很高，但就业对口率并不高，有相当比例的毕业生基于主观或客观原因就业时扩散到了其他行业或职业中。经统计，2015 年就业率最高的 50 个专业和学—职相关度最高的 30 个专业只有 14 个是重合的，见表 4 - 10 第二列数据，凡是给出具体数值的均是学—职相关度排进前 30 的专业。这说明就业率较高的专业中只有不到 1/3 的专业就业对口率也较高，其他专业毕业生就业时的"串门"现象比较普遍。

表 4 - 10　　　　　　　　　2015 年就业率最高的 50 个本科专业相关指标统计

专业名称	就业率（%）	学—职相关度（%）	供求协调指数
物流管理	96.6	<78	—
电气工程及其自动化	96.4	80	0.77
软件工程	96.2	85	0.82
建筑环境与设备工程	95.7	85	0.81
地理信息系统	95.6	<78	—
人力资源管理	95.6	<78	—
护理学	95.5	95	0.91
预防医学	95.4	91	0.87
地理科学	95.4	<78	—
信息管理与信息系统	95.4	<78	—
市场营销	95.4	<78	—
食品科学与工程	95.3	<78	—
车辆工程	95.3	<78	—
财务管理	95.3	<78	—
热能与动力工程	95.1	82	0.78
过程装备与控制工程	95.1	<78	—
工程管理	95.1	80	0.76
数字媒体技术	95.1	<78	—
小学教育	95.1	85	0.81
数字媒体艺术	94.9	<78	—
医学影像学	94.9	99	0.94

---

① 就业市场分割度指就业中一个专业的毕业生流出本领域和其他专业的毕业生流入本领域的可能性或障碍程度，相当于就业时的专业壁垒，其影响可正可负。

续表

专业名称	就业率（%）	学—职相关度（%）	供求协调指数
交通运输	94.8	<78	—
康复治疗学	94.7	99	0.94
园林	94.7	<78	—
电子商务	94.7	<78	—
信息工程	94.6	<78	—
计算机科学与技术	94.5	<78	—
机械电子工程	94.5	<78	—
纺织工程	94.5	<78	—
日语	94.3	<78	—
测绘工程	94.2	82	0.77
自动化	94.2	<78	—
给水排水工程	94.0	87	0.82
汽车服务工程	94.0	<78	—
网络工程	93.9	78	0.73
制药工程	93.8	<78	—
安全工程	93.8	<78	—
旅游管理	93.7	<78	—
交通工程	93.7	<78	—
电子科学与技术	93.6	<78	—
审计学	93.5	80	0.75
广告学	93.3	<78	—
俄语	93.2	<78	—
信息与计算科学	93.2	<78	—
通信工程	93.0	<78	—
工业工程	92.8	<78	—
光信息科学与技术	92.8	<78	—
工商管理	92.8	<78	—
环境工程	92.7	<78	—
复合材料与工程	92.7	<78	—

注：毕业生规模过小的专业不包含在此排序中，《2016 年中国本科生就业报告》未给出学—职相关度小于 78% 的专业的该指标具体数值，本表均以 "<78" 表示，相应的供求协调指数缺失。

单就学—职相关度而言，医学类专业最高，几乎都在 90% 以上，最高的达到了

99%。还有一些工科专业如土建类专业的表现也很突出，经管类专业的代表则是会计学、金融学和审计学。这些专业一方面具有较高的供求匹配度，另一方面就业市场分割也往往成为它们的主要特征。表 4 - 11 给出了学—职相关度最高的 30 个本科专业的详细数据。如表 4 - 11 所示，学—职相关度最高的专业和排在第 30 的专业在数值上就相差了 21 个百分点，这说明不同专业的学—职相关度存在巨大差异。若以该指标来评价，则专业层面的整体结构性供求矛盾十分突出。在有完整统计数据的专业中，供求协调指数最高的 6 个专业依次为医学影像学、康复治疗学、护理学、预防医学、软件工程和给水排水工程，包含了 4 个医学专业和 2 个工学专业。它们的供求平衡率达到了 80% ~ 90%，是第二类供求矛盾最轻微的专业。其他有统计的专业的供求协调指数也均在 0.7 以上，也都属于供求矛盾相对缓和的专业。遗憾的是，麦可思对外公布的数据中没有包含就业率和学—职相关度分别最低的三五十个专业的数据，故我们无法知晓供求平衡率最低的专业大致处在什么水平、常见专业的供求平衡率分布呈何种形态以及供求矛盾最突出的专业有哪些等信息，从而也就无法从一个完整的整体上对专业层面第二类供求的结构性矛盾做出判断。

表 4 - 11　　　　　2015 年学—职相关度最高的 30 个本科专业统计　　　单位：%

专业名称	学—职相关度	专业名称	学—职相关度
医学影像学	99	学前教育	85
麻醉学	99	建筑环境与设备工程	85
临床医学	99	建筑电气与智能化	84
康复治疗学	99	测绘工程	82
口腔医学	97	工程造价	82
医学检验	97	热能与动力工程	82
护理学	95	会计学	82
药学	91	水利水电工程	81
药物制剂	91	金融学	80
预防医学	91	审计学	80
建筑学	89	电气工程及其自动化	80
给水排水工程	87	工程管理	80
土木工程	86	城市规划	79
小学教育	85	汉语言文学	78
软件工程	85	网络工程	78

注：毕业生规模过小的专业不包含在此排序中。

表4-12为麦可思研究院统计的2015年毕业人数最多的100个本科专业中失业率最高的10个专业。除个别艺术类、体育类专业外，剩下的大多是理学门类下的专业，说明理学专业（数学除外）的毕业生过剩现象最为明显，供过于求矛盾相对突出。正因如此，部分理学专业类的招生规模正在逐年下降，最典型如生物科学类，缩招迹象明显，可以认为是高校根据第二类供求关系信号做出的招生专业结构调整。另外，相对于理学专业，二本院校学生更倾向于选择工学专业的现象也可以从此处得到解释，表明学生选择专业时一定程度上仍会将就业率因素考虑在内。从数据上看，失业率最高的专业的失业率为15.6%，即仍有84.4%的就业率。这就说明不同本科专业的就业率区分度并没有大到"泾渭分明"的程度，仅从就业率差异上看不出高等教育人才培养与社会人才需求之间存在多么显眼的专业结构上的矛盾。只有比较不同专业的对口就业率差异才能准确评估结构性供求矛盾的真实水平，而最能体现相关信息的指标——学—职相关度，学—职相关度较低的专业具有怎样的构成和水平我们不得而知，从而也就无法做进一步讨论。

表4-12　　　2015年毕业人数最多的100个本科专业中失业率最高的10个专业　　　单位：%

失业率最高的本科专业	失业率
运动训练	15.6
音乐表演	15.5
应用物理学	15.1
生物技术	12.7
物理学	12.3
法学	12.1
化学	12.1
表演	12.0
应用心理学	11.9
生物科学	11.2

以上是基于麦可思研究院统计的全国抽样数据的讨论。本书在讨论第一类供求问题时使用的是笔者自行收集的数据，相关数据涉及的学生群体有一个共同特征，即生源地均是浙江省。针对这一学生群体，浙江省教育主管部门曾进行过详细的分专业就业数据统计。以下利用相关数据做一项补充分析，看看不同专业的就业率和人才培养规模之间有何关联。图4-17为100个常见本科专业2011年招生人数和2015年总就业率关系图。图4-18为100个常见本科专业2011年招生人数和2015年纯就业率关系图。总就业率和纯就业率的区别在于就业者中是否包含录研和出国的学生，纯就业率指扣除这部

分学生后的就业率。由两图的趋势线拟合效果可知，不同专业的招生规模（近似为 4 年后的毕业生规模）和就业率之间基本无相关性。这就说明人才培养规模越大的专业不见得就业率越高或越低，反之亦然。这意味着作为供求关系外在反映的就业率受高校供给因素的影响似乎很小。归根结底，这仍然只能从不对口就业上得到解释，即不同专业的人才培养规模差异是否合理直接影响的是它们各自的对口就业率，而就业率对人才培养规模的敏感性则要低得多。因为在中国人的普遍观念里，读了书以后业还是要就的，是否学用结合就得视情况而定了。若将图 4-17 和图 4-18 中的招生人数替换为招生率，结果仍未改变，见图 4-19 和图 4-20。再一次暗示了"学—职相关性"指标在分专业第二类供求关系研究中具有比就业率更高的应用价值。

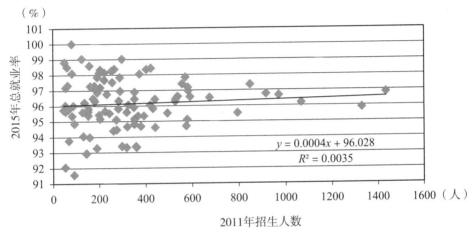

图 4-17 100 个常见本科专业 2011 年招生人数和 2015 年总就业率关系

资料来源：2012 年和 2016 年《浙江省高考志愿填报参考》。图 4-18 至图 4-20 的数据来源与本图表相同。

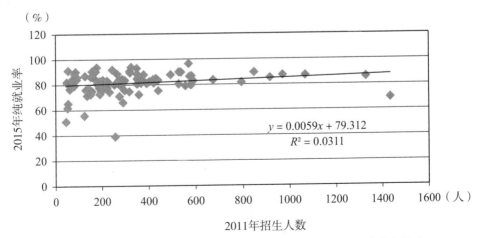

图 4-18 100 个常见本科专业 2011 年招生人数和 2015 年纯就业率关系

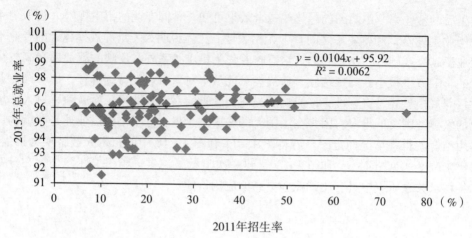

图 4 – 19　100 个常见本科专业 2011 年招生率和 2015 年总就业率关系

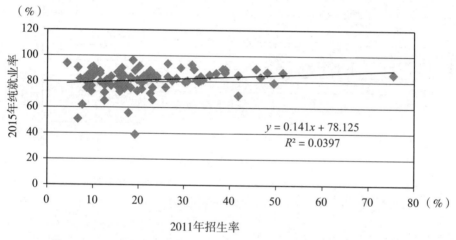

图 4 – 20　100 个常见本科专业 2011 年招生率和 2015 年纯就业率关系

4.2.2　对专科层次的考察

表 4 – 13 为主要专业大类的就业率、学—职相关度和供求协调指数三项指标的统计结果。2015 年就业率最高的 3 个专业大类为生化与药品大类、轻纺食品大类和环保、气象与安全大类，就业率约在 93% 左右；2014 年就业率最高的 3 个专业大类为材料与能源大类、制造大类和财经大类（与公共事业大类并列），就业率均在 92% ~ 93% 之间。两个年度就业率较高的专业大类无一重合。2015 年就业率最低的 3 个专业大类为资源开发与测绘大类、旅游大类和医药卫生大类，就业率约在 90% 以下；2014 年就业率最低的 3 个专业大类为资源开发与测绘大类、环保、气象与安全大类和农林牧渔大类，就业率均在 90% 以下。其中，资源开发与测绘大类在前后两年中就业率均较低，而环保、气象与安全大类在前后两年中情况相反。总体上，专科各专业大类的就业率差异比本科不同学科门类间的差异更小（2015 年最高和最低相差 6.1 个百分点，2014 年

只相差 5.4 个百分点）。这说明从就业率上看，不同专业大类的区分度较低，毕业生供求关系均差强人意。

表 4 - 13　　　　不同专业大类就业率、学—职相关度、供求协调指数统计

专业大类	就业率（%）		学—职相关度（%）		供求协调指数	
	2015 年	2014 年	2015 年	2014 年	2015 年	2014 年
生化与药品大类	93.5	92.2	64	61	0.60	0.56
轻纺食品大类	92.9	91.6	51	53	0.47	0.49
环保、气象与安全大类	92.7	88.4	53	49	0.49	0.43
公共事业大类	92.6	92.4	51	45	0.47	0.42
材料与能源大类	92.2	92.7	74	79	0.68	0.73
交通运输大类	92.1	92.0	63	65	0.58	0.60
制造大类	92.0	92.5	57	56	0.52	0.52
财经大类	91.7	92.4	58	58	0.53	0.54
文化教育大类	91.5	91.4	63	58	0.58	0.53
电子信息大类	91.3	91.5	53	49	0.48	0.45
土建大类	91.2	91.7	69	77	0.63	0.71
农林牧渔大类	90.4	89.0	57	59	0.52	0.53
艺术设计传媒大类	90.2	89.7	63	60	0.57	0.54
医药卫生大类	90.1	91.2	89	89	0.80	0.81
旅游大类	89.8	90.5	52	53	0.47	0.48
资源开发与测绘大类	87.4	87.3	62	64	0.54	0.56

注：本表中的专业大类以麦可思研究院发布的《2016 年中国高职高专生就业报告》中的划分结果为准。个别专业大类因样本较少，未包括在内。

资料来源：《2016 年中国高职高专生就业报告》。如无特别说明，本目后续表格和图表中的数据来源均与本表相同，不再反复注明。

从学—职相关度上看，不同专业大类的差异得到体现。2015 年和 2014 年学—职相关度最高的 3 个专业大类均是医药卫生大类、材料能源大类和土建大类；2015 年学—职相关度最低的 3 个专业大类为轻纺食品大类、公共事业大类和旅游大类；2014 年则是公共事业大类、电子信息大类和环保、气象与安全大类。医药卫生大类两个年度的学—职相关度均达到了 89%，略低于本科层次的医学门类；而两年中学—职相关度最低的专业大类分别只有 51% 和 45% 的水平。从中可总结两点：一是不同专业大类的学—职相关度差异显著，与微小的就业率差异形成了鲜明反差；二是与本科相比，专科的平均学—职相关度更低，比较两个层次的相似科类大抵如此。第一点表明不同专业大类在供求匹配度上存在实质性差异，即各自的毕业生具有就业对口率意义上的就业结果差异，这一点与本科无异；第二点表明专科毕业生的整体就业对口率不如本科毕业生。

最后，反映在供求协调指数上，医药卫生大类、材料与能源大类和土建大类在两个年份中都是最高的，尤其是医药卫生大类，分别达到了 0.80 和 0.81。它们是第二类供求关系相对平衡的专业大类。2015 年供求协调指数最低的 3 个专业大类为轻纺食品大类、公共事业大类和旅游大类，均只有 0.47；2014 年则是公共事业大类、环保、气象与安全大类和电子信息大类，分别只有 0.42、0.43 和 0.45。它们分别是两个年份中供求矛盾最突出的专业大类。两个年份供求矛盾最大和最小的专业大类的供求协调指数分别相差 0.33 和 0.39，表明专科专业大类层面的结构性供求矛盾具有和本科学科门类层面相接近的识别度。2015 年 16 个专业大类的平均供求协调指数为 0.56，2014 年为 0.55，即专科层次的整体供求平衡率大致处于这一水平，较本科低 5~6 个百分点。表明高职高专院校的人才培养和用人单位间的结构性供求矛盾比本科更甚，这是值得警惕的现象。按照常理，职业教育应与社会需求结合更紧密，结构更匹配，而事实并非如此。

和本科一样，麦可思没有给出专科专业类别层面的学—职相关度数据，因而无法准确评估不同专业类别的真实供求关系，也无法从整体上判断中观层面结构性供求矛盾的程度。主要专业类别 2013~2015 年这 3 年的就业率数据如表 4-14 所示。这些专业类在 2013~2015 年的平均就业率分别为 90.66%、91.39% 和 91.69%，多数专业类的就业率在 90% 以上，这一点与本科类似。具体地，2015 年就业率最高的 5 个专业类别依次为城市轨道运输类（94.4%）、港口运输类（94.4%）、公共管理类（94.4%）、食品药品管理类（94.1%）和电力技术类（94.0%）；就业率最低的 6 个专业类别依次为法律实务类（86.7%）、广播影视类（88.4%）、土建施工类（89.0%）、畜牧兽医类（89.6%）、教育类（89.7%）和旅游管理类（89.7%）。相对而言，后者的毕业生供过于求矛盾更突出一些。我们还发现，两者的构成分别与本科层次就业率较高、较低的专业类构成非常不同，体现了不同学历层次供求矛盾的结构差异性。就业率偏低的专科专业类别可能受到相应本科专业类别的就业"挤出效应"更明显；反之，就业率偏高的专科专业类别可能与相应本科专业类别在人才培养上的错位关系处理得较好。若以上判断成立，则涉及了不同学历层次专业设置和人才培养的关系问题。而事实上，历年数据显示就业率最高的专业类别和就业率最低的专业类别之间大约只相差 8 个百分点左右，比本科还要少近 2 个百分点，说明不同专业类的就业率压根没有本质差异，仅从就业率上看甚至可以得出专业不重要的结论。不得不承认，相对于学—职相关度，就业率在反映第二类供求关系时的确有些"迟钝"。图 4-21 和图 4-22 分别为相关专业类别 2014 年、2015 年就业率关系图和 2013 年、2015 年就业率关系图。如图所示，前一组数据的相关性较强而后一组数据的相关性有所减弱。对比图 4-15 和图 4-16 可知，本科各专业类的就业率即使间隔一年仍表现出较强相关性。表明专科各专业类的就业率稳定性不如本科，间接说明了专科第二类供求的结构性关系不如本科稳定，暗示着社会需求的短期变化最先波及专科层次。

表 4-14	2013~2015 年不同专科专业类别就业率统计		单位：%
专科专业类别	2015 年就业率	2014 年就业率	2013 年就业率
城市轨道运输类	94.4	94.2	—
港口运输类	94.4	92.8	91.0
公共管理类	94.4	92.9	89.4
食品药品管理类	94.1	92.1	—
电力技术类	94.0	94.0	93.8
通信类	93.9	93.7	91.8
经济贸易类	93.5	92.0	91.1
制药技术类	93.5	92.4	91.7
语言文化类	93.2	91.7	90.7
化工技术类	93.2	92.5	90.6
药学类	93.1	93.2	—
医学技术类	92.9	93.9	—
房地产类	92.7	90.3	91.5
公共事业类	92.7	90.3	92.4
建筑设计类	92.6	92.3	90.9
林业技术类	92.6	91.9	89.5
市场营销类	92.5	92.7	91.1
纺织服装类	92.5	91.8	90.7
机电设备类	92.3	91.6	93.0
自动化类	92.2	92.3	92.0
机械设计制造类	92.2	92.3	91.7
汽车类	92.1	92.1	91.1
财政金融类	92.0	89.4	90.6
电子信息类	91.6	91.7	91.6
工商管理类	91.6	91.4	91.5
建筑设备类	91.5	91.7	93.3
财务会计类	91.4	92.2	90.8
环保类	91.3	91.2	90.6
艺术设计类	91.1	90.5	89.1

续表

专科专业类别	2015 年就业率	2014 年就业率	2013 年就业率
生物技术类	91.0	91.6	89.7
食品类	90.9	91.0	92.4
水上运输类	90.9	90.2	85.7
农业技术类	90.9	91.2	90.1
能源类	90.6	92.5	92.8
计算机类	90.6	91.0	89.8
护理类	90.3	92.8	91.7
工程管理类	90.2	90.4	91.0
材料类	90.1	88.6	91.6
测绘类	89.8	90.3	92.8
公路运输类	89.8	90.0	92.1
旅游管理类	89.7	90.3	89.0
教育类	89.7	90.2	88.4
畜牧兽医类	89.6	86.6	87.9
土建施工类	89.0	89.4	90.0
广播影视类	88.4	89.1	86.0
法律实务类	86.7	87.8	85.2

注：本表中的专业类别是麦可思研究院界定的专业类别，与本书的分类结果有所不同。部分专业类别因样本较少，没有包括在内。

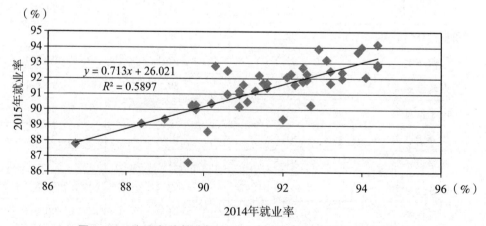

图 4 - 21 主要专科专业类别 2014 年就业率和 2015 年就业率关系

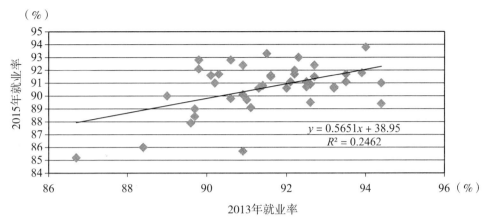

图 4 − 22 主要专科专业类别 2013 年就业率和 2015 年就业率关系

就业率最高的 50 个专科专业的就业率分布区间为 92.7% ~ 98.6%。其中，又以电力系统自动化技术、铁道工程技术和电力系统继电保护与自动化三个专业的就业率最高，均在 96% 以上，见表 4 − 15。就业率较高的专业有不少是实用技术型专业，它们通常面向装备制造、电力系统、通信设备、建筑工程、交通运输等产业，体现了我国国民经济发展对高级技工的迫切需求。然而，前文的数据表明，技术类专业往往第一类需求不足，有的人即使学了这些专业就业时也不愿意从事本专业工作而漫步到了其他行业。我们甚至怀疑上述就业率最高的 3 个专业很有可能处在人才的供不应求状态，如果这些专业的毕业生都愿意从事本专业工作，它们的就业率完全有可能达到 100%。当然，这只是一种猜测。另一些就业率较高的专业可能是本科层次人才培养规模较小的专业，它们的专科毕业生来自更高学历层次的就业竞争压力相对较小，如城市轨道交通运营管理、社会体育、经济信息管理、房地产经营与估价等可能属于这一类型的专业。

表 4 − 15 2015 年就业率最高的 50 个专科专业相关指标统计

专业名称	就业率（%）	学一职相关度（%）	供求协调指数
电力系统自动化技术	98.6	87	0.86
铁道工程技术	97.8	90	0.88
电力系统继电保护与自动化	96.0	82	0.79
多媒体设计与制作	95.8	<73	—
城市轨道交通运营管理	95.3	<73	—
学前教育	95.1	89	0.85
国际贸易实务	95.0	<73	—
社会体育	95.0	<73	—
工业分析与检验	94.7	<73	—
经济信息管理	94.7	<73	—

专业名称	就业率（%）	学—职相关度（%）	供求协调指数
人力资源管理	94.7	<73	—
金融与证券	94.7	<73	—
医学检验技术	94.6	90	0.85
商务英语	94.5	<73	—
房地产经营与估价	94.5	<73	—
供用电技术	94.3	79	0.74
生物制药技术	94.2	<73	—
建筑装饰工程技术	94.2	<73	—
水利水电建筑工程	94.2	76	0.72
移动通信技术	94.0	<73	—
供热通风与空调工程技术	94.0	75	0.71
中药	94.0	86	0.81
助产	93.9	90	0.85
发电厂及电力系统	93.9	87	0.82
国际商务	93.7	<73	—
精细化学品生产技术	93.7	<73	—
文秘	93.6	<73	—
计算机辅助设计与制造	93.6	<73	—
产品造型设计	93.6	<73	—
应用化工技术	93.6	<73	—
通信技术	93.5	<73	—
室内设计技术	93.3	<73	—
汽车技术服务与营销	93.3	<73	—
报关与国际货运	93.3	<73	—
营销与策划	93.2	<73	—
数控技术	93.2	<73	—
模具设计与制造	93.2	<73	—
应用英语	93.2	<73	—
汽车制造与装配技术	93.1	<73	—
高压输配电线路施工运行与维护	93.1	88	0.82
市场营销	93.1	<73	—
旅游英语	93.0	<73	—

续表

专业名称	就业率（%）	学—职相关度（%）	供求协调指数
药学	93.0	86	0.80
汽车运用技术	92.9	<73	—
商务日语	92.9	<73	—
视觉传达	92.8	<73	—
环境艺术设计	92.8	<73	—
给排水工程技术	92.8	<73	—
社区管理与服务	92.8	<73	—
生产过程自动化技术	92.7	<73	—

注：毕业生规模过小的专业不包含在此排序中，《2016 年中国高职高专生就业报告》未给出学—职相关度小于 73% 的专业的该指标具体数值，本表均以"<73"表示，相应的供求协调指数缺失。

经统计，2015 年就业率最高的 50 个专业和学—职相关度最高的 30 个专业只有 13 个相重合，见表 4-15 学—职相关度数据，凡是给出具体数值的均是学—职相关度排进前 30 的专业。也就是说在就业率较高的专科专业中，只有不到 1/3 的专业就业对口率也较高，和本科层次表现出的情形完全一致。兼有高就业率和高学—职相关度的典型专业有电力系统自动化技术、铁道工程技术、电力系统继电保护与自动化、学前教育、医学检验技术、药学、中药、助产、发电厂及电力系统、高压输配电线路施工运行与维护等，就业率均在 93% 以上且学—职相关度均在 80% 以上。可想而知，它们的供求协调指数也是最高的，均在 0.8 以上，可认为是第二类供求矛盾相对轻微的专科专业。这些专业中，有一半左右都与"电"有关。有些专业就业率高而就业对口率不高，如多媒体设计与制作、社会体育、工业检验与分析等；另一些专业正好相反，就业率不高而就业对口率较高，如医学影像技术、临床医学、数学教育等，就业对口率均在 85% 以上。一般情况下，就业对口率高的专业供求协调指数也不会太低，从而不至于存在严重的供求矛盾。需要说明，就业对口率不高也分两种情况，分别是客观因素和主观因素导致的情况，前者在于社会需求的制约，后者源于学生较低的专业认同感。受数据所限，两者尚不能通过实证区分开来。

表 4-16 给出了学—职相关度最高的 30 个专科专业的详细数据，前 5 个专业的学—职相关度均在 90% 以上，大多是医学类专业，与本科相似。学—职相关度最高的专业和排在第 30 位的专业在数值上相差 20 个百分点，说明不同专科专业的供求匹配度差异悬殊，从这一点看专业层面的结构性供求矛盾不亚于本科。与本科一样，麦可思对外公布的数据中没有包含学—职相关度最低的若干专科专业的信息，从而我们无法获知供求矛盾最突出的专科专业的相关信息，也就无法完整地评估第二类供求的结构性矛盾。

表 4 - 16 　　　　　　　2015 年学—职相关度最高的 30 个专科专业统计 　　　　　单位：%

专业名称	学—职相关度	专业名称	学—职相关度
医学影像技术	93	语文教育	81
临床医学	93	市政工程技术	80
康复治疗技术	92	公路监理	80
护理	92	社会工作	79
助产	90	城市轨道交通工程技术	79
铁道工程技术	90	供用电技术	79
医学检验技术	90	建筑设计技术	78
学前教育	89	音乐教育	77
高压输配电线路施工运行与维护	88	水利水电建筑工程	76
发电厂及电力系统	87	供热通风与空调工程技术	75
电力系统自动化技术	87	道路桥梁工程技术	74
药学	86	工程测量技术	74
中药	86	美术教育	73
数学教育	86	英语教育	73
电力系统继电保护与自动化	82	畜牧兽医	73

注：毕业生规模过小的专业不包含在此排序中。

　　2015 年毕业人数最多的 100 个专科专业中失业率最高的 9 个专业见表 4 - 17。这些专业的失业率与失业率最高的 10 个本科专业处于同一水平。从构成上看，这些专业来自不同类别，如教育类、法律类、财经类、土建类、艺术类等均有分布，不像本科那样集中。特别地，法律事务和音乐表演专业同时也是本科失业率较高的专业。本书认为，一些专业之所以成为专科层次的高失业率专业有可能是因为相应本科专业的人才培养就已在较大程度上满足了市场需求，从而留给它们的超额需求空间相对较小，专科毕业生供过于求。例如，语文教育专业相对于汉语言文学专业、初等教育专业相对于小学教育专业、影视动画专业相对于动画专业、畜牧兽医专业相对于动物医学专业、建筑工程技术专业相对于土木工程专业、投资与理财专业相对于投资学专业等都可能存在这种情况。虽然就业率不是评价各专业第二类供求关系的精确参数，但较高的失业率却可以在一定程度上反映相关专业第二类供求的失衡，即供过于求的矛盾。

表 4 - 17 　　　　2015 年毕业人数最多的 100 个专科专业中失业率最高的 9 个专业

失业率最高的专科专业	失业率（%）
语文教育	16.7
法律事务	16.0
初等教育	15.9
影视动画	13.5

续表

失业率最高的专科专业	失业率（%）
畜牧兽医	13.3
旅游管理	11.7
音乐表演	11.3
建筑工程技术	11.2
投资与理财	11.0

注：麦可思研究院发布的《2016 年中国高职高专生就业报告》中统计的 2015 年 10 个失业率最高的专业中"语文教育"专业出现了两次，这是一处明显的错误，故本表中只剩下 9 个专业。

80 个常见专科专业 2012 年招生人数分别和 2015 年总就业率、纯就业率的关系如图 4－23 和图 4－24 所示。这些专业 2012 年招生率分别和 2015 年总就业率、纯就业率的关系如图 4－25 和图 4－26 所示。很显然，不同专业的招生规模（近似为 3 年后的毕业生规模）和就业率之间不存在相关性，且它们的招生率（近似为开设率）和就业率之间也无相关性。反映了和本科层次一样的现象：一个专业的人才培养规模不会影响其就业率。换言之，就业率在很大程度上不是高等教育第二类供给的因变量，其中的原因已于前文中讨论。这里暗含着一个重要的理论问题：随着大学生自主择业制度的不断完善，高等教育与市场需求的固有断裂性在毕业生的自由流动中被重新"格式化"，除了就业市场分割度较高的专业，大部分专业的毕业生在就业时相互"串门"形成的网络关系正重塑着高等教育第二类供求关系的内部结构。当不对口就业的范围扩大到一定程度甚至成为一种常态时，高等教育"适应性"的内涵就随之发生实质性变化，结构对称意义上的适应将逐渐弱化。从这种意义上讲，专业似乎已变得不那么重要，甚至传统意义上的高等教育第二类供求问题可能被划入"伪命题"的范畴。这是一个非常大胆且富有争议性的理论设想，本书理论部分的论述正是部分地建立在这一判断的基础之上。

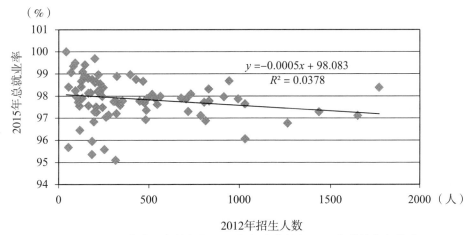

图 4－23　80 个常见专科专业 2012 年招生人数和 2015 年总就业率关系

资料来源：2013 年和 2016 年《浙江省高考志愿填报参考》。图 4－24～图 4－26 的资料来源与本图相同。

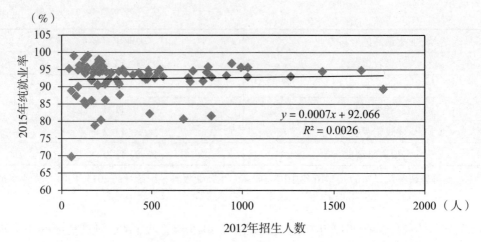

图 4 - 24　80 个常见专科专业 2012 年招生人数和 2015 年纯就业率关系

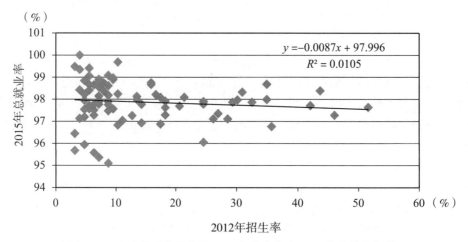

图 4 - 25　80 个常见专科专业 2012 年招生率和 2015 年总就业率关系

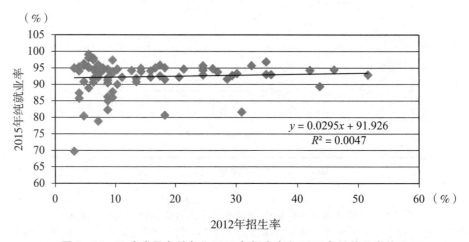

图 4 - 26　80 个常见专科专业 2012 年招生率和 2015 年纯就业率关系

4.3　事实评估小结

继第 2 章和第 3 章的特征性数据描述后，本章分别评估了高等教育专业/科类层面的两类供求矛盾。结果发现，无论在学科门类/专业大类层面、专业类别层面还是专业层面，高等教育供给与两类需求间均存在不同程度的结构性矛盾，即高等教育提供的专业结构分别与人们求学需求的专业结构和社会人才需求的专业结构存在着某种程度的错位和不匹配。分别考察本科和专科两个学历层次均得到相同结论。

具体而言，高等教育第一类供求矛盾反映在专业/科类上即高校招生的专业分布与学生报考的专业分布的结构性错位。研究表明：第一类供求双方整体上的结构不对称性较为显著，且具体到微观上可以找出为数不少的存在明显结构性错位的专业（详见本章第 4.1 节）。专业调剂的普遍存在就是最好的证明。此类矛盾如此突出的很大一部分原因在于生源市场在我国现阶段仍处在卖方市场的大环境中，作为卖方的高校没有足够的动力以第一类需求为依据开展大规模结构调整，从而学生的专业选择权得不到有效保障。高等教育第二类供求矛盾反映在专业/科类上即高校毕业生的专业分布与用人单位招聘的专业分布的结构性失衡。受研究条件所限，我们只能以不同专业/科类的就业率、学—职相关度等数据来评估它们各自的供求协调性，并通过比较专业/科类间差异来判断结构性矛盾的程度。数据显示：不同专业/科类的就业率差异较小而学—职相关度差异较大，后者说明了不同专业/科类具有显而易见的供求匹配度上的区别，进而意味着高等教育的第二类供求也存在着某种程度的结构性矛盾。遗憾的是，一者由于本书在评估高等教育的两类供求关系时用的是不同的方法和数据，从而无法将两者置于一个统一框架内进行比较，也就不能对两类供求矛盾的程度做出判断；二者由于数据上的不完整，本书无法获知哪些专业和专业类属于第二类供求矛盾最突出的专业（类），从而无法将它们与第一类供求矛盾最突出的专业（类）进行微观上的比较。以上两方面是本书实证评估中力所不及之处。按照常理，高校为更好地适应经济社会发展，政府为促进大学生就业，两者都会不遗余力地维护高等教育的第二类供求关系，将矛盾降至最低水平。因此，本书认为高等教育的第二类供求矛盾未必有第一类供求矛盾那样突出。

根据本书第 1 章对高等教育供求三角关系的讨论，我们知道在高等教育两种供求关系的背后还隐藏着一种矛盾，即个体需求和社会需求间的矛盾。其实质是个人群体和社会用人部门对高等教育产生的非对称拉力，具体到专业上即人们想学的专业与社会需要的专业在宏观上产生了结构性冲突。这种冲突的背后是两类需求主体在根本理念、目标、逻辑和利益上的冲突，它是使高等教育供求问题复杂化、多边化的根源，并深深触及了人类社会发展中的一些根本问题。高等教育的个体需求者以追求教育收益最大化为目标，希望所学专业能为自己带来就业率、就业收入、就业层次、职业发展、个人偏好、生活方式等的最佳组合，这种愿景归根结底即人们对美好生活的追求。高等教育的社会需求者以追求组织效益最大化为目标，如果是经济组织即以追求经济效益最大化为目标，因而需要哪些专业的人完全由这一核心目标内生地决定。两类需求者根本目标的不同决定了他们需求结构的非对称性。虽然本章没有对两类需求间的关系做过实证意义上的评估，但两者在专业/科类层面的结构性矛盾是不证自明的。生源好的专业未必是人才缺口大的专业，社会最需要人才的专业则未必是学生普遍偏好的专业。根据我们掌握的信息，学生报考的"热门专业"和我国经济发展亟须人才的专业在构成上有很大差别。一个明显的例子是社会对专科毕业生的需求更多地集中在那些服务于国民经济发展的支柱产业、一线岗位的专业，而专业填报结果显示专科生普遍期望进入三产或服务性行业工作，这种倾向比本科生更明显。两类需求预期的偏差归根结底是人的主观愿景和经济社会发展的客观条件之间的矛盾，这从不同专业毕业生就业的职业期待吻合度上就可以充分体现出来。当两类需求群体的内在矛盾在高等教育问题上被正面化、具体化后，高等教育的两类供求矛盾，尤其是结构性矛盾就同时被强化了，它们不仅在同一时空内长期存在，且相互间不可通约、具有很大的牵连性，常常表现为极其不规则的非对称结构，例如，一些专业在第一类供求关系中表现为供不应求的同时在第二类供求关系中却表现为供过于求。这使高等教育的结构调整陷入了两难甚至是三难的境地：学生本位还是社会本位或者是认知本位？

总之，本章说明了这样一个事实：高等教育的两头都存在专业/科类结构上的供求矛盾。具体到每一种专业/科类又可以分为若干不同情况，如两端反向矛盾、两端同向矛盾、单方面矛盾等，且所有矛盾都处于动态变化之中。不同专业/科类间不同情况的叠加和组合使整体供求矛盾的内部结构异常复杂。面对这样的事实，高等教育供求矛盾调节应何从下手？专业结构应如何调整？是否有可能让高等教育的两类供求关系同时走向结构上的平衡？本书理论部分即围绕这些问题展开讨论。由于我们面对的是一个整体性、系统性问题，理论分析须站在整体的角度展开，故不再涉及对具体专业/科类的讨论。

第 5 章　高等教育供求问题中的若干现象剖析

让数据说话不仅要对数据进行直观的、表面的分析，更重要的是深度挖掘数据背后的意义，从中提炼出有价值的理论议题，这样就可以在数据和理论之间建立起桥梁，巧妙地将两者结合起来。一方面，这才是大数据研究的真正要领，将隐藏在数据背后的问题揭露出来；另一方面，理论也不再是凭空产生、虚无缥缈的理论，而是基于社会现象的思考，是基于实证评估的思想。本章分四个议题来诠释本书的数据除了描述高等教育专业层面最基本的供求关系外还反映了哪些现象。这些现象有助于我们更深入地去思考高等教育供给和需求的特殊之处。本章的讨论是对前文的延续和深化，在范畴上仍属于"是什么"的问题，旨在为本书的主题提供更丰富的启发性信息，以便于政策创新。

5.1　大类招生受学生欢迎吗？

大类招生即按学科大类招生，是指高校将相同或相近学科下的专业按一个大类进行招生，通常是将同一院系中的相近专业合并招生。学生入学后首先经过 1~2 年的基础培养，然而根据双向选择的原则实行专业分流。大类招生是不同于按专业招生的一种高校实施的"通识教育"改革，最先由北京大学提出并实施。大类招生不仅仅是招生形式的变化，某种意义上也是高校做出的教学改革，涉及人才培养模式、课程体系、教学方式方法的深刻变革，是大类培养在招生环节的体现，同时也是高校进行内涵建设、提高人才培养质量的重要举措。大类招生有多种形式，最常见的是按学科招生，即在同一院系中不分专业，只按院系大类填报志愿，如电气信息类、工商管理类、经济学类、数学类等；另外一种是以基地班、综合班、试验班等形式招生，如北京大学的元培计划实验班、清华大学的人文科学实验班、浙江大学的工科试验班等；还有一种是完全通识教育的形式，即新生入学第一年不分专业、不分院系统一接受通识教育，以复旦大学、浙江大学为代表的高校通过书院、本科生院的建设，实行这种形式的大类招生。

理论上讲，大类招生有减少学生填报志愿的盲目性、增加学生专业选择的空间、强化"厚基础、宽口径"的人才培养模式、整合高校资源并提高效率、平衡冷门专业等优点，比起按具体专业招生似乎有无可比拟的优势。不过大类招生也存在违背学生意愿、偏离一部分学生需求的风险。虽然不同高校在后期专业分流时的做法不尽相同，但多数高校都是按学生入学后 1~2 年的学习成绩设置一定比例进行专业分流，于是成绩较好的学生都往所谓的热门专业集聚，剩下的学生则被分流到相对冷门的专业，从而加剧了学院内部专业之间的结构性矛盾，容易形成恶性循环。例如，笔者本科期间就读于某高校土木工程学院，当时院内共有土木工程、水利水电工程、给水排水工程和交通工程四个本科专业，以土木类进行大类招生。到了大二专业分流时，约有2/3学生的第一志愿是土木工程专业，但受学院资源格局所限，只有成绩排名靠前的1/3学生被分进该专业学习，很大一部分学生被调剂至自己不想学的专业中。对于学院而言，这就产生了专业之间的马太效应，冷热分明，界限清晰。更重要的是，学生根据自身兴趣理性选择专业成为一厢情愿，虽说经过前期的学习对不同专业方向和自身特长有了更深入的了解，但在实际操作中，除了大量学生盲目扎堆热门专业就是违背个人意愿接受专业调剂，和政策初衷有所背离，甚至还增加了暗箱操作的空间，不仅效果甚微还在一定程度上有损公平。

以上是从理论上讨论大类招生的利弊问题，那么实际上大类招生是否受学生欢迎呢？本书的大数据本身就包含了相关问题的答案，以下以本科层次中100个常见专业（类）为例来说明问题。在本书统计的100个常见本科专业（类）中，90个为具体专业，10个为专业类，即高校大类招生的单元。它们是大类招生中最常出现的10个专业类别，分别是电气信息类、电子信息（科学）类、工商管理类、管理科学与工程类、化学类、机械（工程）类、经济学类、生物科学类、数学类和物理学类。图5-1为这10个专业类别的招生人数之和占100个专业（类）总招生人数之比的变化趋势图，图5-2为这10个专业类别的平均招生率变化趋势图，图5-3为这些专业类的相对生源指数[①]变化趋势图。由前两幅图可知，10个专业类的总招生人数占100个专业（类）总招生人数的比重整体攀升趋势明显，且它们的平均招生率几乎单调上升。这说明大类招生的比重在显著提高，实施院校在不断增长，大类招生逐渐推广甚至普及。而图5-3显示，10个专业类的相对生源指数正在下滑，并从2011年开始平均生源水平一直低于均值，即按大类招生的整体生源开始不如按具体专业招生的整体生源。表明学生正变得越来越不喜欢大类招生，在同等条件下优先考虑填报具体专业。

图5-1 10个大类招生的典型专业类累计招生人数比重变化趋势

资料来源：历年《浙江省高考志愿填报参考》，本章所有图表的数据来源均同于此，不再重复注释。

---

① 此处将相对生源指数定义为目标专业（类）的平均生源指数与所有专业（类）的相对平均分均值之比。

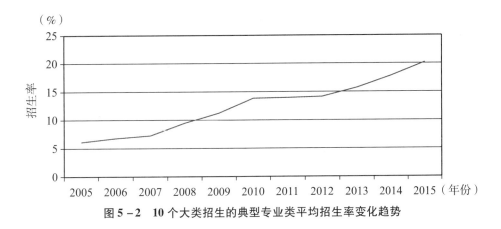

图 5 - 2　10 个大类招生的典型专业类平均招生率变化趋势

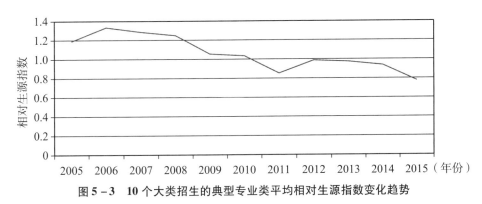

图 5 - 3　10 个大类招生的典型专业类平均相对生源指数变化趋势

　　从 10 个专业类平均招生首位率和平均生源首位率的关系以及平均供给指数和平均需求指数的关系均可看出学生排斥大类招生的迹象。如图 5 - 4 所示，相关专业类平均招生首位率在 2005～2015 年中变化不明显，约在 30%～35% 之间波动，而平均生源首位率则有一定程度的下降，从 2005 年的 23.3% 下降到了 2015 年的 14.88%。特别地，这些大类招生单元的平均生源首位率每年都低于平均招生首位率，无一例外，且两者在数量上完全不是一个水平。表明大类招生的供给和需求不在一个层次上，高校对大类招生的热衷远远超过学生对之抱有的兴趣，甚至有一厢情愿之嫌。平均供给指数和平均需求指数的走势构成了一个"X"形，两者的趋势正好相反，更是赤裸裸地说明了大类招生的推广带来的恰恰是第一类需求的转移，如图 5 - 5 所示。综上所述，大类招生正变得越来越不受学生欢迎，支持率显著走低，各类实验班、试验班生源的持续下滑就是一个典型的例子。然而，从近几年的数据看，大类招生大有取代专业招生之势，正从"985 工程"和"211 工程"高校向一般本科院校急剧蔓延，这也是高等教育第一类供求矛盾的一个方面。

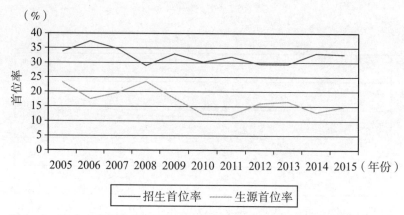

图 5 - 4　10 个大类招生的典型专业类平均招生首位率和生源首位率变化趋势

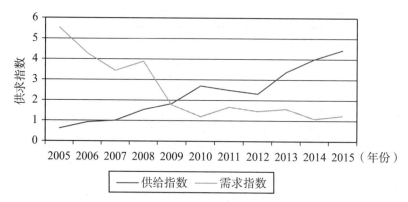

图 5 - 5　10 个大类招生的典型专业类平均供给指数和需求指数变化趋势

　　具体到微观上，每个大类招生单元均包含了若干具体专业，这些专业中通常只有少数专业较为热门，其余专业则生源一般。一般而言，大类招生时的生源处于其所包含的专业的中等水平。表 5 - 1 以电气信息类为例对大类招生时的平均生源指数和按具体专业招生时各专业的平均生源指数进行了比较。如表 5 - 1 所示，电气工程及其自动化、通信工程、电子信息工程和自动化 4 个专业的生源条件通常比按电气信息类大类招生时的生源条件更好，说明这些专业是电气信息类中相对热门的专业，填报电气信息类的学生通常是奔着这些专业去的；电子信息科学与技术、光电信息科学与工程、电子科学与技术、计算机科学与技术、软件工程、网络工程等专业的生源条件较按电气信息类大类招生时的生源条件更差，说明这些专业通常是电气信息类中不太受学生关注的专业，如按大类招生录取，它们很可能成为专业分流时大量接收调剂生的阵营。需指出，每个按大类招生的专业类别在不同高校中有不同的专业构成。如有的高校的电气信息类专业以电气专业群为主，有的高校则以信息专业群为主，另一些高校有可能以电子专业群为主，还有的高校则同时囊括了其中的 2 个及以上专业群，这完全因各高校的院系设置而异。表 5 - 1 综合了很多高校的情况列举了电气信息类中的大部分专业，并不代表每所高校的该招生单元均有如此丰富的专业构成。对比 2005 年和 2015 年的数据可知，2005

年按电气信息类大类招生时的生源处在表 5 - 1 中 11 个招生单元的最高水平，而 2015 年其整体生源条件已降至倒数第 3 位，很好地反映了学生报考意愿的变化。

表 5 - 1　　　　　电气信息类与其包含的主要专业历年平均生源指数对照

专业（类）名称	2005年	2006年	2007年	2008年	2009年	2010年	2011年	2012年	2013年	2014年	2015年
电气工程及其自动化	24.99	23.63	17.66	16.27	13.52	14.34	19.75	15.77	16.00	13.33	15.46
通信工程	22.96	21.15	15.60	13.96	11.30	9.48	17.45	10.52	10.21	8.59	11.57
电子信息工程	20.78	18.81	12.36	12.07	7.95	8.97	15.31	8.02	8.02	8.14	12.55
自动化	18.47	20.46	11.66	11.94	8.34	9.92	14.40	8.51	8.43	8.23	11.70
电气信息类	25.54	20.97	10.88	11.62	9.72	9.01	12.84	7.35	7.02	5.80	7.08
电子信息科学与技术	20.49	16.22	11.59	9.98	6.67	5.05	12.01	6.97	5.46	4.76	10.01
光电信息科学与工程	18.96	17.61	11.31	11.15	5.54	5.44	11.59	5.28	8.37	3.96	6.59
电子科学与技术	17.99	19.38	10.58	11.14	6.99	5.90	10.14	6.30	6.46	4.61	6.15
计算机科学与技术	16.93	15.45	10.61	8.82	6.80	4.75	11.51	6.69	6.53	5.85	9.06
软件工程	16.85	19.99	10.44	9.72	5.35	4.76	6.89	5.13	6.40	5.48	8.98
网络工程	12.97	14.35	11.09	7.61	4.53	3.84	11.74	6.14	6.55	4.25	9.65

注：本表中的专业按 2005～2015 年这 11 年平均生源指数均值从高到低的顺序排列，部分专业因样本较少，未包括在内。

　　总之，大类招生本质上是将某个专业群中的若干专业糅合在一起，待学生专业分流时进行教育资源的二次分配，因而其生源理论上代表了该专业群的平均水平，介于它旗下的热门专业和冷门专业之间。例如，工商管理类在进行专业分流时，大部分学生都倾向于选择会计学、财务管理、审计学等专业，这些专业的师资力量、教学资源与蜂拥而至的学生常常不相匹配，而像市场营销、旅游管理等专业则"门庭冷落"，很多学生因受前期学习成绩所限而被分流至此。事实上，从动态的角度看，很多被冠以热门词汇的大类招生单元的相对生源已大不如前。在同等条件下，学生更倾向于规避"宽口径"带来的不确定性风险，例如，物理学类的生源一般不如物理学、化学类的生源一般不如化学、生物科学类的生源一般不如生物科学、土建类的生源一般不如土木工程和建筑学、临床医学类的生源一般不如临床医学、经济学类的生源一般不如经济学等。

　　综上所述，大类招生是高校根据我国高等教育发展的实际情况做出的教学改革，正在全面推广中，而本书的数据显示：学生对这种招生形式的态度正在发生急剧的转变，从起初的积极响应转变为当前的有意规避。不论相对生源指数、生源首位率，还是需求指数，大类招生单元都逐渐落后于具体专业，证实了学生宁愿在一开始就明确自己所学专业，而不是先进入一个模糊地带后再做打算的需求心理。这是隐性的、不易被察觉的，但又实实在在存在的一种高校与学生群体之间的供求矛盾。一方面，高校在进行招生改革和相关政策创新时并没有考虑学生的意愿，而是基于学习他国经验或其他某种考虑自上而下式的改革，名义上是配合教学改革的一种做法，实则忽略了学生方面反馈的信息。更具批判性地说，大类招生从某种意义上也可以理解为高校面对外部环境变化带来的风险的一种应对策略：在大学间、学科间竞争日益激烈的背景下，大类招生有利于高校应对愈发激烈的生源竞争，尤其在高考大规模改革后，大类招生能最大限度地保证多数专业的生源质量，正面地说是"抱团取暖"，说得不好听一点则是"捆绑插件"的行为。从这个角度来理解，大类招生可能异化为高校从自身利益出发而采取的一种策略。另一方面，学生之所以对大类招生越来越不感冒，很大一部分原因出在专业分流的环节上。不论大类招生政策的初衷和实际出发点如何，由于教学资源不够充裕、分流机制不够合理，最终往往事与愿违，很多人被分流到非意向专业，学生的专业选择权照样得不到保障。

鉴于此，高校应对大类招生及其培养模式进行系统的科学论证和完整的制度设计：是否进行大类招生，大类招生和大类培养是什么关系，大类培养应怎么培养，怎样的专业分流机制是合理的等问题都要重新论证。即使实施人才的大类培养，也不能以牺牲学生权利为代价，要有一系列精细化、科学化、人性化的管理办法相配套，而不仅仅是简单的招生形式的变化，甚至异化为对生源的争夺。否则，大类招生就很容易被贴上"坑学生"的标签而被诟病。此外，实现这一系列改革的前提是要有充足的教学资源和教学能力作为保障，否则盲目学习他国经验就是"东施效颦"。可见，高等教育的任何改革都是一项系统工程，牵一发而动全身，未经系统设计的"断章取义式"的改革往往效果甚微，甚至与学生意愿背道而驰。需要说明，本书并不否认大类培养模式在人才培养中的积极作用，也不否认它作为高等教育教学改革的一种趋势的合理性，只是说面对大类招生中第一类供求矛盾日益显现的事实，需要认真地反思这种现象背后的问题，找出原因，并针对性地修复制度漏洞，而不应使之仅仅成为一种配合教学改革的潮流，甚至异化为大学平衡内部生源、谋求自身学科发展而将风险转嫁给学生的一种手段。

5.2 专业越来越不重要了吗？
——基于专业"好坏"维度的讨论

不同辞典和教育著作对高等学校中的"专业"有不同的定义。例如，《现代汉语词典》对"专业"的定义是："专业指高等学校的一个系里或中等专业学校里根据学科分工或生产部门的分工把学业分成的门类"；又如厦门大学潘懋元主编的教材《高等教育学》中写道："专业指课程的一种组织形式。"前者强调专业的实体性，后者强调专业的知识组织形式。卢晓东和陈孝戴（2002）指出，我国"专业"概念带有较强的实体意味，是相对独立的资源使用和产出单位，现行的专业管理规定反映和强化了这种认识；美国高等学校的专业仅指一个系列、有一定逻辑关系的课程组织，相当于一个培养计划或我们所说的课程体系。基于对"专业"的规范研究，两位学者对"专业"的概念做了进一步论述："专业是课程的一种组织形式，学生学完所包含的全部课程，就可以形成一定的知识和能力结构，获得该专业的毕业证书。"① 不论从哪个角度理解"专业"的内涵，可以确定的是专业是人才培养的基本单位，个人专业也好，跨学科专业也好，其核心均是服务于知识传承和人才培养。现在的问题是：在我国，专业正变得越来越重要还是越来越不重要了呢？

从直觉上判断，专业似乎正变得越来越不重要了。第一，从世界高等教育的动向看，专业教育的观念正越来越淡化，取而代之的是通识教育、博雅教育等高等教育理念，至少本科阶段如此。我国高等教育的发展也蕴含了相关观念的变迁，从最初完全借鉴苏联的教育模式到现在更多地吸收西方元素，初步形成了多元教育理念并存的格局，在保留和巩固专业教育的同时也日益注重"宽口径、跨学科、复合型"人才的培养，既重视专业，又淡化专业，既突出专业性，又强调交叉性、综合性。总体上，我国高等教育的指针相比于过去已有所偏离纯专业教育的一端，专业间相互渗透的模糊地带有所扩展。

第二，从学术研究的方面看，过去严格按照学科标准对知识生产边界进行划分的做法已难以适应人类知识增长的张力，以学科为框架和标准的鸽笼式学术研究越来越暴露出其局限性，开展跨学科、跨领域、综合性研究的呼声越来越高，一些跨学科、交叉性的学术研究机构和教学单位也应运而生。现实中在很多问题上以单一学科为基础的研究显得力不从心，需要开展多学科合作，甚至需要同时借助自然科学和社会科学的研究力量，利用人类创造的一切可用的知识、方法论、方法和技术进行无边界研究，最典型的学术领域如政策科学、区域科学、城市研究等都靠着跨学科起家，它们具有比其他社会科学更广泛的学术框架，以一种全新的方式获取和使用知识。由于在大学里人才培养和学术研究是紧密结合的，学术研究理念的变化必然会使人才培养的方式跟着改变，因而专业的概念至少在某些地带也会被弱化。

第三，从学生就业的方面看，越来越多大学毕业生进入与所学专业不相关的行业工作，尤其是不存在明显技术壁垒的行业。土建类专业毕业生可以从事房地产销售，公共管理类专业毕业生可以从事电子商务，甚至生物工程专业毕业生可能去从事外经贸等等。直觉上，大学毕业生的整体学—职匹配率呈逐年降低趋势，且发达地区的学—职匹配率低于不发达地区。这在很大程度上是一种观念的转变。在过去，学了一个专业而去从事其他行业的学生常常会被看成就业中的失败者或文凭的浪费者，如今这种现象已非常普遍，且在很大程度上完全是个人意愿问题，甚至可以看成是学生意识对专业教育的反叛。归根结底，我国计划经济向市场经济的转型必然引起社会观念的转变，专业教育在我国的特殊土壤中或多或少地带有计划经济的色彩，经过市场的冲刷后势必会弱化，且弱化专业教育的推动者在某种意义上正是接受高等教育的个人群体。

综上所述，我国高等教育中专业的重要性很可能正在下降。下文仍从学生的角度出发，透过专业间的生源集聚性变化来判断学生眼中的专业重要性变化。

以学生为第一人称进行这项分析是因为学生是直接被分入到各个专业中学习的主体，发生在这一群体中的变化最能反映问题的实质，而且学生也是推动高等教育改革的

---

① 卢晓东，陈孝戴. 高等学校"专业"内涵研究 [J]. 教育研究，2002（7）：47－52.

重要力量。特别要指出，以下评价专业重要性问题均从专业"好坏"的维度出发，不涉及分工意义上的重要性。评价这一问题的方法为位序—生源分布法。位序—生源分布法的原理如下（以生源首位率指标为例予以说明）：图 5 - 6 是 2005 年 100 个常见本科专业（类）生源首位率的位序分布图。横坐标为按生源首位率的专业排序，纵坐标为生源首位率，用以代理各专业的需求水平。以一条直线对图中的散点进行拟合，直线斜率的绝对值即可说明当年学生填报志愿时在不同专业中的集中度。斜率绝对值越大，表示不同专业的生源差距越大，在学生眼里"好专业"和"坏专业"的区分度越大、界限越分明，即学生比较在意学什么专业的问题；直线越平坦，说明专业间的生源结构越扁平，在学生看来"好专业"和"坏专业"的区别越不明显，大家的专业选择相对分散，即专业的替代弹性大、重要性弱。该法反映问题直观，操作简便，是从学生角度量化测评专业重要性的有效工具。如图 5 - 6 所示，当以生源首位率作为评价标准时，2005 年用位序—生源分布法测得的斜率绝对值为 0.374。这是一个静态的数值，在未与其他年份进行比较之前并不能说明任何问题，要有一个时间序列才能判断其变化趋势。据此，本书分别测算了同一参数不同年份的散点斜率，结果见表 5 - 2。为了多角度地评估问题，本书测算了几种不同统计量的历年散点斜率，计算结果均在表 5 - 2 中给出。同时，对同一年份下所有斜率进行求和，合成一个累计斜率值，用以综合反映学生需求在本书选取的专业序列中的集聚水平，本书称之为专业重要指数。

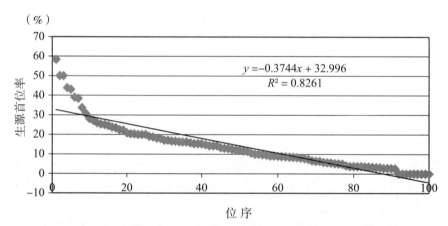

图 5 - 6　2005 年 100 个常见本科专业（类）生源首位率位序分布

表 5 - 2　　　　　　　按不同途径观测的各本科专业（类）位序—生源斜率值统计

观测途径	2005年	2006年	2007年	2008年	2009年	2010年	2011年	2012年	2013年	2014年	2015年
途径 1	0.356	0.38	0.253	0.247	0.198	0.191	0.308	0.23	0.198	0.19	0.208
途径 2	0.144	0.163	0.117	0.121	0.087	0.104	0.149	0.106	0.12	0.118	0.121
途径 3	0.107	0.127	0.126	0.111	0.085	0.096	0.1	0.114	0.093	0.089	0.095

观测途径	2005年	2006年	2007年	2008年	2009年	2010年	2011年	2012年	2013年	2014年	2015年
途径4	0.374	0.407	0.461	0.461	0.431	0.404	0.417	0.463	0.452	0.429	0.442
途径5	0.092	0.097	0.078	0.08	0.053	0.053	0.084	0.064	0.066	0.058	0.061
累计斜率值	1.073	1.174	1.035	1.02	0.854	0.848	1.058	0.977	0.929	0.884	0.927

注：途径1~5依次为平均生源指数（专业类层面）、平均生源指数（专业层面）、相对平均分进入前15%次数、生源首位率和需求指数，累计斜率值为前五项斜率绝对值的求和。部分专业（类）由于存在降分录取现象，平均生源指数为负，不包含在本表的统计中；在途径3一栏中，只选择入围次数大于0的专业（类）作为观测对象；在途径2、途径4和途径5三栏中，均以100个常见本科专业（类）为观测对象。

如表5-2所示，累计斜率值在2005~2015年期间大体呈先下降后平稳的变化特点，以2009年为分界点，2011年有小幅反弹。说明站在学生的角度上看，专业的重要性在2009年之前有一定程度的下降，2009年之后就不再有继续降低的迹象了。在2005年、2006年时，学生对专业的挑剔性需求最为明显，热门专业和冷门专业的区分度较大，热门专业的替代弹性较低。随后的几年中这种现象有所趋弱，但相关趋势并没有持续太久。从数值上看，2006年专业重要指数最高，2010年该指数最低。具体到每一种观测途径则各有各的变化趋势，如专业层面和专业类层面的平均生源指数斜率的变化趋势与总指数基本一致，先下降后稳定，而生源首位率的斜率则无明显变化规律可循。一般而言，复合指标比单一指标在说明问题时更综合、更稳健、更全面。总体上，如果仅仅拿2015年的数据和10年前的数据比，学生眼中的专业重要性的确有所下降，但确切地说这并不是一个持续演化的过程。对于观察一个事件的演化而言，本书的时间序列显然不够长，可能需要30年才能看得清楚，因而本节的判断并没有被严格地证实，但至少我们提出了这一问题并提供了评价问题的视角和方法。本书倾向于认为，从长期看，我国高等教育中专业的重要性是趋于下降的，但它可能受特定时期政策环境的影响呈阶段下降或阶梯下降特点，而不是全过程持续下降，而且下降到一定程度后就会达到稳定状态，甚至会因为政策环境的变化有所反弹。换言之，专业的重要性在特定时期内存在特定下限，不可能无限降低直至达到可以取消专业的程度。2009年以来的7年中累计斜率值不再下降可能提示了在目前的社会环境下，如果没有大的变革，从学生群体反馈而来的专业重要性已处于一个相对稳定的水平。

从表象上看，表5-2中的数据反映的是学生对高等教育中的专业所持态度的变化，实际上其背后蕴含了整个社会经济环境的变化。学生态度的转变一方面与教育中的自我意识加强有关，另一方面在很大程度上也是根据社会经济环境的变化做出的策略调整。从这种意义上讲，个体对高等教育的需求除了个人因素外至少部分地包含了社会现实和社会价值的因素，学生群体在中间起到了相当于媒介的作用，将高等教育与外部系统联系起来，就像高等教育将个体和社会经济联系起来一样。具体到专业问题，个体的挑剔性需求表现出一定程度的减弱与市场经济的道理完全相通。在市场经济条件下，只要某个领域有较大的超额利润空间，就一定会有大量投资者涌入来瓜分这块蛋糕，直至超额利润消失。高等教育中专业的供求关系也一样，"好专业"和"坏专业"界限分明是高等教育供求关系不成熟的一种表现，随着大量学生在热门专业扎堆，热门专业给个体带来的红利将不断缩水直至消失。年复一年，人们就会像逃离"北上广"一样试图去寻找新的"净土"，直至不同专业的教育收益趋于平衡，学生基于个人兴趣以外的挑剔性需求就不再明显。所以从长期看，成熟的高等教育供求关系中专业之间不应有太悬殊的好坏之分，只有"术业有专攻"的差异，这里蕴含了极其深刻的理性经济人逻辑。反过来，也正因为术业有专攻，专业的重要性不会无限降低，当热门专业的超额收益被削平以后，专业的重要性就会维持在由纯粹的分工差异带来的水平，学生基于个人兴趣的挑剔性需求仍然存在。此外，专业重要性在一定范围内下降还与另一个因素有关：自主创业的大学毕业生和有自主创业意愿的大学毕业生越来越多。随着创业教育的兴起和扩散，学生的创业意识得到强化，而创业更多的是要具备一些综合能力，与所学专业无关，与高深理论、精湛技术也无关，学经济学、投资学专业的人不一定比学农学、园艺专业的人更有创业优势。在素质教育、能力本位教育的全面推进、学生创业意识的加强和就业方式的多样化等多重因素共同作用下，学生对专业的依赖性必将有所减弱，这也是市场经济环境对高等教育产生的影响。

综上所述，从学生的角度看，专业的重要性在一定时期内发生变化是学生自我意识的变化和主动参与供求关系调适的结果，是人们从过去对部分专业过度集聚的需求倾向中逐渐向外扩散的理性过程，也是学生在就业中对专业依赖性降低的过程。但这并不意味着专业对于学生来说就是不重要的，并不能成为高等教育在供给中不考虑学生需求的遁词。专业的重要性下降仅仅是针对专业好坏这个维度而言的，就专业分工的维度讲，似乎并没有证据可以证明专业的重要性已低到可以忽略学生需求的程度。在今后，个体对不同专业的需求将变得越来越多样化、个性化，并且比以往具有更强的时间转移效应，这些都需要作为高等教育提供者的政府和大学做出科学的回应。

5.3 专业也和学校一样有层次性吗？

众所周知，高等学校在客观上是存在层次性的。理论界和实践领域均会把高校的层次性问题放到台面上来讨论，人们对高校层次性的说法也早已习以为常。例如，从办学层次的角度可以把我国高校分为高职高专院校、本科层次院校、"本—硕"层次院校和"本—硕—博"层次院校；从国家定位的角度可以把我国本科院校分为"985 工程"高校、"211 工程"高校和一般本科院校或"世界一流大学""拥有一流学科的高校"和一般本科院校。除此之外，还可以从其他角度对大学的层次进行划分，甚至可以分得很细。可以说高校的层次性已是一个被广泛讨论的问题。然而，笔者从未从文献中看到过专业层次性一说，专业的层次性几乎闻所未闻。那么，在真实世界中高校中的专业存在层次性吗？本书认为虽然对于大部分专业而言这一点尚未明确，但一些专业似乎已显现出层次分化的苗头。殊不知一叶落而知天下秋，见微知著，因而有必要对其投以关注。

本书的第 2 章和第 3 章曾多次提及专业的层次分化问题，并分散地讨论了某些专业在本科和专科中的分层现象和另一些专业在一本院校和二本院校中的分层现象。前者存在于实实在在的学历层次，后者则存在于由高考招生区分开的本科内部的层次，前文曾称之为亚层次。事实上，一本院校、二本院校、高职高专是在统一高考中根据考生学业水平（成绩）分段产生的分层，与之对应的是招生中的院校分层——重点大学、普通本科和高职高专院校。这种分层是政策意义上的分层，可以近似看作高校办学层次和生源层次相结合的组合分层，与纯粹人才培养意义上的分层有所不同。尽管如此，这种分层在我们讨论专业层次性问题时仍有一定的分析价值。可以近似地认为，一本院校的办学层次、办学水平和生源层次通常高于二本院校，二本院校则高于专科院校。事实上，在这样的划分下进行专业的层次性研究具有某种好处：三个层次均产生于高考高招下的统一标准，其数据符合可比性原则，反倒是严格按照"专—本—硕—博"的学历层次开展分析存在标准不统一及数据不可比问题。鉴于此，下文将一本院校、二本院校和高职高专线性地串联在一起，按照这种层次结构进行专业的层次性分析。

探讨专业的层次分化问题可以从几种不同角度入手，如学生需求的角度、高校设置的角度、社会需求的角度等等。理论上，如果一国高等教育的供求关系基本协调，那么从不同途径开展的评价应具有结果上的一致性。具有高层次化倾向的专业无论反映在高校设置上，或是生源上，还是社会需求上都应具备相应特征，反之亦然。根据前文的实证研究，我国高等教育的两类供求在专业层面均存在某种程度的结构性失衡，从而很容易判断从不同角度分析专业的分层现象将得出相对不同的结论。考虑到本书理论部分提倡的是建立以学生为中心的高等教育供求均衡模式，认为学生需求是整个高等教育供求三角中最关键的节点，发挥着信号传递作用，故下文选取学生需求的角度对 80 个常见本、专科专业进行层次性分析，从一个侧面说明问题，分析结果见表 5 - 3。

表 5 - 3　　　不同层次中 80 个常见专业按生源指数排序对照（2005 ~ 2015 年）

一本院校		二本院校		高院高专院校	
排序	专业名称	排序	专业名称	排序	专业名称
1	临床医学	1	建筑学▲	1	会计
2	建筑学▲	2	临床医学	2	国际金融
3	中医学	3	金融学▲	3	国际经济与贸易
4	金融学▲	4	会计学	4	口腔医学
5	城乡规划	5	电气工程及其自动化▲	5	商务英语
6	会计学	6	土木工程▲	6	临床医学
7	电气工程及其自动化▲	7	金融工程	7	建筑经济管理
8	物理学★	8	中医学	8	护理◆
9	生物科学★	9	工商管理类	9	应用英语
10	金融工程	10	国际经济与贸易	10	服装设计

一本院校		二本院校		高院高专院校	
排序	专业名称	排序	专业名称	排序	专业名称
11	土木工程▲	11	机械设计制造及其自动化	11	工程造价
12	国际经济与贸易	12	通信工程▲	12	中药
13	数学与应用数学★	13	城乡规划	13	应用日语●
14	化学★	14	英语	14	报关与国际货运
15	财务管理	15	财务管理	15	建筑设计技术▲
16	工商管理类	16	经济学	16	助产
17	园林★	17	自动化▲	17	国际商务
18	机械（工程）类▲	18	能源与动力工程◆	18	畜牧兽医●
19	车辆工程▲	19	工商管理	19	金融管理与实务▲
20	通信工程▲	20	给排水科学与工程◆	20	财务管理
21	经济学	21	法学	21	工商企业管理
22	英语	22	工程管理	22	国际贸易实务
23	机械工程	23	日语●	23	机械制造与自动化
24	机械设计制造及其自动化	24	车辆工程▲	24	会计电算化
25	法学	25	电子信息工程▲	25	医学影像技术
26	食品质量与安全▲	26	工业设计	26	机械设计与制造
27	电子信息（科学）类	27	生物医学工程◆	27	药学
28	电气信息类▲	28	机械电子工程	28	物流管理◆
29	工商管理	29	应用心理学	29	建筑工程技术▲
30	电子信息工程▲	30	电子信息（科学）类	30	机电一体化技术
31	材料科学与工程	31	药学	31	生物技术及应用◆
32	应用心理学	32	人力资源管理◆	32	电子商务◆
33	药学	33	园林★	33	医学检验技术
34	自动化▲	34	软件工程	34	道路桥梁工程技术
35	高分子材料与工程	35	统计学	35	物业管理
36	交通运输	36	物流管理◆	36	生物制药技术
37	制药工程	37	材料科学与工程	37	市场营销◆
38	工程管理	38	电子商务◆	38	环境监测与治理技术
39	能源与动力工程◆	39	建筑环境与设备工程◆	39	建筑工程管理
40	食品科学与工程▲	40	高分子材料与工程	40	建筑装饰工程技术
41	给排水科学与工程◆	41	测控技术与仪器◆	41	人力资源管理◆

续表

一本院校		二本院校		高院高专院校	
排序	专业名称	排序	专业名称	排序	专业名称
42	环境工程	42	机械（工程）类▲	42	投资与理财
43	电子科学与技术▲	43	数学与应用数学★	43	动漫设计与制作
44	统计学	44	材料成型及控制工程◆	44	园林技术★
45	电子信息科学与技术	45	过程装备与控制工程◆	45	连锁经营管理
46	光电信息科学与工程	46	交通运输	46	康复治疗技术
47	工业设计	47	动物医学●	47	电气自动化技术▲
48	日语●	48	环境工程	48	园艺技术
49	生物工程	49	纺织工程◆	49	金融保险
50	计算机科学与技术	50	制药工程	50	眼视光技术
51	生物技术◆	51	电气信息类▲	51	园林工程技术
52	物流管理◆	52	电子信息科学与技术	52	数控技术
53	化学工程与工艺	53	生物工程	53	汽车检测与维修技术▲
54	生物医学工程◆	54	化学★	54	软件技术
55	环境科学	55	计算机科学与技术	55	旅游管理◆
56	材料化学★	56	食品质量与安全▲	56	酒店管理
57	信息管理与信息系统▲	57	电子科学与技术▲	57	市场开发与营销◆
58	软件工程	58	光电信息科学与工程	58	计算机应用技术
59	人力资源管理◆	59	工业工程	59	文秘
60	动物医学●	60	网络工程	60	通信技术▲
61	教育技术学▲	61	应用化学	61	应用化工技术
62	应用物理学★	62	化学工程与工艺	62	电子信息工程技术▲
63	测控技术与仪器◆	63	信息管理与信息系统▲	63	工程监理
64	电子商务◆	64	市场营销◆	64	会展策划与管理
65	信息与计算科学	65	环境科学	65	楼宇智能化工程技术
66	应用化学	66	生物技术◆	66	模具设计与制造
67	过程装备与控制工程◆	67	物理学★	67	汽车电子技术▲
68	纺织工程◆	68	安全工程	68	房地产经营与估价
69	工业工程	69	食品科学与工程▲	69	计算机网络技术
70	市场营销◆	70	旅游管理◆	70	移动通信技术
71	旅游管理◆	71	生物科学★	71	旅游英语
72	建筑环境与设备工程◆	72	材料化学★	72	工业设计

一本院校		二本院校		高院高专院校	
排序	专业名称	排序	专业名称	排序	专业名称
73	材料成型及控制工程◆	73	信息与计算科学	73	市政工程技术
74	网络工程	74	测绘工程	74	应用电子技术
75	公共事业管理	75	应用物理学★	75	汽车运用技术
76	动物科学	76	教育技术学▲	76	计算机信息管理▲
77	测绘工程	77	护理学◆	77	食品营养与检测
78	安全工程	78	公共事业管理	78	生产过程自动化技术▲
79	护理学◆	79	动物科学	79	生化制药技术
80	水产养殖学	80	水产养殖学	80	汽车技术服务与营销

注：80个专业在一本院校和二本院校中完全对应，专科专业和本科专业在设置上存在差异，最常见的专科专业与最常见的本科专业有所不同，故80个专业中本科专业和专科专业不能一一对应。但是，有些专科专业和本科专业虽然名称不同，但内涵基本一致，实际上相当于可对接专业，如本科中的计算机科学与技术专业和专科中的计算机应用技术专业、本科中的通信工程专业和专科中的通信技术专业、本科中的动物医学专业和专科中的畜牧兽医专业等都属于这种情况，本书将这样的本、专科专业视作同一专业。带★的专业为平均生源指数在一本院校、二本院校、高职高专院校中的排名依次显著递减的专业，或平均生源指数在一本院校中的排名显著高于在二本院校中的排名且高职高专院校中找不到对应专业的专业。带●的专业正好相反，为平均生源指数在一本院校、二本院校、高职高专院校中的排名依次显著递增的专业。带▲的专业为三个层次中有两个层次的平均生源指数排名存在显著差距且较高层次的排名高于较低层次的排名的专业。带◆的专业为三个层次中有两个层次的平均生源指数排名存在显著差距且较高层次的排名低于较低层次的排名的专业。其他未标注的专业为不具有明显分化倾向或层次性不明确的专业。

表5-3每一列中的专业均已按平均生源指数自高到低的顺序依次排列，四种符号的含义详见表后注释。结果显示：物理学、生物科学、数学与应用数学、化学、园林、材料化学和应用物理学7个专业在不同层次中位次差距最为悬殊。其中园林专业在一本院校、二本院校、高职高专院校中的相对生源条件依次大幅下降；其余6个专业只存在于本科院校，且在一本院校中的相对生源条件大大优于二本院校。这说明相关专业表现出较强的第一类需求分层倾向，所在高校的层次越高，它们的生长土壤越好，存在感越强。特别的，7个专业中就有5个来自理学门类，与之前的研究发现形成呼应。一般而言，理学专业是探索纯科学规律的专业，是培养科学家的专业，功利性最弱，最不需要与市场需求直接对接。理学专业培养的人不是面向科研行业就是面向教育行业，这两个行业恰恰是对学历、学校、学科要求较高的行业。高学历、重点大学、重点学科几乎成了理学专业毕业生找到理想工作的重要前提，且重点大学、重点学科往往又是通往高学历的绿色通道。这促使理学专业的第一类需求产生了较为彻底的层次分化：有条件进入重点大学的人比其他群体更有意愿选择这些专业。很难想象如果是专科生学了相关专业会有怎样的出路。可见，专业的层次分化不仅事实上存在，而且理论上亦有据可循。

日语和动物医学2个专业正好与上述专业相反，所在高校的层次越低越具有相对生源优势，尤其受专科生青睐。某种意义上说明了这两个专业在就业中讲的是实用性，社会预期对文凭的要求不高，且它们的高学历人才本身可能也不多。这就使地方本科院校和高职高专院校的相关专业学生在就业市场中有较大的施展空间，只要有一技之长就能找到自己的一席之地。事实上，这样的专业还有不少，凡是研究生培养，尤其是博士研究生培养尚不普及的专业都可能是此类专业。受本书样本容量所限，未能识别更多这样的专业。建筑学、金融学、电气工程及其自动化、土木工程等15个专业属于可能存在层次分化的专业，表现出一定的高层次化倾向。它们有的较受本科生欢迎而不受专科生欢迎，即生源的分水岭出现在本科和专科之间，有的则较受一本生欢迎而不受二本生和专科生欢迎，即生源的分水岭出现在本科内部。由于只存在"两段式"分层而不是"三段式"分层，这些专业的层次性不如带★的专业明确。同理，护理学、旅游管理、市场营销、电子商务、物流管理等15个专业也只是可能存在层次分化，表现为一定的低层次化倾向。它们有的拥有较好的专科生源而本科生源相对一般，有的则在二本院校中生源较好而在一本院校中生源条件一般。同样由于不是"三段式"分层，它们的层次性不如带●的专业明确。表5-3中无符号标记的专业未表现出显著的分化倾向或层次性不明确。例如，临床医学、会计学、国际经济与贸易、财务管理等专业在一本院校、二本院校和高职高专中均是炙手可热的专业，各层次的相对生源条件旗鼓相当，而网络工程、软件工程、工业设计、工程管理等专业在三个层次中的位次出现了不规则跳跃，因而均无层次性可言。总之，不同专业不同的层次倾向均是高等教育第一类需求自然分化的结果，都有其内在逻辑。

综上所述，从生源的角度讲，80个专业中有9个专业存在明显的层次性，有30个专业存在一定的分层倾向，合起来约占50%。不难推测，表5-3未涉及的专业中，也会有相当一部分专业有类似表现。若改变观察视角，从高校专业设置和招生的角度或社会需求的角度来做同样的分析也可以发现不同专业在层次倾向上的差异。这意味着专业的层次性是客观存在、有事实依据的，不是凭空构造、虚无缥缈的，至少在部分专业中已得到体现。专业的层次性不像院校的层次性那样显而易见，它是一个"隐性基因"，以院校的层次性为载体，内含于其中。正因其隐秘，从未被人们敏锐地捕捉到，从而是一个目前观念形态上暂不存在，实际上已有所表现的问题，亟须提升至理论层面予以关注。本书认为，之所以专业会出现分层，与每个专业的内涵尤其是人才培养逻辑上的差异密切相关。每个专业均有自己明确的培养目标、培养要求、培养模式、课程体系和就业方向，正因为不同专业之间存在这些区别，所以才可以将种类如此繁多的专业按一定规则分门别类。然而，目前官方对专业进行分类的依据主要是学科知识的逻辑，这种逻辑的垄断恰恰遮蔽了区分专业的其他逻辑。如果换一种角度，如按人才培养的逻辑、社会需求的逻辑、人力资本分级分类的逻辑，不同专业就可以以另一种截然不同的标准进行排列组合，最终形成的站队情形很可能就是专业分层的结果，于是专业的层次性在新的规则和秩序下得以充分显露：哪些专业已有明显的层次倾向，哪些专业正处于分化阶段，哪些专业相对均衡地遍布所有层次，暂无主场。如此一来，就可以从专业层次结构的角度对不同专业的供求关系进行评价和管理，这是一个极具政策价值的理论问题。

按照上述思路，甚至可以说目前以单一学科知识逻辑为标准的专业分类事实蒙蔽了很多富有价值的线索，专业分层就是其中的一种。在单一学科知识逻辑中，专业只是个分工问题，分层基本是无稽之谈，而一旦颠覆性地切换到人才培养逻辑，专业就有可能分层。实际上，专业分层早已内置于院校分层之中，只是未引起广泛关注而已，不然为什么职业院校不开设地球物理、地球化学、哲学、理论力学、国民经济管理、公共政策等专业呢？而博士研究生招生又很少涉及护理学、包装工程、音乐表演、主持与播音、殡仪服务与管理、文秘等专业呢？总之，专业存在层次性已成为事实，现在最重要的是如何摆脱既定理论、逻辑、秩序和标准对这一问题的遮蔽，如何通过批判性地审视找回长期缺席的人才培养逻辑，并借此重塑专业空间，如何以新视角、新途径评价专业的供求关系。这是一个能将事实研究和价值研究恰到好处地结合起来的学术课题，对于专业层面的供求问题研究也有一定启发。相关问题带给本书的启示是：大学应敏锐地捕捉不同专业的需求层次分布信息，以之作为专业设置和人才培养的依据之一，让供给的专业分层与需求的专业分层相协调。一方面，这可以使"专业"真正服务于人才培养，实现其本质属性的历史归位，使大学的专业设置符合人才培养的需要。另一方面，通过专业分层可以反过来促进大学分化，促进大学的错位发展，减小专业设置和人才培养的无序性。此外，我们认为最理想的做法是取消政策意义上的院校分层，即合并一本院校、二本院校等招生批次，让天然的市场力量引导专业的层次分化，再让专业的层次分化内生地促进院校的分层、分工和分化，这不仅是协调高等教育供求关系的一种思路，也是从根本上重塑高等教育多方面结构的有效途径。

5.4 第一类需求中的"超额需求"和"差异化需求"

超额需求也称"过度需求"，是指在既定价格下需求超过供给的差额，具体指某种物品或服务的市场需求超过了企业所能提供或愿意提供的水平的一种需求状况。超额需求可能由供给暂时性短缺引起，也可能是价格太低的缘故，还可能是产品长期过分受欢迎所致。超额需求理论是韦斯布罗德（Weisbrod，1975）在研究非营利组织的自愿供给时界定的概念。詹姆斯（James，1993）将这一概念引入到教育供求关系的研究中来，用于分析家庭对私立教育的需求，指的是当财政对教育投入不足时，公立学校无法满足所有求学者接受教育的需求，从而一部分人不得不进入私立学校时的需求。詹姆斯（James，1993）假设接受私立教育是一种次优选择，因而人们对私立教育的这部分需求应算作超额需求。通常而言，超额需求理论更适用于高等教育领域，对基础教育的解释力有所不足。在很多国家，公立基础教育已经普及，上公立学校基本可以免费或收费较低，并可以满足绝大多数人的入学需求，超额需求理论无法解释在这种情况下人们依然选择私立教育的现象，于是差异化需求理论应运而生。顾名思义，差异化需求指不同的人对不同产品或服务具有不同偏好。在教育问题上，即由于宗教、文化、质量、收入等存在差异导致了人们对不同类型教育的需求也是差异化的，有人就是偏好私立教育。同群效应是差异化需求产生的一个重要原因，贵族学校的存在依据就在于此。质量是另一个重要因素，就高等教育而言，美国排名靠前的大学中私立大学的比重反而更高，可见私立教育在质量方面可以有更大的弹性空间。

超额需求和差异化需求在消费者理论中可以得到很好的解释。教育服务是一种受政府管制的商品，政府的有限投入能力使教育服务短缺，常常需要借助于市场的力量提供教育服务，尤其是高等教育，从而私立学校就有较大的发展空间。私立学校一旦得到发展，就可以在若干方面与公立学校展开竞争，特别是在质量方面完全可以超越公立学校，从而就会产生所谓的差异化需求。从我国盛行的择校行为中就可以较好地折射出人们对不同类型高校的超额需求和差异化需求。从实证的角度讲，教育中的超额需求和差异化需求很难被完全分离出来。一些求学者本想选择公立学校，但由于达不到其进入门槛等原因不得不转而进入私立学校，另一些求学者基于对办学质量、同群效应甚至上学距离等方面的考虑可能弃公投私，从而即便在同一个国家两种需求都是交织在一起的。詹姆斯（James，1993）针对 12 个发达国家和 38 个发展中国家的实证研究支持了相关论述：私立教育的发展规模需同时用两种需求理论进行解释，并且也受到政策因素的影响。此外，宋光辉和陈勇（2009），方芳和钟秉林（2011），王旭辉（2015）均对我国教育中的超额需求和差异化需求问题进行了实证研究，其中后两者是针对民办高等教育的研究。相关研究结论显示，我国的民办高等教育主要依赖于超额需求，而非差异化需求，即主要还是作为公办高等教育补充者的角色而存在，这与一些西方国家有所不同。[①] 实际上，超额需求理论和差异化需求理论可以在很多方面解释我国高等教育院校层面的第一类需求问题。如学生对高职高专院校的需求相对于对本科院校的需求显然是超额需求，新建本科院校相对于以"985 工程""211 工程"为代表的老牌本科院校显然也是以吸收超额需求为主，而具有不同专业特色的院校之间则在很大程度上呈现出差异化需求。以上判断均可通过学生择校的结果得到检验。

那么在高等教育的专业层面，学生的需求是否也可以用超额需求理论和差异化需求理论来解释呢？首先，毋庸置疑，同一学历层次内学生对大部分专业的需求均表现为差异化需求。例如，在本科生群体中，有人喜欢经济管理类专业，有人喜欢理学专业，有人喜欢工学专业，也有人喜欢医学专业，还有人喜欢文、史、哲相关专业……同样是理学门类下的专业，有人喜欢数学，有人喜欢物理学，有人喜欢化学，还有人喜欢生物科学……绝大多数专业均有相对稳定的顾客群体，因而差异化需求必然是占据主导的。从图 3 – 19、图 3 – 28、图 3 – 36 和图 3 – 42 中均可看出本、专科内部不同专业类或专业的平均生源指数大致呈高瘦状的正态分布，大多数专业类或专业的平均生源指数位于均值附近，彼此较为接近，只有少数专业的平均生源指数偏离均值较远。由此可知，学生在选择专业时除少数特别热门和特别冷门的专业外，对大部分专业的集体兴趣或平均就读意愿处在伯仲之间，从而差异化需求理论不证自明。否则被专业调剂的学生就会占到很高比例。原因在于当超额需求占据主导时，学生的第一志愿专业就会较为集中，从而满足率就会偏低。

从图 5 – 7 和图 5 – 8 中可以看出，10 个随机选取的本科专业和 10 个随机选取的专科专业各自内部的相对平均分分布较为接近。图中横坐标为各专业在不同高校中的相对

---

① 具体可参见笔者发表于《教育发展研究》中的《我国民办高等教育的需求特征和需求制约因素分析——基于浙江省考生选择的实证研究》一文。

平均分分布，纵坐标为专业代码。其中代码1~10对应的本科专业依次为测控技术与仪器、电子科学与技术、法学、工程管理、工商管理、化学工程与工艺、能源与动力工程、生物工程、市场营销和数学与应用数学；代码1~10对应的专科专业依次为电气自动化技术、电子商务、机电一体化技术、计算机应用技术、旅游管理、模具设计与制造、市场营销、数控技术、物流管理和应用电子技术。这些本、专科专业都是按开设率较高的原则随机选取而来。如图5-7和图5-8所示，10个本科专业的相对平均分集中分布在0~20分的区间内，少数院校的相关专业相对平均分较高，最高可达80多分。10个专科专业的相对平均分集中分布在-10~30分的区间内，少数院校的相关专业相对平均分较高或较低，最高可达50多分，最低约在-30分左右。总体上看，10个本科专业的相对平均分有着相似的分布特点，基本看不出有何错位，10个专科专业同样如此。这说明这些专业的生源水平分布极为相似，意味着它们的整体生源构成相接近，进而说明学生对这些专业的需求是差异化的，每个专业都有相似的市场份额，没有谁可以凌驾于谁，也没有谁明显不如谁，这就可以较好地从差异化需求中得到解释。由于图5-7和图5-8中的专业是随机选取的，从而说明了差异化需求理论可用以解释学生对大部分专业的需求。

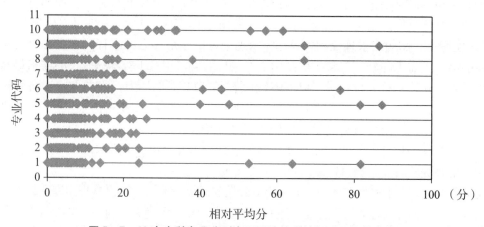

图 5-7　10 个本科专业分别在不同院校中的相对平均分分布

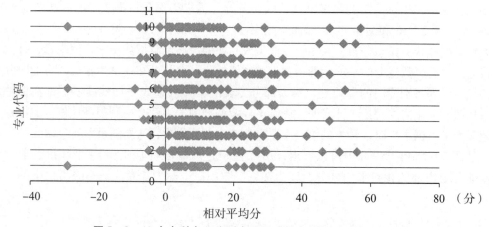

图 5-8　10 个专科专业分别在不同院校中的相对平均分分布

其次，同一学历层次内部分专业间显著的报考热度差异可以从超额需求理论中得到解释。一些生源条件较差的专业相对于生源状况较好的专业，或冷门专业相对于热门专业，常常表现为超额需求。学生对热门专业的集体识别和追逐使这些专业需求过旺并凌驾于其他专业之上，而另一小部分专业则常常被学生集体忽略或冷落成为志愿填报的边缘地带。这些边缘地带的专业相对于热门专业显然只是大部分学生的次优选择、次次优选择，甚至是无奈的选择或被调剂的阵地，从而这部分需求就应视为超额需求。虽然不能绝对地说学生对冷门专业的需求完全是超额需求，再冷门的专业也一定不乏主动选它的人，只是人多人少的问题，但这不妨碍从统计上证明其主要需求来源是超额需求。就好比再丑的人也一定不乏欣赏他的人，只是大部分人在择偶时同等条件下优先考虑外在美的人。人们选择专业和适婚人群择偶的逻辑非常相似，从某种意义上讲，"专业"和"对象"是属性上非常接近的两种产品，远比纯经济学意义上的商品更具有逻辑上的共同点，超额需求理论对学生选择专业的解释力和对人们选择对象的解释力基本相当。

图 5－9 为工程力学、安全工程、土木工程和建筑学 4 个本科专业在不同院校中的相对平均分分布图，四个专业在纵坐标上分别对应于 1～4 四个数字代码。图 5－10 所表达的信息同图 5－9，代码 1～4 对应的专业依次为软件工程、应用物理学、金融学和临床医学。图 5－11 为 4 个专科专业的相关情况，代码 1～4 对应的专业依次为模具设计与制造、软件技术、临床医学和工程造价。如图 5－9 至图 5－11 所示，工程力学和安全工程 2 个专业的相对平均分普遍较低，分布范围比土木工程和建筑学 2 个专业窄得多；同理，软件工程和应用物理学 2 个专业的相对平均分分布范围比金融学和临床医学 2 个专业窄得多；专科中模具设计与制造和软件技术 2 个专业的相对平均分分布范围与临床医学和工程造价两个专业错位明显。据此可知，三组专业内部均存在显著的生源分层现象。特别是在专科这个组别中，生源分布明显存在错位，好学生都去了临床医学和工程造价专业，差学生则囤积在模具设计与制造和软件技术专业，很显然后者是专业调剂的结果。在本科的两个组别中，专业之间虽然没有明显错开，但优质生源也都集中在一些专业，另一些专业完全吸引不到好学生，意味着它们的第一志愿率有天壤之别。从而较好地证实了专业层面超额需求的存在。反过来说，出现这么明显的生源分层现象也

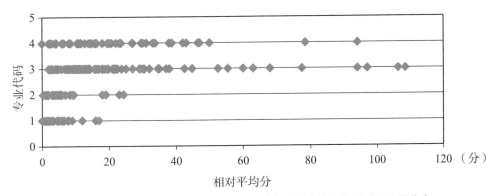

图 5－9　工程力学等 4 个本科专业分别在不同院校中的相对平均分分布

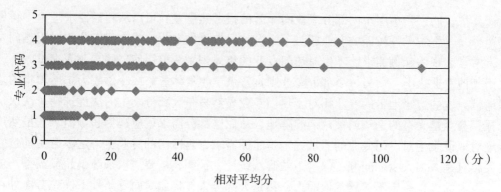

图 5-10　软件工程等 4 个本科专业分别在不同院校中的相对平均分分布

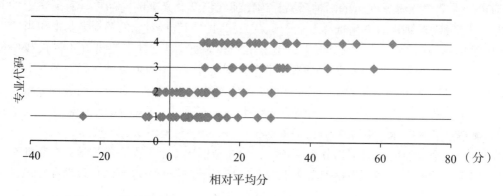

图 5-11　软件技术等 4 个专科专业分别在不同院校中的相对平均分分布

只能从超额需求理论中得到解释。当然，这三张图中的专业不再是随机选取的，而是为了说明超额需求的存在本书特意挑选出来的。因此，确切地说超额需求理论适用于解释生源差距较大的专业，而差异化需求理论则适用于解释大部分生源条件接近的专业。将两种理论结合起来就能全面地、准确地解释高等教育专业层面的第一类需求结构。

　　需要说明，以上分析有助于我们直观地、定性地识别超额需求的存在，如要定量地测算各专业超额需求的比率，则需进一步借助于更精确的方法。从统计意义上讲，每个专业的内部生源水平大致呈正态分布，理论上将 2 个专业的正态分布曲线置于同一张图中即可估算它们之间超额需求和差异化需求的比率，两条曲线产生的交集即可近似地看作差异化需求部分，如图 5-12 所示。因此，可以通过计算重叠部分的面积占整个封闭区域面积之比来估算差异化需求的比重，从而也就知道了超额需求的比重。举个最极端的例子，如果 2 个专业的正态分布曲线完全重合，则它们的第一类需求完全是差异化的，不存在超额需求；相反，如果 2 个专业的正态分布曲线完全分离，没有任何交集，则学生对生源较差的那个专业的需求相对于对生源较好的那个专业的需求可视为超额需求，不存在差异化需求。现实中，如此极端的情况几乎不存在，不同专业的正态曲线肯定会有交集且不可能完全重合，必然同时包含着需求中可替代的一部分和不可替代的一部分，两者的比例取决于将哪 2 个专业放在一起比较。依据这样的原理，可以在比较意义上对所有同一层次中的专业进行需求测算和评估，使超额需求理论和差异化需求理论在高等教育专业层面的第一类需求分析中得到进一步应用。受研究主题和数据所限，本书不再深入下去。

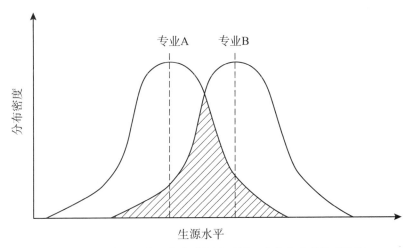

图 5 - 12　2 个不同专业各自生源水平的正态分布曲线关系示意

　　最后，以上发现对高等教育专业层面的供求问题有何启示呢？学生的差异化需求一方面是由学生个人兴趣引起的对高等教育不同专业的不同偏好，另一方面是由每个人的差异化职业倾向引起的专业偏好，它对应着社会的差异化需求。当大学面对着学生的差异化需求时，关键是要提供足够差异化、多样化的高等教育服务，使供给也最大限度地差异化，例如，专业设置的差异化、培养模式的差异化、课程设置的差异化等。大学差异化、特色化发展正是理论界和实践领域讨论得较多的一个问题，也已基本形成共识。超额需求的存在本质上是部分专业供不应求和部分专业需求不足的并存，反映在学生身上就是专业志愿无法得到充分满足。通过超额需求存在的范围和比重可以判断学生在特定时期的需求特点和被满足的情况。若不考虑社会需求因素，不考虑高等教育应主要满足学生还是适应社会的价值问题，则学生的超额需求作为高等教育第一类供求关系的某种信号可用以指导大学的专业结构调整，对不同专业的招生起着指示器的作用。然而，来自生源市场的需求信号仅仅是一个方面，与来自劳动力市场的需求信号不一定吻合，有时甚至是相互冲突的，这就不可避免地要涉及相关问题的价值方面。至此，本书的事实分析部分已全部完成，下文将进入到对高等教育供求问题的价值分析和理论思考中去。

第 6 章 处理高等教育双重供求矛盾的规范研讨

事实研究只告诉我们高等教育的供求矛盾错综复杂，且问题表现在方方面面，但本身并未天然地蕴含解决问题的思路和方法。这使得进一步研究不得不跳出以事实为导向的狭窄范围，转而关注问题的价值方面和学理方面。由于问题涉及多个主体、多重矛盾，处理起来并非单向性问题那么简单，甚至由于高等教育的两种供求关系具有结构不对称性，两类需求之间本身就存在结构上的矛盾，不可能存在一种专业结构能同时完美无缺地满足个人需求和社会需求，从而并不能寄希望于通过价值中立、滴水不漏的科学论证开出能包治百病的药方，而需要在规范视角下研讨具有综合合理性意义上的矛盾处理方案，使之兼具理论正义和相对理想的实践效果。因此，在构建理想之前，首先要明确理想是什么，或者说理想应该是什么。回答这个问题本质上就是要对高等教育的双重供求矛盾展开深入的价值分析，通过对相关问题的教育意义、社会意义等方面的综合价值评判寻找化解矛盾的突破口。需要指出，本书的最终目的并不是为各个专业或专业类具体如何调整供给提供静态的标准答案，而在于从整体上寻找一种能起动态调节作用的模式及相应的机制，促使各专业的供求关系朝着相对合理的方向移动。也就是说后文的讨论不再涉及具体专业或专业类的问题，论述形态和论述风格较之前文将发生很大转变。

6.1 研究逻辑的价值转向

6.1.1 非正规逻辑和后实证主义

在说明本书接下来要做什么之前，需先对其中包含的方法论意义上的概念稍做介绍。哈贝马斯（Habermas，1971）曾指出，社会科学包含了经验分析的社会科学、历史推演的社会科学和批判的社会科学三种类型。[①] 一个综合性的社会科学研究应能把三种认识论和方法论有效整合起来：经验—分析模式与科学方法，阐述模式与历史、社会关系，以及建立在批判反思基础上的社会批判过程与社会政治哲学。从哈贝马斯的角度来

---

① 王旭辉. 高等教育研究反思：批判方法论的视角 [J]. 中国高教研究，2016（9）：6–11.

看，经验主义的分析、社会意义的阐释和哲学批判都是对社会问题进行综合合理性评估的认识论和方法论基础。这一包含了多种方法论的综合研究框架不仅要体现而且从逻辑上要超越那些纯经验主义的资料。同时，三种推理模式各自的整合方法均是构建后实证主义者所谓的合理性标准所必需的。其中，经验—分析模式被认为是"正规逻辑"，后两种推理模式则是"非正规逻辑"。

正规逻辑即演绎的逻辑和归纳的逻辑，是以事实为导向的纯客观量化的经验研究，被广泛应用于自然科学和主流社会科学如经济学、政治学、社会学的研究中。斯蒂芬·图尔敏（Stephen Toulmin，1958）认为正规逻辑对于社会科学研究而言存在明显的局限性，它仅仅适用于科学调查、数据处理的不同阶段，无法在一个特定的社会文化环境中做出合理性判断。所以经济学只有通过把人假设为理性经济人的方式把一切人的心理和社会文化因素排除在外，才能实现纯客观量化的分析。也就是说一旦加入了人的因素，正规逻辑就很容易失效。一般地，如果说检验一个陈述有效性的唯一标准在于它与一个既定事实的经验判断具有一致性，那么在没有既定事实的情况下就无法做出符合特定要求的理性判断。本书所涉及的问题就是典型的这样的问题，若按照正规逻辑的思路走，本书的研究做到第 5 章就难以继续推进了。正规逻辑的局限性就在于此。正因如此，社会科学中才产生了具有替代性的非正规逻辑。

所谓非正规逻辑是相对于以"证实"为目标的正规逻辑的一种方法论统称，并非说它是一种不严谨的逻辑。与实证主义寻求普遍标准和固定关系规律有所不同，非正规逻辑下推理的科学性、合理性或说服力通常需要在具体的社会文化场域中进行评价，因而非常适用于社会科学的研究。面对任何社会问题，想知道该做什么，首先要搜集相关问题的信息和资料，但这些信息本身不会告诉我们该做什么，只能通过诠释的、批判的、辩论的甚至想象力等非正规逻辑形成理解并做出判断。本书面对的问题正是如此，数据只会告诉你是什么，该怎么做是价值和哲学范畴的问题，需要借助于非正规推理，永远不可能像万有引力定律那样被精确地证明。可见，这种推理模式的基本功能不再是证实和预言，而是劝诫、建议、警告或抗议。

尽管正规推理得出的是有根据的解释，非正规逻辑则代表了人们根据实际场景做出的理论判断和价值选择，但它本身也必须建立在经验主义的现实基础之上，是一个包含了价值分析、比纯客观主义更综合的合理性判断，而不是脱离于现实世界之外的空想。通过"理由"的概念替代正规逻辑中"证明"的概念，非正规逻辑是一个更具试探性但又合情合理的研究逻辑，比起已被经验证据证明的陈述更易于修改、修正和否决。因此，不能从科学意义上去鉴定一个非正规逻辑下的推论或主张是正确的还是错误的，只能根据大多数人的意见来判断其是否具有说服力，是否是更好的主张。对于研究者来说，重要的是价值判断的可接受性、推理的过程和陈述理由的方式，得到广泛认可的价值选择和严谨的理论推导是得出可接受的政策主张的前提和基础。对于如何处理高等教育中的复杂供求关系的问题，能且只能借助于非正规逻辑来寻找开放式答案。因为相关问题中内含了一部分短期内难以调和的矛盾因子，不存在一个万全之策使鱼和熊掌完全兼得，只能通过构建一种具有综合合理性的方案使相关问题的理论和实践在约束条件下达到相对理想的状态或各方均可接受的状态，把综合矛盾指数降到最低。这正是综合合理性区别于万全之策的地方，也是非正规逻辑得以发挥作用的地方。与探索综合合理性方案有关的一切价值判断、理论寻据、意义诠释、逻辑推演、机制分析、哲学批判等论证过程都是非正规推论的过程，对于本书后续研究具有极其重要的方法论指导意义。

在以非正规逻辑为方法论基础的规范分析中，所有知识都必须建立在理论假设的基础之上。规范分析的假设通常规定了一个领域，甚至一个学科组织学术研究的依据。它们经常在不言而喻的或潜意识的层面上决定了哪些问题值得关注、哪些话题值得探讨、哪些知识是从社会意义上界定的合乎逻辑的知识，从而看起来有一种不容争辩的权威性。如高等教育学中的认识论和政治论两种假设几乎主宰了所有本领域内的规范研究。与正规逻辑下的实证研究不同，这些假设通常只有在规范讨论的过程中才被引入到问题中来。一个综合性、规范性分析的目标就是通过渐进的推理，从基础数据分析扩展到理性社会选择来说清楚这些假设蕴含的道理，而不是通过统计检验来论证这些假设与客观世界的一致性。本书就在认识论和政治论以外提出了另一种规范假设——学生论，并借助于非正规推理渐进地说明它如何有助于高等教育中的双重供求矛盾朝着最有利的方向移动。从大处看，学生论的提出实际上是试图改变或补充高等教育学的学科基础，推动高等教育学学术研究的范式变迁。这也是规范分析的假设独具的理论意义。

后实证主义正是基于学术研究的综合合理性标准和非正规逻辑发展起来的一种方法论思潮。后实证主义可以理解为从更传统意义上阐述事实—价值关系的评论，它长期与实证主义的社会科学并存。相比于实证主义强调的价值中立，后实证主义关注价值领域的理性辩论。在后实证主义者看来，科学研究远非感性资料的组织，而应根植于规范假设和这个世界的社会意义之中（Kuhn，1970）；只能通过直接的理论研究来认识世界，任何研究中的观念、意义、关联、解释、知识和方法均是理论意义上构建的概念，这就是所谓的"装备理论"（Brown，1977）。后实证主义者的主要任务是重构人们对社会科学的理解，使之与人类自身的认知本性相一致。例如，目前我国教育领域中开展的一系列评估，包括高等教育评估都是按照技术层面的逻辑进行的，大多数评估指标的开发与学生的实际处境毫不相关，不是把重心落在与学生实际需求密切相关的问题上，而是着眼于学生成长的结构性前提——办学条件建设，把学生的发展看成是学校发展的自动结果。以这种思路开展的教育评估极大地偏离了评估的本真意义，与人类自身的认知本性相违背。后实证主义者就是要系统地纠正这种偏差，包括在学术研究中也起着这样一种功能。可见，后实证主义崇尚事实真实性是由社会和推论来构建的，其赖以发挥作用的非正规逻辑本质上是一种诠释、批判、辩论和创造性认识的过程，是一个自由开放的、在理论研究中特有的探索事项，暗示了在没有确定规则的情况下也存在推理的合理标准。从这个意义上讲，本书从本章开始正是以一种后实证主义者的姿态来审视高等教育的供求问题，使提出的理论见解和政策主张符合高等教育的根本理念以及人类社会的发展规律，并有助于在现实中综合性地协调供求三方的利益诉求。

6.1.2　把事实和价值结合起来

"非正规逻辑"和"后实证主义"两个方法论意义上的概念自然地说明了社会科学

的研究需要在融合事实评估和价值探讨的统一框架中进行。而事实上，社会科学中的很多研究都达不到这一标准，仅仅从单一角度说明问题，高等教育领域也不例外。就大数据研究而言，大量被贴上实证主义标签的研究只停留在对数据本身进行分析的层面，既没有推敲数据背后的意义，也没有深入思考社会、文化层面中的根本理论问题，直接通过表面化的数据得出结论。这是对"让数据说话"的一种误解。例如，当前各种关于大学竞争力的要素分析、指标体系构建和大学排名层出不穷，但大量文献只是挖空心思地在寻找可以直接解释的、易于观察或能够测量的指标，只关心数据的表面意义，以工程学的心态来对待大学竞争力问题，对建立大学竞争力的规范理论框架和价值评估缺乏重视，这使得很多报告及其结论都是肤浅的，不能持续地证明其存在价值。① 用本节的话语讲，这就是典型的事实和价值相脱离现象。

关于事实和价值的问题是现代社会科学中最重要也是学界讨论最持久的问题之一，如果社会科学研究始终跨越不了事实和价值之间的鸿沟，则社会科学研究的方法论就很单一，研究质量也很难有大的突破。高等教育学之所以发展到现在仍不能充分揭示高等教育内、外部关系规律和大学生活的方方面面，并不是因为文献不足。高等教育学中的大量文献不是过于浅显的经验研究、事实研究就是过分地进行持续而缺乏严谨性的价值较量，始终没有提供通过找出数据的真实意义来探索规范框架的系统方法。也正因如此，高等教育学不能解决紧迫而规范的高等教育问题的例子数不胜数。院、系设置的标准是什么？跨学科人才培养应在一级学科层面开展，还是在二级学科层面开展，还是在学科门类层面开展？教育经费应怎样分配才算合理？什么样的毕业率才是科学的、合理的？大类培养应如何培养、如何分流？专业到底有多重要？专业应不应该和大学一样有层次性？大学应该是教师的大学还是学生的大学还是社会的大学还是政治家的大学？……这些问题在目前看来都是斯芬克斯之谜。更典型的例子是高等教育学在预测未来时显得无能为力，不然为什么没有人能准确地预测大学排名的变化？为什么没有人能预测学生需求和社会需求的变化？为什么没有人预先知道高等教育专业结构的变迁方向？这一系列学术研究的无能为力均与方法论的局限性有关。

从近几年高等教育领域中几种重要的中文核心期刊发表的论文看，由于以"大数据"为依托，定量或计量为手段的科学研究范式正流行于高等教育的研究中，高等教育领域的文献质量似乎比过去有所提高。② 但这是根据单一的经验主义标准做出的判断，实际上很多文献对系统的学科理论知识贡献甚微。大数据分析的途径固然重要，但这种重要性在本质上应体现为通向更高层次的规范理解，而不是它的经验预言能力。如果大数据分析不是建立在对高等教育问题的规范理解之上，而只是想说明过去或预言未来，那么如何实现社会所期望的结果呢？如何促进高等教育的发展和改革呢？又如何对人的发展起到帮助呢？甚至连其在技术层面拟定的标准都未必能达成。殊不知，高等教育学在其基本的学科假设上就存在一些相互矛盾之处，我们又应以怎样的规范来识别和辨析这些理论性的矛盾呢？比如，本书数据反映出的结果可以在怎样的高等教育哲学观中进

---

① 王旭辉. 高等教育市场化研究述评与研究展望［J］. 复旦教育论坛，2016（2）：58－64.
② 王旭辉. 高等教育研究反思：批判方法论的视角［J］. 中国高教研究，2016（9）：6－11.

行讨论？是否暗示了在过去主流的高等教育哲学观以外的更好可能？这就需要在经验科学的基础上深深地植入人文理解。说句题外话，这对于人们理解教育的本质也有莫大帮助。不论外部环境是多么的变幻莫测，需要大学做出怎样的改变，而大学始终是大学，是人才培养的机构，是探索高深学问的机构，教育的本质是促进人的心智成长和解放，而不是把人变成社会的螺丝钉，否则教育只会给人的心灵带来最沉重的悲伤，而教育本身也只会是失落的，因为它违背了最初的理想。只有当对高等教育的供求问题思考进入到这一层面，才算在追求美好理想的道路上更近了一步。

鉴于此，高等教育的供求问题研究需要从具体的基于大数据的事实分析扩展到关于教育存在方式、社会运行方式和人类生活方式的规范问题。既要知道现状是什么，又要清楚真理在何处。后者必须在对高等教育的哲学基础充分辩解的过程中得到阐释。由于求学者群体和社会用人部门具有不完全一致的利益诉求，两者各自对高等教育的总需求结构注定有所不同，大学想要厚此必定难免薄彼，要么就保持中立，不同的回应方式会产生截然不同的效果和代价。这就需要我们在比较的基础上来评价哪一种回应方式更具有综合合理性，能使付出的代价最小化。此时，价值判断、理论推理、理由陈述就成了继续往下研究的必然路径，而价值判断的可接受性、理论推理的严谨性、理由陈述的说服力就成了研究的关键。下文的研讨本质上就是这样一个过程：先是规范地讨论诸如高等教育体系运行应遵循哪种规则，大学应作为谁的大学等问题，随后是一系列理由陈述即非正规推理，在此基础上本书的政策思想就会自然而然地被勾勒出来。特别地，我们所要寻找的基本价值对于社会进步而言应是最合理的，也是最必需的，即使在处理短期问题中不能充分兼顾各方利益，存在局部缺陷，但只要符合人类长远发展、构建社会理想模式的长期价值目标，就不失为一种具备综合合理性的选择方案。要做出这样的全局性谋划，就必须像哲学家那样运用直觉、洞察力、想象力等看似与经验数据无关的方法，而这样的论证恰恰是高等教育领域中以事实为导向的研究常常忽略的。

一旦从根本理论上把什么样的供求关系既符合高等教育理念又符合人类追求美好生活的诉求而且也不会在现实中引发社会危机的问题阐释清楚，就自然找到了化解复杂矛盾的突破口。需要说明，重视规范评估并不是说高等教育的研究要排斥正规逻辑。社会科学任何一个领域的论述均应通过若干相互补充、相互竞争的方法论进行组织，如事实分析、情景分析、系统分析和价值分析等。每一种方法论都会有用，但它们分别又只是整个研究的一部分，各自仅仅在研究的特定阶段才能发挥作用。鉴于高等教育学的应用性质，事实问题和经验关系仍会是高等教育研究中的基本关注对象。而且所有的解释和设想必定都要建立在基本事实之上，单纯依靠创造性思维和哲学批判是得不到要领的。本书开展的"经验—规范"两段式研究正是要将事物的现实状态和理论上的可能性结合起来论述，在前者的基础上进一步思考"何为理想"和"如何构建理想"的问题，从而为制定公共政策提供参考。沿着这样的思路，下文将重点研讨两个问题：何为处理高等教育供求矛盾的有效方式和何为具有综合合理性的矛盾协调模式。两个问题的基本价值判断分别是促使双重结构性供求矛盾朝着有利方向移动的"通解"和"特解"。

6.2 从"配给式"供给走向市场性供给是调节矛盾的必要条件

高等教育供求体系有四个主体：学生、高校、政府和社会用人单位。理论上讲，学生和用人单位需求的调整空间很小，而且在价值上也找不到调整的根据，不可能要求学生和用人单位的需求围绕着高等教育转。学生和用人单位所处的系统是整个人类社会的大系统，高等教育只是这个大系统中的一个子系统。虽然大学的某些事务如科学研究相对独立，但人才培养、社会服务等活动始终脱离不了整个人类社会大系统的框架。社会需求关系到国民经济和人类社会的发展，个体需求则关系到每个人的发展，它们虽可以通过政策来引导，但在根本上更多地应被满足，而不是被控制和调整。高等教育更多的是要服务于人的成长和人类的进步，它并不是一个"独立王国"。因此，不论从价值角度还是可行性角度讲，调节供求矛盾的抓手既不在学生，也不在社会，而在于高校和政府。只有从改变高等教育供给入手，才能找到解决问题的突破口。

6.2.1 以市场为导向是走向任何供求平衡的基本前提

尽管高等教育的供求问题与一般商品的供求问题相比有其特殊性，它除了是经济学范畴的问题以外还具有非常广泛的社会内涵，但是在高等教育市场化背景下，教育产品或服务也具有私人物品的属性，同其他生产部门一样存在符合经济学逻辑的供求关系。供求问题的本质是资源配置问题，既然是资源配置问题就应符合市场的逻辑，让市场在高等教育资源配置中起关键性作用。需要指出，本章任何地方所说的市场化可以产生更好的结果均专指一些方面，比如在供求关系的调节上，市场显然比政府有效，比计划有效，但并非所有事务都是如此。市场化具有极其丰富的含义和表现形式，在高等教育的各个层面、各种具体事务上（如经费筹措、知识转化、招生考试、自主择业、教学服务、人事管理、评估等）又有很多不同思路和做法，产生的效果不能一概而论。本书无意于参与到市场化对高等教育总体发展功过得失的系统评判中，仅仅针对高等教育供求问题提出市场导向的价值和方法论取向，认为以市场为导向是走向任何供求平衡的基本前提，包括高等教育专业层面的供求平衡。

说起高等教育的市场化，它是一个在实践中产生并拥有深厚理论基础的高等教育运行方式的渐变过程。早在 1983 年，克拉克（Clark）就把影响高等教育的三种主要力量——国家权力、学术权威和市场——描述成一个三角形，并认为多数国家的高等教育系统的大部分公开活动都远离市场的一端，市场被看成是不可靠的或不利因素。① 但近几十年来，随着宏观环境的变迁及其带来的人才观念、知识观念等一系列观念的转变，政府、

---

① 伯顿·R. 克拉克. 高等教育系统——学术组织的跨国研究 [M]. 王承绪，等译. 杭州：杭州大学出版社，1994：161.

高等教育机构和市场之间的关系也随之发生变化：几乎在整个世界范围内，高等教育在克拉克的三角协调模型中的位置均出现了向市场偏移的迹象。比如，美国的政策和法规很早就在思想观念上发生了变化，把高等教育中公共利益的诠释从保护大学不进入市场而提供最好的教育服务转变为最好的教育服务是通过大学参与市场活动而实现的。[①] 在大学层面，根植于特定政治、经济、社会、文化土壤的美国大学由于受政治上的分散化决策，经济上的企业家传统、捐赠传统、竞争意识、自由市场意识，文化上的自由主义、实用主义的影响，很早以来就在走市场化路线，与市场自然耦合，与社会充分互动。更重要的是，在引入市场机制、利用市场资源的同时，美国大学较好地防止了市场负面因素对学术文化和大学管理的入侵。有趣的是，美国大学在近年来的确表现出良好的竞争力态势。米勒（Miller，1995）考察了1983~1993年英国、澳大利亚、加拿大、美国等国家的高等教育面对三种力量发生的新变化，提出了新的三角关系模式，强调市场力量不仅不是产生不良结果的因素，反而是引导和促进高等教育发展和改革的重要力量。威廉姆斯（Williams，1995）更是提出了六种不同的补充模式来说明市场是如何在配置高等教育资源中发挥作用的。综上所述，市场力量正在重塑着高等教育的制度框架，使高等教育资源配置方式逐渐从政府主导转变为市场主导，并使大学的问责机制逐渐从政府问责转变为社会问责，这所有的一切均对大学的运行、管理及评价产生了深远的影响。

即便如此，目前高等教育学界仍普遍对贴上"市场"标签的高等教育持怀疑和批判态度。相关观点往往将市场化和功利化画上等号，将市场逻辑看作纯粹的经济利益最大化逻辑或商品买卖逻辑，并以高等教育的公益性、教育逻辑、教育公平、育人机制、大学精神、大学文化等关键词组成"十八罗汉阵"全力抵御市场的到来。但是，拒斥市场就意味着政府控制和计划。大学在处理外部关系时永远不可能仅仅以学术权威为指南，学术权威只适用于处理教育的内部问题，适用于划清内外部之间的界限，不让外部系统干扰大学的人才培养活动和科学研究活动，在外部问题上或多或少地需借助于市场或政府的力量。供求关系作为外部关系的核心问题之一自然也是如此。不可否认，供求关系的变化可以对大学的人才培养和学术研究产生影响，但其本身不是一个教育问题，而是高等教育出口和入口各自的衔接问题、资源配置问题，是经济问题也是社会问题，是效率问题也是公平问题。因此，核心是政府把控还是市场运作的问题，是政府主导还是高校自主的问题，是计划逻辑还是市场逻辑的问题。很显然，市场是调节任何供求关系的唯一有效手段，计划经济年代经历的事实已强有力地说明了政府在处理相关问题中的失败。政府并非市场主体，不是与其他市场主体直接对接的当事者，不可能准确预测如此差异化的市场需求，注定无法通过牢牢地控制高等教育系统进行全面而细微的供给管理。然而，实际上我国政府深度参与了高等教育供给的过程，对大学的专业设置和招生介入过深。这正是我国高等教育供求关系多重失衡且调整缓慢的根本病灶。

---

① Slaughter S, Rhoades G. Changes in Intellectual Property Statutes and Policies of a Public University: Revising the Terms ofAcademic Labor [J]. Higher Education, 1993, 26 (3): 287.

因此，高等教育领域中的市场化往往是相对于行政化或计划化而言的，指的是更多地利用市场信息和市场手段，更少地依赖政府或受制于政府。它本质上是引入市场机制、市场竞争以取代政府对大学毫无益处的干预。通俗地讲，就是用市场的法则把高等教育从政府的手中拉过来，或者通过市场地带来划清政府和高等教育的界限，从而使大学更具活力并在处理外部关系问题时更具效率。可见，以市场为导向的改革是指相对于国家作用而言让市场作用得到增强，它是高等教育与外部系统对接的有效途径，并不必然与"学院传统"相对立，反而可以增强大学的自主性、激发大学的积极性，使大学的个性得到充分发展。正如张维迎教授所说，真正能维护大学理念和大学精神并促使大学健康发展的是市场竞争，而非政府规制。① 即使不诠释得那么完美，至少在处理供求关系问题上，以市场法则取代计划色彩浓厚的高等教育供给是唯一有效的途径，这和教育逻辑没什么关系。很多时候，市场法则和教育逻辑的作用范围完全不同，不处于同一个层面，自然就不会有直接冲突。关于市场和教育逻辑的一般关系，笔者在《高等教育市场化研究述评与研究展望》一文中曾写道："在高等教育的精英时代，大学的一切活动都是单边的，知识创造完全出于'闲逸的好奇'，几乎不受外界影响……进入大众化时代以后，'寺庙式的大学'变成了'大都市式的大学'，大学与外部系统的联系日益紧密，作为知识中心的大学已无法再以'高深学问'的名义不染人间烟火、不着市侩尘垢……时代的进步及其引发的一些模式转变是人类社会发展的必然，大学不可能再是高度统一的、单边的、同质化的独立王国……发生在高等教育中的某些变化是从精英教育向大众教育转变过程中自然而然地产生的，市场化只是变化的结果而不是原因……而且，客观上也不存在市场和教育逻辑的二元紧张关系，将市场和教育逻辑对立起来常常是一种主观上的误构……在高等教育管理中引入市场机制并不意味着市场的价值要处处渗透到教育的肌体中来，多数问题都可以人为地进行选择性处理……重要的是与非市场下的运作模式进行比较……"②

上一段文字的最后一句话至关重要。我国高等教育供给管理的最终权限在于政府，政府主导下的管理模式具有浓重的计划色彩，与市场机制相比有天然的缺陷，无法从根本上建立起高等教育的供求均衡机制。高等教育供求问题除了在价值上有一定社会意义外，其本身在方法和技术层面完全绕不开市场规律。政府只能在宏观上予以调控，充当社会公平的捍卫者角色，而不可能代替市场、代替直面市场的大学开展全面的微观管理。因此，高等教育供给管理的市场化是对政府主导下的管理思维或"配给式"管理思维的系统纠偏，以市场为导向是走向供求平衡的基本前提。于是，更少地依赖政府就意味着更多地靠大学自己。大学是直接与两类市场需求产生联系的行为主体，是所有高等教育服务和产品的直接提供者。只有大学自己最清楚应该怎么做，也只有大学本身才有可能依据市场信号灵活地处理各个阶段的供求矛盾。换言之，高等教育供给以市场为导向的结构性前提是大学拥有非常充分的供给管理自主权，尤其在具体的专业开设和招生录取等活动中应具有自主权。也只有这样，以市场为导向才

① 张维迎. 大学的逻辑［M］. 北京：北京大学出版社，2004：1.
② 王旭辉. 高等教育市场化研究述评与研究展望［J］. 复旦教育论坛，2016（2）：58－64.

有可能在真正意义上实现，不同大学的专业才可能朝着差异化、个性化方向发展。当然，有了自主权以后大学如何进行供给管理又是另外一回事。本书认为，政府一旦全面放开就等于在供给管理事务上让大学完全置于市场的场域，市场除了提供激励机制外也会自动生成相应的约束机制和惩罚机制，促使大学自觉遵循市场法则。当大学拥有了自主权后在提供教育服务时就会在很大程度上以市场信号为导向，这是由供求关系规律天然地决定的。最后要指出，以市场为导向泛指以市场需求为导向，本节不区分高等教育的两类需求，也不区分生源市场和劳动力市场，以学生需求为导向或以社会需求为导向均属于以市场需求为导向的范畴。至于以哪一种市场需求为导向是本书规范研讨中第二个层次的问题。

6.2.2 我国高等教育专业层面的供给管理中存在的两个典型问题

在我国高等教育专业层面的供给中，有两个问题值得讨论，分别是专业设置的问题和招生计划制定的问题。虽然两个问题存在于供给的不同环节，但本质上都是计划性供给（或称配给式供给）与市场性需求之间的矛盾。供与求之间的根本逻辑不同必然使两者难以协调，无法从根本上建立起良性的互动机制。

问题一：我国高校的专业设置和审批长期以来均沿用配给式管理方式。

在我国，高校和教育行政主管部门每年都要开展专业申报和审批工作。高校要开设一个专业，首先要向教育行政主管部门申报，经主管部门评估、审批后才能设立并招生。尽管改革开放以来，教育部对我国高校专业设置进行了若干次大的调整，但调整的只是专业的种类和数目，并未从根本上涉及管理方式的变革。一方面，高校能开设什么专业已经在主管部门颁布的文件提供的专业目录中定死，高校只能在既定的专业目录中开设专业，只需按照既定框架进行人才培养，所谓的人才培养模式创新只是既定框架下的"小打小闹"。这说明了在专业设置这一块我国高校的自主权相当有限，在哪里设、设什么专业，甚至专业的规范和内容均由上级主管部门严格把控。另一方面，教育行政主管部门按照国家发展需要、历史继承性、国际经验、社会需求预测等依据制定专业目录、进行专业结构调整，这是一种计划逻辑下的政策行为，制定专业目录的过程和审批的过程虽然也以市场需求为依据之一，但总体上仍是一种配给式的管理，难以真正处理好高等教育与两类需求的关系。

以配给为主要特征的专业设置和审批管理模式与新中国成立初期我国的社会经济发展模式相适应，也与我国当时的高等教育管理体制相匹配，对过去我国高等教育的规范发展起到了较为积极的作用。毫无疑问，专业设置的配给式管理具有规范、高效、对口等优点，并对我国高等教育发挥着质量控制作用。但是，随着我国市场经济体制的建立、高等教育管理体制的改革、高等教育两类需求的持续差异化，传统的专业设置管理模式已与新的环境不相适应，不仅限制了高校差异化、个性化发展，更是在处理双重结构性供求矛盾中显示出力不从心。高校是面向社会自主办学的主体，应具有根据发展需要、市场需求设置专业的自主权。在统一的专业目录和行政审批的双重约束下，高校开设的专业都是千篇一律，毫无个性。根据本书数据的推测，计算机科学与技术、土木工程、自动化、英语、电气工程及其自动化、信息管理与信息系统、机械设计制造及其自动化、国际经济与贸易、电子信息工程、信息与计算科学、软件工程、数学与应用数学、会计学等专业的开设率至少超过50%，可以说不同类型高校的专业相似度已达到了使人产生审美疲劳的程度。大部分高校的专业构造形成了一个个相似的"街区"，学生在其中很容易迷失方向，找不到最适合自己的坐标，企业也只能根据学校名气和学科专业名气决定人才的取舍，找不到使之眼前一亮的具有"不对称美"的差异化产品。

通过对比中美高校理学本科专业的开设情况可以进一步发现问题。张泽懿和卢晓东（2014）根据 Barron's Profiles of American Colleges 2013 的全部理学本科专业目录，按照 CIP 2010 的划分逻辑进行梳理，在理学的大范围中尝试分解出单一学科专业、跨学科专业和以问题为中心的专业。[①] 分类结果见表6-1~表6-3。当然，这些划分并不是绝对的，包含了一定的主观判断。按照同样的标准，可以对我国全部理学本科专业进行分类，如表6-4所示。对比中美理学本科专业设置可以发现以下几点不同：第一，美国理学本科专业的种类极其丰富，数目庞大，我国理学本科专业把基本专业和特设专业加在一起也就36种；第二，美国拥有大量跨学科专业，我国虽然也有一定比例跨学科专业，但大部分都是2000年以后出现的新专业，且多为特设专业；第三，美国理学专业设置的口径相比于我国更不整齐，专业设置粗细宽窄皆可，没有限制；第四，美国有以问题为中心的理学专业，我国目前还没有。

表6-1		美国高校理科单一学科专业		
CIP 专业类代码	CIP专业类英文名称	大学具体专业英文名称	中文名称	专业点数
3	NATURAL RESOURCES AND CONSERVATION			
3.01	Natural Resources Conservation and Research	Geography	地理学	略
26	BIOLOGICAL AND BIOMEDICAL SCIENCES			
26.01	Biology, General	Biology/Biological Science	生物学	略
		Life Science	生命科学	22
		Biomedical Science	生物医学	33
		Medical Science	医学科学	6
26.02	Biochemistry, Biophysics and Molecular Biology	Molecular Biology	分子生物学	104

① 张泽懿，卢晓东. 中美理科本科专业设置比较研究 [J]. 高等理科教育，2014（2）：61-87.

CIP 专业类代码	CIP 专业类英文名称	大学具体专业英文名称	中文名称	专业 点数
26.03	Botany/Plant Biology	Botany	植物学	53
		Plant Genetics	植物基因学	7
		Plant Physiology	植物生理学	9
		Plant Pathology	植物病理学	6
		Plant Protection（Pest Management）	植物保护 （害虫管理）	11
		Plant Science	植物学	46
26.04	Cell/Cellular Biology and Anatomical Sciences	Cell Biology	细胞生物学	41
		Anatomy	解剖学	2
26.05	Microbiological Sciences and Immunology	Microbiology	微生物学	107
26.07	Zoology/Animal Biology	Animal Science	动物科学	103
		Zoology	动物学	57
		Wildlife Biology	野生物生物学	31
26.08	Genetics	Genetics	遗传学	21
26.1	Pharmacology and Toxicology	Pharmacology	药理学	4
		Toxicology	毒理学	8
26.11	Biotechnology	Bioengineering	生物工程	48
		Biotechnology	生物技术	
26.13	Ecology, Evolution, Systematics and Population Biology	Ecology	生态学	66
		Human Ecology	人类生态学	16
		Marine Biology	海洋生物学	52
		Evolutionary Biology	进化生物学	17
		Environmental Biology	环境生物学	44
		Urban Ecology	城市生态学	1
26.15	Neurobiology and Neurosciences	Neurosciences	神经科学	103
27	MATHEMATICS AND STATISTICS			
27.01	Mathematics	Mathematics	数学	略

续表

CIP 专业类代码	CIP 专业类英文名称	大学具体专业英文名称	中文名称	专业点数
27.03	Applied Mathematics	Applied Mathematics	应用数学	116
27.05	Statistics	Statistics	统计学	略
40	PHYSICAL SCIENCES			
40.01	Physical Sciences	Physical Sciences	物理科学	76
40.02	Astronomy and Astrophysics	Astronomy	天文学	略
40.05	Chemistry	Chemistry	化学	略
40.06	Geological and Earth Sciences/Geosciences	Geology	地质学	略
40.08	Physics	Physics	物理学	略
		Elementary Particle Physics	基本粒子物理	1
		Optics	光学	3
42	PSYCHOLOGY			
42.01	Psychology, General	Psychology	心理学	略
42.27	Research and Experimental Psychology	Psychobiology	心理生物学	21
		Developmental Psychology	发展心理学	7
		Child Psychology	儿童心理学	66
		Early Childhood Studies	幼儿研究	28
		Experimental Psychology	实验心理学	5
		Social Psychology	社会心理学	7
42.28	Clinical, Counseling and Applied Psychology	Clinical Psychology	临床心理学	6
		Community Psychology	社区心理学	4
		Counseling Psychology	咨询心理学	40
		Industrial and Organizational Psychology	工业与组织心理学	18
		School Psychology	学校心理学	4
		Applied Psychology	应用心理学	19
		Health Psychology	健康心理学	1

注："略"意味着专业点数量很多，一般超过 400 个。

资料来源：张泽懿，卢晓东. 中美理科本科专业设置比较研究［J］. 高等理科教育，2014（2）：61 - 87。

表 6 - 2 美国高校理科跨学科专业

CIP 专业类代码	CIP 专业类英文名称	大学具体专业英文名称	中文名称	专业点数
3	NATURAL RESOURCES AND CONSERVATION			
3.01	Natural Resources Conservation and Research	Geoenvironmental Studies	地学环境研究	4
		Environmental Studies	环境研究	213
		Environmental Science	环境科学	373
		Environmental Chemistry	环境化学	3
		Environmental Design	环境设计	28
		Environmental Education	环境教育	12
		Environmental Geology	环境地质学	21
		Environmental Health Science	环境健康科学	44
3.02	Natural Resources Management and Policy	Natural Resource Management	自然资源管理	71
		Land Use Management and Reclamation	土地利用管理与再利用	11
		Park and Recreation Management	公园与休闲管理	81
		Recreation and Leisure Services	闲暇与休闲服务	109
		Recreation Education	环境教育	38
		Recreation Therapy	环境疗法	35
		Recreational Facilities Management	休闲设施管理	48
3.06	Wildlife and Wildlands Science and Management	Wildlife Management	野生动物管理学	41
24	LIBERAL ARTS AND SCIENCES, GENERAL STUDIES AND HUMANITIES			
24.01	Liberal Arts and Sciences, General Studies and Humanities	Science	科学	116
		Science Technology	科学技术	14
		Liberal Arts/General Studies	文理学/文理研究	452
26	BIOLOGICAL AND BIOMEDICAL SCIENCES			

续表

CIP 专业类代码	CIP 专业类英文名称	大学具体专业英文名称	中文名称	专业 点数
26.02	Biochemistry, Biophysics and Molecular Biology	Biophysics	生物物理学	41
		Biochemistry	生物化学	463
		Medical Physics	医学物理	3
26.11	Biomathematics, Bioinformatics and Computational Biology	Bioinformatics	生物信息学	37
		Biomathematics	生物数学	4
		Biometrics and Biostatics	生物测定与生物统计	2
26.99	Biological and Biomedical Sciences, Other	Biomedical Engineering	生物医学工程	87
		Bioresource Engineering	生物资源工程	3
27	MATHEMATICS AND STATISTICS			
27.01	Mathematics	Mathematics – Economics	数学经济学	3
		Mathematics – Philosophy	数学哲学	2
		Mathematics Education	数学教育	274
27.03	Applied Mathetics			
27.05	Statistics	Actuarial Mathematics	精算数学	1
		Actuarial Acience	精算科学	73
30	MULTI/LNTERDISCIPLINARY STUDIES		多学科/跨学科专业	
30.00	Multi/Interdisciplinary Studies, General	Student – designed Major	学生个人专业	
		Interdisciplinary Studies	跨学科专业	322
30.06	Systems Science and Theory	Systems Analysis	系统分析	5
		Systems Engineering	系统工程	21
		Systems Science	系统科学	5
30.08	Mathematics and Computer Science	Computer Mathmatics	计算机数学	22
30.1	Biopsychology	Biopsychology	生物心理学	20
30.11	Gerontology	Gerontology	老年病学	48
30.12	Historic Preservation and Conservation	Historic Preservation	文物保护	11

续表

CIP 专业类代码	CIP 专业类英文名称	大学具体专业英文名称	中文名称	专业点数
30.15	Science, Technology and Society	History of Science	科学史	8
		Science and Society	科学与社会	5
		Science and Management	科学与管理	12
30.17	Behavioral Sciences	Behavioral Sciences	行为科学	65
30.18	Natural Sciences	Natural Sciences	自然科学	101
		Applied Science	应用科学	19
30.3	Computational Science	Computational Science	计算科学	16
30.32	Marine Sciences	Marine Science	海洋科学	33
40	PHYSICAL SCIENCES			
40.02	Astronomy and Astrophysics	Astrophysics	天体物理学	31
		Planetary and Space Science	行星际与空间科学	6
40.04	Atmospheric Sciences and Meteorology	Atmospheric Sciences and Meteorology	大气科学与气象学	53
40.05	Chemistry	Chemical Physics	化学物理	14
		Chemical Technology	化学技术	8
		Polymer Science	聚合物科学	9
		Pharmaceutical Chemistry	制药化学	5
		Physical Chemistry	物理化学	4
40.06	Geological and Earth Sciences/Geosciences	Geochemistry	地球化学	10
		Geoscience	地球科学	53
		Earth Science	地球科学	148
		Geophysics and Seismology	地球物理与地震学	38
		Paleontology	古生物学	1
		Oceanography, Chemical and Physical	海洋学，物理与化学	13
40.08	Plasma and High – Temperature Physics	Fluid and Thermal Science	流体与热科学	1
40.1	Materials Sciences	Materials Sciences	材料科学	30

资料来源：张泽懿，卢晓东. 中美理科本科专业设置比较研究 ［J］. 高等理科教育，2014（2）：61 – 87。

表 6 - 3   **美国高校理科以问题为中心的专业**

CIP 专业类代码	CIP 专业类英文名称	大学具体专业英文名称	中文名称	专业点数
3.02	Natural Resources Management and Policy	Hydrology	水科学	5
		Hydrogeology	水文地质学	3
		Water and Wastewater Technology	水与废水技术	2
		Water Resources	水资源	13
		Winds	风科学	13
		Soil Science	土壤学	40
26.05	Microbiological Sciences and Immunology	Bacteriology	细菌学	3
26.07	Zoology/Animal Biology	Entomology	昆虫学	17
		Equine Science	马科学	31
		Avian Science	鸟科学	7
		Poultry Science	家禽科学	11
30.19	Nutrition Sciences	Nutrition	营养学	105
		Dietetics	饮食学	99
		Health Sciences	健康科学	168
30.25	Cognitive Science	Cognitive Science	认知科学	37
40.02	Astronomy and Astrophysics	Aeronautical Science	航空科学	11
		Aerospace Studies	航天研究	25
40.08	Plasma and High - Temperature Physics	Fire Science	火科学	9
40.1	Materials Sciences	Glass	玻璃学	9
		Ceramic Science	陶瓷科学	1
		Paper and Pulp Science	纸与纸浆科学	7
42.28	Clinical, Counseling and Applied Psychology	Addiction Studies	成瘾研究	19
		Corrections	矫正	17

资料来源：张泽懿，卢晓东．中美理科本科专业设置比较研究［J］．高等理科教育，2014（2）：61 - 87。

表 6 – 4　　　　　　　　　　我国高校理学专业分类

专业分类	专业名称
单一学科专业	数学与应用数学
	物理学
	应用物理学
	核物理
	声学
	化学
	应用化学
	天文学
	地理科学
	大气科学
	应用气象学
	地质学
	空间科学与技术
	生物科学
	生物技术
	生态学
	心理学
	应用心理学
	统计学
	应用统计学
跨学科专业	信息与计算科学
	数理基础科学
	化学生物学
	分子科学与工程
	自然地理与资源环境
	人文地理与城乡规划
	地理信息科学
	海洋科学
	海洋技术
	海洋资源与环境

专业分类	专业名称
跨学科专业	军事海洋学
	地球物理学
	地球化学
	地球信息科学与技术
	古生物学
	生物信息学
以问题为中心专业	无

资料来源：张泽懿，卢晓东. 中美理科本科专业设置比较研究［J］. 高等理科教育，2014（2）：61－87。

本书认为，中美高校理学本科专业设置存在上述差异主要就是因为美国高校拥有更大的专业设置自主权。之所以美国理学本科专业的品种如此丰富，是因为美国不具有规范性的、固定的专业目录，每所高校完全根据需要自主设置专业，专业名称的确定权在高校，因而即使知识的组合具有很大的相似性，不同高校的专业名称也可能不同。如此一来，根据对美国各高校自下而上的统计得来的专业目录自然就很"厚"，专业品种繁多。相反，我国的专业目录具有规范属性，是自上而下的，高校只能在既有的菜单中点菜，不能自己创造，从而专业种数就相对有限。同理，由于美国高校可以自由设置专业，不同高校的专业设置千差万别，并出现了大量的跨学科专业和以问题为中心的专业，且专业开设不受口径的限制。这是因为不同高校的教师对学生需掌握的知识应如何搭配有不同见解，从而即使在同一学科中不同高校开设的专业也有较大区分度，赋予知识非常灵活的组合方式，然后由市场来决定谁家的专业更具魅力。这就巧妙地使专业相对于学科变得更独立、更外向，在专业层面形成了一种非常灵活的纯市场机制下的供求关系。而教育部统一专业设置使我国的本科专业难以形成植被丰富的原始森林，倒更像一个人工培育林，生态环境脆弱，高校之间难以形成互补和相互激励的关系，抑制了创造性的释放，并很难使市场机制在调节两类供求关系中充分发挥作用，反倒强化了行政控制的作用，提示政府对高校的专业设置有过度规制之嫌。① 我国的高职高专层面也存在着同样的问题。

问题二：我国高校及其主管部门制订招生计划本身就是一个非常纯粹的计划过程，集中体现了计划的思维、计划的手段和计划的方法。

在明确了高校专业设置后，下一步直接体现高校供给策略的行为即招生。招生计划本质上是高校对外界做出的招生明细公示，是产生第一类供给的直接依据，也是形成第二类供给的客观基础，直接牵涉到高等教育的两端，与两类需求相对接。一方面，招生

---

① 政府过度规制产生的负面影响可参见笔者发表于《暨南学报》的一项研究——《地方政府过度规制的外部经济效应检验》。

计划直接决定了高校提供的教育服务具有怎样的专业结构，划定了校门进入者的构成与分配；另一方面，招生计划也大致决定了四年后高校向社会输送的人力资本具有怎样的专业结构。因此，招生计划制定是高校在既有专业设置的约束条件下的实质性供给行为，产生的直接影响比专业设置更大。

我国每年的全国普通高校招生计划总量，是由国家发改委会同教育部根据国民经济和社会发展需求以及国家教育事业发展规划研究提出初步建议，经全国人大审议后确定的。之后，教育部根据各省高考报名人数、高等教育资源条件等因素综合测算提出各省的招生计划安排建议，与国家发改委共同研究确定。每所高校具体的分专业、分地区招生计划则是在宏观的层级控制之下各自独立开展的。可见，招生计划制定较为复杂，按照政府宏观控制、高校微观编制的规则开展实施，且最终决定权在教育主管部门。普通高等学校年度招生计划按其性质和作用可分为两类，分别是招生事业计划和招生来源计划。招生事业计划是高校根据教育主管部门对高等教育事业总体发展的安排，对本校的总体规模、专业设置、师资力量、教学条件等方面的综合考虑、统筹安排，制定的分系、分专业招生人数以及总的招生规模。招生来源计划是高校在总招生规模和分系、分专业招生规模确定以后，进一步确定各专业投放到各省区市的具体招生人数的计划。高校招生事业计划和招生来源计划是紧密联系的两个方面，具有不同的性质和作用。招生事业计划试图在宏观层面上确保高等教育与社会经济的协调发展，关心的是总供给与总需求协调平衡的问题。招生来源计划则试图在微观上对高等教育资源进行分配，关心的是局部供求关系问题，尤其是地区内和地区间平衡的问题。招生事业计划是制定招生来源计划的根本依据，招生来源计划则是招生事业计划的具体实施。

高校招生计划的编制主要依据教育部每年颁发的《普通高等学校招生工作规定》，它是计划编制的纲领性文件。如《2016年普通高等学校招生工作规定》中第27~35条对普通高校招生来源计划的编制做出了有关规定，部分条例摘录如下：

27. 经教育部批准（或备案）的具有普通高等学历教育招生资格的高校在国家核定的普通高等教育年度招生规模内，可按有关计划编制工作要求以及招生章程确定的招生计划分配原则和办法编制本校的分省（区、市）分专业招生计划（即招生来源计划）。各省级教育行政部门、有关部门（单位）教育司（局）和各高校须在国家核定的普通高等教育年度招生规模内按有关计划管理办法编制、调整、执行招生来源计划。

28. 高校应根据我国经济社会发展的需要，加强对人才需求的分析、预测，结合自身办学条件、毕业生就业情况和各省（区、市）的生源情况，做好招生专业结构、层次结构、区域结构的调整，自主、科学、合理地安排招生来源计划。

……

31. 高校按教育部有关计划编制的原则、要求、统一的信息标准通过"全国普通高校招生来源计划网上管理系统"编制本校的招生来源计划后，应当按时报送其主管部门。

32. 省级教育行政部门负责审核、汇总本省（区、市）所属高校编制的招生来源计划，并按时报送教育部。

……

从相关条例中可以看出，招生来源计划的编制权主要在高校，按"学校负责、政府监督"的方式开展。同时，教育部也有权对各高校报送的计划进行调整，且形式上以教育部下达的计划进行管理。确切地说，高校是制定本校招生计划的行为主体，但制定计划的权限并不完全在高校，尤其是招生事业计划，需要在统筹安排的约束条件下拟订，不是想招多少就招多少的。当然，这还不是问题的核心，问题的关键点在于制订计划的逻辑和方式以及调整计划的空间。比如高校招生计划的制定大致可分为调查研究、信息搜集、情况预测、计划决策、计划实施等阶段，事业计划主要是结合学校自身发展规模、专业设置、师资力量、仪器设备、住房条件等可能承受的能力来制定；来源计划则主要参照历年各省区市考生质量和毕业生需求等因素来确定。从中可以总结出两点：一是无论事业计划还是来源计划，都是在完全的计划思维、计划手段下拟定的，是纯粹的计划式管理；二是制定计划主要依据学校发展目标、学校办学条件、现有资源状况、考生质量状况和社会需求状况，对学生需求的考虑被置于一个相对次要的地位。再者，招生计划一旦制定完成并对外公布后，就有很强的固定性，只能机械地落实，缺乏过程监控及调整机制，无法灵活地处理与学生报考的关系，即使发现实际报考中需求结构有变也不能及时调整。综上可知，完全的计划逻辑及其资源配置方式具有很大的局限性，正如官僚制给公共管理造成的弊端日益突出一样，计划毕竟难以准确预测如此动荡的需求环境。且不说由此产生的知识供应能多大程度地适应社会经济发展的需求，至少可以肯定难以满足很大一部分求学者的需求。对于求学者而言，并不是踏进校门教育需求就算被满足了，更关键的是学什么的需求是否被满足。我国当前的招生管理方式显然与学生的学习自由权产生了难以调和的冲突。而且由于缺乏长效机制，每年的计划调整起来具有较大主观性和路径依赖性，只能以一次次人为的、离散的预测和评估来代替具有连续性的"机制"的功能，绝非长久之计。

实践已表明，计划式招生管理在处理高等教育结构性供求问题时成效甚微，不光体现在大学生就业上，在大学新生的入学率、专业调剂率上也得到了充分反映。面对这些问题，高校也纷纷在招生环节上采取了一些新的策略，如按大类招生制订计划。大类招生在名义上是培养方式的改革，但至少客观上增加了供给的模糊空间和周旋余地，一定程度地缓冲了计划式供给产生的矛盾。然而，这并不能从根本上解决问题，达到与市场调节同等的效果，只是将矛盾后置到了下一个环节——专业分流。由此可见，虽然在招生环节上大学是实际上的行为主体，拥有一定权限，但由于计划逻辑和方式本身的缺陷，对改善供求关系并无实质性作用。特别是在新一轮高考改革全面铺开后，很多招生考试规则都发生了变化，比如取消文理分科、合并招生批次、改变平行志愿投档方式等，这些都会引起第一类需求结构的变化，进而对高校供给结构调整提出了新要求。高校及其主管部门若不做出相应改革，仍以过去的计划式管理思维指导招生工作，则必将进一步加剧第一类供求的失衡。

综上所述，不论大学在我国高等教育专业层面的供给中扮演了何种角色，可以确定的是计划性始终是最鲜明的特征。在专业设置和招生计划制定两个决定人才培养专业结构的关键环节中均存在同样一个问题，即计划性供给与市场性需求间的矛盾，不改变供给的游戏规则就不可能从根本上化解任何一类矛盾。

6.2.3 改进的思路

基于前文的探讨，我国高等教育专业层面供求矛盾的根本病灶在于供给的非市场性。因此，在与供给相关的活动中（主要是在高校专业设置和招生中）以市场为导向、引入市场机制是破解难题的基本思路。事实上，"市场"这只看不见的手已在我国高等教育的很多方面开始发挥作用。唯独在专业设置和招生这一块，计划的烙印最深，对市场的排斥最彻底。特别是高校招生，虽然它是一个具有强烈价值取向的问题，甚至是社会意义大于经济意义的问题，是公平大于效率的问题，但是一来健康的供求关系只能靠市场来调节，仅靠计划注定是要失败的；二来通过选择性地引入市场机制、市场策略，并辅之以宏观调控也可以做到最大限度地维护教育公平，在公平问题上并不必然比纯计划方式下产生的结果更差。虽然将高校的专业设置和招生从严格的计划控制中放开后，高校的逐利行为和投机行为可能会抬头，但这完全不需要担心，市场本身就包含了基本的约束机制，自有办法去惩罚那些盲目扩张、盲目改变结构、不遵循供求关系规律的大学，让那些大学为自己的行为造成的损失买单。如此一来，一些实在太"任性"或太没有魅力的大学就会倒闭，剩下的大学在几经波折后则会越办越好，其主体意识、竞争意识和质量意识都会得到很大的提高，既推动了人才培养和学术研究的进步，也优化了学科专业结构，与市场需求相适应。可以说，市场法则蕴含了一整套从激励到惩罚的完整调节机制，具有无限潜能。只要肯动脑筋去设计合适的游戏规则并在实践中查漏补缺，逐步完善之，就可以将市场的潜能开发出来，对于高等教育相关问题而言远比计划控制巧妙得多、智能得多。关键是要积极地去构建、去获取市场的潜能，就像进行计算机编程、网络游戏开发一样，有多大的想象力就可以有多大的创造力。市场相比于计划控制的魅力就在于此。

由于以"市场"代替"配给"只是处理高等教育任何一种供求关系的基本前提，只是个必要条件。具体到本书关于如何在两类不对称的供求矛盾中取舍和平衡的问题，仅仅说明遵循市场规则是不充分的，关键在于判断并论证哪一种市场需求导向下的均衡模式才是最优模式。对于本书而言，后一个问题才是处理双重供求矛盾以达到综合合理性目标的关键所在。鉴于此，本节的重点在于提出并规范地论述在专业设置和招生两个高等教育供给的核心环节中如何强化市场作用以取代或削弱纯粹的计划控制的方向性见解，"战术"方面的问题将不作为讨论的重点。

关于专业设置问题，实施配给式管理的主体是教育行政主管部门。我国自上而下的专业设置管理是抑制高校积极性、阻碍高校潜能释放和降低高等教育对两类需求回应性的重要源头。这种管理模式与市场需求的多样性、挑剔性、多变性之间的内在矛盾是使结构性供求矛盾长期得不到解决的根源之一。美国理学本科专业设置带给我们的启示是让高校自主设置专业具有不可估量的潜在价值，至少从增强市场回应性的角度讲有益无害。赋予高校专业设置自主权意味着在专业设置事宜上去除了克拉克高等教育三角协调模式中的政府力量，使大学和市场成为两点一线。大学除了要考虑自身学科发展的诉求外，多数情况的专业设置还会考虑到市场需求，并且在一定程度上会推动学科建设和专业建设的合理分离。大学在市场中竞争包括生源、社会资源、声誉在内的一切资源，对自己负责，通过从同质化向差异化、个性化的教育服务转变，大学在市场场域中天然地完成了分类、分化过程，最终每所大学开设的专业将变得非常不同，可以极大地满足来自学生个体和社会的挑剔性需求。可见，在专业设置上给予高校自主权就是使专业设置从"配给"走向"市场"的结构性前提。换言之，在专业设置这个问题上，彻底下放权力几乎可以与市场化画上等号，大学拥有自主权后除了保留并巩固历史形成的优势专业、长线专业，根据市场需求开设专业完全是一个自发的过程，因为在供求自由的竞争环境中，大学完全没有以计划方式管理专业设置的土壤和动力，必定会最大限度地以需求为导向。美国大学专业设置的事实已充分证实了这一点。美国政府除了进行基本的信息统计外几乎什么都没做，如何开设专业、如何培养人才完全由大学自己负责，其中的细节只是校长们、院长们和系主任们该关心的问题，整个过程中市场机制未经规划和设计、自然而然地在发挥作用，最终自然地演化成为当前状态。

鉴于此，我国教育主管部门应彻底摆脱计划思维，变微观管制为宏观调控，把专业设置的权限下放到高校，由高校根据实际需要自行设置和调整专业。甚至可以考虑取消规范性的、固定的专业目录，至少应由硬性规定变为参考目录，让高校从根本上朝差异化方向发展，让天然的市场竞争重塑专业的种数和布点，形成新的专业版图。这样做不仅可以激励高校进行大规模教学改革，也有利于建立和完善高等教育专业层面的供求均衡机制，使专业的供求关系调整更灵活，还有利于高等教育资源的优化重组。这既符合高校的主体利益并使之承担相应责任，激发其积极性，也更容易满足学生和社会对高等教育的挑剔性需求。不可否认，权力下放、推动专业设置市场化会带来一些高校的不理性行为，短期内可能导致部分高校步入误区并导致专业建设的局部浪费。但这并不是消极的，它本身就是一个调适和筛选过程，不经历这一过程如何能淘汰不合格的大学和不合格的专业？如何能促使大学独立成长、提高质量、增强回应性，最终造就一批真正意义上的高水平学府？正如自我国加入 WTO 以来，本土企业在国际市场的大舞台上自由发挥、自由竞技，最终多数本土企业的全球竞争力得到了大幅提升，并从根本上改善了市场供求关系。当然，这并不是说不再需要主管部门的监管，而是须对高校专业设置的制度基础、管理理念和管理方式进行变革，从制定、审批的途径转变为评估、调控的途径。这样就可以让大学自发地与市场互动起来，为化解供求矛盾奠定"设置"层面的制度基础。

关于招生的问题，实施计划式管理的主体是高校，制度根源则在于体制。从政府到高校自上而下的严格的招生计划制定和实施维持着高等教育卖方市场的状态，并形成了强烈的路径依赖，使招生看起来更像一种任务，不是主动去满足学生的自然需求，而是通过所谓的计划使其自然需求从属于国家需要、教育事业需要和社会需要之下，这是一种系统性偏误。虽然高校是招生的行为主体，但在当前高等教育招生考试制度大环境下，高校难以在招生活动中大胆创新，彻底突破"计划"的逻辑。可以说我国当前任何高招都必须在严格的计划中进行。在严格的计划控制下，不论如何强调充分调研、科学论证都无法实现真正意义上的供求平衡。更重要的是，学校层面制定招生计划不一定完全从供求关系的角度考虑问题，学校资源分布、学校自身便利、院系利益平衡等因素都会是考虑的重点，导致最终形成的招生方案的政治性大于科学性。可见，传统意义上的招生计划制定在主观上就已偏离供求平衡的目标，在还没有涉及方法和技术层面的问题时就已注定无法与任何一个群体对高等教育的需求结构相匹配。鉴于此，高校招生要彻底纠正计划思维下的系统性偏误就应进行制度创新，本书的建议是学校层面不再自上而下地统一制订招生计划并集中管理。特别指出，本书所说的学校层面不再统一制定招生计划主要指不制订分院系、分专业招生计划。本书所谈的问题均是专业层面的问题，故所有论述均指向高等教育专业及其结构。而分地区招生计划由于牵涉到入学公平问题不能轻易取消，至少不能完全由市场来调节。由于地区问题与本书主题无关，此处不予讨论。

具体而言，教育部可以继续保留全国普通高校招生计划总量控制和分省招生计划分配等宏观调控措施，在此基础上可以考虑让各高校自主创新本校的招生方案制定、执行、监测和调整过程，不再强制要求高校按照过去统一的要求、规范和程序编制分专业招生计划并严格执行计划，在保持总量控制的前提下降低结构方面的计划性，给高校在招生过程中留出足够的可以灵活调整的空间，在微观上允许高校进行机制创新、程序创新和方法创新。作为大学，学校层面可以考虑取消自上而下的招生计划编制和高度集中的招生管理，把招生的自主权下放给院系，建立起以院系为基本单元的招生管理的制度基础。但这并不意味着全面放开或无计划，不代表每个专业想招多少就可以招多少。每个专业的招生名额仍要通过设置上限予以限定，只是这项工作应由各个院系独立开展，自下而上地创建起便于进行市场化管理的计划、柔性的计划和松散的计划，让各个院系自主决定如何进行招生管理、如何制定和调整招生方案，学校只负责汇总、上传、调控、协调、建议、劝诫和监管，不以行政手段介入微观事务。所谓市场化的计划是指自下而上的招生计划相比于传统意义上高度统一的招生计划具有更强的市场性和更弱的计划性；所谓柔性的计划是指制定产生的计划更像是一个指导"红线"，在具体执行时可根据实际报考人数有一定的调整余地，甚至计划可以以区间的形式或其他柔性形式出现，而非绝对固定的；所谓松散的计划是指各院系独立制定和管理本培养单位的招生方案，从而使制定计划的依据更单纯、更科学，避免集中管理下过多的利益博弈。

由此可见，要打破高校招生工作的计划思维理论上可以给院系下放权力，让院系直接参与生源市场的竞争，自行回应来自学生和社会两个方面的市场需求并对自己负责。就像在专业设置上给予高校自主权一样，在招生事务上给予院系自主权是使各专业的供给方式从"配给"走向"市场"的结构性前提。各院系拥有招生管理的自主权后就可以灵活地根据各专业生源情况和毕业生需求柔性地设计招生结构，也可以与相近院系开展横向合作，大大增加了机制创新的空间，并能在很大程度上提高各专业对两类需求的回应性。因为当学校之间的生源竞争转变为校内院系、不同学校相似院系之间的生源竞争时，计划的逻辑就荡然无存，竞争压力将倒逼各院系以市场为导向优化专业布局、注重专业内涵建设、调整招生策略。虽然每个院系也会制定出一个招生计划作为控制各专业招生规模的依据，但此时的"计划"在很大程度上提高了对市场需求的适应性，与传统意义上自上而下制定的笨重的招生计划已不可同日而语。

改变招生管理的主体、机制和结构至少可以产生四个方面的好处。首先，学校层面不再统一编制和落实招生计划使各大学招生的专业结构具有更大的可塑空间，使招生不再是计划式管理意义上的供给行为，赋予了它新的特点。其次，让院系直接与市场对接可以最大限度地消除一些不必要的干扰，使招生的专业结构更多地反映学生需求而非学校的利益或便利。再者，长此以往可以调整各院系的发展方向并促进专业的层次分化。市场需求不大、生源长期不足的教学单位如果不是办学质量的问题，可以考虑改设成研究院，以招收研究生为主，相应的专业就自然而然地让其朝高层次化方向发展，从而不同院系和专业在供求关系的指挥棒下可以天然地完成分化。最后，招生管理权力下放就意味着学校对院系的保护作用也相应地减弱，这正是考验院系、评估院系、筛选院系的过程。当前我国高校的"虚胖"现象已不容忽视，是时候通过市场①来检验一下大学中的各个院系和专业了，从而实现全国范围内大规模的高等教育资源优化和重组，为创建世界一流学科打下基础。

鉴于此，教育行政主管部门和大学均应在招生问题上彻底解放思想，在总量调控的前提下取消各高校分专业招生计划的统一制定和实施，由大学中的每个院系根据其掌握的市场信息自行制定和调整本院系的招生方案，或者在招生管理中进行其他创新，使市场机制在招生的专业结构塑造中发挥关键作用。特别强调，取消自上而下的招生计划编制和集中管理并不是说要让高校招生放任自由。学校层面应制定成体系的管理条例对院系的招生进行必要的约束并全面开展协调和监督工作，尤其要防止院系的不理性扩招。比如学校应根据总量指标、生师比要求、学校的资源条件、各院系的资源条件给出各院系的招生上限，杜绝超负荷招生。又如学校可通过建立一系列激励制度和惩罚制度引导院系的招生策略，使各学科专业"精明发展"、理性发展。总之，在下放招生管理权限的同时，学校和教育主管部门应在系统研究的基础上建立起各自层面的监督和宏观管理体系，制定并落实激励和约束政策，规范院系的招生行为。

综上所述，要化解高等教育计划性供给与市场性需求之间的矛盾，最大的前提在于将计划性供给转变为市场性供给，从而达成供与求逻辑上的一致性，在根本上建立起调节供求关系的长效机制。在专业设置方面，从"配给"走向"市场"的关键在于教育部应让大学面向市场自行设置和调整专业，从制定、审批的途径转变为评估、调控的途径，让大学成为提供高等教育服务的真正主体，在差异化竞争中让市场来重构专业设置的种数和点数。在招生方面，从"计划"走向"市场"的关键在于打破当前高校年度招生计划编制的制度安排，建立起以院系为基本单元的招生管理的制度基础并在院系层面实行柔性计划管理模式，让院系直接参与生源市场的竞争，灵活地回应来自学生和社会两个方面的需求，成为招生主体。这样就可以在高等教育专业层面的两个供给环节中引入市场机制，弱化计划思维。

---

① 我们一再强调本书所说的市场是包括生源市场在内的广义市场，并非单一地指劳动力市场。相应地，以市场为导向并非单纯地指以经济社会发展为导向，也指以学生群体的需求为导向。

6.3 以学生为中心的高等教育供求均衡
模式是化解矛盾的最佳策略

以市场为导向、变配给式供给为市场式供给是处理高等教育任何一类供求矛盾的"通解"，但不是本书的"特解"。高等教育供求问题的复杂性和特殊性使高等教育供求均衡具有多元政策取向。以市场为导向可以是以生源市场为导向，以学生需求为导向，也可以是以劳动力市场为导向，以社会需求为导向，两者是截然不同的价值判断。采取任何一种方案都有可能出现顾此失彼的局面。试图以某种政策取向化解某种供求矛盾并不能保证另一种供求矛盾也自然得到解决，甚至不同政策取向在价值上就存在难以调和的冲突。因此，最关键的问题是提出并论证何为具有综合合理性的高等教育供求均衡模式。本节围绕着寻求这一"特解"的目标展开论述。

6.3.1 现实中高等教育供求均衡的三种模式

现实中可能存在的高等教育供求均衡模式有：以高等教育第一类供求均衡为主的均衡模式（简称以学生为中心的均衡模式）、以高等教育第二类供求均衡为主的均衡模式（简称以社会需求为导向的均衡模式）和兼顾两类供求矛盾的均衡模式。每一种均衡模式有其特定目标、基本要求和政策取向，表现出的收益和代价也存在很大差异。因此，需要通过分析高等教育三种均衡模式各自的意义和特点找出哪一种模式最具理论合理性且实际上也能产生最好的效果，在达成其特定目标的同时也能最大限度地兼顾其他矛盾，具备本书所说的综合合理性，而不是只停留在追求局部改善的狭隘层次。

以学生需求为导向的均衡模式以实现高等教育第一类供求均衡为首要目标，将学生需求、学习自由权、人的本体性和主体性作为制定高等教育供给政策的首要考虑因素，适当兼顾高等教育的第二类需求。从量的角度讲，实现高等教育的第一类供求均衡就是让每一个想上大学且符合条件的人都有机会接受高等教育，所以只要实现高等教育的普及化就可以在较大程度上达到量的均衡目标。这是一个简单的、线形的问题。从专业结构的角度讲，实现高等教育的第一类供求均衡就是要让每一个学生可以自由地进入自己想学的专业中学习，使大学提供的受教育的专业结构与学生需求结构具有较高的一致性，并通过合理的招生制度使每一个学生适得其所，促成供求双方在结构上的真正匹配。打个比方，要使一个结构非常复杂的插头能插进一个结构非常复杂的插座中需同时满足两个条件：一是插头的型号（结构）要与插座的型号（结构）相匹配；二是在实际操作时要找到正确的接入方向。要实现高等教育的第一类供求均衡也一样如此，这就要求大学的专业设置和招生等一系列与专业相关的教育服务供给活动均以学生为中心。学生想学什么应由学生自己说了算，大学应成为学生的大学，至少在人才培养这条线上应该如此。

以学生为中心的高等教育供求均衡模式的基本政策取向为：增强大学办学自主性，

由大学自行设置专业，由院系自主决定各专业的招生规模，并在教学资源承载力范围内，将各专业历年学生报考情况作为院系制定招生方案的主要依据，适当降低对毕业生就业因素的考虑权重，如实行大类培养或通识教育，则在专业分流时最大限度地尊重学生选择；构建国家、地区、大学三级高等教育第一类需求现代化信息管理系统，搜集并掌握详尽的学生需求信息，尤其是掌握专业层面的需求信息，为各院系招生提供事实依据；改革高等教育招生考试制度，构建大学对学生的评价选拔和学生对大学及其专业的评价选择并存的格局及其制度安排。尤其是最后一条，要从根本上实现第一类供求均衡就要在学校评价学生的同时赋予学生自我评价、评价学校、评价自己和专业的适配性的权力和能力，而不是单一的学生被评价后被选拔到合适的学校、合适的专业就读。要让学生从被评价、被选拔转变为自我评价、自主选择，在充分尊重学生的本体性和学习自由权的前提下再来谈如何构建长效均衡机制。

美国等发达国家的高等教育多采用了以学生为中心的均衡模式。长期以来，美国高等教育一直保持着"宽进严出"的价值观念。"宽进"不仅仅是针对大学校门的门槛而言，也体现在学生的专业满足率上。一来这是美国自由主义、人本主义的文化传统在高等教育中的体现，以学生为中心也反映在对学生评价和选择大学及专业的"制度赋能"上，这在美国高校的专业设置中就可以窥见一斑。二来这也是美国在普及了高等教育以后客观形成的供求关系。普及化以后的美国高等教育具有买方市场的特点，充裕的高等教育资源加上院校之间的激烈竞争让学生有了更多差异化选择的空间，客观上减小了结构性供求矛盾。再者，"严出"与"宽进"具有一定的因果关系。"严出"使美国高等教育的第二类供给远低于第一类供给，这就决定了美国高等教育的第二类供求关系不会成为主要矛盾，大学只需安心地处理与学生需求间的关系并开展好培养工作，这巩固了包括专业满足在内的"宽进"政策。可见，美国在价值上更注重第一类供求关系的平衡，强调学生的主体性，对于"出口"问题高校只负责把关人才培养质量，将质量视为内生调节第二类供求关系的杠杆，并认为就业本质上是学生自己的事情，和毕业应区分开来。美国大学这样的均衡策略较为成功地处理了高等教育的两类供求关系，是高等教育供求管理中值得借鉴的经验。

以社会需求为导向的均衡模式以实现高等教育第二类供求均衡为首要目标，将国家发展、社会稳定、结构调整、知识实用性作为制定高等教育供给政策的首要考虑因素，适当兼顾高等教育的第一类需求。这种均衡模式的理论根据是高等教育"政治论"哲学。现实中，高等教育第二类供求关系的结构失调是一个显性问题，常常被拿到台面上来讨论。在一些行业、职业缺乏技能型人才的同时另一些行业、职业普遍出现了大学生过剩现象，所谓的结构性失业就是部分专业毕业生"知识失业"的结果。实现高等教育第二类供求均衡的重点在于使大学的人才培养具有与社会用人单位提供的就业岗位大体匹配的结构，并引导大学生学用结合，提高对口就业率，至少应能保证绝大部分大学毕业生，无论来自哪个专业，均能顺利就业。也就是说，至少在本科和专科两个层次，大学的专业设置和招生应以毕业生就业信号为主要依据，大学在人才培养方面应成为国家的大学、社会的大学，充当合格的人力资本生产者、批发商和零售商。

以社会需求为导向的高等教育供求均衡模式的基本政策取向为：增强大学办学自主

性，由大学自行设置专业，在教学资源承载力范围内，强化就业效果对大学专业设置和不同专业人才培养规格的引导和约束，建立高等教育专业结构对产业结构的主动适应和引领机制，适当降低对学生专业偏好的考虑权重，如实行大类培养或通识教育，则在专业分流时最大限度地以毕业生就业状况为引导依据；发展和完善大学生就业市场，尤其是人力资本要素市场，促进不同专业大学毕业生有序合理地自由流动；构建国家、地区、大学三级大学生就业现代化信息管理系统，从不同层面对不同专业的大学生就业数据进行全面监测和评估，并及时公开和反馈，建立人才培养结构的动态调整机制；合理规划经济发展与高等教育的关系，一方面调整高等教育办学结构，加强应用技术大学建设，提高职业教育比重、提升职业教育层次、增强职业教育市场适应性，另一方面进行产业结构战略性调整，为大学尤其是应用技术大学新专业开设和大学生就业创造增长极。

当前，我国高等教育供求的显性矛盾主要是第二类供求的结构性、短期性矛盾，即社会用人部门的短期人才需求结构与高校人才培养的专业结构间的错位，主要表现为部分专业毕业生的持续供过于求，相关群体就业难已成为愈演愈烈的社会现象。长此以往，可能对社会稳定构成威胁。基于政治稳定的考虑，中国政府近年来采取的调控政策基本上都是针对高等教育的第二类供求矛盾，着重寻求的是高等教育与社会需求的短期均衡。从国内大量文献和新闻报道都聚焦于大学生就业问题就可以看出这是一个被社会各界广泛关注的话题，也是政府进行高等教育供给管理的主要考虑点。采取这种均衡模式的最大收益主要体现在政治领域，即通过优化高等教育人才培养结构最大限度地减少"知识失业"，有效地防止了因大学毕业生群体的就业环境恶化给社会带来的剧烈震荡，维护了社会稳定。相比之下，第一类供求矛盾在政治层面或社会层面还是一个相对隐性的问题，其社会容忍度远高于第二类供求矛盾，从而在多数高等教育管理者看来尚不具有理论紧迫性和政策紧迫性，就连在学术研究或高等教育学教材中相关话题也难得一见。话虽如此，政府和大学也在通过采取允许修读双学位、允许在一定范围内转专业等措施适当地兼顾个体需求，使第一类供求矛盾长期维持在一个政治可控的范围。

兼顾两类供求矛盾的均衡模式是以上两种模式的折衷方案，以同时缓解高等教育的两类供求矛盾为主要目标，试图找出个人主体、大学和社会主体各方都能接受的中间地带。由于高等教育的"认识论"、"政治论"和"学生论"三种理念可以并驾齐驱地竞争，可以在此消彼长中保持平衡、相互牵制，但不可能从根本上被调和，从而反映在现实中，个人主体、大学和社会主体的利益诉求不可能通过一个万全之策被同时完美无缺地满足。折衷的均衡模式本质上是在已知约束条件下寻找最大值或最小值的线性规划问题，是一种模糊而温和的仲裁策略，最终结果可以保证任何一方的诉求均不被忽略，但也只能努力做到最大限度地减小供求体系的整体矛盾指数而不是消除矛盾，只能让矛盾双方达到均能接受的状态而不是满意状态，最终实现的是整个系统的天平相对平衡或像钟摆那样来回摆动、往复协调的状态。从政治风险的角度讲，这是一种较为安全的均衡策略，可以避免走向极端。

折衷模式的政策取向是将前两种模式的政策取向熔于一炉的综合取向：在扩大高校在专业设置、招生、人才培养等办学活动自主权的前提下（即扩大高校的仲裁权），一方面重视培育和发展生源市场，强化学生评价并选择大学和专业的制度安排，加强生源市场对高校办学活动的影响力度；另一方面完善高校与社会主体的对接机制，利用劳动力市场信号影响高校的人才培养。当分别建立起高等教育入口和出口两个环节的市场机制、打通高等教育"任督二脉"后，尤其是当生源市场和劳动力市场发展为影响力对称的成熟市场后，高等教育的两种供求信号就可以直接在大学这个公共空间中发生碰撞，大学就可以根据每一时期的具体情景灵活地运用其自主权进行相机仲裁和结构调整。从而规避了大学在单一价值取向下或信息不对称环境下割裂地、单向地处理问题可能引发的风险。这样的协调策略往往是温和的、动态的、渐进的，甚至是反复的，直至达到一个相对平衡和折衷的状态。另一种政策取向是大学的分类管理，比如让应用技术大学专注于处理与社会需求的关系，服务于当期经济社会发展，而非应用技术大学则以满足学生的专业兴趣为主，使两类供求关系在各自相对独立的范围内达到平衡。这种划片式的、分工式的处理方式理论上也能达成折衷模式的政策目标。总体上，兼顾两类供求矛盾的均衡模式没有鲜明的价值倾向，其基本要求就是高等教育的人才培养应长期平衡在个体需求和社会需求之间，其政策取向具有模糊性、综合性、多元性、灵活性等特点，在调整专业结构方面甚至没有太固定的政策取向。正因如此，现实中鲜有这种均衡模式很典型的实践案例。

6.3.2 以学生为中心的高等教育供求均衡模式最具综合合理性

虽然三种均衡模式都有特定的理论依据和政策目标，看起来各有利弊，没有哪一种模式能完美无瑕地化解高等教育的双重供求矛盾。但深入分析会发现，从长期看，以高等教育第一类供求均衡为主的均衡模式，也就是以学生为中心的均衡模式具有其他模式不可比拟的优点和潜能，是唯一兼具理论正义、实践可行和实践预期良好的均衡模式，不失为一种具有综合合理性的选择方案。其他均衡模式都不具备这一潜能。

第一，兼顾两类供求矛盾的均衡模式在理论上看似最不偏颇、最为周全，在实践中却存在可操作性难题，很难运用自如。

虽然以折衷的理念调节高等教育总供给是较易实现的，例如渐进式扩招在逐步提高毛入学率的同时也控制了毕业生增速，以一定速度增加高等教育入学机会的同时将大学毕业生的失业率也控制在了一个可接受范围，可一旦深入到与结构相关的问题上，如何确立仲裁标准就成了大大的难题。即使政府和大学已充分掌握了两类需求结构的基本信息、了解了两者的错位情况，但摆在面前的问题是高校实际提供教育服务时当如何兼顾和调和呢？在专业设置和专业建设、招生计划制定、招生规则设计、培养模式构建、专业分流、质量调控等一系列涉及供给结构的环节中是一部分环节以社会需求为依据，另一部分环节以学生需求为依据呢？还是一部分高校的以上活动以社会需求为依据，另一部分高校以学生需求为依据呢？还是一部分专业的以上活动以社会需求为依据，另一部分专业以学生需求为依据呢？还是所有高校和专业都兼顾两者按照一个所谓的"中间结构"进行人才培养呢？还是把所有折衷意义上的可能方案都糅合在一起，在这个黑箱中让所有高校相机处理呢？若开展大类培养，又如何在专业分流中真正做到兼顾学生的专业兴趣和社会的人才需求呢？以上问题均表明高校很难通过科学的方法构建起以兼顾两头为目标的高等教育服务结构。

同样，大学分类管理的政策取向在实践中也会产生困扰。不同类型大学真的可以被完全分隔成不同的世界进行隔热管理、隔热发展吗？应用技术大学的专业设置和人才培养是否可以完全根据短期经济社会发展的需要来，而不必考虑学生的专业满足率？非应用技术大学是否可以以一种正好相反的均衡策略来管理？这样的隔热管理是否会产生难以预料的代价？这些都是一切试图以中立者立场平衡两类供求关系的政策取向将面临的实际操作上的难题。这些问题本质上与"班级的最优规模是什么"这样的问题没有区别，很难找到绝对科学的根据，只能依靠人为的规划和设计探索经验方案，而方案设计不当就会出现看起来像什么都没做或两头不讨好的尴尬局面。可见，兼顾两类供求矛盾的均衡模式仅仅在理论上看起来比较稳重和温和，实际上由于目标不明确、政策取向模糊、缺乏科学方法很难真正处理得好，操作不当就产生不了明显效果，甚至可能还不如单一倾向的均衡模式产生的政治和社会收益来得大，导致政策失败。退一步讲，即使经验上找到了各方均可接受的中间方案，往往也只是权宜之计，并没有从真正意义上解决任何一类供求矛盾。

第二，以社会需求为中心的均衡模式以单一高等教育发展观为合法性基础，具有高昂的理论和实践代价。

首先，这种均衡模式把高等教育的外部矛盾当作主要矛盾，突出强调了高等教育发展必须与社会发展需求相一致的高等教育发展观，脱离这种发展观的高等教育就失去了其存在的合理性与合法性。这使得"政治论"哲学独占了高等教育的理论空间，破坏了多种学科逻辑相互竞争、相互牵制的高等教育理论生态，使大学完全变成了国家和社会的服务站，大学的核心价值和核心使命难以得到应有的尊重和维护。有学者认为，从理性分工的角度看，高等教育本质上是一种知识再生产活动，其首先应符合的是认知活动合理化即认知理性发展的要求。[①] 这种均衡模式的问题在于它将实践理性完全驾驭在认知理性之上，试图以工具理性、政治理性和传统的实践理性取代认知理性在大学人才培养中的核心地位，使高等教育难以走上正常发展的轨道。我国一大批本科院校向应用技术型大学转型就是这种理论取向衍生出的政策取向的集中体现。这种大范围办学结构调整在很大程度上改变了大学原有的生命周期，使这些大学的命运完全依附于短期市场需求，被市场的生命周期格式化，从而造成大学独立品格的丧失。

其次，这种均衡模式的核心逻辑是大学的人才培养能快速应对社会需求的变化，从实践理性的角度讲这可能具有良好的短期效应，但从长远看所付出的代价是高昂的。社会对高等教育的需求有长期和短期之分，两者具有完全不同的性质和运动规律。就业市场上的一切信号反映的都只是各个专业的即期供求关系，以短期市场需求为根据的均衡模式并不见得能实现第二类供求长期均衡的目标。殊不知市场往往基于企业短期需求和效益而变动不居，并具有滞后性和反复性，大学过度迎合只能把自己也变成"企业"，

---

① 展立新，陈学飞. 理性的视角：走出高等教育"适应论"的历史误区 [J]. 北京大学教育评论，2013（1）：95 - 125.

并使学生成为知识技术化背景下真正意义上的产品。同时，经济竞争的压力势必会影响到大学对那些从长远看与人类命运和前途休戚相关的基础专业设置和研究的兴趣。[①] 一些综合性大学的优势基础学科、长线专业如天文、地质、历史、哲学、考古等将面临极大的威胁，而人类的长远发展恰恰最离不开这些学科和专业。这就意味着高等教育被短期实践理性主导的同时忽略了长期实践理性，不具有发展的可持续性。

再者，这种均衡模式不利于缓解高等教育的第一类供求矛盾，容易使供求关系协调处于一边倒状态。个体对高等教育的本源需求极其复杂，同时包含了认知理性和多种实践理性的逻辑。当高等教育将适应社会发展作为唯一合法性基础时，势必难以兼顾其第一类需求，使学生的本体性和专业选择权得不到尊重。当学生们发现大学现有专业不能与他们的兴趣相吻合时，他们不能自由地发展自己的兴趣，而必须服从于"大学—社会"联合体安排好的人才培养结构，在社会需求的主导下完成学业。于是，学生选择专业的表象遮蔽了专业（社会）选择学生的实质。

最后，这种均衡模式因强化了大学以就业为目标的办学理念，往往也会强化高等教育的"宽出"模式，并错误地引导学生需求。我国高等教育就已陷入这样的困境。包括清华、北大等著名学府在内的我国高校，在新生刚入学时就对他们进行就业指导、开展创业教育，使学生在脑子里时时刻刻都有一根弦叫就业，似乎就业和创业就是高等教育的全部。这一方面使得就业始终是我国高等教育"宽出"的合法性基础，严重冲击了高等教育质量；另一方面则导致学生进了大学后就想就业，并在专业分流时拼命往挣钱多的领域钻，或通过转专业的方式实现这一目标，而不是坚持自己的专业兴趣或往人才紧缺的领域走，极大地增添了大学的办学压力，也偏离了以适应社会需求为出发点的政策初衷。尤其是第二点，这种均衡模式下的高等教育观将那些以多元实践理性为导向的学生需求异化为狭隘的以就业为目的、以就"好"业为目的的专业选择逻辑。这在一定程度上反而加剧了高等教育的结构性供求矛盾。施一公教授就曾批判过这种高等教育观："就业只是一个出口，大学办好了自然会就业，怎么能以就业为目的来办大学？就业是一个经济问题，中国经济发展到什么程度就会提供多少就业，跟大学没有直接关系。研究型大学从来不以就业为导向，从来不该在大学里谈就业。"以上四个方面共同说明了以社会需求为中心的均衡模式将产生较大的理论负外部性和实践负外部性。

第三，"人"的因素决定了以社会需求为中心的均衡模式难以实现预期目标。

高等教育第二类供求的结构均衡要求高校人才培养的专业结构与产业结构相匹配。按照这样的逻辑，高校的专业设置和培养规格应严格按照经济发展对不同专业大学生的需求规模进行尽可能周到的论证和规划，使各专业的人才培养与社会用人单位提供的就业岗位具有宏观一致性。而实际上，学校即使完全根据社会需求来调整人才培养结构，也不可能保证各专业毕业生均从事与本专业相关的工作，即对口就业。随着大学生自主择业制度的建立和完善，就业不对口、"学—职"不匹配已成为一种趋势。也就是说第二类供求关系能否实现真正意义上的结构均衡除了取决于高等教育人才培养结构是否与

---

① 张伟，任建明. 我国高等教育体制改革方向与政府角色定位问题研究［J］. 清华大学教育研究，2006（3）：100－110.

社会需求结构相一致外，还取决于毕业生是否实现对口就业。如果就业是相互交叉的，则取决于各专业不对口就业的总输出和总输入是否基本平衡。后两个问题在很大程度上是毕业生就业的主观意愿问题，与高等教育结构调整无关。换言之，高等教育的第二类供给与社会需求并不是直接相关联的，中间间隔了学生自由择业的环节。如果只是在人才培养方面煞费苦心地进行结构调整，而忽略了这一中间环节，则大学关于改善第二类供求关系的所有努力都是徒劳。

事实上，大学能做的恰恰也仅限于人才培养，而政府在毕业生的"学—职"流动问题上也难有作为，这完全是一个你情我愿的市场过程。除部分技术门槛较高的专业和行业外，大部分专业的毕业生出了校门后更像是有机化学中的"自由基"，具有很高的自由度，可以穿梭于若干与所学专业相关或不相关的部门和行业，大经管就是典型的例子。更重要的是，由于不同部门或行业提供的激诱条件不同，基于人往高处走的定律，"自由基们"自然而然地会流向高激诱行业。即使自己所学专业的就业方向更符合某个低激诱行业，也宁可放弃所学专业，转入其他行业或职业。这样一来就绝不可能使各专业不对口就业的总输出和总输入保持平衡，那些给人们以高激诱的行业将源源不断地从低激诱行业所对应的专业中得到人才。因此，即使人才培养的专业结构被滴水不漏地规划成与社会想要的结构相一致，把学生按计算好的比例送进各个专业中培养，也会被"自由基"的流动规则打破并重组，最后仍然不能使高等教育第二类供求关系走向短期结构性平衡。正如在城市规划领域，就算严格按照"职—住均衡"① 的要求规划城市用地并付诸行动，现实中"职—住"也难以真正均衡。② 因为人是活的。同理，大学为社会提供的"产品"不是实物产品，最终的供求关系不仅仅是由大学和社会两方面可以决定的。不仅如此，由于目前我国高等教育的第二类供求矛盾主要表现为大部分专业的毕业生均处于供过于求状态，不管大学如何调整人才培养结构，只要总体仍保持扩招，就不可能从根本上改变这种状态，也就不可能化解矛盾。

再者，且不说一个专业的就业率能否通过调整人才培养规模被提高，关键是就业的"学—职"匹配度不会必然跟着就业率发生同步变化，"学—职"匹配度能否提高、该不该提高更不存在规范答案，甚至是有争议的。综上所述，要通过改变供给使高等教育第二类供求关系走向结构平衡本身就是不现实的，也是不必要的。正因如此，发达国家和地区的大学已越来越不关注第二类供求是否平衡，而把主要精力放在学校能控制的方面，即放到关心学生的诉求和发展上来。甚至在某种意义上，以高等教育第二类供求均衡为主的均衡模式也可以说是一种伪模式，在实践中实现不了预期目标，或许只适用于计划经济年代的高等教育管理。

第四，以学生为中心的均衡模式具有较强的理论包容性，可以兼收并平衡不同理论取向。

这种均衡模式把人的培养作为主要关切点，突出强调了高等教育发展必须与人的成

---

① "职—住均衡"指某一城市空间中就业岗位数和居住人口数大体保持平衡，以增加人们就近工作的可能。

② 关于职住均衡问题，可参见笔者以下期刊论文：王旭辉，孙斌栋. 特大城市多中心空间结构的经济绩效——基于城市经济模型的理论探讨 [J]. 城市规划学刊，2011（6）：20 – 27.

才和发展相统一的高等教育发展观。如前所述，个体对高等教育的本源需求极其复杂，同时包含了认知理性和多种实践理性的逻辑。一些学生将接受高等教育视为一种消费，热衷于基于个人兴趣选择专业并探索高深学问，享受闲逸好奇的学习（学术）生活，最终一部分学生可能被某个学科的"黏性"黏住，成为大学中新一代求知者和育人者；一些学生将接受高等教育视为一种投资，热衷于基于投资收益率选择专业并围绕着就业、就好业储备知识，毕业后服务于国民经济的各个部门；一些学生将接受高等教育视为一种有计划的锻炼，热衷于根据某种人生目标选择专业，为成为"行者"打下基础，毕业后或致力于寻求社会问题的解决方案并承担社会责任，或成为实践领域的批判者，推动社会变革；还有一些学生则漫无目的地接受了高等教育，通过自然的筛选或由于机会的摆弄漫步到了各个专业，并在学习体验中慢慢地朝着不同方向分化……不同个体对高等教育如此差异化的本源需求提示了以学生为中心的均衡模式蕴含着认知理性和多种实践理性内在统一的高等教育理念。即"学生论"在哲学范畴中兼收并蓄了高等教育的"认识论"逻辑和"政治论"逻辑。通过尊重不同学生对高等教育的多元理解及满足由此产生的差异化需求可以使两者在同一时空中和谐共存、理性竞争，使高等教育理论生态得以维持平衡。这正是"学生论"哲学指导下的以学生为中心的均衡模式的理论包容之处。

只是在特定时期，受特定制度、文化和学术环境的影响，某种理性思维在影响学生需求中可能占据主导并压制其他理性思维。比如当前以就业为目的的工具理性思维在我国居民的高等教育诉求中占据主导地位，这种思维在家长指导子女选择专业时得以集中体现，它深深地根植于我国现阶段特殊的政治、社会和文化土壤之中。在这样的异化环境中，高等教育更加要尊重和培养学生的主体意识，通过人才培养的学生本体转向，激发学生的批判性思维，最大限度地还原、维护和满足每个个体的本源教育需求，屏蔽扭曲高等教育理念的外部干扰，让学生对高等教育的需求从单维度经济诉求中解放出来，还原为一种自我满足、自我实现的价值诉求，超越政治的、经济的、以适应为目的的单一维度，避免学生成为单一实践理性主宰下的单向度人。具体到专业问题，以学生为中心的均衡模式在某种意义上可以理解为"专业的学生建构模式"。按照"学生论"哲学的理念，任何一所大学的专业结构本质上应是由学生建构起来的，而不是由大学自己或政府或社会建构起来的。并且学生建构是一个动态过程，是一个不断修正和调适的过程，甚至是一个存在反复和波动的过程，而不是一步到位的。越多学生参与到高等教育专业的建构中来，就意味着越多差异化需求被释放和满足，从而认知理性和多种实践理性都被充分运用于高等教育的专业构建，但各自又只是提供整个建构的部分逻辑，在相互补充中使高等教育的专业结构达到综合合理性标准。总之，以学生为中心的均衡模式因其具有强烈的理论包容性，是符合高等教育理念和发展愿景的均衡模式，既能最大限度地满足学生的多元需求，服务于人的成长，也符合大学自身发展的诉求。

第五，以学生为中心的均衡模式不仅能轻而易举地达成化解高等教育第一类供求矛盾的政策目标，而且能反向调节高等教育的第二类供求关系，使之保持在"合理的失衡"状态。

一方面，要通过政策化解高等教育第二类供求矛盾不易实现，但要使第一类供求关系达到基本均衡却是易于实现的。高等教育专业层面的第一类供给本质上是具有差异化知识组合的教育服务机会的提供。虽然它不是实物的供给，是人才培养服务的供给、知识的供给，但它毕竟直接对接于个体需求，没有任何中间环节，只要大学提供的人才培养专业结构与学生对高等教育总需求的专业结构基本吻合，并通过设计合理的招生制度使每个学生能自由地流入想学的专业中学习，大家适得其所，第一类供求关系就可以达到平衡。专业设置结构调整、专业招生结构调整、招生制度设计这些环节均是大学和政府能力范围之内的事务，只要坚定不移地以学生需求为导向，按照以学生为中心的理念开展相关工作，完全可以实现化解高等教育第一类供求矛盾的政策目标，而不存在像第二类供求问题那样高等教育输出的"产品"具有独立意志、不受控制的情况。

另一方面，以学生为中心的均衡模式可以自动地调节高等教育的第二类供求关系，使之保持在"合理的失衡"状态。其中的原理用一句话说仍可归结为"人"的因素。我们知道，两类需求的结构是一种不完全对称的关系，但不完全对称并非完全不对称。虽然个人需求和社会需求存在矛盾和冲突，但不可否认的是，现实中个体对高等教育的需求在很大程度上不具有完全独立性，深受社会需求的影响，对于大多数受实践理性指导的个体而言，更是摆脱不了当期经济社会环境对他们选择专业的影响。一部分人会根据社会需求的大小和宽窄选择专业，其参考依据主要是与就业规模、就业难易度相关的信息；对于更多人而言，教育收益①是他们选择专业时考虑的重点，其参考依据主要是与广义就业结果相关的信息。后者是催生热门专业并使之与一般专业相分离的主要群体，也是个体需求和社会需求非对称部分的主要来源。高等教育第二类供求关系之所以难以实现绝对平衡，问题的根源就在于不同专业毕业生的教育收益始终存在差异。在人往高处走的定律下，很多学生自觉地流向收益率高的专业，造成一些专业的毕业生严重供过于求。然而，本书第 5 章关于专业重要性的实证分析提示了学生具有根据市场信号进行长期自调节的潜能。随着大量学生涌入热门专业，热门专业给每个个体带来的超额收益将不断缩水甚至因过高的失业率而被抵消，最终使不同专业的教育收益趋于收敛，就业意义上的"好专业"和"坏专业"的界限就会变得模糊，此时学生在选择专业时就会加大对就业机会（社会需求）和个人兴趣（认知理性）两个选项的考虑权重。这一"约束—反馈"机制下第一类需求的自调节过程本身也起着调节高等教育第二类供求关系的作用，使其长期维持在"合理的失衡"状态。其背后的指挥棒正是大多数个体潜在的理性经济人思维。可见，以学生为中心的均衡模式除了能实现满足学生需求的特定目标，还能让学生在经历一个渐进的调适过程后自发地缩小不同专业的教育收益差异，使高等教育的第二类供求矛盾稳定在一个可接受的水平。再者，"人"的因素不仅仅体现在专业选择上，也体现在实际就业过程中。从积极的角度看，学生就业时的跨专业流动，即不对口就业本身也是对"学—职"关系的一种调适，即对第二类供求关系的一种调适。这再次将线索引入到大学如何培养人的问题上。只要大学培养的人具有足够多元而开放的知识结构、足够强大的应变和创新能力，可以让大多数专业的大多数学

---

① 此处所说的教育收益具有非常广泛的含义，并不是单纯地指就业率或就业的经济收入，而是包含了就业层次、就业品质、就业环境、将获得的社会地位、生活方式、代际影响等在内的广义收益或广义就业质量。

生在就业时不必局限于某个狭窄的范围，那么专业的学生建构模式并不必然对高等教育的第二类供求关系造成压力，关键在于大学如何培养人才。很多时候，高等教育中的两种供求矛盾始终扯不清、理不平恰恰是因为大学错误地参与了其中，不是自己做裁判就是把裁定权错误地给了外部系统，就是从来没有认真考虑过给学生赋能又会如何。

此外，两类需求结构反映出的非对称性也有一部分是由信息不对称引起的。由于信息不对称造成的个体需求和社会需求间的矛盾是一种非主观矛盾，可以通过建立科学的信息调查与处理系统予以解除，这是政府和大学很容易做到的方面。最后，对于一些在认知理性指导下选择专业的学生而言，他们的需求结构常常与社会不同，而这部分不对称的存在却是合理的，甚至是必要的，对大学的基础学科、长线专业发展以及不同学科和专业的平衡具有非常深远的意义。也只有当这部分人被大学黏住并形成知识统一体后，学科知识的逻辑即认知理性的逻辑才能与社会经济发展的逻辑、就业创业的逻辑长期共存、相互补充，而不至于被淹没或挤占。进一步讲，大学对人类社会的引领和改造作用正是在满足学生多元需求的前提下得以实现的，这也是高等教育对外部世界广义上的适应。综上所述，以学生为中心的均衡模式除了具有较强的理论包容性外，更重要的是它拥有其他模式都不具备的实践预期，在达成其主要目标的同时也能一定程度地调节其他矛盾，使高等教育的双重供求关系朝着整体有利的方向移动，不失为一种具有综合合理性的选择方案。

6.3.3 以学生为中心的均衡模式的理论根据及其超越

以学生为中心是学生教育主体观和以人为本的科学发展观对我国高等教育的基本要求。20 世纪 70 年代以来，我国教育界开展了关于学生在教育中地位的大讨论，确立了学生是教育主体的基本认识。中共十七大把以人为本的科学发展观写入党章，以学生为本的教育观逐渐成为我国教育界的共识。这意味着高等教育在处理任何关系时应将学生需求置于一个核心位置，以其为出发点和落脚点探索化解矛盾之路。那么，以学生为中心的均衡模式具有怎样的理论根据呢？下文从教育中的批判理论视角来阐明其合法性的基础。

教育中的批判理论，是批判的社会科学在教育学中的具体化。与传统理论不同，产生于 20 世纪 30 年代的批判理论所涉及的一般真理不可能通过参照当代秩序而被证实或证伪，因为它暗含着存在另一种完全不同的社会秩序的可能性。批判理论试图扬弃传统理论，重新定义和审视社会的合理性基础，通过批判活动改造人类生存现状，起着一种呼吁、催化社会变革的作用。批判理论根植于由康德发起的超验哲学的方法论革命，这场革命由费希特（Fichte）和黑格尔（Hegel）拓展，并由马克思（Marx）最终实现。之后，法兰克福学派的理论家进一步继承了马克思的批判思想。通常所说的狭义的批判理论主要就指法兰克福学派的"批判的马克思主义"，它是对现代社会尤其是现代资本主义社会进行多学科分析和批判而形成的哲学—社会学理论，是西方马克思主义中影响最大的思潮。

早期的批判理论家把个体与社会的冲突、社会的各种弊端、人性的异化归因于工具理性的膨胀，工具理性是他们主要的批判对象。例如，马尔库塞（Herbert Marcuse，1964）曾指出，工具理性催生了没有批判性和创造性的"单向度人"，并在此基础上形成了"单向度社会"。实际上，在他们的著作中或多或少地就已蕴含着教育批判的思想。如阿道尔诺（Theoder Wiesengrund Adorno）曾写道："教育是文化的一部分，教育如文化一样包含个体思想和一般理性生活的理想……但是随着教育与社会生活和人的内在自然的分离，教育变成了代表普遍理想的纯粹教育。虽然社会现实存在着严重的苦难，但教育却成了粉饰社会现实的工具……教育偏离了正路，变成了残缺的教育，成为一种必要的意识形态，并沦为统治的工具……在这种条件下，很难进行独立的教育改革，也根本无法克服当代的精神异化。"① 批判理论家的这些思想深深触及了自启蒙运动以来教育思想和教育体制的根本困境，正是他们发起的批判唤起了人们对人的发展以及现代教育问题的深刻反省，为后来教育学自己的批判理论的形成和发展奠定了基础。换言之，批判理论促使教育学意识发生了转变，传统教育学与批判理论耦合后便催生了批判教育理论，其中以批判教育学这一典范最具代表性。

批判教育学作为一种教育思潮是在 20 世纪 60~70 年代发展起来的，其兴起和发展反映了当时西方教育思想界一种重要的理论动向。它使教育学研究更像政治学，政治学研究更像教育学。② 批判教育学以其独特的批判姿态和解放追求分析了等级制度下学校教育的性质，尖锐地抨击了教育制度的弊端，在教育理论、教育管理、教育伦理等领域进行了开创性的研究，对当代的教育理论研究产生了极大的冲击。③ 正如有学者指出的那样，批判教育学质疑和批判：学校究竟呈现出谁的未来、谁的故事和谁的利益？批判教育学主张学校用一种公共哲学来阐明如何建立起意识形态上和制度上的基础，使学生获得"解脱限制"（emancipation）和"自由解放"（liberation），同时帮助学生"增权赋能"（empowering），重新厘定与建构学校教育的特征。④ 经过近 50 年的发展，虽然批判教育研究已积累了相当的文献，但它始终未能进入教育政策的核心地带，也未能解决现实问题。究其原因，主要因为其理论定位是诊断性的而非治疗性的，它试图揭示教育中的危机根源并表明其面对危机的立场，但并没有提供解决危机的手段。过于知识化的特点使批判教育学倾向于脱离实践诉求，甚至沦为事后的哲学。⑤

然而无论如何，教育中的批判理论为高等教育的研究提供了一种新的理论思路和方法论视角，鼓励人们去开放地探索高等教育领域中的"反"和"非"，质疑既有事态的价值品质和理论合法性，寻找"更好的可能"。在我国高等教育主流理论和实践仍整体"向右"的情形下，教育中的批判理论提供了一种执意"向左"的理论倾向，一种坚信"真实和理想在别处"的理论思潮，对高等教育中的人才培养、思想解放和伦理具有重

---

① 转引自彭正梅. 解放和教育：德国批判教育学研究 [M]. 上海：华东师范大学出版社，2008：67-69.

② 辛治洋. 批判教育学解读 [J]. 比较教育研究，2006（7）：6-11.

③ 彭丽. "公民"与"解放"——批判教育学两个重要主题的研究 [J]. 比较教育研究，2008（10）：41-45.

④ 胡春光. 批判教育学：一种反压迫的文化论述和民主教育实践 [J]. 教育研究与实验，2010（1）：8-13.

⑤ 笔者对批判教育研究的专门论述可参见以下文献：王旭辉. 高等教育研究反思：批判方法论的视角 [J]. 中国高教研究，2016（9）：6-11.

大启发。以学生为中心的高等教育理念从某种意义上恰恰可以看成是对"认识论"哲学、"政治论"哲学、"适应论"学说、"理性主义"等用以指导或存在于高等教育中的各种学说、假设、思潮的必要批判和制衡，是重新解读高等教育内涵的一种途径，其根本理论支点正是以批判教育学为代表的教育批判理论。有学者曾对大学中的管理文化进行过深刻反思。相关文献提到，在理性主义哲学思潮的影响下，以"经济人""工作组织""效率""科学"等为表征的"工具理性"开始深深植入到大学管理中，而以大学自治、学术自由、教授治校、民主管理、无为而治等为原则的人本主义管理理念则对管理中的"工具理性"进行了深刻的批判。① 人本主义管理理念在某些政策取向上与本书所说的以学生为中心的办学理念恰好具有逻辑一致性，其强调的无为而治的管理方式反映在本书的问题上就是充分满足学生需求，最大限度地排除来自大学内部和外部的限制。相反，在理性主义管理理念的指导下，对高等教育一切问题的处理都是以精确计算的方式进行的，如专业设置和招生计划编制，完全建立在理性、客观和非人格化的基础之上，并将高等教育和外部系统捆绑在一起，使两者互为正当理由，相互提供支持。以学生为中心的高等教育理念正是对现实中单维度的高等教育理论和政策取向的回省和批判，具有鲜明的批判立场、独特的理论姿态和强烈的终极关怀，与批判教育学中的许多思想有异曲同工之妙。

不仅如此，以学生为中心的高等教育理念还具有极其重大的实践潜能，有助于实现批判理论从话语向行动和实践的关键性跨越。本书提出的以学生需求为导向的高等教育供求均衡模式正是在该理念启发下产生的一种替代性的、颠覆性的政策取向。它从对立面的角度揭露了以社会需求为导向的高等教育均衡模式存在的问题及给人带来的危害：通过大学对社会需求的迎合，人们在社会追求增长与效率的前提下接受教育，被派往各个专业中学习，然而大学在迎合市场中获得的成功是以学生个人为代价的……在大学社会化过程中，以就业为目标的价值在大部分学生身上内化了，于是用人单位更容易实现其经济目标，大学也更容易得到政府和社会的认可而获得更多资源，而学生的主体性和学习自由权却受到了极大的忽视和挤压，常常处于依附状态……理论界的学术研究同样过多地关注高等教育与外界的联系或者基于"认识论"的学科知识问题，而不是接受高等教育的每个人……因此，以学生为中心的理论和政策取向肩负着对高等教育理论和实践系统纠偏的使命。具体到本书的问题上，以学生需求为导向的供求均衡模式是在以学生为中心的价值判断之上形成的解决问题的具体思路，超越了纯粹的话语理论，是针对高等教育供求问题的一种实践策略，一种与目前我国普遍遵循的均衡模式存在对立和冲突的实践策略。它可以实实在在地指导人们去重构高等教育的专业设置制度、招生考试制度和人才培养制度以及由此带来的个体和社会的关系。从这种意义上讲，本书提出以学生为中心的均衡模式一方面是受到教育中的批判理论的启发并以之为理论支点，另一方面也是针对具体问题建构起来的实践指南，是治疗性的和追求指导方针的理论。

最后，批判对于高等教育而言不仅是一种理论立场，更是一种发展理论和引发人们思考的途径，有助于我们站在更高的高度上理解高等教育的本质。通过深入思考和反省

---

① 赵敏. 大学管理文化的反思与创新 [J]. 教育研究，2004（7）：60 – 65.

高等教育中的多元知识和复杂价值取向、相互对立和冲突的见解，比如个人本位和社会本位、科学和人文、知识和能力、传统和现代、理性和感情、精英和大众、公平和效率等，我们领悟到以学生为中心才是高等教育理念的精髓和灵魂，高等教育实践中一切问题的解决方案最终都必须落到这个坐标原点上来。

众所周知，人才培养是高等教育的本质职能，科学研究和社会服务则是衍生职能，三者无论从时间上看还是从重要性看，人才培养都应是第一位的。那么人才培养意味着什么？其真正本质又是什么？高等教育终究为谁服务？本书认为，高等教育的一切问题归根结底都是关于一个人的教育问题，高等教育以提高人的认知能力为核心使命。高等教育首先应作为一种教育形式，逐步提高个体批判性地理解世界、认识世界和改造世界的能力。那么，以学生为中心就应成为高等教育的第一要义，高等教育因其是"教育"首先要为学生服务，人才培养应是第一人称意义上的人才培养，而不是基于社会需要的第三人称意义上的人才培养。高等教育之所以高等就在于其"自由"，在于其"解放"，在于学生的心智发展与自我赋权，而不在于为社会提供高级人才。可见，高等教育的本质既不应落在"高深知识"上，也不应落在"外部适应"上，而应落在学生本体上。甚至罗纳德·巴尼特（Ronald Barnett, 2012）在其编写的《高等教育理念》一书中这样写道："当今高等教育的任务主要不在于把学生打造成为知者，也不在于把他们打造成为行者，而在于更多地把他们造就为人，使他们在变幻莫测的世界中能够深谋远虑、经历考验。"[1] 按照这样的观点，从来就不应该谈上大学有什么用，从实践的角度讲大学应是"无用"的。这样就很容易理解为什么最优秀的企业家都不是大学培养出来的，高等教育从来不以此为目标。以学生为中心是高等教育哲学从"知识"和"关系"回归"本体"的表现，最大限度地保留了"高等教育"这一概念的理论基础，使高等教育真正回归到人的、高等的、教育的真谛中来。理解了高等教育的本质就很容易想明白大学应引领社会发展而不是适应经济基础的问题。高等教育是围绕着人的成长而进行的一系列教学、科研和服务活动。以人的成长为核心的知识生产本质上是一种批判反思性的学术活动，具有解放人的心智的功能，在此基础上自然而然地对经济、政治和文化发挥着批判和改造作用。如果认识到高等教育的这种目标，大学就不应按照工具理性的逻辑成为为社会输送人才半成品的机构，而应将所有关注聚焦到学生身上，尽一切可能满足每个学生迥然不同的教育需求。越多学生的教育需求得到满足，高等教育就积累了越多改造社会、引领社会的能量。只有当大学不再把学生视为流进流出的过客，而是和学生结成共同体时，高等教育才能从单维度的认识论中解放出来，才不会迷失于理性主义或其他不属于高等教育最初理想的阴影之中，一个透视复杂社会现象的批判途径才能生成。因此，在供与求这样的实际问题上，以学生为中心的均衡模式是唯一符合高等教育理念的均衡模式。

---

① 罗纳德·巴尼特. 高等教育理念 [M]. 蓝劲松，译. 北京：北京大学出版社，2012：3.

第 7 章 构建理想：在向学生需求的 倾斜中走向综合协调

规范研究表明，只要以"市场式"供给取代"配给式"供给并采取以学生为中心的高等教育供求均衡模式，强化学生专业选择的主体性并培养其主体意识，提高学生专业选择的自由度和达成度，逐步实现专业的学生建构，提高人才培养的适应力而非适应度，同时增强信息服务，降低由信息不对称引起的高等教育两类需求间的错位，引导个体需求理性调整，那么满足个体需求与适应经济社会发展是不矛盾的，专业的学生建构与大学自身学科建设是不矛盾的，以学生为本的结构调整与人类社会的长远利益也是不矛盾的。在向学生需求的倾斜中走向高等教育供求体系的综合协调是本书希望构建的最终理想，一条学生个体、大学、社会等多方高等教育供求主体相互协调、相互磨合的道路。本章是我们一系列有关高等教育专业层面供求问题的研究结论总结、提炼和深化，尤其是关于主要理论见解及其政策思想的深化讨论。在这一章里，我们先基于规范研究的观点进一步论述拟构建理想的"理想性"，然后提出关于如何构建理想的政策创新方向。

7.1 从三个"不矛盾"看以学生为 中心的均衡模式的综合合理性

按照以往理论界和高等教育管理者的习惯性思维，摆在中国面前的高等教育专业结构调整似乎只有两条路可走。一条路是人才培养要主动适应社会经济发展。按照这样的逻辑，高校专业结构调整自然要以产业结构发展方向为依据。这被认为是以解决高等教育第二类结构性供求矛盾为目标的道路。另一条路是高等教育办学应兼顾两头，大学既要维护学生的学习自由权又要培养经济发展所需的各类人才。按照这样的逻辑，高校专业结构调整就要走相对折衷的路线。在政府看来，在专业结构问题上，我国高等教育的第一类供求矛盾远不及第二类供求矛盾尖锐，或者说社会对前者的容忍度远高于后者，处理好第二类供求矛盾可以带来更大的政治收益，且折衷方案在实际操作层面缺乏科学方法。于是在高等教育"适应论"的主导思想下，似乎第一条道路就成了处理高等教育结构性供求矛盾的必然政策取向。但是，这种政策取向不仅难以真正实现其初定的政策目标，也存在高昂的理论和实践代价，某种意义上是以牺牲人的诉求和人类的长远利益为代价的，并可能使高等教育走向不可持续发展的道路。既然高等教育的双重供求矛盾处理起来如此复杂而棘手，不能只追求局部改善而忽略整体协调，也不能只追求短期效果而忽略长远利益，又不能寄希望于所谓的折衷可以带来理想的结果，这就需要我们调整思路，以"化解"代替"解决"开辟一条具有长效自调节潜能的动态均衡道路，充分利用"人"的多元理性最大限度地弥合高等教育两类供求关系间的鸿沟，在确保整体朝着预定目标发展的同时也使局部矛盾始终维持在合理的、可控的范围，这正是我们所追求理想的"理想性"所在。

本书理论部分的一系列讨论旨在说明这样一个朴素的道理：高等教育的第一类需求内含着多种逻辑，不同的需求逻辑对应着个体专业选择中不同的动机和影响因素组合，主观的、客观的、理性的、非理性的等，如基于个人兴趣的专业选择、基于就业机会的专业选择、基于职业生涯发展的专业选择、基于个人能力的专业选择、基于收入预期的专业选择、基于家庭影响的专业选择等都是不同个体专业选择的合理出发点，每一种逻辑以一定的方式组合在一起就产生了人们对不同专业极其多元而丰富的差异化需求，这种差异化需求正是以学生为中心的高等教育供求均衡模式的综合合理性基础。只有通过专业的学生建构，最大限度地满足每个学生对高等教育的本源需求，高等教育供求体系中的各方利益才有可能在成就每个"人"的过程中得到平衡。下文把这种看似一边倒实则综合协调的政策取向具体化为三个"不矛盾"加以诠释。

第一，满足个体需求与适应经济社会发展是不矛盾的。

虽然以学生为中心的均衡模式在专业评价和选择上给予了学生非常大的自由空间，使高等教育看似脱离了经济社会发展的诉求或置就业率于不顾。然而，在我国目前的制度文化环境下，大部分人仍会把接受高等教育与未来的职业发展联系在一起，选择专业时仍会以近期人力资源要素市场反馈的信号、对经济发展和产业结构调整的预期、人生的职业规划等为主要依据，即使按照个人兴趣或个人能力倾向选择专业，也或多或少会结合现实条件考虑问题。同样的，家人和师长在影响子女和学生专业选择时也多以上述几种参照标准为依据。一旦个体需求在现实而非理想主义的框架中被塑造，将接受高等教育视为一种追求职业发展和美好生活的人生投资，那么个体需求与社会需求就至少不至于大范围脱节。对于高等教育来说，满足学生需求与适应经济社会发展客观上也就不存在大范围矛盾。

那么为什么现实中高等教育的两类需求具有看似明显的结构不对称呢？一方面，由个人目标与组织目标的逻辑不一致性产生的"真矛盾"决定了两类需求必然会在一定范围中存在错位；另一方面，则是由信息不对称引起的。关于第二个方面的问题，前文已指出只要政府和高校为学生及其家庭提供充足的信息服务，打通生源市场信息和劳动力市场信息的"任督二脉"，让学生及其家庭在专业评价和选择过程中掌握全面、可靠的大学毕业生就业信息，尤其是各专业的翔实就业信息，减少只根据主观直觉和零星信息做出判断带来的偏差，就可以最大限度地解除由信息不足或信息失真造成的两类需求的非主观矛盾。很多农村家庭在选择专业时均存在信息方面的障碍，常常根据道听途说进行决策，直至上了大学后才逐渐明白事实并非像原先想象的那样。例如，像材料成型及控制工程、过程装备与控制工程、地理信息科学、信息与计算科学等专业，很多人压根不知道这些专业的毕业生出来是做什么的，不像会计学、护理学、建筑学、英语、金融学等专业从字面上就易于理解其培养目标。若不能全面地获取尽可能多的专业的有效信息，谁又会冒险去选择那些陌生的专业呢？这必然导致更多人不顾劳动力市场信号、盲目涌向那些被人们熟知的专业，甚至可能出现跟风现象，徒增部分专业的"人口压力"。当很多微观个体在选择专业时都存在信息障碍时，第一类需求的专业分布就会倾向于过度集中，反映在宏观结果上即高等教育两类需求的结构性矛盾将远远高于其原本应处于的水平。这是政府和高校可以努力改善的。

第一个方面的问题需要通过学生群体和社会群体的充分博弈使两者在不断磨合、相互调适中实现相对均衡。学生一方面对面向高激诱行业开设的专业表现出旺盛的需求，另一方面也具有根据市场信号进行需求调节的潜力。大学可以通过成就学生并给学生赋能的方式，从照顾不同专业的就业率转向培养学生的"就业力"以达到适应经济社会发展的效果。这样，满足学生需求与适应经济社会发展就可以兼顾。从过程上看，起初大量学生为获得更高的教育收益会集体涌入热门专业，使热门专业的毕业生大幅供过于求，进而导致相关专业的教育收益普遍降低，如就业率持续下滑、人力要素的价格被不断压低、非重点大学的学生就业困难等。与此同时，非热门专业生源减少，于是就读于这些专业的学生就可以享受到更多的人均高等教育资源，且毕业后的教育收益将变得比以往更高，毕业生供过于求的矛盾得到缓解，甚至可能转化为供不应求，那些曾经的低激诱行业为得到人才不得不给毕业生支付更高的报酬、提供更好的条件，从而使相关专业毕业生的就业率、就业收入均显著提高。在相反趋势下，不同专业的教育收益就会趋于收敛，短期内甚至可能出现非热门专业的教育收益高于热门专业的现象，这又会把一部分学生从过去的热门专业中诱导回来，表现为随后几年的学生在选择专业时会重新调整思路，使第一类需求结构发生变化。当不同专业的教育收益在此消彼长的渐进调适中达到动态平衡，教育收益差异被控制在一个合理的范围内上下波动时，个体需求和社会需求的整体错位就可以被降至最低。按照这样的逻辑，"好专业"和"坏专业"界限分明的确是高等教育供求关系不成熟的一种表现，应通过促进高等教育两类需求的充分博弈逐渐弥合这一鸿沟。个体需求基于教育收益信号的自调节本身就起着调节高等教育第二类供求关系的作用，既是适应社会需求的过程也是对经济结构和用人部门施加影响的过程，使第二类供求关系长期维持在"合理的失衡"状态。本书将这种由学生群体的依势应变自然促成的状态称为"时刻都合理的状态"。相反，以社会需求为导向的均衡模式却不具有这种逆向调节另一类供求关系的功能，是刚性的均衡模式。

因此，对于大学而言，当务之急是要针对性地创新人才培养模式，赋予学生更强的博弈能力和改造能力，让他们具有足够多元而开放的知识结构、足够出色的应变能力和融通能力，从而在就业中拥有更强的"就业力"，可以从容自如地依势应变，有能力在人力资源市场中理性地自由流动，在与用人部门的博弈中具备更大的主动权。在我国当前经济发展和高等教育发展的现实背景下，谈"就业率"已没有太大意义，这时候大学应果断调整思路，将重点落在培养学生的"就业力"上，通过给学生赋能让学生自己掌握与经济社会发展对接的方法论，而不是像计划经济年代那样机械地为国民经济输送人才。说到底，高等教育的第二类供求关系应是在学生群体和社会群体的博弈中得到妥善处理的，压根没大学什么事。有了这样的认识后，在入口问题上，大学就可以在总量控制、教学资源可承受的前提下放开结构上的种种限制，最大限度地满足学生对专业的需求。

第二，专业的学生建构与大学自身学科建设是不矛盾的。

所谓专业的学生建构是以学生为中心的高等教育供求均衡模式在专业问题中的具体化，本质上是一种模式，是一种方法论，是一个包含了从理念、思维、制度、机制、程序、方法等一系列问题在内的抽象概念集，并不具体地指大学的专业建设由学生来开展，也不代表学生可以不受任何约束地自由进出所有专业，正确的理解应是大学在办学和人才培养中更多地考虑学生需求，更少地考虑外部因素和其自己的便利，使人才培养的专业结构更多地体现学生群体的意志。这种均衡模式要实现的目标是把专业的调剂率降到最低水平，但不是完全取消限制。一方面，高等教育的办学资源是有限的，每个专业的生源承载力是有限的，满足学生的专业需求需要在条件允许的前提下逐步实现。对于需求量大的专业，大学可渐进地扩充教育资源，就像提高毛入学率那样逐步提高学生专业意向的达成度。另一方面，大学对学生的评价选拔和学生对大学及其专业的评价选择是并存的，强调学生自我评价、自主选择并不意味着取消或弱化学校和院系对学生的评价和选拔，供求平等、双向选择是尊重学生本体性的制度前提。由以上两个方面可知，专业的学生建构显然不是自由主义意义上的满足学生，也不是让学生取代大学教师和管理者在专业建设中的某些具体职能，而是相对于目前我国高校普遍采取的以适应社会需求为目标的专业建构模式而言，在专业设置和专业建设、招生、人才培养、专业分流、转专业等一系列与专业相关的办学活动中多向学生需求倾斜，在条件允许和双向选择的前提下突出学生的主体性。从这种意义上讲，专业的学生建构并不会影响大学自身发展和学科建设。

即便如此，也有人会担心过度向学生需求倾斜会引起高等教育专业结构的颠覆性改变，从而对大学的学科平衡构成威胁，给大学的学科生态造成破坏。这种担心的落点在于它认为学生会没有节制地往一些专业扎堆，导致另一些专业如某些基础学科专业因出现生源危机而发展受阻甚至衰落。本书认为，这种担心是不必要的。事实表明，高等教育的第一类需求结构正变得越来越扁平化而不是集中化，至少从本书 2005～2015 年的数据看，生源在专业间的分布不但没有更集中，反而在某些时段呈扩散迹象，即热门专业并没有越来越热，专业的"热"与"不热"不具有滚雪球效应。背后的主要原因一方面是不同专业的教育收益差距趋于缩小，另一方面则是个体的差异化需求越来越得到释放。早在十几年前，在人们的观念中还存在不少人气专业，它们分布于若干不同学科门类之中，到后来"财经热"成为一股新的潮流，热门专业主要分布在经济学和管理学两个学科门类，而越往后"明星专业"数量越少、生源首位度越不突出，以至于到现在除少数专业外，人们很难列举出哪些专业是显而易见的"好专业"，一些曾经在志愿填报中人气爆棚的专业如"国际经济与贸易"早已泯然众人。这是我国市场经济日趋完善和高等教育大众化双重规律下的必然结果。个体需求的日渐差异化和分散化使大部分专业并不存在灾难性的生源危机。更重要的是，一部分学生的专业选择更多地受认知理性的驱动，他们根据个人兴趣而非教育收益选择专业，学业水平越高的学生越具有这种倾向，且这一群体有扩大趋势。这在已有文献中已得到充分证实，如樊明城（2011）的数据统计显示，最大一部分学生群体在选择专业时依据的是自己的兴趣，而不是与就业相关的任何因素。① 正因为基于个人偏好选择专业的人越来越多，无论是暂时的冷门专业还是基础学科专业，只要是有存在价值的专业、有魅力的专业，都可以得到学科发展所需的基本生源。

例如，在一本院校中，理学门类下的长线专业通常较受学生欢迎，一些基础人才培养的基地班更是如此。反映在整体生源条件上，理学专业的平均水平甚至高于就业市场更广阔的工学专业。在二本院校中则正好相反。众所周知，理学专业并不以就业为导向，而更多地以基础研究为导向，是很多综合性大学中的长线专业，它们能受到相当一部分学生的青睐就很好地说明了学生兴趣中包含着一定认知理性的成分。另一个例子是，本书的数据显示，动物科学类、教育学类、管理科学与工程类、地矿与测绘类、植物科学类、森林资源与生态类等本科专业类的整体生源条件在过去十年里有了很大的提高，这些专业类多是非热门类别，有的甚至比较冷门，有三个类别来自农学。如果不从兴趣或认知理性的角度来理解，这些专业类的第一类需求能显著增长就很不可思议。可见，兴趣的广泛性和差异性决定了即使是冷门专业也会吸引到一部分生源，只是在开设率上可能要有所调整。关键还在于根据个人兴趣选择专业的学生未来深造的可能性大，重点大学的学生尤其如此，而一旦得到深造就很有可能成为发展相关学科的继承者。

由此观之，对专业的学生建构会打破大学的学科平衡的担心是多余的。目前大学中已有的学科不都是在"人"的自由流动和"学术兴趣"的自由流转中建构起来的吗？本书认为，在大学学科生态维护的问题上，学生建构至少比社会建构或政治建构更靠谱、更具多元包容性。高等教育过度迎合劳动力市场才是真正破坏大学学科生态的罪魁祸首。而且也要指出，学生建构模式下可能出现的一些专业的没落和淘汰现象是正常的，也是合理的。人在学科专业间的流动是主观能动的，不是靠人为规划和设计来实现的，学生是高深学问的未来探索者，他们自能在批判性的学习中识别哪些专业有魅力，哪些专业已是夕阳残照。有魅力的专业和学科就应该得到发展，无魅力的专业和学科就应该被削弱甚至消失，最多也就培养一批掘墓人，这是符合人类知识发展规律的。试图通过控制学生自由选择专业搞所谓的学科平衡、院系平衡是不明智也是不符合客观规律之举，只会事倍功半。反倒是专业的学生建构能成为整治我国高校专业设置盲目综合化的有力手段。最后，专业建设与学科建设在理论上可以适度分离，前者服务于人才培养后者服务于知识创造。通过科学的制度设计将人才培养的逻辑及其运行机制适度地从学科知识的逻辑及其管理方式中独立出来，弥补长期以来两者相互干扰、相互羁绊的制度缺陷。从这种意义上讲，专业的学生建构与大学自身学科建设也是不矛盾的。综上，正确的做法是将专业的学生建构和大学的学科建设既有机结合起来，也适度区分开来，让教师的大学成为教师和学生共同的大学，这样大学才会有更好的未来。

---

① 樊明成. 中国普通高校专业选择的研究 [M]. 福州：福建教育出版社，2011：205.

第三，以学生为本的结构调整与人类社会的长远利益是不矛盾的。

短期上，以学生为中心的高等教育专业结构调整不可避免地要付出一定代价：人才培养的专业结构会一定程度地偏离劳动力市场的即期需求结构，从而难以保证毕业生步出校门后在多大程度上能找到与所学专业对口的工作，造成一定范围的"知识失业"和居民人力资源投资失败。然而，这只是一个暂时的过程，任何变革在起步阶段因打破了前期既已形成的平衡体系都会经历一段阵痛期，大到我国的经济体制改革、行政体制改革、教育体制改革，小到大学转型、教学改革、评估方式改革都是如此。从长期看，以学生为中心的结构调整符合人类社会发展的长远利益。人类社会对高等教育的长期需求完全不同于各类经济组织、政治组织、社会组织为实现组织目标而对高等教育产品产生的短期需求。从人类社会进化的角度看，它产生于人类不断追求更新更高的社会文明、社会公平和美好生活目标的需求。这种需求与人的内在自然诉求相一致，都以人本主义哲学理念为基础，强调高等教育服务于人的成长和人类福祉的内在统一。这就在"人"和"人类"之间搭建起了价值关联的桥梁。高等教育通过尊重并成就每个人，使学生在真正意义上理解世界、认识世界和认识自我的基础上有意识地参与到推动人类社会进步和改造世界的宏大活动中，在追求人类长远目标的道路上将个人价值充分展现出来，而不是被动地去适应眼前的世界。

高等教育对经济社会的引领和改造正是在这样的人才培养理念和方式下得以实现的，越多学生的个性化需求被满足，高等教育就积蓄了越多改造社会和引领社会发展的潜能。当经济生活和社会生活逐渐成为当初在学生建构模式下成长起来的"同学们"的天下时，高等教育对经济、政治和文化的批判和改造作用就自然而然地得以实现。这样，大学在满足当下每个人的教育需求并把好人才培养质量关的同时，通过步出校门的学生批判性地参与人类社会建构也就满足了人类社会发展对高等教育的长期需求，巧妙地将个体思想和人类社会的一般理想有机统一起来。从这个意义上讲，以学生为中心是高等教育引领经济生活和社会生活方式变革的战略性举措，也是人类社会秩序在长期实践理性指引下朝长远目标推进的内在要求。归根结底，它是颠覆性地消解社会本位、组织目标至上的短期实践理性环境中人的诉求完全处于从属地位的社会秩序的一种途径，根本目的在于推动社会秩序的范式变革。因此，以学生为本的结构调整与人类社会的长远利益不但不矛盾，前者还是后者的有力支撑。只要平稳地度过模式变革的阵痛期，创造条件将过渡时期可能产生的风波降至最低，变革带来的长期效益是不可估量的。就像化学平衡一样，当旧的平衡体系被打破并经历短期的调整和修复后，新的平衡体系就会逐渐建立。关键是要培养每个人在参与构建新平衡体系中的意识和能力，这就需要大学在人才培养上多下功夫，而无需将精力放在供求关系的仲裁上。以学生为中心的均衡模式本质上是通过建立"大学—学生共同体"实现主体"降元"，以改变当前个体、大学和社会组织三角博弈的低效、混乱局面。所谓"降元"就是通过大学和学生的耦合把高等教育的两类供求矛盾简化为个人群体和社会组织间的二元博弈，大学通过给学生赋能并提供充足的信息服务引导学生与社会需求进行互动，使两者在不断磨合、相互影响中走向协调。如此一来，短期的冲突和错位就会逐渐转化为长期的协调和统一，短期实践理性就会让位于长期实践理性。随着在学生建构模式下成长起来的具有批判和改造功能的个体在经济社会生活中的全面植入以及由此带来的个人—社会关系的改变和社会生产结构、经济结构的变迁，以学生为中心的均衡模式的长期效应就会逐渐显现，从而为人类追求美好生活奠定高等教育层面的基础。

综上所述，个体对高等教育的需求相较于其他任何一个主体的需求都具有更广泛的内涵，它由认知理性、多种实践理性和一些非理性因素共同构筑而成。社会用人部门对高等教育的需求往往只是在特定时期的技术进步程度和经济发展水平范围内的有限需求，而大学自身学科发展的诉求又往往受限于历史形成的、既定的知识领域的划分，并且在专业设置上倾向于局限在单一学科专业和基于科研需要或社会需要的跨学科专业。两者的需求结构都是不完善的，社会需求和大学自身需求都只是个体需求的一个子集，个体需求因其是广义上人的需求、人类的需求，是高等教育应投以关怀的终极对象，其所包含的多元倾向常常通过分岔的方式分别回应着社会和大学本身。这正是以学生需求为导向的高等教育供求均衡模式的综合合理性所在。当绝大部分学生进入到最适合自己的专业中，把智慧用于最恰当的地方时，就可以在各个领域中创造出最大的价值，从而长期上高等教育的多重供求关系也就自然地朝着帕累托改进的方向发展，高等教育对经济社会的引领和改造作用也自然得以发挥。本书拟构建理想的理论"理想性"就在于此。

7.2 构建以学生为中心的均衡模式在高等教育专业层面的政策创新

高等教育在处理任何问题时，因其是"教育"绝不能通过牺牲学生利益去追求片面效益。事实上，在高等教育的供求问题上，存在着"在向学生需求的倾斜中走向多方综合协调"的道路来实现化解主要矛盾的同时兼顾次要矛盾的综合目标。以学生为中心本身是很好的教育理念，问题在于长期以来国内高等教育学界还只是让这种深刻思想停留在理论层面，没有认真地思考过这种思想在处理具体问题时拥有怎样的潜能。关于本书的问题，长期以来我国缺乏以第一类供求平衡为主的高等教育供求均衡模式的理论建构，缺乏在向学生需求的倾斜中引导和激励学生批判性地自觉处理自身发展与大学逻辑、社会逻辑的多重关系的政策思维，缺乏从强调适应性转向强调适应力、从纯粹适应走向基于本体性的引领和改造的人才培养模式。鉴于此，未来我国高等教育办学不能再简单地依靠计划思维和行政方式，也不能只根据为各行各业输送对口人才、一切以就业率为参照的狭义市场逻辑来开展。归根结底，经济社会组织的人才获取和大学（学科）的自身发展都要靠充分满足第一类需求来实现，关键在于要设计机制让经济社会组织和大学（学科）充分分享学生基于个人目标多元发展和成长的成果。只有学生按照自己的意志在合适的专业中学习，将兴趣转化为能力和能动力，毕业后根据激诱条件和个人偏好自由地流入到国民经济不同部门、高深知识不同领域，社会对实用知识的需求、大学对高深知识的未来需求才能同时最大限度地被满足，人类的整体利益才会在每个人的自我实现中最大化。

本书一系列理论研究暗示着以学生需求为导向的均衡模式的机制构建需同时兼具四个方面：一是要通过专业设置和招生方面的制度创新以及教学资源格局的同步调整，使高等教育提供给人们的受教育的专业结构与学生的总需求结构能够基本相匹配；二是要在学生的评价、选拔和录取环节设计合理的制度和规则让每个人适得其所，最大限度地匹配到合适的专业中学习；三是要提供全面、准确的信息服务，引导每个学生在充分了解真实世界的状态下做出尽可能理性的选择，减少由信息不对称引起的高等教育两类需求的不必要错位；四是要通过人才培养模式的改革给学生赋能，赋予其更强的就业力和社会适应力，让学生可以在基于个人兴趣完成学业的情况下也能较好地与社会对接，在就业或创业中游刃有余。这就是我们构建理想的基本思路。据此，可以提出以下八个方面的政策创新，它们分别是关于在高等教育的专业问题上如何构建以学生为中心的均衡模式和如何让这一模式发挥最佳功效的若干政策思路。

第一，把专业设置的自主权下放给高校，让高校根据需要灵活设置专业。

下放专业设置自主权的目的在于打破高等教育专业设置的国家垄断、激活竞争，让高校成为真正意义上的市场主体，通过市场竞争改进高等教育服务，增强高等教育办学对需求的回应性，让不同高校的专业设置朝个性化、差异化方向发展。教育主管部门应变革专业设置管理方式，变微观管理为宏观调控，从专业审批制度转向专业备案和评估制度，甚至可以考虑取消规范性的、固定的专业目录，至少应由硬性规定变为参考目录，让每所大学的学术专家和教学专家可以根据自己对学生需掌握的知识应如何搭配的理解来设置专业并给专业冠名，设什么专业、如何设、专业如何命名均由高校自主决定，主管部门只负责对高校开设相关专业的办学条件及后续的人才培养质量进行评估，充当办学行为的监管者角色。这就可以让不同高校的专业变得独一无二、不可替代，从而诱导学生最大限度地根据专业兴趣而非大学的名气或档次填报志愿，在专业的"百花园"中释放差异化需求、挑剔性需求，而不至于迷失在相似的"街区"中。我国学生填报志愿时之所以出现"本科看大学、研究生才看学科"的现象，原因就出在不同高校专业开设的区分度太低上，学科评估和专业排名对于刚经历完高考的学生而言太抽象、太陌生，在大多数人看来还不如根据学校名气和档次填报志愿来得实在。一旦各高校根据自己独特的学科特色和师资队伍结构设置专业，加大高校间专业设置的区分度，就可以更好地激活学生兴趣，使学生加大兴趣在选择专业时的权重，这有利于降低盲目追求热门专业的学生比例，使学生的专业选择较过去更加多元化、分散化，从而使大多数专业的第一类供求关系变得更合理、更健康。同理，随着不同高校专业区分度的增加，用人单位在招聘时也更容易评估不同毕业生与其需求岗位的匹配性，觅到最合适的人选。在两类需求的双重筛选和检验下，有魅力的专业就会被保留并得到发展，无魅力的专业则会被淘汰，从而促使高校重新调整一部分专业的设置，真正意义上优化专业结构，并能有效遏制所有高校均向大而臃肿的"巨型综合大学"膨胀的趋势。

事实上，除了具有以上好处，让高校自主设置专业还暗含着这样一种可能：高校的专业设置更多地会以学生需求为导向，而不是以社会需求为导向。这正好符合以学生为中心的均衡模式的根本要求。虽然大学与个人和社会分别建立了委托—代理关系，但高等教育的核心在于人才培养，人才培养好了才能给社会输送人才，而人才培养的前提首先是要有人可供培养。换言之，大学首先要能吸引学生，吸引不到学生要谈人才培养就是空中楼阁，大学也就失去了其存在的基础。真正决定大学兴衰的因素除了教师就是学生，而不是任何经济组织、社会组织或政治组织。因此，生源才是大学至关重要的命脉，是谈任何后续问题的大前提，从先后顺序上看生源问题也是高等教育所有供求问题中大学最先要面对的一个问题，甚至说"得学生者得天下"也不为过。换一个角度讲，专业设置本身就属于高等教育第一类供给中的一个环节，第一类供给自然要以第一类需求为依据。有了这样的理解后，就不难想象高校的专业设置必定会自觉围绕着生源市场来开展。即使有的专业本、专科生已不易就业，如临床医学专业，但只要学生想学，高校就有动力开设，至于人才培养完成后毕业生何去何从，这就不是大学职能范围内的事了，大学只需保证人才培养质量即可。如果有朝一日相关专业毕业生的就业率低至大多数人不再热衷报考的程度，则生源自然会缩减，届时高校只需根据生源市场的信号重新调整相关专业的开设率、人才培养规格或通过在专业方向上开拓新的增长点即可。以上论述说明了高校在拥有自主权后根据第一类需求设置专业的必然性及合理性基础。那么高校靠什么吸引学生呢？靠的就是专业的差异化、个性化和品质化，而不再单一地依靠学校的整体排名。而专业设置的差异化、个性化和品质化归根结底又取决于专业设置的自由度。综上，通过赋予高校专业设置的自主权，就可以使高校更多地根据学生需求开设专业，使高等教育专业种数和点数及其内部结构在第一类供求关系的积极互动中被市场力量塑造起来，这是专业的学生建构中最为关键的一步。

第二，建立起以院系为基本单元的招生管理的制度基础，让院系直接参与生源市场的竞争，成为招生主体。

教育主管部门应改革招生管理制度，取消自上而下的、层级控制的、刚性的招生计划管理制度，允许各高校自主创新本校的招生方案制定、执行、监测和调整过程，不再强制要求高校按照过去统一的要求、规范和程序编制分专业招生计划并严格执行计划，在保持总量控制的前提下降低结构方面的计划性，给高校在招生过程中留出足够的可以灵活调整的空间，在微观上允许高校进行机制创新、程序创新和方法创新，并鼓励高校建立以院系为单位的招生制度。高校则应取消自上而下的招生计划编制和高度集中的招生管理，把招生的自主权下放给院系，让院系自行进行招生管理，自行决定如何制定、实施和调整招生方案、如何安排招生的专业形态、结构和组合方式以及是否与其他院系进行合作招生，自下而上地创建起便于进行市场化管理的招生计划，学校层面只负责宏观调控和监督。比如学校可以根据总量指标、教学资源分布、各院系近几年生源情况、各院系教学资源利用率/承载率、生师比等实际情况给各院系提供一个指导性的参考招生规模，允许各院系在参考招生规模上下一定范围内自主制定招生方案，院系内部各专业的招生形态和招生比例完全由院系自主掌握。当自下而上统计而来的总招生规模与学校当年的总量控制指标存在较大偏差时（一般是计划超额），由学校层面对各院系进行协调，以生源充裕度和教学资源利用率/承载率为主要依据对部分院系的招生规模予以调整，但不介入院系内部各专业如何搭配。

在实际招生过程中，实行招生计划的柔性管理制度，打破专业间绝对的市场分割。

比如赋予院系在招生过程中一定幅度地调整内部招生结构的权力，允许各院系在保持招生总量不变的前提下根据当年生源的实际情况一定幅度地将生源不足、难以完成预期计划的专业的招生指标置换给生源富余的专业，而不是将学生调剂至生源不足的专业。同样的方法也适用于不同院系之间。但这样做的前提是各院系的教学资源格局须同步调整，招生量大的专业要做好教师补充工作，如果是理工类专业还要加强实验室等相关支撑条件建设，不能以降低人才培养质量为代价。由于教学资源格局调整是渐进的，不是一蹴而就的，各院系每年在实际招生中的结构性调整也应是渐进的，指标转移幅度须控制在教学资源承载力范围内，并不是可以以任意比例进行置换，教学资源建设越跟进，柔性招生管理的空间就越大。这也是以院系为单位的招生计划存在的必要性，学校层面应在相关方面做好评估和监控工作。当然，上述方案只是柔性管理制度的一种可能思路，不同院系内部和院系间还可以进行不同的招生机制创新。为了避免由盲目追逐热门专业或优势专业引起的学生选择专业的过分集中，院系也可以研究大类招生、大类培养的合理方案，并在学校层面开展与之配套的大部制改革。但前提是专业分流时应最大限度地尊重学生选择。无论以何种方式进行招生创新，均应突出院系或若干院系的自主联合是高校中的基本招生单元，且专业已不是完全刚性的招生单位，通过一定比例的指标置换、大类培养、跨院系转移等机制可以一定程度地打通专业与专业之间的招生藩篱，降低专业调剂率。这样一来，院系在控制招生总量的前提下，内部各专业的招生形态和结构具有比过去更高的自由度、可塑性和变化性，调整的依据主要就是学生的报考情况。总体上，让院系作为基本招生单元直接参与生源市场的竞争可以使招生不再是计划式管理意义上的供给行为，让各专业的招生摆脱自上而下的刚性约束并直接受第一类供求关系的调节，一定程度地打破了传统招生管理制度下专业间的市场分割，使招生的专业结构更多地符合学生需求而非学校的利益或便利。同时，这也是考验、评估和筛选院系及专业的长效机制，让长期生源不足的专业自觉缩小招生规模，将相应的人才培养份额渐进地转移至生源充裕的专业，让长期生源匮乏的专业自然淘汰，而不是像过去那样通过牺牲学生利益实行大范围的专业调剂，以此来保证每个专业的生存和发展，后者是不符合人类知识发展规律和高等教育内部关系规律的。总之，让院系成为招生主体和让高校自主设置专业一样包含了以学生需求为导向的内在逻辑，两者共同构成了以学生为中心的均衡模式的政策创新的基本取向，可以给高校提高专业精度、优化专业布局、注重专业内涵建设带来正面激励。

第三，建立高等教育学生需求信息处理与反馈机制，为高校调整专业设置和院系调整招生结构提供科学依据。

要使专业设置和招生均以学生需求为导向，就要有成熟的学生需求信息系统作为科学决策的基础。应该说，我国高等教育学生需求的基础信息是有的，历年高考生填报志愿的结果就构成了一个数据量庞大、内容翔实、信息真实的数据库，这一数据库集中掌握在各省教育考试院或招生部门手中。这种富含高等教育第一类需求信息的数据库是在历年学生填报高考志愿的填报系统中自动生成的，无须像大学毕业生就业信息那样刻意去采集，志愿填报本身就是一个信息采集过程，并以信息管理系统的形式储存了所有考生的翔实数据。而且通过这种方式搜集得到的信息具有从其他渠道获取的信息不可比拟的真实性和准确性。学生填报志愿是一个涉及个人切身利益的重大人生决策，最能反映每个人对高等教育的真实需求状况，从每个人选择专业的志愿顺序上就可以精确地捕捉个体的专业意向信息。当把一省乃至全国参加高考的个体的专业选择数据汇总到一起后，就形成了一个非常有政策价值的宏观数据库，对以学生为中心的均衡模式下高等教育的供给管理具有很大的指导意义。但问题在于这些数据一直没有得到有效利用，没有通过构建相关的信息处理与反馈机制将这些数据蕴含的学生需求信息用以指导高校的专业设置和招生。这一定程度上与过去我国政府和高校多针对高等教育的第二类供求矛盾进行专业结构调整有关。

构建学生需求信息处理与反馈机制的重点在于制度建设。首先，政府应根据高等教育供求管理的需要建立并完善学生填报志愿的统计制度。在统计的组织形式上，应将历年学生的报考统计工作纳入国家统计局的事权范畴，以充分发挥专业统计部门的资源优势、技术优势、权威指导以及现有的统计法规的作用。在统计层次上，应形成完整的高校、地区、国家三级统计体系。在统计内容上，除了统计分校分专业的录取分数外，也要统计分校分专业的基本报考参数，如不同专业的第一志愿率、报录比等，还要统计不分校（省级行政区层面）分专业的相应数据，教育部或国家统计局则要汇总各省区市数据并统计国家层面的相应数据。其次，政府为高校提供信息服务应制度化。为发挥地区层面和国家层面数据库对高校科学管理供求关系的指导作用，即使有些信息不便向全社会公开，教育主管部门也应每年及时将地区层面和国家层面的统计信息提供给各高校，让高校在决策中掌握的信息不再局限于本校生源的信息，而可以结合宏观数据充分把握不同专业的总需求表现和变化方向，为高校的专业结构调整和学科发展提供更多参考信息。在此过程中，政府既是专门信息资源的获取机构、统计机构、管理机构，也是相关信息的权威发布中心，应为高校做好信息服务工作，打破以往信息闲置、信息沉没的局面。高校则是相关信息系统的核心用户，应将报考本校的学生信息和更大范围的学生报考信息结合起来，在对比研究的基础上找出本校的比较优势，并进行科学的供给管理。此外，高校本身也是学生需求信息的搜集者和自使用者。高考志愿反映的是学生接受高等教育前的需求信息，而在接受高等教育一段时间后学生的需求结构会发生一定变化，这些变化可通过专业分流时的志愿、转专业意向、修双学位行为得到体现。此时，高校就成了高等教育过程中本校学生需求信息的原始搜集者和自使用者。以上述几个方面的制度建设为基础，高校调整专业设置和院系调整招生就有了可靠的信息支撑。最后，在建立了高校自主设置专业、以院系为基本单元的招生管理制度以及学生需求信息的统计和反馈制度后，高校在实际专业结构调整中还要能充分重视对数据的挖掘和利用，真正做到将数据反映出的学生需求特征和变化情况作为指导实际工作中结构调整的首要依据，实现供给管理的科学化。只有这样，由高校、地区、国家共同构筑起来的高等教育学生需求信息系统才能在构建以学生为中心的均衡模式中发挥决策基础的作用。

第四，强化大类培养，拓宽人才培养口径，增强学生的广义适应力，以此促进高等教育第二类供求关系的圆润化。

以高等教育第一类供求平衡为主的均衡模式之所以可以同时调节高等教育的第二类

供求关系靠的就是学生自主择业制度下"人"的能动因素。大类培养恰恰就是帮助学生变得比以往更能动的助推器。当今大学生不对口就业现象已十分普遍，完全对口就业的年代已一去不复返。在市场经济条件下，一定范围内的不对口就业恰恰对动态维系高等教育第二类供求关系的基本协调或合理失衡起着重要作用。大学要兼顾社会短期需求与人才培养的结构性矛盾，又不想让自己的教学、科研活动过度被外界短期需求左右，唯一的办法就是通过改变人才培养的知识组合方式赋予学生新的能力特点，让"学—职"之间的关系具有更大的灵活匹配空间，而不是无缝衔接。这就需要通过大类培养给学生的赋能让学生更自由地处理与职业间的关系，降低与社会的交易成本。这样就可以使高等教育始终围绕着"人"，通过对"人"的塑造增强广义适应意义上与社会的可对接性，以更灵活的方式回应社会。换言之，高等教育第二类供求关系的关联机制可以通过改变大学的人才培养模式予以调节。多数专业的毕业生就业自由度高低、就业面宽窄、替代性就业机会大小均取决于大学的人才培养。当今我国高等教育适应经济社会发展的阶段性要义就在于通过大类培养淡化专业对学生就业的限制，增强学生不完全对口就业的能力。① 总体而言，不论大学如何设置专业，院系以何种形式招生，大类培养是增加大学生适应社会和改造社会潜能的人才培养策略，也是使以学生为中心的均衡模式发挥综合协调功能的有效保障，从而应是所有大学的必然选择。

特别要指出，大类培养的关键在于其"大"和"晚"。"大"是指大学最好能进行跨院系的人才培养体系重构，实现学科的高度整合，突破以院系为单位的人才培养的局限性。事实上，很多大学中院系设置和边界划分的合理性都是值得怀疑的。比如教育经济与管理这个公共管理中的二级学科究竟应设在公共管理学院呢还是应设在教育学院呢？在本书看来，将其设在任何一个学院都是有缺陷的。类似的情况不在少数。这就需要进行学科的跨院系整合，反映在人才培养上也是一样的道理。例如，南京大学于2016年开设的"地球系统科学与环境理科实验班"横跨了地质、海洋、大气、环境四个院系，该实验班从学科基本概念开始重新设计本科生课程，打通了院系间课程体系。又如中国人民大学设立了横跨五个学院的"人文科学试验班"作为跨学院人才培养试点。它们都真正做到了大类培养的"大"，有利于增强学生的适应力。"晚"是指专业分流越晚越好，强化大类培养阶段，将专业培养的比重弱化为类似于专业方向培养的比重。大类培养不自然等同于大类招生，分流时间很有讲究，分流越晚大类培养越有意义，对大类教学和管理的要求也越高，分流越早大类培养就越可能流于表面，既不利于开发学生兴趣，也不利于提高学生的就业力。总之，只有真正走上学科整合之路，打通专业间藩篱和课程体系，使人才培养的效果与过去按专业培养的效果真正有所区别，大类培养才有意义，二次分流才有意义，以学生为中心的均衡模式才能更好地发挥其调节高等教育第二类供求关系的功能。

第五，使招生形式独立于人才培养方式，让大类培养与大类招生、按专业招生等多种招生形式并存。

---

① 本书所说的不完全对口就业是指与所学专业不严格一致但也并非毫无关联的就业，学用最好仍能在一定程度上有所结合，本书并不提倡"学—职"零相关的就业方式，尤其对于应用型专业更是如此。

人才的大类培养模式是我国高等教育教学改革的重要组成部分，是涉及课程体系、教学方式方法等多个方面的深刻变革，也是大学整合资源、进行内涵建设、提高人才培养适应力的重要举措。大类培养可以在一个平台范围内打通专业界限，让学生不再局限于只掌握单一学科专业下的知识和方法论，拥有更开阔的专业视野，并有更多机会找到自己的兴趣点和未来发展的方向。因此，大类培养方式具有按专业培养的方式不可比拟的优势，是符合人才成长规律的培养方式，应坚定不移地推进。然而，大类培养并不意味着一定要大类招生，两者并没有必然的逻辑关联。如果按照"大类招生＋大类培养"的套餐组合可以确保分流时能满足大部分学生的专业意向，那么形式上在两者间画上等号并无不妥。而实际情况是，大类招生并非纯粹地为大类培养而招，常常成为高校争夺生源、平衡专业间生源、学科间"抱团取暖"的一种策略，没有完全从学生的角度来开展。有的高校甚至把学生招进来后很快就进行专业分流并使相当一部分学生"被分流"。正因为大类招生存在如此弊端，本书第 5 章的数据表明大类招生单元的整体生源条件正走在下坡路上。可见，"大类招生＋大类培养"的套餐组合至少在当下还不太符合以学生为中心的均衡模式的内在要求。但是，"专业招生＋大类培养"的套餐组合也有明显缺陷，也不符合本书的政策取向。因为在经历了大类培养后学生的专业兴趣可能发生变化，而实际上每个学生已被起初录取的专业锁定，唯一的途径就是在分流时申请转专业，而当前我国大部分高校转专业的交易成本仍然较高，自由度和达成度有限，从而很难在培养过程中灵活应变、充分满足学生需求。鉴于此，以学生为中心的均衡模式要求高校具有多样化的招生形式，招生形式应独立于人才培养方式。本书认为，大类招生和具体专业招生完全可以交叉并存，形成专业群和专业组合在一起的自选超市，让学生自由选择。

例如，A 校的公共管理类专业共有行政管理、公共事业管理、社会保障和城市管理四个具体专业，则该校在以公共管理类进行招生的同时应将四个具体专业也作为招生的基本单元，使专业类和其下的各个专业并列招生，全校所有学院均可如此执行。甚至可以进行横跨若干学院（学科）的大型专业群（如社会科学类、人文科学类、工学类等）、学院内部的专业群（如机械类、材料类、工商管理类）和各个具体专业三级菜单并列招生，让学生选择的口径可大可小、可宽可窄。这样一来，那些从一开始就很清楚自己想学什么的人可以根据其既定目标选择具体专业，那些将自己的偏好锁定在一定范围但仍未具体明确的人可以选择相应的专业类，另一些专业意向不明确或出于其他目的（如跨学科体验、跨学科深造）的人则可以选择范围更广的大型专业群，从而每一类学生均能在大都市式的大学中"安居乐业"，此乃符合以学生需求为导向的招生形式。由于招生形式和人才培养方式并不挂钩，人才培养可以全部按学校制定的大类培养方案开展。对于按专业群（类）招入的学生在大类培养结束后根据学生意愿分流至具体专业，对于按专业招入的学生在大类培养结束后定向分流回其所在专业，并设置一定比例的转专业指标，给大类培养过程中想法有变但起初按专业录取的学生留有余地。这样的"大类招生/专业招生＋大类培养"的复合套餐相比于前两种单一套餐显然更符合构建以学生为中心的均衡模式的要求。

事实上，"大类招生/专业招生＋大类培养"的复合套餐本身的多元性、灵活性使其不仅能最大限度地满足学生需求，也能较好地平衡不同专业间的生源。一方面，报考具体专业的学生必定会一如既往地偏向热门专业或优势专业（以下简称热门专业），他们中的一部分起初纯粹从就业预期而非个人兴趣的角度选择专业，这是不可避免的"中国现象"。由于按专业招收的学生也要经历大类培养，此时的大类培养过程恰恰也是让学生发现兴趣、塑造兴趣的过程。对于学校或院系而言，这在某种意义上也是非热门专业"入股"热门专业人才培养的过程。一旦起初盲目填报热门专业的学生在入学的头两年受到更广泛的学科专业环境的熏陶，学习过程中的想法就可能发生变化，个人的真实兴趣点可能被激活。这时只要学校能设计一定的转专业比例，热门专业就可以在自愿原则下把一部分冗余的学生"转让"给真正符合这部分学生兴趣的专业。一个"入股"—"诱导"—"转让"机制就此建立。对于按专业招入的学生，大类培养的好处就在于非热门专业可以有机会影响并诱导原本不属于它们的学生，反过来学生也可以有机会接触并体验到自己填报专业以外的世界，通过"入股"—"诱导"—"转让"机制让学生在专业间实现以教育体验和兴趣塑造为基础的二次流动。另一方面，报考专业群的学生在一开始就受到较为宽广的学科专业环境的熏陶，并很容易了解和对比专业群内部不同专业的人才培养实况，当发现热门专业已驻扎了很多学生时，自然会考虑不同专业能带给他们的教育服务条件和毕业生拥挤程度等实际存在的差异。在一部分人看来，选择非热门专业可能意味着更低的生师比、更好的教育环境、更乐观的毕业生供求关系、更适中的考研竞争压力等，从而他们在专业分流时会更理性地选择专业，大大降低盲从率。概言之，对于按专业群录取的学生而言，大类培养的过程既是了解自己兴趣的过程，也是根据所见所闻和身临其境的学习体验相机抉择的过程，有利于个人需求的理性塑造。综上所述，招生形式多元并存和人才大类培养的有机结合不仅可以满足不同个体的差异化需求，也能起到引导学生更多地基于个人兴趣和学习体验理性选择专业的作用，从而不动声色地平衡专业间生源。这就在很大程度上实现了专业的学生建构。在这样的情况下，如果一些专业仍吸引不到学生，则应考虑为专业本身的问题了，应对它们的设置和招生做出调整。

第六，创新高考志愿填报和投档机制，实行按"专业（群）+院校"的志愿填报和投档方式，取消专业调剂，最大限度地提高专业志愿的达成率。

构建以院系乃至专业对学生的评价选拔和学生评价自己和专业的适配性为共同基础的志愿填报和投档新机制，从以院校为整体录取单元转向以专业（群）为录取单元，让学生更好地匹配到合适的专业中学习。这在本质上是在总供给结构和总需求结构既定的条件下通过改变招生录取规则（即改变匹配机制）来减小高等教育第一类供求的结构性错位。在城市规划领域中也有类似的政策思维，比如可以在既不增加道路基础设置（即交通供给）也不限制车牌号（即交通需求）的条件下，通过改变城市空间结构（即交通流）也能在一定程度上缓解城市交通压力。同理，改变高考志愿填报和投档方式，将过去的"院校+专业（群）"志愿填报和投档方式调整成"专业（群）+院校"的志愿填报和投档方式即可大幅提高学生的专业志愿达成度。事实上，在新一轮高考改革中，上海、浙江两个试点地区率先探索实施的"深化考试招生制度实施方案"中均涉及了这方面的创新。尤其是浙江方案，学生将可以直接对高校的各个专业进行选择，真正实行"专业＋院校"的志愿填报模式。本书认为，在专业问题上这是非常符合以学生为中心的均衡模式要求的政策取向，应予以推广。不论是浙江的"专业＋院校"志愿填报模式，或是上海的"专业群＋院校"志愿填报模式，事实上都打破了将高校作为一个整体进行投档的传统方式，与前文提到的"建立起以院系为基本单元的招生管理制度基础，让院系直接参与生源市场的竞争，成为招生主体"的政策主张形成呼应。这两个方面的政策组合强化了学生对专业的选择，将过去学生的"择大学模式"切换为"择专业模式"，从而倒逼院系积极回应学生需求，开展以学生为中心的招生活动，加强院系间的竞争与合作，优化专业布局，并通过提高人才培养竞争力提升专业（群）的市场认可度。这对于学生是一种提前进行人生规划、职业规划的理性引导，对于院系则是一种市场激励、评估和筛选，对于供求关系又是一种优化调整，一举多得，故可以在浙江、上海两个试点的实践基础上进一步推广。

在新的志愿填报和投档机制下，可以预见最终均衡结果将发生如图 7-1 所示的变化。学生的分布将从过去的大部分高校满布、少部分高校（如民办院校）生源不足的横向结构转变为大部分专业满布、少部分专业生源短缺的纵向结构。前者优先满足学生的学校志愿并通过调剂专业让学生把"好大学"的所有入学机会先占满，留下"坏大学"大面积生源不足；后者通过优先满足学生的专业志愿让学生把"好专业"的所有入学机会先占满，留下"坏专业"大面积生源不足。两种方案高下立判，显然是"专业（群）＋院校"的志愿填报和投档方式更具合理性，更有利于我国高等教育走上专业布点优化调整和办学资源科学整合之路。通过打破以院校为整体的传统格局让学生在直接的专业选择中检验高等教育专业布点的合理性，让确实缺乏魅力的专业减小人才培养规模甚至自然淘汰，让虚胖的高校减减肥，从而达到全面优化专业布局的效果，而不再通过学生的集体择校粗鲁地决定以院校为单位的兴衰。这样才可能打破"重点大学"的"坏专业"永远比"一般大学"的"好专业"生源好的局面，也才能使每个人最大限度地匹配到合适的专业中学习。否则，大学再怎么拥有专业设置的自主权，生源市场发挥作用的空间都很有限，甚至始终在误导性的政策环境中以不恰当的方式发挥作用，使专业层面的结构性供求失衡始终无法降至理想水平。也有一些学者对上述政策创新忧心忡忡，担心让专业（群）直接参与招生市场的激烈竞争会使部分专业的招生压力陡增，高校内部不同专业的生源差距急剧扩大，且由于不复存在专业调剂，有些专业甚至无法满额录取，遭遇生存危机。本书认为，这是一种片面地站在卖方立场上的保护主义思维，与本书倡导的以市场竞争为基础、以学生需求为导向的均衡模式存在根本价值的不一致。殊不知任何一个学科和专业的发展或生存均不应以忽略学生诉求、牺牲学生利益为代价，也不能依靠政策上的保护，而应全面放开竞争，唯有竞争才能真正让专业服务于人，而不是让生源养活专业，高等教育的活力也只能通过充分的竞争来维持。因此，相关的担心是不必要的，一些实在无法满额录取的专业就应缩小规模，按本研究第二条政策创新中的构想将招生指标置换给生源旺盛的专业，长期生源匮乏的专业则应考虑撤销布点。

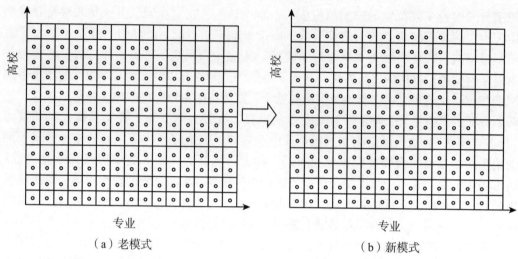

（a）老模式   （b）新模式

图7-1 "老模式"和"新模式"下学生在高校和专业中的分布对比示意

第七，逐步提高学生毕业和申请学位的门槛，使高等教育从"宽出"转向"严出"，使高等教育的两类供给逐渐分离，通过质量杠杆双向调节各专业的两类供求关系。

当前我国高等教育大部分专业的毕业生出现了不同程度的供过于求。全社会提供给各专业就业岗位的增长速度跟不上高等教育各专业的毕业生增速。出现这一问题与其说是高等教育各专业扩招太快，还不如说是长期以来高校把出口放得太宽，给社会输送毕业生太随意。后者往往又与高等教育的人才培养质量有密切关联。事实上，以学生为中心的均衡模式之所以能调节高等教育的第二类供求关系除了在于人的能动因素还在于高等教育的质量杠杆。受我国特殊的非正式制度环境影响，高等教育的人才培养始终存在着一种思维定势，即入学即意味着毕业、流入即意味着流出，始终让高等教育的两类供给紧紧地靠在一起。而这种思维惯性恰恰不利于高等教育第二类供求关系的健康发展，并容易使人们不假思索地甚至理所当然地将日益突出的大学生失业问题单方面地归咎于高等教育的扩招，而不会从质量的角度去思考问题。因此，本书建议高校应通过提高人才培养的质量标准并严格执行，逐步提高学生毕业和申请学位的门槛，从"宽出模式"向"严出模式"过渡，让高等教育的两类供给逐渐分离。在此基础上，不同专业又可以拥有自己特定的质量标准，在毕业率上有所区分，即在多大程度上"严出"应以院系为单位甚至以专业为单位予以具体论证并控制。这样一来，不同高校的毕业率就会像西方国家那样参差不齐，且同一高校内的不同专业、不同高校中的同一专业或相似专业均会有毕业率上的差异，而这个差异在某种意义上也体现了人才培养质量方面的差异。

通过具体到专业的差异化"严出"，就可以在不通过刚性手段限制学生专业选择的情况下分别调节不同专业的第二类供求关系，使各专业毕业生供过于求的矛盾均得到缓解，也使用人单位在人才选聘时有更多质量方面的信息可参照，而不必局限于传统意义上的大学声誉和专业知名度。不仅如此，高校还可以通过质量杠杆来引导学生的专业选择。比如对于学生报考较为集中而毕业生就业形势又较为严峻的专业，相关院系可以在原来的基础上进一步提高毕业的质量标准，严格控制相关专业的毕业率，以此为信号引导学生需求。相反，对于学生报考较少而人才缺口又较大的专业则可以在把好基本质量关的前提下适当提高毕业率。这就相当于通过毕业率给学生传递了不同专业学业风险的信号，使学生在选择专业时将其作为参考依据之一。可见，高等教育的质量杠杆具有非常重要的政策价值，其重要性不仅仅体现在人才培养本身上，也是以学生为中心的均衡模式更好地发挥其综合协调功能的制度性保障，运用得当可以使我国高校逐渐走出只关注就业率的路径依赖，转而关注毕业率，使毕业生的规模和专业结构不再自然地等同于招生的规模和专业结构，通过各院系对不同专业"严出"标准的差异化、特殊化管理达到双向调节两类供求关系的综合效果，使高等教育供求中的多个问题迎刃而解。

第八，构建以学生为用户的高校毕业生就业信息调查与反馈机制，将近几届高校毕业生的分专业就业信息详实地反馈给高考生，为他们选择专业提供可靠依据。

前文曾指出，个体的专业选择和社会对不同专业的需求之所以存在结构性错位，部分是因为两类需求主体的逻辑和目标不一致，部分则是由信息不对称引起的，即由于缺乏权威信息来反映不同专业的当期供求关系和毕业生就业实况导致考生对专业的盲目填报和跟风填报。本条政策主张旨在打通信息渠道，给尚未接受高等教育的学生和高校毕业生之间搭建信息桥梁，让学生从"知分填报"拓展为"知情填报"，降低由信息不对称引起的两类需求的结构性错位。因此，首先要明确构建高校毕业生就业信息调查与反馈机制的目的不是给高校制定分专业招生计划做参考，而是进行柔性需求管理，为学生选择专业提供科学依据。该信息系统的核心用户是准大学生，甚至是高中生，而不是高校。虽然对大学毕业生就业信息的采集和公布工作有很多官方、非官方机构都在开展，像教育部，地方教育、人事、劳动部门，各高校、社会机构（如麦可思研究院）等都是产生这些信息的部门或机构。例如，高校毕业生就业统计报表制度就是我国政府自上而下开展的一项毕业生就业信息统计制度。教育部对各高校报送的信息进行汇总后向社会公布全国大学毕业生就业统计数据，并以此来指导高校办学的相关工作。然而，这项制度对大学生就业数据的统计和监测更多地用于指导高校的专业设置、招生和人才培养改革，相关信息并不足以作为引导学生选择专业的权威指南，由于内容简陋、置信度不高、信息反馈时间滞后，相关数据对学生评价专业、进行教育决策能够提供的帮助十分有限。而社会机构（如麦可思研究院）搜集的信息往往不成体系、覆盖面不够、权威性不足，且更多是以"用者付费"的形式提供信息服务，难以实现信息反馈的制度化。且无论是官方公布的信息还是非官方信息，往往只停留在基本参数统计的宏观层面，从学生用户的角度讲信息的细腻度远远不够，数据的可读性不强，体现不出其参考价值。鉴于此，政府主管部门应重新设计和构建大学毕业生就业与失业信息统计制度和反馈制度，并创新信息搜集、处理和反馈的途径、方法和技术。

具体而言，教育部和省级教育主管部门可以成立专门机构负责搜集、处理和发布大学毕业生的详细就业信息。从信息源头上看，大学毕业生就业与失业的原始信息只能由学生本人提供，省级信息管理机构可以开通一个专门针对本省高校毕业生的就业信息管理系统，让每个毕业生在规定时间段内注册账号并在系统中录入个人学业信息和就业信息，并将这一工作像高校管理学籍一样制度化，让其成为当事人就业报到、落户、办理人才居住证、享受社会保障、评职称等事项的"通行证"。让毕业生直接在政府平台上填写信息的好处是可以保证原始信息的真实性和完整性，避免通过高校搜集信息并上报给政府可能产生的信息失真。原因在于高校倾向于向政府提供对自己有利的信息，选择性地隐藏不利信息，造成信息失真和信息损失。在信息搜集的内容上，应科学设计问卷，使之能充分反映不同专业毕业生的市场供求关系，如各省信息管理机构至少应完整地搜集每位毕业生的学业信息（毕业高校、毕业专业等）、就业结果（就业、升学、出国或失业等）、就业单位、就业岗位、与专业的对口情况、就业起薪、就业意愿达成情况等信息，并在原始信息的基础上按照国家信息管理机构的统一要求进行数据统计和处理。本书建议省级信息管理机构可以按分校分专业、不分校（省级行政区层面）分专业两种规范分别统计不同专业高校毕业生的相关就业数据并从供求关系的角度做出必要的分析和解读，形成规范的分省区市统计年鉴。教育部下设的信息管理机构则要汇总各省区市数据并统计国家层面的相应数据，制定全国性的统计年鉴并从供求关系的角度对国家层面的分专业数据进行分析。这样，一个包含了高校、地区和国家三级大学毕业生分专业就业信息的完整数据库就被构建起来了。在此基础上，省级信息管理机构应每年向参加高考的学生提供信息服务，进行定向信息反馈，并使这项工作也制度化。比如说省级信息管理机构可将近两年出版的国家层面的统计年鉴和本省统计年鉴定向提供（出售）给省内各高中，确保每个参加高考的学生均能获得这几本参考资料，让每个人在专业选择问题上都有翔实、可靠的信息可参照。当以学生为用户的高校毕业生就业信息调查与反馈机制得以构建并制度化后，个人及其家庭就能更理性地选择专业，降低盲目追求热门专业的学生比例，从而由信息不对称引起的高等教育两类需求的结构性错位就会有所好转，以学生为中心的均衡模式的整体理性水平就会得到提高。

7.3 结　束　语

如果说我国高等教育在过去的供求管理中采取了以追求第二类供求平衡为主的均衡模式。那么，随着学生在教育中的主体性日渐明确，以学生为本的教育观逐步确立，以及实践中旧模式的弊端日益显现，需要我们去探索建立一种以学生为中心的高等教育供求均衡模式。这种均衡模式以追求高等教育第一类供求平衡为主要目标，并且在设计得当的情况下也能起到较好地调控高等教育第二类供求矛盾的作用，使学生的"中心性"不仅体现在高等教育前和高等教育中，也体现在高等教育后。未来我国高等教育的持续发展和繁荣离不开结构的调整以及由此引发的院校、学科分化，而这一过程必须要在学生的深度参与中来完成，学生的集体选择不只代表了这个群体当下的教育需求，归根结底它也是社会的选择、认知理性下的人类知识选择和人们对未来的预期。我国高等教育复杂供求关系的处理必须要有这样的概念，结构调整必须挣脱一直以来"外部适应主义"和"内部保护主义"的双重倾向，通过向学生"开口"并专注于人才培养去成就每一个人，让他们在自由成长和相机抉择中使高等教育供求主体间、学科专业间的关系趋于自然的动态平衡。这些目标能否实现，将继续考验人们的智慧。至少我们已清楚，对于以学生为中心的高等教育供求均衡模式而言，上述八个方面的政策构想都很有必要，且任何一种政策方案能且只能在某个特定的方面产生特定效果，都是必要而非充分条件，不能割裂开来运用。只有当每一种政策方案被相互补充地组合起来实践时，才能共同构建起我们想要的美好理想来。这样，高等教育整个供求体系就能在以学生为主角的剧情中达到综合协调，专业结构也将演化为最能反映真实世界和人类愿望的专业结构。对此，我笃信不移。

参 考 文 献

［1］ Allen J, et al. Higher Education and Graduate Employment in the Netherlands ［J］. European Journal of Education, 2000, 35 (2): 211 –219.

［2］ Argyris C, Putman R, Smith D M. Action Science: Concepts, Methods, and Skills for Research and Intervention ［M］. San Francisco: Jossey –Bass Publishers, 1985: 71.

［3］ Augusta B, Gabriella P. Higher Education and Graduate Employment in Europe ［J］. European Journal of Educaion, 2011, 35 (2): 229 –237.

［4］ Barton P E. How Many College Graduates does the U. S. Labor Force Really Need? ［J］. Change the Magazine of Higher Learning, 2008, 40 (1): 16 –21.

［5］ Becher T, Kogan M. Process and Structure in Higher Education ［M］. London: New York: Routledge, 1992: 96.

［6］ Bee M, Dolton P. Patterns of Change in UK Graduate Unemployment: 1962 –87 ［J］. Higher Education, 1990, 20 (1): 25 –45.

［7］ Berger M C. Predicted Future Earnings and Choice of College Major ［J］. Industrial and Labor Relations Review, 1988, 41 (3): 418 –429.

［8］ Bhayani A. The Market Route to Higher Education in UAE: Its Rationales and Implications ［J］. International Review on Public and Nonprofit Marketing, 2014, 11 (1): 75 –87.

［9］ Bradford F L, Connell S. African American Students' Career Considerations and Reasons for Enrolling in Advanced Science Courses ［J］. Negro Educational Review, 2005, 56 (2 –3): 221 –231.

［10］ Brennan J L, Kogan M, Teichler U. Higher Education and Work ［J］. Higher Education Policy, 1996, 9 (4): 333 –339.

［11］ Cecilia A. Higher Education Demand in Spain: the Influence of Labor Market Signals and Family Background ［J］. Higher Education, 2000, 40 (2): 147 –162.

［12］ Cepar Z, Bojnec S. Higher Education Demand Factors in Slovenia ［J］. Menegament, 2007, 2 (1): 37 –50.

［13］ Dill D D, Sporn B. Emerging Patterns of Social Demand and University Reform: Though a Glass Darkly ［M］. Oxford: Pergamon Press, 1995: 170 –193.

［14］ Ghavidel S, Jahani T. Higher Education Demand Estimation and Prediction by 2025 in Iran ［J］. Journal of Applied Research in Higher Education, 2015, 7 (2): 105 –112.

［15］ Glytsos N P. Anticipated Graduate Job Mismatches and Higher Education Capacity Inadequacies in Greece ［J］. Higher Education, 1990, 19 (4): 397 –418.

［16］ Hillman N W, et al. Market –Based Higher Education: Does Colorado's Voucher Model Improve Higher Education Access and Efficiency? ［J］. Research in Higher Education, 2014, 55 (6): 601 –625.

［17］ Horta H. Global and National Prominent Universities: Internationalization, Competitiveness and the Role of the State [J]. Higher Education, 2009, 58 (3): 387 -405.

[18] Jackson G A, Weathersby G B. Individual Demand for Higher Education: A Review and Analysis of Recent Empirical Studies [J]. Journal of Higher Education, 1975, 46 (6): 623 -652.

[19] James E. Why Do Different Countries Choose a Different Public - Private Mix of Educational Services [J]. Journal of Human Resources, 1993, 28 (3): 571 -592.

[20] Kaiser F, et al. Public Expenditure on Higher Education [M]. London: Jessica Kingsley Publishers, 1992: 405.

[21] Kirby D. Strategies for Widening Access in a Quasi - Market Higher Education Environment: Recent Development in Canada [J]. Higher Education, 2011, 62 (3): 267 -278.

[22] Koedel C. Higher Education Structure and Education Outcomes: Evidence from the USA [J]. Education Economics, 2014, 22 (3): 237 -256.

[23] Levin H M. Market Approaches to Education: Vouchers and School Choice [J]. Economics of Education Review, 1992, 11 (4): 279 -285.

[24] Livanos I. The Relationship between Higher Education and Labor Market in Greece: the Weakest Link? [J]. Higher Education, 2009, 60 (5): 473 -489.

[25] Malgwi C A, Howe M A, Burnaby P A. Influences on Students' Choice of College Major [J]. Journal of Education for Business, 2005, 80 (5): 275 -282.

[26] Marginson S. Dynamics of National and Global Competition in Higher Education [J]. Higher Education, 2006, 52 (1): 1 -39.

[27] Meijers E, Burger M. Spatial Structure and Productivity in US Metropolitan Areas [J]. Environment and Planning, 2010, 42 (6): 1383 -1402.

[28] Meijers E, Burger M. Form Follows Function? Linking Morphological and Functional Polycentricity [J]. Urban Studies, 2012, 49 (5): 1127 -1149.

[29] Milier H D R. The Management of Change in University [M]. Milton Keynes: SRHE and Open University Press, 1995.

[30] Ngok K. Chinese Education Policy in the Context of Decentralization and Marketization: Evolution and Implications [J]. Asia Pacific Education Review, 2007, 8 (1): 142 -157.

[31] Psacharopoulos G, Sanyal B C. Higher Education and Employment: the IIEP Experience in Five Less Developed Countries [M]. United Nations: IIEP Publications, 1981.

[32] Radner R, Miller L S. Demand and Supply in U. S. Higher Education: A Progress Report [J]. American Economic Review, 1970, 60 (2): 326 -334.

[33] Rochat D, Demeulemeester J L. Rational Choice under Unequal Constrains: The Example of Belgian Higher Education [J]. Economics of Education Review, 2001, 20 (1): 15 -26.

[34] Simpson J C. Segregated by Subject: Racial Differences in the Factors Influencing Academic Major between European Americans, Asian Americans, and African, Hispanic, and Native Americans [J]. Journal of Higher Education, 2001, 72 (1): 63 -100.

[35] Song C, Glick J E. College Attendance and Choice of College Majors among Asian - American Students [J]. Social Science Quarterly, 2004, 85 (5): 1401 -1421.

[36] Starkie E G. Core Elements of the European Higher Education Policy: Market - Driven Restructuring or Impetus for Intercultural Rapprochement? [J]. International Review of Education, 2008, 54 (3 -4): 409 -425.

[37] Teichler U. Higher Education and the World of Work: The Perennial Controversial Debate

[M]. Switzerland：Springer International Publishing，2015.

[38] Temple J. A Positive Effect of Human Capital on Grouth [J]. Economics Letters，1999，65（1）：131 – 134.

[39] Weiler W C. Enrollment Demand with Constrained Supply in a Higher Education Institution [J]. Research in Higher Education，1987，27（1）：51 – 61.

[40] Whitty G. Making Sense of Education Policy [M]. London：Paul Chapman Publishing，2002：11 – 12.

[41] Windolf P. Expansion and Structural Change：Higher Education in Germany，the United States and Japan，1870 – 1990 [M]. Oxford：West View Press，1997：37.

[42] Wiswall M，Zafar B. Determinants of College Major Choice：Identification using an Information Experiment [J]. StaffReports，2015，82（2）：791 – 824.

[43] Woodley A，Brennan J. Higher Education and Graduate Employment in the United Kingdom [J]. European Journal of Education，2000，35（2）：239 – 249.

[44] 阿瑟·刘易斯. 经济增长理论 [M]. 梁小民，译. 上海：上海三联书店，上海人民出版社，1994.

[45] 保罗·弗莱雷. 被压迫者教育学 [M]. 顾建新，等译. 上海：华东师范大学出版社，2001.

[46] 保罗·克鲁格曼. 地理和贸易 [M]. 张兆杰，译. 北京：北京大学出版社，中国人民大学出版社，2000.

[47] 保罗·克鲁格曼. 发展、地理学与经济理论 [M]. 蔡荣，译. 北京：北京大学出版社，中国人民大学出版社，2000.

[48] 包丽颖，安钰峰. 高等教育专业结构的现状与调整方向 [J]. 中国高教研究，2009（10）：68 – 69.

[49] 鲍嵘. 从"计划供给"到"市场匹配"：高校学科专业管理范式的更迭 [J]. 浙江师范大学学报（社会科学版），2007（2）：1 – 5.

[50] 别敦荣，杨德广. 中国高等教育改革与发展30年 [M]. 上海：上海教育出版社，2009.

[51] 伯顿·R. 克拉克. 高等教育系统——学术组织的跨国研究 [M]. 王承绪，等译. 杭州：杭州大学出版社，1994：161.

[52] 布尔迪约，帕斯隆. 继承人——大学生与文化 [M]. 刑克超，译. 北京：商务印书馆，2002：7.

[53] 曹洪军，王一尊. 论大学生就业的专业结构性矛盾 [J]. 学术论坛，2014（7）：168 – 172.

[54] 曹洪军. 普通高校本科毕业生就业的专业结构性矛盾研究 [D]. 徐州：中国矿业大学，2011.

[55] 程晋宽，朱蓉蓉. 经济转型背景下美国劳动力市场与高等教育供求 [J]. 外国教育研究，2015（8）：95 – 106.

[56] 陈雷，贾朝霞，张良强. 专业选择的影响因素与满意度关系研究 [J]. 文教资料，2005（33）：25 – 26.

[57] 蔡荣生，汪永红. 实现梦想：高考招生政策研究 [M]. 北京：中国人民大学出版社，2007.

[58] 曹珊. 全球化背景下美国高等教育人才培养与劳动力市场互动关系研究 [D]. 南京：南京师范大学，2014.

［59］陈萦．金融危机下高校专业结构调整与学科发展［J］．教育研究，2009（6）：40 - 43．

［60］蔡雨珈．高校社会影响力对高考考生专业选择的影响研究［D］．长沙：长沙理工大学，2015．

［61］陈钊，陆铭．在集聚中走向平衡——中国城乡与区域经济协调发展的实证研究［M］．北京：北京大学出版社，2009．

［62］陈振明．寻求政策科学发展的新突破——中国公共政策学研究三十年的回顾与展望［J］．中国行政管理，2012（4）：12 - 15．

［63］戴黍，牛美丽等．公共行政学中的批判理论［M］．北京：中国人民大学出版社，2008．

［64］戴晓霞，莫家豪，谢安邦．高等教育市场化［M］．北京：北京大学出版社，2004：40．

［65］邓晖．生源危机倒逼高校转型［N］．光明日报，2014 - 06 - 05．

［66］邓岳敏．改革开放以来中国高校人才培养与劳动力市场的对接问题研究［D］．厦门：厦门大学，2007．

［67］丁小浩．高等教育的个人需求和政府的宏观调控［J］．高等教育研究，1998（4）：39 - 42．

［68］董立平．高等教育科学发展的理性选择——兼与展立新、陈学飞商榷［J］．大学教育科学，2014（1）：10 - 19．

［69］樊明成．我国大学生专业选择的影响因素［J］．现代教育管理，2013（1）：113 - 117．

［70］樊明成．中国普通高校专业选择的研究［M］．福州：福建教育出版社，2011：205．

［71］樊明城．中国普通高校专业选择的研究——基于学生主体的视角［D］．厦门：厦门大学，2009．

［72］范先佐．教育经济学［M］．北京：人民教育出版社，2010：160 - 163．

［73］范先佐．教育资源配置：政府应起基础性作用［J］．河北师范大学学报（教育科学版），2006（2）：5 - 11．

［74］方芳，钟秉林．我国民办高等教育的区域差异及影响因素分析［J］．教育研究，2011（7）：35 - 42．

［75］弗兰克·费希尔．公共政策评估［M］．吴爱明，等译．北京：中国人民大学出版社，2003．

［76］方跃林．社会阶层化与高等教育入学机会的差异研究［D］．厦门：厦门大学，1991．

［77］冯向东．走出高等教育“适应论”意味着什么——对教育“适应论”讨论的反思［J］．北京大学教育评论，2014（4）：172 - 182．

［78］高鸿业．西方经济学（微观部分）［M］．北京：中国人民大学出版社，2007：21 - 24．

［79］龚怡祖．学科的内在建构路径与知识运行机制［J］．教育研究，2013（9）：12 - 24．

［80］郭丛斌，曾满超，丁小浩．中国高校理工类学生教育及就业状况的性别差异［J］．高等教育研究，2007（11）：89 - 101．

［81］郭洁．新中国高等教育专业结构改革的历史研究［D］．西安：陕西师范大学，2004．

［82］韩梦洁．美国高等教育结构变迁机制研究［D］．大连：大连理工大学，2013．

［83］韩亚菲，蒋凯．理解高等教育市场：理论综述与比较［J］．清华大学教育研究，2013（5）：88 - 97．

［84］郝大海．中国城市教育分层研究（1949 - 2003）［J］．中国社会科学，2007（6）：94 - 107．

［85］郝克明，汪永铨．中国高等教育结构研究［M］．北京：人民教育出版社，1987．

［86］何兰英，尤大伟．中美研究型大学专业设置与人才培养的差异及启示［J］．思想战线，

2004（4）：99 –102.

[87] 何文晓．高等教育合理存在的哲学基础——兼论高等教育哲学的政治论与认识论 [J]．教育观察，2013（22）：5 –7.

[88] 洪坚．非平衡自组织理论视角下民办高校生源危机管理 [J]．教育发展研究，2012（11）：34 –37.

[89] 胡春光．批判教育学：一种反压迫的文化论述和民主教育实践 [J]．教育研究与实验，2010（1）：8 –13.

[90] 胡瑞文，张海水，朱曦．大众化阶段的人才供求态势与高等教育转型发展 [J]．教育研究，2014（1）：74 –83.

[91] 胡昱东，陈劲，李明坤．研究型大学大类培养模式下学生专业选择影响因素分析 [J]．清华大学教育研究，2016（4）：46 –51.

[92] 户小英．国外高等教育专业结构调整对我们的启示 [J]．洛阳师范学院学报，2008（3）：159 –162.

[93] 黄河，周采．从公共经济学的视角看我国高等教育市场的缺口及其弥补 [J]．南京师范大学学报（社会科学版），2005（2）：62 –67.

[94] 黄胜．我国高等教育专业结构与就业走势矛盾的分析与对策研究 [D]．重庆：重庆大学，2004.

[95] 纪宝成．中国大学学科专业设置研究 [M]．北京：中国人民大学出版社，2006.

[96] 贾汇亮．大学生专业选择权：内涵、价值与保障 [J]．江苏高教，2010（5）：69 –71.

[97] 贾万刚．大学专业设置与大学生就业相协调的国际经验及启示 [J]．理工高教研究，2005（4）：85 –86.

[98] 姜世健．关于我国大学生就业难问题的研究 [D]．天津：南开大学，2010.

[99] 蒋国河．当前我国高等教育入学机会的城乡差异——基于对江西、天津高校的实证调查分析 [J]．现代大学教育，2007（6）：57 –62.

[100] 蒋洪池．高等教育市场化及其对大学学科文化的影响 [J]．江苏高教，2010（4）：72 –74.

[101] 蒋凯．高等教育市场及其形成基础 [J]．高等教育研究，2013（3）：9 –21.

[102] 杰·D. 怀特，盖·B. 亚当斯．公共行政研究：对理论与实践的反思 [M]．刘亚平，高洁，译．北京：清华大学出版社，2005：2 –10.

[103] 杰·D. 怀特．公共行政研究的叙事基础 [M]．胡辉华，译．北京：中央编译出版社，2011：2 –4.

[104] 金子元久．高等教育市场化：趋势、问题与前景 [J]．刘文君，钟周，译．清华大学教育研究，2006（3）：9 –18.

[105] 金顶兵．美国七所世界一流大学本科生专业选择的比较分析 [J]．北京大学教育评论，2006（3）：129 –139.

[106] 金顶兵．中国制度环境下本科学生自主选择专业的探索与实践——北京大学元培计划实验班的案例分析 [J]．高等教育研究，2006（9）：88 –93.

[107] 金劲彪，刘斌．大学生选择专业权保障的若干思考 [J]．高等工程教育研究，2012（6）：169 –172.

[108] 金耀基．重思大学之道 [J]．探索与争鸣，2013（9）：82 –85.

[109] 靳希斌．教育经济学 [M]．北京：人民教育出版社，2001：80.

[110] 靳希斌．人力资本学说与教育经济学新进展 [M]．北京：教育科学出版社，2012.

［111］杰夫·惠迪，等．教育中的放权与择校：学校、政府和市场［M］．北京：教育科学出版社，2003．

［112］卡罗琳·M．霍克斯比．学校选择的经济学分析［M］．刘泽云，译．北京：北京师范大学出版社，2008．

［113］赖德胜，孟大虎等．中国大学毕业生失业问题研究［M］．北京：中国劳动社会保障出版社，2008．

［114］雷炜．高校学科专业结构调整现状分析与对策初探［J］．中国高教研究，2002（11）：51-52．

［115］李婵娟．不可忽视的结构性矛盾：专业与就业［J］．大学教育与评价，2006（12）：82-89．

［116］李凡．高等教育结构性失衡：大学生就业渠道阻塞的重要成因［J］．黑龙江高教研究，2010（6）：77-78．

［117］李凤．高考志愿填报与录取机制研究［D］．成都：西南财经大学，2010．

［118］李晶．学科范式转型与高等教育学学科建设［J］．高教探索，2013（5）：52-56．

［119］李娟．家庭背景影响下大学生专业选择研究［D］．桂林：广西师范大学，2015．

［120］李均，陈露．重建批判之维——中国高等教育研究的理性选择［J］．大学教育科学，2014（2）：16-21．

［121］李均，谢丽舟．作为开放学科的高等教育学——基于七个人文社会学科权威刊物的引文分析［J］．高等教育研究，2014（10）：23-28．

［122］李立国，陈露茜．新自由主义对高等教育的影响［J］．清华大学教育研究，2011（1）：40-45．

［123］李立国．什么是现代大学［J］．中国人民大学教育学刊，2013（2）：20-30．

［124］李盛兵．高等教育市场化：欧洲观点［J］．高等教育研究，2000（4）：108-111．

［125］李同明．中国现代高等教育经济学［M］．北京：经济管理出版社，1998：98．

［126］李文长等．高校资源配置模式与绩效［M］．北京：北京师范大学出版社，2011．

［127］李小龙，谭静，徐升艳．高考招生制度的改革路径：竞争和配额的折衷［J］．经济研究，2014（2）：155-170．

［128］李忠廉，张有智．高校专业结构调整和人才培养［J］．山西教育，2003（3）：8-9．

［129］李子旸．经济学思维［M］．北京：中国友谊出版社，2016．

［130］栗亚冬．论大学生的专业选择权与高校的专业改革［J］．沈阳工程学院学报（社会科学版），2015（4）：566-571．

［131］林蕙青．高等学校学科专业结构调整研究［D］．厦门：厦门大学，2006．

［132］刘冰．中国高等学校学生权利救济研究［D］．长春：东北师范大学，2007．

［133］刘贵华．高校扩招与专业结构调整［J］．中国高等教育，2000（7）：32-33．

［134］刘俊学．基于教育服务的高等教育供求关系研究［M］．长沙：湖南大学出版社，2009．

［135］刘俊学．基于教育服务的高等教育供求研究［J］．江苏高教，2009（5）：38-40．

［136］刘少雪．高等学校本科专业结构、设置及管理机制研究［M］．北京：高等教育出版社，2009．

［137］刘文晓．高等教育个人选择中的信息问题研究［D］．上海：华东师范大学，2016．

［138］刘献君．论高等教育研究的规范化［J］．高等教育研究，2013（11）：42-48．

［139］刘杨．大学专业与工作匹配研究：基于大学毕业生就业调查的实证分析［J］．清华大学教育研究，2010（6）：82-88．

[140] 刘志文，邹晓平．论高等教育外部关系规律理论的科学性——与《理性的视角：走出高等教育"适应论"的历史误区》商榷 [J]．教育研究，2013 (11)：57 -64.

[141] 楼世洲，林浩波．大学生结构性就业失衡：专业与行业的实证分析 [J]．清华大学教育研究，2013 (5)：109 -117.

[142] 卢晓东，陈孝戴．高等学校"专业"内涵研究 [J]．教育研究，2002 (7)：47 -52.

[143] 卢晓东．高等学校"专业"内涵研究 [J]．教育研究，2002 (7)：47 -52.

[144] 卢晓东．中美大学本科专业设置比较 [J]．比较教育研究，2001 (2)：18 -23.

[145] 陆根书，刘珊，钟宇平．高等教育需求及专业选择中的性别差异及其影响因素分析 [J]．高等教育研究，2009 (10)：14 -29.

[146] 陆旖婷．大学生工科专业选择影响因素研究——基于背景因素、自我效能感和兴趣的分析 [D]．华东师范大学，2016.

[147] 罗丹．规模扩张以来高校专业结构变化研究 [D]．厦门：厦门大学，2008.

[148] 罗丹．规模扩张以来高校专业结构变化研究 [M]．广州：广东高等教育出版社，2010：196 -211.

[149] 罗纳德·巴尼特．高等教育理念 [M]．蓝劲松，译．北京：北京大学出版社，2012：3.

[150] 罗杰·盖格．大学与市场的悖论 [M]．郭建如，译．北京：北京大学出版社，2013：3.

[151] 吕慈仙，李卫华．高校学生专业选择的影响因素分析——基于理性选择理论的视角 [J]．高等工程教育研究，2014 (1)：81 -85.

[152] 吕慈仙．高等学校按学科大类招生的现状分析 [J]．宁波大学学报（教育科学版），2007 (2)：65 -68.

[153] 吕慈仙．高校专业自主选择机制的构建 [J]．教育发展研究，2012 (23)：38 -44.

[154] 马凤岐．高等教育与市场：问题与框架 [J]．高等教育研究，2009 (1)：31 -41.

[155] 马莉萍，等．大学生专业选择的性别差异——基于全国 85 所高校的调查研究 [J]．高等教育研究，2016 (5)：36 -42.

[156] 马延奇．产业结构转型、专业结构调整与大学生就业促进 [J]．中国高等教育，2013 (3)：56 -59.

[157] 马永霞，范先佐．高等教育需求主体间的冲突与化解 [J]．黑龙江高教研究，2005 (2)：42 -46.

[158] 马永霞．多元主体利益冲突的高等教育供求结构失衡 [J]．教育研究与实验，2006 (2)：17 -20.

[159] 马永霞．高等教育供求主体利益制约下的大学生就业市场配置 [J]．黑龙江高教研究，2007 (1)：63 -65.

[160] 马永霞．冲突与整合：高等教育供求主体利益分析 [M]．北京：高等教育出版社，2006.

[161] 玛丽·杜里-柏拉，阿涅斯·冯·让丹．学校社会学 [M]．汪陵，译．上海：华东师范大学出版社，2001：74 -75.

[162] 麦可思研究院．2015 年中国本科生就业报告 [M]．北京：社会科学文献出版社，2015.

[163] 麦可思研究院．2015 年中国高职高专生就业报告 [M]．北京：社会科学文献出版社，2015.

[164] 麦可思研究院．2016 年中国本科生就业报告 [M]．北京：社会科学文献出版社，2016.

[165] 麦可思研究院．2016 年中国高职高专生就业报告 [M]．北京：社会科学文献出版社，2016.

[166] 孟大虎．不确定环境中的抉择：从专业选择到职位决策 [J]．北京师范大学学报（社会

科学版），2004（3）：99 –104.

［167］孟东方，等．学生家庭社会经济地位与高等学校类型及专业选择的相关性研究（下）［J］.渝州大学学报（哲学社会科学版），1996（4）：65 –79.

［168］米尔顿·弗里德曼．资本主义与自由［M］.张瑞玉，译．北京：商务印书馆，2004：37 –41.

［169］潘懋元．"协同创新"的高等教育研究［J］.中国高教研究，2013（6）：1 –2.

［170］潘懋元，等.2014 年中国高等教育研究回顾与述评［J］.高校教育管理，2015（2）：1 –7.

［171］潘荣江，姬瑞海，伍红军．高职院校专业结构调整优化研究［J］.高等工程教育研究，2014（3）：186 –190.

［172］彭丽．"公民"与"解放"——批判教育学两个重要主题的研究［J］.比较教育研究，2008（10）：41 –45.

［173］彭正梅．解放和教育：德国批判教育学研究［M］.上海：华东师范大学出版社，2008：67 –69.

［174］彭志忠．大学生专业自主权问题探析［J］.当代教育论坛，2003（7）：72 –73.

［175］秦闻笛．扩招以来高等教育供求的非均衡动因探析［J］.统计与决策，2008（17）：142 –143.

［176］矢野真和．高等教育的经济分析与政策［M］.张晓鹏，译．北京：北京大学出版社，2006.

［177］斯蒂芬·J.鲍尔．教育改革——批判和后结构主义的视角［M］.侯定凯，译．上海：华东师范大学出版社，2000：151 –157.

［178］宋光辉，陈勇．超额需求、差异化需求与我国民办教育规模［J］.管理世界，2009（6）：61 –71.

［179］孙冬梅，孙伦轩．高等教育市场化的危机［J］.高教探索，2011（2）：63 –67.

［180］孙进．德国应用科学大学专业设置的特点与启示［J］.清华大学教育研究，2011（4）：98 –103.

［181］孙长缨．当代大学生就业研究［M］.北京：高等教育出版社，2008.

［182］谭颖芳．选择与引导：大类招生背景下高校专业分流研究［D］.武汉：华中师范大学，2015.

［183］汤晓蒙，刘晖．从"多学科"研究走向"跨学科"研究——高等教育学科的方法论转向［J］.教育研究，2014（12）：24 –29.

［184］童腮军．高考学生专业选择行为研究［D］.南昌：江西师范大学，2003.

［185］王斌华．高校招生制度的国际比较［J］.江苏高教，2012（4）：89 –92.

［186］王伯庆.2009 年中国大学生就业与专业结构性失业状况调研报告［J］.国家教育行政学院学报，2010（3）：73 –79.

［187］王海龙．我国高考招生录取模式创新研究［D］.天津：天津大学，2010.

［188］王洪才．论高等教育"适应论"及其超越——对高等教育"理性视角"的理性再审视［J］.北京大学教育评论，2013（4）：129 –149.

［189］王建华．高等教育适应论的省思［J］.高等教育研究，2014（8）：1 –7.

［190］王培根．高等教育经济学［M］.北京：经济管理出版社，2004：70.

［191］王善迈．教育投入与产出研究［M］.石家庄：河北教育出版社，1996：321.

［192］王伟宜，顾自安．各阶层子女对高校科类选择的偏好与入学机会差异——基于偏好模型的

解释 [J]. 教育与经济，2005（2）：19 –23.

[193] 王小虎，潘昆峰，苗苗. 高考改革对高水平大学招生的影响及其应对 [J]. 中国高教研究，2017（4）：56 –60.

[194] 王旭辉. 高等教育市场化研究述评与研究展望 [J]. 复旦教育论坛，2016（2）：58 –64.

[195] 王旭辉. 高等教育研究反思：批判方法论的视角 [J]. 中国高教研究，2016（9）：6 –11.

[196] 王旭辉. 地方政府过度规制的外部经济效应检验——基于珠海市工业企业政府投资规制的实证研究 [J]. 暨南学报（哲学社会科学版），2016（9）：40 –49.

[197] 王旭辉，孙斌栋. 特大城市多中心空间结构的经济绩效——基于城市经济模型的理论探讨 [J]. 城市规划学刊，2011（6）：20 –27.

[198] 王旭辉. 我国高等教育若干典型供求关系研究 [J]. 中国高教研究，2016（1）：21 –29.

[199] 王旭辉. 我国民办高等教育的需求特征和需求制约因素分析——基于浙江省考生选择的实证研究 [J]. 教育发展研究，2015（13 –14）：43 –49.

[200] 王占魁. 批判教育的使命与教育批判的方法论 [J]. 教育学报，2013（1）：55 –62.

[201] 王志华，贝绍轶，董存田. 我国产业结构与高校专业结构协调性分析——兼论大学生就业难与"技工荒"问题 [J]. 经济问题，2014（10）：14 –20.

[202] 王钟的. 中大"砍专业"：要警惕另一种心血来潮 [EB/OL]. http：//www. thepaper. cn/newsDetail_forward_1681508,2017 –5 –9/2017 –7 –9.

[203] 魏宏聚. 猜想与反驳——论教育研究中的教育批判 [J]. 教育理论与实践，2004（12）：1 –4.

[204] 文雯，李乐夫，谢维和. 中国高等教育大众化初期学科结构变化的主要特点与实证分析 [J]. 中国高等教育，2007（3）：52 –56.

[205] 邬大光，王旭辉. 近年来我国高等教育研究若干问题述评 [J]. 教育研究，2015（5）：73 –88.

[206] 吴宏超，范先佐. 我国教育供求研究的回顾与反思 [J]. 教育与经济，2006（3）：24 –27.

[207] 吴伟，安康，蔡慧. 影响高等教育个人需求的经济因素分析：综述与展望 [J]. 现代教育管理，2009（2）：28 –31.

[208] 吴永强. 对高等工科院校专业结构调整的思考 [J]. 中国高教研究，2008（7）：92 –93.

[209] 吴泽俊. 高等教育供求均衡的经济学分析 [J]. 教育学术月刊，2009（12）：68 –71.

[210] 武毅英，吴连海. 高校收费对教育机会均等的负面影响及反思 [J]. 复旦教育论坛，2006（2）：60 –65.

[211] 武毅英. 高校毕业生就业问题的教育学审视 [M]. 厦门：厦门大学出版社，2006.

[212] 谢安邦. 中国高等教育研究新进展：2009 [M]. 上海：华东师范大学出版社，2011.

[213] 谢维和，文雯，李乐夫. 中国高等教育大众化进程中的结构分析 [M]. 北京：教育科学出版社，2007.

[214] 谢作栩，王伟宜. 社会阶层子女高等教育入学机会差异研究——从科类、专业角度谈起 [J]. 大学教育研究，2005（4）：58 –62.

[215] 辛治洋. 批判教育学解读 [J]. 比较教育研究，2006（7）：6 –11.

[216] 徐平利. 专业与就业"错位现象"探析 [J]. 高教发展与评估，2009（5）：89 –96.

[217] 闫亚林. 高等教育层次和科类结构研究 [D]. 上海：华东师范大学，2005.

[218] 阎光才. 批判教育研究在中国的境遇及其可能 [J]. 教育学报，2008（3）：10 –20.

[219] 阎光才. 思潮涌动与教育变革 [M]. 合肥：安徽教育出版社，2009.

［220］阳荣威. 高等学校专业设置与调控研究［D］. 上海：华东师范大学，2006.

［221］杨德广. 高等教育适应论是历史误区吗——与展立新、陈学飞商榷［J］. 北京大学教育评论，2013（3）：135－148.

［222］杨东平. 高等教育入学机会：扩大之中的阶层差距［J］. 清华大学教育研究，2006（1）：19－25.

［223］杨二辉. 我国高等学校专业设置与调整机制研究［D］. 金华：浙江师范大学，2006.

［224］杨同毅. 由"计划"到"市场"——我国高校专业设置管理方式的转变［J］. 教育发展研究，2010（13－14）：74－77.

［225］叶亦祥，孙绍荣. 宏观调控高等教育专业结构的资源分区控制法［J］. 中国高教研究，2010（5）：46－49.

［226］余秀兰. 中国教育的城乡差异——一种文化再生产现象的分析［M］. 北京：教育科学出版社，2004：218－222.

［227］约翰·希恩. 教育经济学［M］. 郑伊雍，译. 北京：教育科学出版社，1981：12.

［228］曾冬梅. 高等学校学科专业结构调整的新走向［J］. 科技进步与对策，2003（8）：34－35.

［229］展立新，陈学飞. 理性的视角：走出高等教育"适应论"的历史误区［J］. 北京大学教育评论，2013（1）：95－125.

［230］展立新，陈学飞. 哲学的视角：高等教育"适应论"的四重误读和误构——兼答杨德广商榷文［J］. 北京大学教育评论，2013（4）：150－172.

［231］张宝蓉. 从严格控制到总量管制：台湾地区高校专业设置政策走向分析［J］. 现代大学教育，2008（3）：76－81.

［232］张宝蓉. 台湾高等学校专业设置与调整研究——劳动力市场的视角［D］. 厦门：厦门大学，2007.

［233］张宝蓉. 我国台湾地区高校专业设置与劳动力市场对接分析［J］. 教育发展研究，2008（23）：10－15.

［234］张烁，董雅婷. 部分高校面临存亡挑战［N］. 人民日报，2011－5－3.

［235］张苏，李东，曾庆宝. 大学教育与劳动力市场需求匹配关系研究［J］. 管理世界，2010（10）：180－181.

［236］张维迎. 大学的逻辑［M］. 北京：北京大学出版社，2004：1.

［237］张伟，任建明. 我国高等教育体制改革方向与政府角色定位问题研究［J］. 清华大学教育研究，2006（3）：110－110.

［238］张应强. 高等教育学的学科范式冲突与超越之路——兼谈高等教育学的再学科化问题［J］. 教育研究，2014（12）：13－23.

［239］张泽懿，卢晓东. 中美理科本科专业设置比较研究［J］. 高等理科教育，2014（2）：61－87.

［240］张振助. 普通本科院校学科设置的实证分析及思考［J］. 复旦教育论坛，2014（4）：76－81.

［241］张忠福. 大学生就业状况与学科专业设置［J］. 中国大学教学，2015（2）：46－49.

［242］张紫薇. 现代高校本科专业结构调整的多元耦合［J］. 江苏高教，2013（6）：74－76.

［243］赵宏斌. 人力资本投资收益——风险与大学生择业行为［J］. 北京师范大学学报（社会科学版），2004（3）：119－125.

［244］赵敏. 大学管理文化的反思与创新［J］. 教育研究，2004（7）：60－65.

［245］赵雄辉. 论大学生的选择权 ［J］. 辽宁教育研究, 2007 (1)：9 –12.

［246］赵叶珠, 钱兰英. 九十年代大学生专业选择行为研究 ［J］. 青年研究, 1999 (4)：12 –15.

［247］浙江省教育考试院. 2006 年浙江省高考志愿填报参考 ［M］. 杭州：浙江摄影出版社, 2006.

［248］浙江省教育考试院. 2007 年浙江省高考志愿填报参考 ［M］. 杭州：浙江摄影出版社, 2007.

［249］浙江省教育考试院. 2008 年浙江省高考志愿填报参考 ［M］. 杭州：浙江摄影出版社, 2008.

［250］浙江省教育考试院. 2009 年浙江省高考志愿填报参考 ［M］. 杭州：浙江摄影出版社, 2009.

［251］浙江省教育考试院. 2010 年浙江省高考志愿填报参考 ［M］. 杭州：浙江摄影出版社, 2010.

［252］浙江省教育考试院. 2011 年浙江省高考志愿填报参考 ［M］. 杭州：浙江摄影出版社, 2011.

［253］浙江省教育考试院. 2012 年浙江省高考志愿填报参考 ［M］. 杭州：浙江摄影出版社, 2012.

［254］浙江省教育考试院. 2013 年浙江省高考志愿填报参考 ［M］. 杭州：浙江摄影出版社, 2013.

［255］浙江省教育考试院. 2014 年浙江省高考志愿填报参考 ［M］. 北京：光明日报出版社, 2014.

［256］浙江省教育考试院. 2015 年浙江省高考志愿填报参考 ［M］. 北京：光明日报出版社, 2015.

［257］浙江省教育考试院. 2016 年浙江省高考志愿填报参考 ［M］. 北京：光明日报出版社, 2016.

［258］钟宇平, 雷万鹏. 风险偏好对个人高等教育需求影响的实证研究——以高中生对农业、林业和师范院校需求为例 ［J］. 高等教育研究, 2005 (1)：19 –24.

［259］周光礼. 学习自由的法学透视 ［J］. 高等工程教育研究, 2005 (5)：24 –28.

［260］周作宇. 大学理念：知识论基础及价值选择 ［J］. 北京大学教育评论, 2014 (1)：90 –107.

［261］朱秋白. 高等教育供求结构分析与宏观管理研究 ［M］. 北京：经济科学出版社, 2011：2.

［262］朱秋白. 中国高等教育的两类供求及其均衡模式与政策选择 ［J］. 高等教育研究, 2005 (9)：62 –68.

后　记

　　学术学术，一半是学，一半是术。虽然我步入高等教育学科学习的时间尚短，理论功底尚浅，但这并不妨碍我对高等教育领域中的某些现象持有浓厚的研究兴趣。因为能让人谈上一辈子的也就是大学了。本书是在我的博士学位论文基础上改写而成的。我的博士研究生阶段受教于厦门大学公共政策研究院，师从我国著名高等教育学者邬大光先生，研究方向为高等教育管理与政策。关于学位论文选题，我和邬老师进行了反复探讨并共同商定。正是在邬老师的敦促和引导下，我开始关注高等教育的供求问题，尤其是第一类供求问题。表面上看，供求问题是一个基于经济规律的问题，可到了高等教育的语境中，它还是一个关于教育存在方式、大学运行方式和人类生活方式的基本理念和价值问题，极具研究意义。

　　本书最大的特点是"摆事实""讲道理"。严格地讲，这绝不仅仅是一项传统意义上的实证研究，它跳出了实证研究当下正流行的"洋八股"范本，把"让数据说话"和"非正规逻辑"结合在了一起，以"理由"来替代"证明"。但这并不代表本书就是一本空洞的理论性著作，基于"大数据"的客观事实研究仍是其重要组成部分，它是揭示问题和引发思考的基础，是"装备理论"的前提。学术研究最重要的是富含思想、逻辑清晰、论证恰到好处，把要研究的问题说个清楚，至于采取的方法（论）和论证的形式可以极其丰富而灵活，不必也不能拘泥于方法（论）的固定套路。然而，高等教育领域及其"表亲们"产出的很多文献不是过于"左倾"，过于技术化、程序化而缺乏思想，就是过于"右倾"，过于话语化、观点化而论证不足。不是在实证主义的包装下通过数字游戏宣泄快感，就是穿着诠释主义、批判主义或后现代主义的马甲生产所谓的学科知识。前者果真能让高等教育领域的学术研究驶入纯科学的轨道吗？能像验证"动量守恒定律"那样验证高等教育中的问题吗？后者又如何能保证生产的是可靠的理论或知识而不是个人的价值偏见呢？这些都值得我们警惕和思考。总体上，我的研究既不以技术运用见长，也不以理论包装见长，更不以人文功底见长，只求客观分析、独立见解。至于实际效果如何，还需众师长们和同仁们予以慷慨评价。

　　受邬老师深厚的人文积淀、广博的实践见闻以及严谨的治学态度的影响，笔者自"攻博"以来渐渐领悟到了高等教育学的博大精深和学术研究的魅力与乐趣。因此，本书的撰写首先要感谢我的导师邬老师。邬老师不仅本人学术造诣高深、知识渊博、思想超前，并且也是真正的高等教育家，对我们的学术成长之路有着深刻的影响。一方面，在邬老师的引导下，我以一个"外来学科者"的身份开始步入高等教育领域从事高等教育理论与政策方面的研究，我目前具备的高等教育常识、知识大多来自邬老师的课堂教学和课外沙龙。在邬老师的点拨下，我接触到了许多之前不曾注意的学科知识和学术思想，极大地开阔了我的研究视野，并得以很快从主流社会科学的单一思维中解脱出来，不仅了解了高等教育世界的话语和生活，也吸收了相关领域学术研究的多元逻辑，为本书的创作打下了良好的基础。另一方面，本研究的开展也得到了邬老师的直接指导和帮助，尤其是在规范研讨部分，在大量汲取邬老师的思想精髓基础上，笔者进行了适当的知识组织和发挥，使本作品不只是停留在数据表面的纯经验研究层面，更是植入了若干理论思考和理想信念，使本书的内容在带有一定跨学科色彩的同时更像一本高等教育方面的专著。

感谢华东师范大学城市与区域科学学院的李琬博士为本研究的开展提供了诸多策略上和技术上的支持，如STATA软件的使用。感谢四年博士研究生学习期间，厦门大学各位老师对我的悉心指导与关怀，潘懋元先生、陈振明教授、谢作栩教授、黄新华教授、李艳霞教授和林艾老师等，他们或让我收获了知识、智慧与启迪，或使我拓展了思维、视野和兴趣。感谢三年硕士研究生学习期间，我的导师孙斌栋教授和华东师范大学各位老师对我的指导和帮助，这一学习阶段为我后来的学术旅程奠定了良好的基础，对我的成长起到了关键性的作用。

最后，感谢我的妻子盛慧兰女士，她在过去几年中默默地给予了我最大的鼓励与支持，使我能有充足的时间和精力来完成学业和创造作品。正因为有这种无私的力量，才让我有信心、有毅力继续去迎接未来工作和生活中的挑战。

王旭辉

2018 年 7 月于珠海